BÜNDNER ALPEN

BAND IV

5. Auflage

SÜDLICHE BERGELLER BERGE
UND MONTE DISGRAZIA

1. und 2. Auflage verfasst von H. Rütter
3. Auflage revidiert von Dr. H. Grimm und M. Zisler

4. und 5. Auflage
Überarbeitet von Ruedi Bachmann

Mit 68 Skizzen und 49 Fotos

Herausgegeben vom
SCHWEIZER ALPEN-CLUB

FÜHRER DURCH DIE BÜNDNER ALPEN

Band I   *Tamina und Plessurgebirge*

Band II   *Bündner Oberland und Rheinwaldgebiet*

Band III   *Avers – Misox und Calanca*

Band IV   *Südliche Bergellerberge und Monte Disgrazia*

Band V   *Berninagruppe*

Band VI   *Albula (Septimer bis Flüela)*

Band VII   *Rätikon*

Band VIII   *Silvretta – Samnaun*

Band IX   *Engiadina Bassa – Val Müstair*

Band X   *Mittleres Engadin und Puschlav*
            (Spöl bis Berninapass – Puschlav)

© 1992 Verlag SAC
Alle Rechte beim Schweizer Alpen-Club
Verzeichnis der Illustrationen siehe Seite 495
Satz: Stampa Ladina SA, Zernez
Druck: Gasser AG, Chur
Printed in Switzerland
ISBN 3-85902-123-0

INHALTSVERZEICHNIS

ZUM GELEIT

Vor hundert Jahren schon, zur Zeit des legendären Christian Klucker, haben die kühnen Formen und der verlässliche Granit der Bergeller Grate und Türme auf Bergsteiger und Kletterer eine grosse Faszination ausgeübt. Ihre Anziehungskraft hat in all den Jahrzehnten seither, in denen sowohl die Motive als auch die Techniken des Bergsteigens und Kletterns einen Wandel erfahren haben, in nichts nachgelassen. Im Gegenteil: Immer mehr Menschen suchen – und finden – in der in südliches Blau aufragenden Felsarena ein intensives Naturerlebnis und damit einen Ausgleich zur Hektik der grossen Agglomerationen und der computerisierten Arbeitswelt. Davon zeugt nicht bloss die steigende Besucherfrequenz mancher SAC-Clubhütten, sondern auch die Beliebtheit der vom Schweizer Alpen-Club mit viel Sorgfalt und Aufwand herausgegebenen Hochgebirgsführer.

Der vorliegende vierte Band der zehnteiligen Buchreihe «Bündner Alpen» bildet dabei keine Ausnahme. Einer «Prestigeregion» der Alpen gewidmet und deshalb ungebrochen lebhafter Nachfrage begegnend, erscheint er bereits in vierter Auflage. Und diese ist, wohlverstanden, nicht einfach ein mehr oder minder aufgefrischter Nachdruck der vorangegangenen dritten Auflage, sondern über weite Strecken eine Neubearbeitung unter Einbezug des Erfahrungsgutes und der Erschliessungsarbeit der letzten Jahre. Der Verfasser, Ruedi Bachmann, kennt viele der von ihm beschriebenen Routen aus eigener Anschauung und hat daneben eine Fülle von Detailangaben und Präzisierungen in- und ausländischer Berggänger kenntnisreich mitberücksichtigt. Ihm gebührt für diese mit grosser Hingabe geleistete Arbeit der Dank der Clubleitung und der Gemeinschaft der über 75 000 Clubmitglieder.

Möge das Büchlein ungezählte Alpinisten auf ihren Bergfahrten begleiten, dabei vor Fährnissen warnen sowie vor Schaden

bewahren und damit zu echt beglückenden Bergerlebnissen
verhelfen. Letztere setzen freilich nicht nur gründliche Rou-
tenkenntnis und sichere Gefahreneinschätzung voraus. Sie
verlangen vom Einzelnen auch eine innere Einstellung, die
geprägt ist von der Bereitschaft, Rücksicht zu nehmen auf
die Bewohner des Gebirgsraumes sowie auf dessen Flora,
Fauna, Gewässer und übrigen Naturelemente. Nur so mag
es einer jeden Generation gelingen, die Bergwelt, dieses
einzigartige Schauspiel und Juwel der Natur, einem kostba-
ren Vermächtnis gleich möglichst unversehrt weiterzuge-
ben.

Altdorf und Münster (VS), im Juli 1989

Zentralkomitee des Schweizer Alpen-Clubs

Der Zentralpräsident   Der Publikationenchef
Franz Steinegger   Hansjörg Abt

VORWORT DES VERFASSERS

Als ich am 20. Februar 1986 den Vertrag für die Überarbeitung des Clubführers «Südliche Bergeller Berge und Monte Disgrazia» unterschrieb, dachte ich kaum an den grossen Umfang der Arbeit, sondern fühlte mich als Mitglied der SAC Sektion Hoher Rohn, der im Bergell die Albigna- und die Sciorahütte gehören, zur Übernahme dieser Aufgabe verpflichtet. Es war mir aber auch eine Freude, die Arbeit meiner lieben Clubkameraden Hans Rütter und Dr. Hans Grimm weiterführen zu dürfen. Die vorliegende, vollständig überarbeitete Auflage enthält über 130 neue, seit 1966 erschlossene Routen. Auch wurden viele Anstiege, die von Süden zu den Bergellergipfeln führen, neu aufgenommen. Damit wurde das Gebiet nördlich des Sentiero Roma erfasst. Die Texte werden ergänzt durch 44 Fotos, 8 Skizzen von P. Simon und 58 technische Skizzen. Die Beschreibung neuerer Routen entsprechen in den meisten Fällen den Angaben der Erstbegeher. Die Bewertung der Schwierigkeiten kann daher nicht absolut einheitlich sein. Insbesondere die Schwierigkeitsgrade der von tschechoslowakischen Bergsteigern begangenen neuen Routen sind eher tiefer als allgemein üblich angesetzt.

Nach wie vor finden wohl die grossartigen Routen über Grate und Wände der herrlichen Bergellergipfel das Hauptinteresse der Bergsteiger. Die langen und anspruchsvollen Fahrten in Fels und Eis verlangen hervorragendes alpinistisches Können. Daneben bietet das Bergell aber auch für die neuen Formen des Bergsteigens – Sport- und Steileisklettern – viele Möglichkeiten, und die in der klassischen Zeit des Alpinismus erschlossenen steilen Eiscouloirs werden heute im Winter und Vorsommer wieder vermehrt begangen.

Aber auch der Bergwanderer findet in diesem Führer vielfältige, landschaftlich reizvolle Wege. Ich denke etwa an die Traversierung Capanna del Forno – Capanna da l'Albigna – Capanna

di Sciora – Capanna Sasc Furä oder an den Sentiero Roma auf
der Südseite. Für diese Routen ist ebenfalls alpinistische Erfahrung nötig, und die Schwierigkeiten dürfen nicht unter-
schätzt werden.

Die Überarbeitung des Clubführers wäre mir ohne die kompe-
tente und tatkräftige Unterstützung meiner Bergellerfreunde
nicht möglich gewesen. Ein aufrichtiger und herzlicher Dank
gebührt Bergführer Erwin Kilchör, der das Manuskript lek-
torierte, Bergführerin Renata Rossi, ihrem Gatten und Bergführer Franco Giacomelli und Bergführer Hans Brunner. Sie
haben mir wichtige Informationen übermittelt, die Beschrei-
bungen und Skizzen kontrolliert und mit ihren umfassenden
Kenntnissen der Bergeller Bergwelt unschätzbare Dienste ge-
leistet. Auch halfen mir die Bergführer Ruedi Homberger,
Bruno Hofmeister und Adolfo Salis oft und sachkundig bei der
Arbeit. Von Jiří Novák erhielt ich wertvolle Unterlagen über
die vielen Neutouren tschechoslowakischer Bergsteiger, und er
zeichnete dazu 13 technische Skizzen. Weitere 45 technische
Skizzen wurden durch Franco Callegioni, Renata Rossi und
Franco Giacomelli in gemeinsamer Arbeit angefertigt.

Ganz besonders danke ich meinem lieben Bergkameraden
Walter Erzinger für seine intensive Mitarbeit. Er hat unter an-
derem dafür gesorgt, dass alle Angaben im Clubführer mit den
Eintragungen auf der Landkarte übereinstimmen. Martin
Gurtner vom Bundesamt für Landestopographie war uns dabei
ein ausgezeichneter Berater. Auch meinem lieben Clubkameraden Max Niederer gehört ein herzlicher Dank für seine vielfältige Hilfe bei der Redaktionsarbeit.

Danken darf ich auch dem Club Alpino Italiano und dem Tou-
ring Club Italiano, ganz speziell Gino Buscaini für das Recht
zur Übernahme von Routenbeschreibungen und Fotos aus
dem Guida dei Monti d'Italia von A. Bonacossa und G. Rossi.
In den Dank einschliessen möchte ich Emmi Stocker, die für
die Übersetzung besorgt war.

Ich durfte auch von wertvollen Unterlagen und Erfahrungen
Willy auf der Maurs profitieren, und Edi Suter half mir bei der
Gestaltung der Illustrationen. Ulf Kottenrodt übernahm die
Beschriftung der technischen Skizzen. Für alle diese Hilfe
danke ich sehr.

Wertvolle Hinweise und Angaben erhielt ich ausserdem von

Toni Betschart	Hans Peter Lips
Leo Blättler	Marco Mehli
Maurice Brandt	Conradin Meuli
Roger Burnand	Urs Mollenkopf
Conradin Clavuot	Kurt Müller
Paolo Crippa	Siffredo Negrini
Vital Eggenberger	Mario Pasini
Stefan Erzinger	Gianni Rusconi
Bernhard Falett	Urs Sägesser
Tarcisio Fazzini	Andreas Schmid
Hugo Furrer	Hannes Stähli
Hermann Gassner	Gaby Steiger
Bernd Geffken	Geny Steiger
Ruedy Hellstern	Dr. Hans Thomann
Walter Josi	Paolo Vitali
Dieter Kirsch	Hans Walder
Flury Koch	Gottlieb Zryd

Der neue Clubführer möge allen Freunden der wunderbaren Bergeller Berge ein nützlicher Begleiter sein. Ich wünsche allen beglückende und unvergessliche Bergtage im Bergell.

Wädenswil, im Juni 1989   Ruedi Bachmann

Bemerkungen zur 5. Auflage

Die 4. Auflage ist in kurzer Zeit verkauft worden. In der neuen Ausgabe wurden verschiedene Zeichnungen durch Fotos ersetzt und einige Nachträge eingefügt. Leserinnen und Leser werden gebeten, Ergänzungen und Berichtigungen an das Sekretariat des Schweizer Alpen-Clubs in 3005 Bern, Helvetiaplatz 4, zu melden. Besten Dank.
Ich danke dem Zentralkomitee des SAC und dem Verlagsleiter Arthur Zingg für die rasche Anhandnahme der neuen Auflage. Mit den besten Wünschen gebe ich diesen Clubführer in die Hand der Bergsteigerinnen und Bergsteiger.

Wädenswil, im November 1991   Ruedi Bachmann

SCHUTZ DER GEBIRGSWELT

Hilf die Alpenwelt bewahren
Als Alpinisten und Wanderer möchten wir uns in einer ursprünglichen, naturnahen Landschaft bewegen. Infolge vielfältiger Nutzung durch den Menschen steht die Natur aber auch in den Alpen von vielen Seiten her unter Druck. Jeder kann zum Schutz der Alpen beitragen, indem er sich in den Bergen als Gast und Bewahrer verhält und nicht als Eindringling, Störer oder gar Zerstörer.

Schone Tier, Pflanze und Stein
Nimm Rücksicht auf Tiere aller Art. Wir ängstigen Tiere am wenigsten, wenn wir uns an Wege und Routen halten und nur disziplinierte Hunde mit uns führen. Besonders schädigend für Wildtiere ist es, sie aus Winterstandorten aufzuscheuchen; in tieferen Lagen ist dies der Wald, oberhalb der Waldgrenze sind es Strauchpartien, Einzelbäume und Blockgruppen.
Blumen und andere Pflanzen, seien sie nun gesetzlich geschützt oder nicht, sind am schönsten an ihrem ursprünglichen Standort. Der Bergwald ist heute durch mancherlei Einflüsse geschwächt und gefährdet; er benötigt besonderen Schutz. Verzichte auf das jungwaldschädigende Variantenskifahren! Meide auf Abfahrten von Skitouren nach Möglichkeit den Wald.
Halte Mass beim Mineraliensuchen. Orientiere Dich über Einschränkungen und Verbote sowie über den Kodex der Mineraliensucher.

Lass nichts zurück
Die Sauberhaltung der Berge muss uns Selbstverständlichkeit und Ehrensache zugleich sein. Nimm alle Abfälle von der Tour und von der Hütte mit zurück ins Tal. Vermeide Proviant mit aufwendigen und unnötigen Verpackungen aus Glas, Blech, Aluminium oder Kunststoffen. Verlasse Rast-, Biwak- und Notdurftplätze sauber und im ursprünglichen Zustand. Mit dem Auto bringen wir Abgase, Gestank und Lärm in die Berge. Benütze wo immer möglich öffentliche Verkehrsmittel. Wenn Du nicht auf das Auto verzichten kannst, dann
— nütze die Kapazität durch gemeinsames Fahren voll aus,
— stelle den Wagen auf tiefgelegene Parkplätze und
— halte Dich an Fahrverbote auf Alp- und Forststrassen.

Respektiere das Eigentum Einheimischer
Wiesen, Weiden, Wälder, Zäune und Alphütten haben einen Besitzer, auch wenn er häufig nicht zugegen ist!

Auch Du bist Konsument
Wenn Du Dich im Gebirge gelegentlich über zu viele Seilbahnen, über Pistenplanien, verschandelte Siedlungen, Staudämme, wasserlose Bäche oder Fluglärm ärgerst, bedenke, dass vieles davon mit unseren Konsumgewohnheiten in der Freizeit und im Alltag zusammenhängt.

ERLÄUTERUNGEN ZUM GEBRAUCH DES FÜHRERS

Karten

Der Führer ist auf die Landeskarte abgestützt. Es handelt sich um die Blätter 1276 (1:25 000 Val Bregaglia) und 1296 (1:25 000 Sciora). Diese beiden Karten tragen den Aufdruck 1985 und sind Ende 1987 bzw. Anfang 1988 erschienen. Für das Disgraziagebiet wird das Blatt 278 (1:50 000 Disgrazia) und für den südlichsten Teil des Val Codera das Blatt 277 (1:50 000 Roveredo) benötigt. Für das Verständnis der Routenbeschreibungen ist in den meisten Fällen die Karte nötig und wichtig.

Namengebung

Die Schreibweise der Orts- und Flurnamen aller Sprachgebiete Graubündens wird von der Kantonalen Nomenklaturkommission in Zusammenarbeit mit den Gemeindebehörden einerseits und der Eidg. Landestopographie und dem Eidg. Vermessungsamt anderseits festgelegt. Im Clubführer werden die auf der Südseite der Bergellerberge üblichen Bezeichnungen, soweit dies zum besseren Verständnis nötig ist, beigefügt.

Schwierigkeitsbewertung

Jede Tour ist als Gesamtes bewertet unter Annahme der günstigsten Verhältnisse. Bei neueren Routen wurden die Angaben der Erstbegeher weitgehend übernommen.

1. Voralpine Touren und Hüttenzugänge

B = Bergwanderer

Es werden Wege und Pfade benützt. Exponierte Stellen sind mit Geländer versehen. In steilem Gelände ist der Weg gut ausgebaut. Die Route führt über nicht sehr steile Weiden mit sichtbaren Pfadspuren. Gute Schuhe sind zu empfehlen.

EB = Erfahrener Bergwanderer

Route mit oder ohne Pfadspuren. Ausgesetzte Stellen sind nicht mit Geländer versehen. Man muss sich orientieren und das Gelände beurteilen können. Sicheres Gehen und Schwindelfreiheit erforderlich. Ein Misstritt kann zu einem tödlichen Sturz führen. Wenn nötig muss angeseilt werden. Die Hände werden nur zum Stützen des Gleichgewichts gebraucht. Das Überschreiten von schneegefüllten Couloirs muss beherrscht werden. Gute Bergschuhe unbedingt erforderlich.

BG = Berggänger

Steiles Gras, das zum Teil mit Felsen durchsetzt ist. Allgemein heikel, der Gebrauch der Hände ist erforderlich. Griffe und Tritte bestehen aus Grasbüscheln und brüchigem Fels, deren Festigkeit man beurteilen können muss. Ein Sturz kann oft nicht aufgehalten werden. Kenntnisse der Seilhandhabung und -sicherung erforderlich.

Einzelne Stellen im Fels können Schwierigkeiten bieten (I) bis (II).

Pickel zum Sichern erforderlich.

2. Hochgebirgstouren

Diese Skala wird hauptsächlich bei Eis- und Gletschertouren verwendet. Bei Felskletttereien auf kombinierten Routen gelangt die Bewertung nach Ziffer 3 bzw. 4 zur Anwendung.

L   = Leicht (niedrigste Bewertung für Gletscher)

WS = Wenig schwierig

ZS = Ziemlich schwierig

S   = Schwierig

SS = Sehr schwierig

AS = Aeusserst schwierig

EX = Extrem schwierig

+   = obere Stufe

−   = untere Stufe

Für Steileiskletttereien wird die Neigung in ° angegeben; für Felspartien erfolgt ein Hinweis nach Ziffer 3 bzw. 4.

3. Felsklettereien

I = Einfachste Form der Felskletterei. Die Hände werden nur zum Stützen des Gleichgewichtes verwendet.

II = Richtige Griff- und Tritt-Kletterei (Dreipunkte-Haltung). Für geübte Kletterer meist noch ohne Seil begehbar (oder gemeinsames Gehen am kurzen Seil zwischen schwierigen Passagen).

III = Auch geübte Kletterer pflegen sich hier zu sichern. Hie und da Zwischenhaken in längeren exponierten Stellen häufig begangener Touren. Senkrechte Stellen oder gutgriffige Überhänge verlangen bereits einen ordentlichen Kraftaufwand.

IV = Nur für erfahrene Kletterer mit regelmässigem Training. Gute Klettertechnik notwendig. Längere Stellen meist mit mehreren Zwischenhaken zur Sicherung. Kletterhammer, Haken, Karabiner und Seilschlingen sind unbedingt notwendig.

V = Zwischenhaken zur Sicherung sind die Regel. Meist am Doppelseil. Sehr grosser Kraftaufwand und raffinierte Klettertechnik nötig. Nur für sehr gute und ausdauernde Kletterer mit grosser Erfahrung.

VI = Kleinste Griffe und Tritte verlangen aussergewöhnliche Fingerkraft und Gleichgewichtssinn (intensives Training nötig). Grösste Exponiertheit, oft verbunden mit kleinsten Standplätzen. Über lange Strecken keine Zwischensicherung möglich.

VII = Einer Elite vorbehalten. Die besten Kletterer benötigen ein an die Gesteinsart angepasstes Training, um Stellen dieser Schwierigkeit nahe der Sturzgrenze zu meistern. Sehr grosse Selbstbeherrschung und vollständiger Einsatz erforderlich. Solche Stellen werden selten beim ersten Versuch überwunden.

+ = obere Stufe
− = untere Stufe

4. Kletterei mit künstlichen Hilfsmitteln

AO   bedeutet, dass einige wenige Haken in vorwiegend freien Routen als Griff oder Tritt benutzt werden müssen, aber Trittleitern nicht nötig sind.

A1   Haken und andere Hilfsmittel sind relativ leicht anzubringen, und die Passage verlangt relativ wenig Kraft, Ausdauer oder Mut. Trittleitern werden benötigt.

A2-   bezeichnen die grösseren Schwierigkeiten beim Ha-
A3   kensetzen und körperliche Leistungen (kompakter Fels, brüchiger und kleinsplitteriger Fels, Überhang, Dach, geschlossene Risse usw.), welche vom Kletterer immer grössere Fähigkeiten verlangen.

Die Zuhilfenahme von Bohrhaken wird durch das Symbol e ausgedrückt. Stellen, die ohne Benützung von Hilfsmitteln für die Fortbewegung geklettert wurden, sind vereinzelt mit af (all free) bezeichnet.

Zeitangaben
Die Zeitangaben entsprechen dem Zeitbedarf für geübte Bergsteiger, bei Klettertouren für geübte Zweierseilschaften.

Marschrichtung
Für die Angaben über die Himmelsrichtung gelten folgende Abkürzungen: E = Osten, W = Westen, N = Norden und S = Süden. Wird "links" oder "rechts" verwendet, so ist dieser Hinweis im Sinne der Marschrichtung zu verstehen. Bei Tälern, Bächen und Flüssen gilt rechts und links im Sinne des Wasserlaufs.

Skitouren
Die südlichen Bergellerberge ermöglichen dem geübten Skibergsteiger eine Reihe herrlicher Touren. Bei den im Winter begangenen Routen ist ein Vermerk «Ski» und die Abweichung der Winter- von der Sommerroute angegeben. Im SAC-Führer «Alpine Skitouren», Band II, Graubünden, sind die lohnendsten Skitouren beschrieben.

Grenzübertritt und Vorschriften für den Grenzverkehr

Bei Touren im Grenzgebiet ist es angezeigt, einen Reisepass oder eine Identitätskarte auf sich zu tragen.

Für das Gebiet der Clubhütten in Grenznähe besteht eine Touristenfreizone. Schweizern und Italienern mit gültiger Identitätskarte sowie Alpinisten aus allen OECD-Ländern, die im Besitze eines Alpenclubausweises sind, wird bei der Ausführung von Hochtouren im Berninamassiv und in den Bergeller Grenzbergen der vorübergehende Grenzübertritt auch ausserhalb der ordentlichen Grenzübergangsstellen ohne weitere Formalität gestattet. Das Verweilen in der jenseitigen Grenzzone darf jedoch in diesen Fällen und ohne besondere Not 24 Stunden nicht überschreiten.

Abkürzungen

LK	=	Landeskarte
m	=	Meter
P.	=	Punkt
Std.	=	Stunde (n)
Min.	=	Minute (n)
R.	=	Route
S.	=	Seite
Abb. S.	=	Abbildung Seite
E	=	Osten
W	=	Westen
N	=	Norden
S	=	Süden
H	=	Haken
Kk	=	Klemmkeil
Bh	=	Bohrhaken
SL	=	Seillänge
StH	=	Standhaken

Technische Skizzen

Für die technischen Skizzen wurden nach Möglichkeit die nachstehenden Symbole verwendet:

SYMBOLE FÜR TECHNISCHE SKIZZEN

1. Sicherungsplatz

 gut

 unbequem

 schlecht
(in Trittleitern)

2. Biwakplatz

⊖ gut

⊘ unbequem

⊕ schlecht

3. Steine

4. Schnee oder Eis

5. Gras

6. Baum

7. Kamin

8. Verschneidung

9. Klemmblock

10. Couloir

11. Platte/n

12. Band

13. Nische

14. Überhang

15. Riss

16. Haken

17. Steinschlag

18. Abseilstelle

CLUBHÜTTEN UND ANDERE
ALPINE UNTERKÜNFTE

1. Clubhütten in der Schweiz

Capanna del Forno CAS, 2574 m

Sektion Rorschach SAC. 102 Plätze, davon 24 im Winterraum, das ganze Jahr zugänglich. Hüttenwart während der Sommermonate und vom 20. März bis Pfingsten. Tel. 082 - 4 31 82.
Die Hütte befindet sich im Val Forno auf der E-Seite des Vadrec del Forno, ca. 170 m über dem Gletscher auf einer Terrasse des breiten SW-Grates des Monte del Forno. Die geräumige, vor kurzem erweiterte Hütte liegt mitten in einem grossartigen Berg- und Skitourengebiet. Sie ist besonders für die Winter- und Sommerausbildung geeignet und eingerichtet (SAC-Ausbildungshütte).

1 *Vom Passo del Maloja*
B. 4 Std.
Markierter Hüttenweg.
Von der Passhöhe auf der Passstrasse südwärts hinunter bis zur ersten Kurve (P. 1790). Dort zweigt links ein Fussweg nach Orden ab und führt bei P. 1793 zur Brücke über die Orlegna. Durch den schönen Arvenwald zur Lägh da Cavloc und zur Alp da Cavloc. Von dort bleibt der gute Pfad immer am Westufer der Orlegna bis Plan Canin, P. 1982 (Abzweigung zum Passo del Muretto, Route 101). Westlich am Staubecken der Wasserfassung der Bergeller Kraftwerke bei P. 1992 vorbei und auf der Westseite des Baches zum Vadrec del Forno. Auf dem steileren Teil des Gletscherendes hält man sich eher westlich, bleibt auf dem flachen Teil in Gletschermitte und quert dann entlang den deutlichen Markierungen zum östlichen Gletscherrand hinüber. Dort weisen die Markierungen wieder zum Pfad, der über die Moräne zur Hütte führt.
Ski. Der Hüttenaufstieg ist nicht ganz lawinensicher; vor allem sind Lawinen aus den Westhängen der Pizzi dei Rossi und den Osthängen der Cima dal Largh zu beachten.
Die Aufstiegs- bzw. Abfahrtsroute verläuft, im Gegensatz zum Sommerweg, zwischen Plan Canin und dem Vadrec del Forno in der Talsohle.

1a *Variante Abstieg nach Plan Canin*
B. 2½ Std.

Von der Capanna del Forno führt ein gut markierter Pfad in N-Richtung zum Seelein bei P. 2729 und weiter zu P. 2624. Von dort nach NE abwärts zum Laghetto dei Rossi (bei P. 2382), dann in die Val Muretto und auf R. 101 nach Plan Canin.

2 *Von Chiareggio*
EB. 4½ Std.

Von Chiareggio auf R. 114 zur Sella del Forno (2768 m) und von dort auf R. 115 zur Hütte.

3 *Von der Capanna da l'Albigna*
EB. 4 Std.

Von der Capanna da l'Albigna auf R. 412 zum Pass da Casnil Sud (2941 m) und von dort auf R. 413 zur Hütte.

Capanna da l'Albigna CAS, 2336 m

Sektion Hoher Rohn SAC. 88 Plätze. Bewartet vom 20. Juni bis Ende September. Ausser dieser Zeit ist die Hütte durch Wintertüren geschlossen, jedoch ist der heizbare Winterraum (18 Plätze) im Untergeschoss immer zugänglich. Tel. 082 - 4 14 05.
Die Hütte steht auf der E-Seite des Lägh da l'Albigna, ca. 170 m über dem See. Sie ist Ausgangspunkt für eine grosse Zahl dankbarer und schöner Touren in Fels und Eis von unterschiedlicher Schwierigkeit und Länge.

4 *Von Pranzaira an der Maloja-Passstrasse*
B. 3½ Std.; von der Bergstation der Seilbahn ¾ Std.
Markierter Weg.

Der Hüttenweg beginnt an der Maloja-Passstrasse, etwa 300 m nördlich der Talstation Pranzaira der Seilbahn zum Albignastausee. Er führt auf einem Fahrweg zum Albignabach, P. 1304. Nach der Überquerung des Albignabaches aufwärts über Motta Ciürela (1391 m) zum Sasc Prümaveira (1941 m) und von dort gegen den Fuss der Staumauer. Unter der Staumauer durch auf die östliche Seeseite und von der Mauerkrone in südlicher Richtung zur Hütte.
Von Pranzaira zur Staumauer kann die Seilbahn der Bergeller Kraftwerke benützt werden. Auskunft über den Fahrplan erteilt die Zentrale in Löbbia, Tel. 082 - 4 13 13.

Ski. Liegt Schnee, so ist der Aufstieg aus dem Tal ausserordentlich mühsam und nicht zu empfehlen. Viel besser benützt man die Seilbahn bis zur Staumauer. Bei sicheren Verhältnissen folgt man dem Sommerweg zur Hütte.

Bei Lawinengefahr, die unterhalb des Piz dal Päl sehr gross sein kann, steigt man beim Wärterhaus auf der Staumauer (Westseite des Sees) auf den gefrorenen Stausee ab. Über den Stausee bis zur Bucht südlich der Capanna da l'Albigna. In nordöstlicher Richtung aufsteigend, erreicht man die Hütte. (Beim Betreten des Eises auf dem See ist die Möglichkeit von Einbrüchen durch das Absenken des Sees zu beachten.)

5   *Von Vicosoprano*
B. 4 Std.
Man benützt den Weg auf dem südlichen Ufer des Albignabaches. Bei P. 1188 in nordöstlicher Richtung aufwärts, bis man kurz unterhalb Motta Ciürela auf den Hüttenweg von Pranzaira (Route 4) trifft.

6   *Von der Capanna del Forno*
EB. 4 Std.
Von der Capanna del Forno auf R. 413 zum Pass da Casnil Sud (2941 m) und von dort auf R. 412 zur Hütte.

7   *Von der Capanna Allievi*
EB. 3½ Std.
Von der Capanna Allievi auf R. 502 zum Passo di Zocca (2749 m) und von dort auf R. 501 zur Hütte.

8   *Von der Capanna di Sciora*
EB. 4½ Std.
Von der Capanna di Sciora auf R. 707 zum Pass Cacciabella Sud (2897 m) und von dort auf R. 706 zur Hütte.

Capanna di Sciora CAS, 2118 m

Sektion Hoher Rohn SAC. 42 Plätze. Bewartet vom 1. Juli bis Ende September. Ausser dieser Zeit ist die Hütte durch Wintertüren geschlossen, jedoch ist der heizbare Winterraum (10 Plätze) im Untergeschoss immer zugänglich. Tel. 082 – 4 11 38.

Die Hütte befindet sich auf der Alp Sciora im Val Bondasca. Sie dient als Stützpunkt für einzigartige, anspruchsvolle Kletterfahrten in der Sciora- und Bondascagruppe.

9 *Von Promontogno und Bondo*

B. 3½ Std., 2½ Std. vom Parkplatz bei Laret.

Markierter Weg.
Der Fahrweg von Bondo zum Parkplatz bei Laret in der Val Bondasca darf nur mit Bewilligung der Gemeindebehörde von Bondo befahren werden. Die Bewilligung ist gegen Bezahlung einer Gebühr im Restaurant in Bondo erhältlich.

Von Promontogno benützt man das mitten im Dorf beginnende Strässchen nach Bondo. Bald zweigt nach links der markierte Hüttenweg ab, der zuerst steil ansteigt und bei P. 1023 in das von Bondo kommende Fahrsträsschen mündet. Auf dem Strässchen weiter bis zum Parkplatz unterhalb Laret (1377 m). Von Bondo beginnt der Hüttenweg bei der Brücke über die Bondasca (P. 836). Man erreicht in kurzem, steilem Anstieg den von Promontogno kommenden Pfad.
Vom Parkplatz führt der Weg durch lichten Lärchenwald zum Plän Marener, dann am Rand des steinigen Bachbettes weiter, bis er bei P. 1542 scharf nach links gegen den steilen, mit Felsen durchsetzten Hang (Camin) abschwenkt. Mühsam geht es in vielen Kehren hinauf, wobei der Weg teilweise einem kleinen Bergbach folgt, zur Schäferhütte bei Naravedar (P. 1843). Nun durch den Legföhrenwald wieder rechts haltend auf einen überwachsenen Moränengrat, von dem aus die Hütte sichtbar wird. Zuerst über den Moränenrücken aufsteigend, quert man zum Schluss nach rechts zur Hütte.

Ski. Nur bei sicheren Schneeverhältnissen. Auf dem Fahrweg bis nach Laret (1377 m). Nun in der Val Bondasca eher auf der linken Talseite aufwärts. Dabei hält man auf die Moräne zu, die sich gegen P. 2087 unter dem Pizzo Cengalo-N-Grat hinaufzieht. Auf ca. 2040 m biegt man nach E ab und gelangt schräg aufsteigend zur Hütte. Bei unsicheren Verhältnissen steigt man auf der S-Seite der gegen P. 2374 hinaufführenden Moräne aufwärts, bis man gegen P. 2394 traversieren kann. Von dort, zuerst nach N abfahrend, zur Hütte.

10 *Von der Capanna da l'Albigna*
EB. 5 Std.
Von der Capanna da l'Albigna auf R. 706 zum Pass Cacciabella
Sud (2897 m) und auf R. 707 absteigend zur Hütte.

11 *Von der Capanna Gianetti*
ZS. 5 Std.
Von der Capanna Gianetti auf R. 802 zum Passo di Bondo
(3169 m) und auf R. 801 über den Vadrec da la Bondasca absteigend zur Hütte. Bei starker Verschrundung des Gletschers
kann der Abstieg sehr schwierig sein.

12 *Von der Capanna Sasc Furä*
EB. 3–3½ Std.
Auf R. 880 zum Viäl (2266 m) und auf R. 879 absteigend und
in ENE-Richtung unter dem Vadrec dal Cengal querend zur
Hütte.

Capanna Sasc Furä CAS, 1904 m

Sektion Bregaglia SAC. 50 Plätze, davon 5 im das ganze Jahr geöffne-
ten Winterraum. Bewartet von anfangs Juli bis September; übrige
Zeit geschlossen (Schlüsseldepot in Bondo). Telefon 082 - 4 12 52.
Die Hütte steht auf einer Lichtung im Lärchenwald auf dem Rücken
unterhalb der N-Kante des Pizzo Badile. Sie ist Ausgangspunkt für die
klassische Route über die N-Kante des Pizzo Badile, für die grossartigen, schwierigen Routen durch die NE- und W-Wände dieses Gipfels
und für Touren in der Trubinasca und am Pizzo Cengalo.

13 *Von Promontogno und Bondo*
B. 3 Std.; 2 Std. vom Parkplatz bei Laret.
Markierter Weg.
Der Fahrweg von Bondo zum Parkplatz bei Laret in der Val Bondasca
darf nur mit Bewilligung der Gemeindebehörde von Bondo befahren
werden. Die Bewilligung ist gegen Bezahlung einer Gebühr im Restaurant in Bondo erhältlich.
Von Promontogno benützt man das mitten im Dorf beginnende Strässchen nach Bondo. Bald zweigt nach links der markierte Hüttenweg ab, der zuerst steil ansteigt und bei P. 1023
in das von Bondo kommende Fahrsträsschen mündet. Auf dem
Strässchen weiter bis zum Parkplatz unterhalb Laret (1377 m).
Von Bondo beginnt der Hüttenweg bei der Brücke über die
Bondasca (P. 836). Man erreicht in kurzem, steilem Anstieg
den von Promontogno kommenden Pfad.

Vor der ersten Hütte von Laret zweigt der Weg nach rechts
ab und führt über die Brücke auf die linke Talseite. In südlicher Richtung auf gutem Weg durch den Lärchenwald, später
einer Bachrinne entlang steil aufwärts. Im oberen Teil wird
der Weg etwas flacher und führt anfänglich nach rechts (W)
und nachher in südwestlicher Richtung zur Hütte.

14 *Von der Capanna di Sciora*
EB. 3–3½ Std.

Von der Capanna di Sciora auf R. 879 zum Viäl (2266 m) und
auf R. 880 absteigend zur Hütte.

15 *Von der Capanna Gianetti*
EB. 5½ Std.

Von der Capanna Gianetti auf R. 926 zum Passo Porcellizzo
(2962 m) und auf R. 944 zum Passo della Trubinasca (2701 m),
dann absteigend auf R. 943 zur Hütte.

2. Clubhütten und Biwaks in Italien

Rifugio Del Grande CAI, 2600 m

Sektion Milano CAI. 8 Plätze. Nicht bewartet. Schlüssel in Chiareggio.

Die Hütte befindet sich am Fusse des E-Grates der Cima di Vazzeda
und dient vor allem bei der Besteigung der Cima di Vazzeda und der
Cima di Val Bona. Prachtvolle Aussicht auf das Disgrazia-Massiv.

20 *Von der Capanna del Forno über die Sella del Forno*
EB. 2½ Std.

Von der Capanna del Forno auf dem Weg der Wasserleitung
entlang ostwärts zum Gletscher, der sich sanft ansteigend zur
Sella del Forno (2768 m) hinaufzieht. Von dort steigt man bis
auf etwa 2600 m ab und quert dann in südlicher Richtung die
Hänge der obersten Val Bona gegen P. 2538 am Fuss des E-
Grates der Cima di Val Bona. Nun auf gleichbleibender Höhe,
immer südwärts, über Geröll und Weiden zur Hütte.

21 *Von der Capanna del Forno über den Passo Vazzeda*
EB. 4 Std.
Von der Capanna del Forno auf R. 130 zum Passo Vazzeda
(2967 m). Nun steigt man über den Vedretta Piatte di Vazzeda
ab und quert in südöstlicher Richtung zur Hütte.

22 *Von Chiareggio*
B. 3 Std.
Von Chiareggio auf dem Alpweg Richtung Passo del Muretto,
bis nach links ein Pfad abzweigt, der zur Brücke über den
Màllero und zu den Hütten von Forbesina, am Eingang zum
Valle Sissone, führt. Man folgt ein kurzes Stück dem Bach,
hält dann bei P. 1710 rechts und steigt den steilen Hang auf
einem Zickzackpfad in allgemein westlicher Richtung hinan.
Der Pfad führt in einer Bachrunse über die Steilstufe zu einem
flacheren Weiderücken, biegt dann scharf nach Süden ab und,
dem Steilabsturz folgend, zur Alp Sissone (2290 m). Weiter
in nordwestlicher Richtung aufsteigend, gelangt man zum Fuss
des E-Grates der Cima di Vazzeda und zur Hütte.

22a
B. 3½ Std.
Von Chiareggio kann man die Hütte auch über die Alp Vazzeda erreichen. Man geht auch hier zur Brücke über den Màllero, folgt dann aber sofort dem nach rechts, nordwestlich,
verlaufenden Pfad über einen Rücken zum Bach und über
diesen zur Alp Vazzeda inferiore. Im Bachtobel weiter ansteigend, später rechts haltend, gelangt man auf die weite Terrasse der Alp Vazzeda superiore (2033 m). Nun über den
offenen Hang westwärts bis auf etwa 2200 m. Dort verlässt man
die nach Süden führenden Pfadspuren und steigt weiter bis
unter die Moräne der Vedretta Piatte di Vazzeda. Dann folgt
man ihr gegen Süden zum Fuss des E-Grates der Cima di Vazzeda und zur Hütte.

Bivacco Grandori CAAI, 2992 m
Sektion Milano CAAI. Biwak mit 6 Plätzen.
Das Biwak liegt auf dem Passo di Mello am Fusse des NW-Grates des M.
Pioda.
Zugang siehe R. 160 bis R. 164 (Passo di Mello).

Ski. Dieses Biwak kann bei der Besteigung des Monte Disgrazia von der Capanna del Forno aus bei einem Wetterumsturz gute Dienste leisten. Ist das Biwak vollständig mit Schnee bedeckt, so ist es schwer zu finden.

Rifugio Porro CAI, 1965 m

Sektion Milano CAI. 50 Plätze. Bewartet während der Sommermonate, übrige Zeit geschlossen. Schlüsseldepot in Chiareggio.
Tel. 0039 - 342 451 404.
Die Hütte befindet sich bei der Alp Ventina. Sie ist Ausgangspunkt zum Monte Disgrazia, bzw. zu den Biwaks Taveggia und Oggioni.

23 *Von Chiareggio*
B. 1 Std.

Markierter, guter Weg.
Von Chiareggio in südlicher Richtung über die Brücke auf die S-Seite des Màllero. Nach der Brücke führt der Weg zuerst in südwestlicher, dann in südlicher Richtung im Wald aufwärts zur Hütte.

Bivacco Taveggia CAAI, ca. 2890 m

Sektion Milano CAAI. 4 Plätze.
Das Biwak befindet sich ca. 30 m über dem Vedretta della Ventina auf einem Sattel ungefähr 350 m südwestlich des P. 2882 am Fuss des Punta Kennedy-E-Grates.

24 *Vom Rifugio Porro*
WS. 3 Std. Abb. S. 77.

Vom Rifugio Porro in südlicher Richtung auf einem Moränenweg zur Vedretta della Ventina. Man steigt anfänglich in südlicher, später in südwestlicher Richtung auf dem Gletscher bis auf ca. 2800 m, d. h. bis man unter den vom Monte Disgrazia kommenden Gletscherabbrüchen nach N zu den Felsen traversieren kann, die zu dem auf dem Grat sichtbaren Biwak führen. Vom kürzeren Anstieg entlang der S-Flanke des P. 2882 wird wegen grosser Steinschlaggefahr abgeraten.

Bivacco Oggioni CAI, 3150 m

Sektion Monza CAI. 12 Plätze. Das Biwak steht wenig südlich des Colletto Disgrazia, einem Sattel zwischen P. Ventina und P. 3295 des Monte Disgrazia-NE-Grates.

25 *Vom Bivacco Taveggia*

WS. 1½ Std. Abb. S. 77.

Vom Bivacco Taveggia überquert man den zwischen P. Ventina und Punta Kennedy liegenden Gletscher, am Fuss der ENE-Wand der Punta Kennedy vorbei, und gelangt nach W abbiegend über den stellenweise zerrissenen Gletscher zum Biwak.

Bivacco Rauzi, ca. 3640 m

Associazione Amici di Chiareggio. 9 Plätze.
Das Biwak befindet sich in der Nähe des Gipfels des Monte Disgrazia, und zwar auf dem NE-Grat.

Rifugio Bosio CAI, ca. 2080 m

Sektion Desio CAI. 60 Plätze. Bewartet vom 1. Juli bis 15. September, übrige Zeit geschlossen. Schlüssel bei der hüttenbesitzenden Sektion. Tel. 0039 - 342 451 655.
Die Hütte befindet sich im Valle Airale in der Nähe der Alp Airale.

26 *Von Torre di S. Maria*

B. 3½ Std.

Von Torre di S. Maria auf dem Fahrweg nach Ciappanico. Nun auf gutem Fussweg zur Alp Acquabianca (1563 m) und weiter, dem Torregio entlang, zur Alp Serra (1927 m) und zur Hütte.

27 *Von Chiesa*

B. 3 Std.

Von Chiesa auf markiertem Wanderweg zur Alp Lago (1614 m) und über Alp Serra (1927 m) zur Hütte.

28 *Vom Rifugio Desio*

B. 2 Std.

Auf R. 185 (Passo di Corna Rossa) im Abstieg zur Hütte.

29 *Vom Rifugio Porro*

WS. 5½ Std.

Vom Rifugio Porro über den Passo Cassandra (3097 m), R. 186/187.

Rifugio Desio CAI, ca. 2830 m

Sektion Desio CAI. 18 Plätze. Nicht bewartet, immer offen.
Die Hütte liegt etwa 30 m vom Passo di Corna Rossa entfernt auf der E-Seite des Passes im Valle Airale.

Zugang siehe R. 184/185 (Passo di Corna Rossa).

Rifugio Ponti CAI, 2559 m

Sektion Milano CAI. 88 Plätze. Bewartet während den Sommermonaten; die übrige Zeit ist die Hütte, mit Ausnahme des Winterraumes mit 6 Plätzen, geschlossen. Schlüsseldepot in S. Martino. Telefon 0039 - 342 611 455.
Die Hütte liegt im Valle Preda Rossa westlich der rechten Seitenmoräne des Ghiacciaio di Preda Rossa. Sie wird hauptsächlich bei Besteigungen im Disgraziagebiet benützt.

30   *Von Cataeggio — Preda Rossa*
B. 2 Std. von Preda Rossa

Von Cataeggio bzw. Filorero (841 m) führt eine Kraftwerkstrasse ins Val di Sasso Bisolo und nach Preda Rossa (1955 m, Parkplatz). In nordöstlicher Richtung wandert man über die Hochebene von Piano di Preda Rosso und erreicht auf der rechten Talseite eine zweite Terrasse. Von dort überwindet der Pfad in nördlicher Richtung eine Felsstufe. Dann führt der Weg über einen weiten Gras- und Geröllhang zur Hütte.

31   *Vom Rifugio Desio*
EB. 1 Std.

Auf Pfadspuren auf der W-Seite des Passo di Corna Rossa steigt man über brüchige Felsen zum Ghiacciaio di Preda Rossa ab. Man traversiert den Gletscher zur grossen Seitenmoräne auf der NW-Seite, und über diese gelangt man auf dem markierten Pfad zur Hütte.

32   *Von der Capanna del Forno auf R. 149 zum Monte Sissone*
WS. 6½ Std.

Vom Gipfel steigt man etwa 50 m über den Westgrat bis zur Schulter ab, wendet sich dann nach Süden und gelangt über gut gestufte Felsen (1 SL) zum Firnhang der Südflanke. Im Firnhang steigt man bis auf etwa 2800 m ab, trifft auf den Sentiero Roma und gelangt auf R. 166/165 über die Bocchetta Roma zur Hütte.

32.1   *Vom Bivacco Manzi*
EB. 5 Std.

Vom Bivacco Manzi auf R. 202 zum Passo Cameraccio (ca. 2950 m) und auf R. 166 zur Bocchetta Roma (ca. 2880 m) und weiter auf R. 165 zum Rifugio.

Bivacco Manzi CAAI, ca. 2540 m

Sektion Milano CAAI. Biwak mit 9 Plätzen. Ganzjährig geöffnet; Schlüsseldepot in der Capanna Allievi oder beim Biwak selbst. Das Biwak liegt auf einer Rippe im östlichen Teil des Valle Torrone, wenig westlich P. 2562. Günstiger Standort für Touren im Torronegebiet.

33   *Von S. Martino*
BG. 5 Std.

Der Weg ist zum Teil verschüttet und überwachsen, da die Casera Torrone nicht mehr bestossen wird.

Von S. Martino (siehe auch R. 36) durch die Valle di Mello zu den Hütten von Rasica und weiter zur Brücke über den aus der Valle Torrone fliessenden Bach. Auf der W-Seite des Baches auf Pfadspuren steil hinauf bis unter die Felsen und auf deren E-Seite zur Casera Torrone (1996 m). Auf der Geländeterrasse nach E und dann nach N über die Alpen aufwärts bis zum markierten Sentiero Roma und auf diesem zum Biwak.

34   *Vom Bivacco Grandori*
EB. 2 Std.

Vom Bivacco Grandori über den Passo Cameraccio (ca. 2950 m), R. 201/202.

35   *Von der Capanna Allievi*
EB. 2 Std.

Von der Capanna Allievi über den Passo Val Torrone (2518 m), R. 254/253.

35.1   *Vom Rifugio Ponti*
EB. 5 Std.

Vom Rifugio Ponti auf R. 201 über die Bocchetta Roma (ca. 2880 m) zum Passo Cameraccio (ca. 2950 m) und auf R. 202 zum Biwak.

Capanna Allievi CAI, 2387 m

Sektion Milano CAI. 140 Plätze. Bewartet während den Sommermonaten; die übrige Zeit ist die Hütte geschlossen (Schlüsseldepot in S. Martino). Tel. 0039 - 342 614 200.

Die Hütte (Neubau 1988) liegt auf einer Terrasse im obersten Valle Zocca, ca. 1 km südöstlich des Passo di Zocca. Sie ist ein günstig und schön gelegener Ausgangspunkt für eine Reihe prächtiger S-Anstiege vom Pizzo di Zocca bis zur Punta Rasica.

36 *Von S. Martino*

B. 4 Std.

Markierter Hüttenweg.

Von S. Martino auf Fahrsträsschen bis Ca dei Rogni (Parkplatz) im Valle di Mello. Auf einem guten Pfad, dem nördlichen Ufer des Baches entlang, zu den Hütten von Cascina Piana (1092 m). Nach etwa 400 m zweigt der Weg nach N ins steile Valle Zocca ab und führt zum Teil im Wald, zuerst im Zickzack, westlich des Baches aufwärts. Bei P. 1503 wechselt man auf die östliche Seite des Baches und gelangt zur Casera Zocca (1726 m). Weiter in nördlicher Richtung aufwärts (nicht gegen den Bach absteigen) und später zum flachen Talboden Il Pianone (2070 m). Nun über eine Felsstufe mit zahlreichen Kehren zur Hütte.

37 *Vom Bivacco Molteni*

EB. 3 Std.

Vom Bivacco Molteni auf R. 533/534 zum Passo Qualido (2647 m) und weiter auf R. 523/522 über den Passo dell'Averta (ca. 2540 m).

38 *Von der Capanna da l'Albigna*

EB. 3½ Std.

Von der Capanna da l'Albigna über den Passo di Zocca (2749 m), R. 501/502.

39 *Von der Capanna del Forno*

WS. 5 Std.

Von der Capanna del Forno über den Colle del Castello (3215 m), R. 265/266.

40 *Vom Bivacco Manzi*

EB. 2 Std.

Vom Bivacco Manzi über den Passo Val Torrone (2518 m),
R. 253/254.

Bivacco Molteni CAI, ca. 2510 m

Sektion Como CAI. Biwak mit 9 Plätzen.

Das Biwak steht unter einem grossen Felsblock (ca. 100 m unterhalb
des Sentiero Roma) im obersten Teil des Valle del Ferro (Koord. 768
550/127 260 und ist von E und N nicht sichtbar.

41 *Von S. Martino*

EB. 4 Std.

Von S. Martino ca. 1 km auf dem Fahrsträsschen ins Valle di
Mello, wo der Pfad nach links in das Valle del Ferro abbiegt.
Nach etwa 200 m Höhengewinn zwischen zwei Felsstufen
nordwärts gegen den Bach, oberhalb des ersten Wasserfalles.
Dem Bach folgend hinauf zur Casera del Ferro (1658 m). Weiter auf Pfadspuren über eine zweite und dritte Felsstufe zum
offenen Talhintergrund, zuerst über Weiden, dann über Geröll
zum Biwak.

42 *Von der Capanna Gianetti*

EB. 3 Std.

Von der Capanna Gianetti über den Passo del Camerozzo
(2765 m), R. 556/557.

43 *Von der Capanna di Sciora*

WS. 6 Std.

Von der Capanna di Sciora über den Passo del Ferro (ca.
3205 m), R. 550/551.

44 *Von der Capanna Allievi*

EB. 3 Std.

Von der Capanna Allievi auf R. 522/523 über den Passo del-
l'Averta (ca. 2540 m) und weiter auf R. 532/533 zum Passo
Qualido (2647 m).

Bivacco Ronconi, 3169 m

Gruppo Edelweiss di Morbegno. 4 Plätze.

Das Biwak befindet sich einige Schritte südlich des Passo di Bondo.
Zugang siehe R. 801/802 (Passo di Bondo).

Capanna Gianetti CAI, 2534 m

Sektion Milano CAI. 90 Plätze. Bewartet während den Sommermonaten, Tel. 0039 - 342 645 252. Neben der Capanna Gianetti steht die Capanna Attilio Piacco, die auch ausserhalb der Sommersaison als Winterraum (15 Plätze) geöffnet bleibt. Die beiden Hütten liegen auf einem Gras- und Geröllhang im oberen Valle Porcellizzo am Südfuss des Pizzo Badile.

45 *Von Bagni del Màsino*

B. 4 Std.

Markierter Hüttenweg.

Von den Bagni del Màsino folgt man dem Pfad, der auf der E-Seite des Valle Porcellizzo in steilen Serpentinen nordostwärts durch den Wald nach Corte Vecchia (1405 m) führt. Dann passiert man einen Durchgang zwischen zwei mächtigen Blökken («le Termopili»), wendet sich bald nach rechts (E), um eine Stufe zu P. 1703 zu überwinden. Nun in nördlicher Richtung über zwei weitere Stufen zur Casera Porcellizzo, auch Casera Zoccone genannt (1899 m). Kurz nach der Casera Porcellizzo überschreitet man den Bach und gelangt, auf der rechten Talseite auf einem guten Weg in nördlicher Richtung aufsteigend, zur Hütte.

46 *Von der Capanna Luigi Brasca*

EB. 4 Std.

Von der Capanna Luigi Brasca über den Passo del Barbacan (2598 m), R. 56.

47 *Vom Bivacco Vaninetti*

EB. 3 Std.

Vom Bivacco Vaninetti über den Passo Porcellizzo (2962 m), R. 927/926.

48 *Von der Capanna di Sciora*
WS. 6 Std.
Von der Capanna di Sciora über den Passo di Bondo (3169 m),
R. 801/802.

49 *Vom Bivacco Molteni*
EB. 3 Std.
Vom Bivacco Molteni über den Passo del Camerozzo (2765 m),
R. 556/557.

49.1 *Vom Rifugio Omio über den Sentiero Risari*
EB. 3 Std.
Markierter Übergang, mit Drahtseilen gesichert.
Vom Rifugio Omio auf gut markiertem Pfad in N-Richtung bis
zur Abzweigung zum Passo dell'Oro in der Nähe von P. 2362.
Nun steil aufwärts zur Lücke im ESE-Grat der Cima del Barbacan (ca. 2600 m). Eine Reihe von Bändern führt in NW-Richtung
durch die NE-Wand der Cima del Barbacan abwärts. Über Geröll, Blöcke und Wiesen gelangt man zur Capanna Gianetti.

Bivacco Redaelli CAI, ca. 3300 m
Sektion Lecco CAI. 4 Plätze. Notunterkunft auf der östlichsten Gipfelerhebung des Pizzo Badile.

Bivacco Vaninetti CAI, 2577 m
Sektion Novate Mezzola CAI. Neues Biwak mit 9 Plätzen auf einer klei-
nen Fels- und Grasterrasse des SW-Ausläufers des Pizzo Trubinasca.
Das Biwak wird auch als Bivacco Pedroni-Del Prà bezeichnet.

50 *Von der Capanna Luigi Brasca*
B. 4 Std.
Von der Capanna Luigi Brasca steigt man auf R. 965 über Sivigia
gegen die Bocchetta della Tegiola bis unterhalb P. 2214 auf. Nun
verlässt man den Pfad zur Bocchetta della Tegiola und folgt in
NE-, dann ESE-Richtung Pfadspuren und erreicht zuletzt über
Gras und Platten das Biwak.

51 *Von Castasegna oder Bondo*
B. 7 Std.
Von Castasegna oder Bondo auf R. 963/962 zur Bocchetta della
Tegiola. Von der Bocchetta steigt man auf die S-Seite ab, bis man

unterhalb P. 2214 nach E abzweigen kann. Auf R. 50 gelangt man zum Biwak.

52 *Von der Capanna Gianetti*
EB. 3 Std.

Von der Capanna Gianetti über den Passo Porcellizzo (2962 m), R. 926/927.

Capanna Luigi Brasca CAI, 1304 m
Sektion Milano CAI. 40 Plätze. Bewartet während den Sommermonaten; die übrige Zeit ist die Hütte geschlossen (Schlüsseldepots in Novate Mezzola und Codera).
Die Hütte steht auf der Alp Coeder im Val Codera.

53 *Von Novate Mezzola*
B. 4½ Std., 4 Std. vom Parkplatz (1,2 km nach Novate Mezzola).

Von Novate Mezzola auf markiertem Wanderweg über Mezzolpiano zum Dörfchen Codera. Weiter in der Val Codera über Saline und Bresciadega zur Clubhütte.

54 *Von Castasegna oder Bondo*
B. 9 Std.

Von Castasegna oder Bondo auf R. 963/962 zur Bocchetta della Tegiola und auf R. 965 zur Hütte.

55 *Vom Bivacco Vaninetti*
B. 2 Std.

Vom Bivacco Vaninetti in westlicher Richtung absteigend, gelangt man unterhalb P. 2214 auf den von der Bocchetta della Tegiola kommenden Pfad und auf R. 965 zur Hütte.

56 *Von der Capanna Gianetti*
EB. 4 Std.
Teilstück des Sentiero Roma.

Von der Capanna Gianetti folgt man dem Sentiero Roma in südwestlicher Richtung zum Passo del Barbacan (2598 m, 2 Std.). Steiler Abstieg nach W in die Val Codera, zuerst — um Steinschlag zu vermeiden — über die Grasbänder nördlich des Couloirs, dann in der Fallinie, teilweise auf Wegspuren über Geröll und Blöcke zu einer Terrasse und südwestlich um den Gratausläufer des P. 2326 zur Alp Averta. Über die steilen Weiden zuerst nordwestlich, später westwärts zur Alp Coeder und zur Hütte.

57 *Vom Rifugio Omio*

EB. 4½ Std.

Vom Rifugio Omio zuerst in nördlicher, dann nordwestlicher Richtung zum Passo dell'Oro (2574 m, 2 Std.). Auf der W-Seite, im Couloir entlang dem W-Grat der Cima del Barbacan, abwärts, bis man am Fuss des W-Grates in nördlicher Richtung zum vom Passo del Barbacan kommenden Pfad queren kann. Nun weiter abwärts in die Val Codera wie bei R. 56.

Rifugio Omio CAI, ca. 2100 m

Società Escursionisti Milanesi (SEM), Sektion des CAI. 35 Plätze. Bewartet während den Sommermonaten; die übrige Zeit ist die Hütte geschlossen. Schlüsseldepot beim Hüttenwart in S. Martino.

Die Hütte befindet sich im Valle Ligonico (Koord. 764.185/124.240) am Sentiero Roma. In diesem Führer werden nur die Zu- und Übergänge zum Rifugio beschrieben, da sie zum Sentiero Roma gehören. Das Gebiet des Rifugio liegt aber ausserhalb des in diesem Führer behandelten Gebietes.

58 *Von Bagni del Màsino*

B. 2½ Std.

Markierter Hüttenweg.

Von Bagni del Màsino über die Brücke des aus dem Valle Porcellizzo kommenden Baches nach W. Im Wald nordwestlich im Zickzack aufwärts zu P. 1590, weiter nach W zu P. 1767. Über Weiden und lichten Wald in westlicher Richtung zum Rifugio.

58a

Von Bagni del Màsino kann man, statt direkt zu P. 1590 aufzusteigen, zuerst dem Weg ins Valle Ligonico folgen (ca. 500 m) und dann in westlicher Richtung, zuerst durch Wald, dann über Weiden und in lichtem Wald zu den Hütten bei P. 1725 gelangen; dann quert man nach N zu P. 1767 und erreicht auf R. 58 die Hütte.

59 *Von der Capanna Luigi Brasca*

EB. 4½ Std.

Von der Capanna Luigi Brasca über den Passo dell'Oro (2574 m), R. 57.

60 *Von der Capanna Gianetti*

EB. 3 Std.

Von der Capanna Gianetti auf R. 49.1 über den ESE-Grat der Cima del Barbacan (Sentiero Risari).

BERGE UND PASSÜBERGÄNGE

1. Pizzi dei Rossi – Monte Sissone – Monte Disgrazia

Passo del Muretto – Pizzi dei Rossi – Monte del Forno – Monte Rosso – Cima di Val Bona – Cima di Vazzeda – Cima di Rosso – Monte Sissone – Monte Disgrazia.

Passo del Muretto, 2562 m

Leichter Übergang vom Oberengadin über Val Malenco ins Veltlin, der früher von Säumern benützt wurde.

101 *Von Maloja*

B. 3½ Std.

Auf dem Weg zur Capanna del Forno (R. 1) bis vor Plan Canin. Nach P. 1982 steigt der Weg nach einer Rechtskurve steil an. Den Weg vor dieser Kurve nach links verlassen und die Orlegna überqueren. Fehlt die Brücke, so kann als Übergang das Stauwehr der Bergeller Kraftwerke (P. 1992) benützt werden. Pfadspuren führen östlich des Baches über Geröllhänge hinauf zu einem flachen, meistens schneebedeckten Talboden. Der Pass zeigt zwei Einsenkungen, die durch P. 2627.7 getrennt sind. Man benützt die niedrigere, östliche Senke.

Ski. Lohnende Skitour bei sicheren Verhältnissen.

102 *Von Chiareggio*

B. 3½ Std.

Von Chiareggio auf der linken Talseite des Màllero zum Eingang der Val Muretto. Nun auf dem Alpweg mit vielen Kehren zur Alp dell'Oro (2010 m), die einen unvergleichlichen Blick auf das Disgrazia-Massiv bietet (1½ Std.). Von hier führt, immer am östlichen Talhang entlang, ein guter Pfad über Geröll und Moränen zur Passhöhe.

103 *Von der Capanna del Forno*

EB. 2½ Std.

Auf dem Weg der Wasserleitung entlang zum Gletscher und hinauf zur Sella del Forno (2768 m). Von dort nordostwärts gegen einen markanten Steinmann, dann auf den S-Grat nördlich P. 2944 aufsteigen zum mit einer Stange markierten Übergang. Nun steigt man auf der E-Flanke zuerst über Schnee, dann über Schrofen und Schutt abwärts und traversiert entlang markierter Route westlich P. 2586 in nördlicher Richtung zum Pass.

Pizzi dei Rossi, 3026.5 m

Eindrucksvoller Talabschluss im Süden von Maloja, zwischen Val Muretto und Val Forno. Vom kotierten E-Gipfel führt der W-Grat zum wenig markanten W-Gipfel, von dem der Grat nach NW gegen P. 2857 abbiegt.

104 *Von der Capanna del Forno über den SSE-Grat*

WS. 2½ Std. Abb. S. 41.

Empfehlenswerte Route von der Capanna del Forno. Besonders dankbar ist die Überschreitung des Grates vom Monte del Forno zu den Pizzi dei Rossi.

Von der Capanna del Forno in nordöstlicher Richtung zu den obersten Gletscherfeldern im Westabhang des Monte del Forno. Von hier über einen Firnhang zur Gratsenke südlich P. 3082. In leichter, abwechslungsreicher Kletterei über den SSE-Grat zum Gipfel.

105 *W-Grat*

WS. 2½ Std. Abb. S. 41.

Lohnende Aussicht.

Von der Capanna del Forno in nördlicher Richtung auf der Westseite des Monte del Forno leicht ansteigend zum Seelein bei P. 2729 (bis dahin markiert). Weiter in nördlicher Richtung zum Fuss des Westgrates (ca. 2840 m). Nun rechts, östlich des Sporns durch ein Couloir zu einer markanten Einsattelung im Grat. Nachher folgt man dem Kamm, sich eher südlich unterhalb des Grates haltend, zum Gipfel.

106 *Über die N-Flanke*
WS. 5 Std.

Mühsamer Anstieg.

Von Maloja auf R.101 bis zur flachen Mulde unterhalb der Passhöhe. Nun steigt man, nach rechts abbiegend, über Schutt, Gras und Schnee in nordwestlicher Richtung auf ca. 2600 m auf und quert dann nach W zum Vadrec dei Rossi. Auf dem wenig steilen Gletscher, der einige Spalten aufweist, in südlicher Richtung an den Fuss des Berges. Nach Überwindung des Bergschrundes durch eine kurze, aber steile Rinne zum NW-Grat, den man wenig vom W-Gipfel entfernt erreicht. Weiter über den W-Grat, sich eher südlich unterhalb des Grates haltend, zum Gipfel.

107 *Über die E-Flanke*
WS. 4½ Std.

Eintönig.

Von Maloja auf R.101 bis zur flachen Mulde unterhalb der Passhöhe. Nun steigt man in westlicher Richtung über Geröll- und Schneehalden zum kleinen Gletscher, der sich vom Verbindungsgrat Pizzi dei Rossi – Monte del Forno herabzieht, auf und gelangt an den Fuss des Gipfelaufschwungs. Über die Felsen, zuletzt ein interessantes Kamin überwindend, gelangt man zum höchsten Zacken.

Ski. Bei guten Verhältnissen lohnende, rassige Skitour.

Monte del Forno, 3214.2 m

Oft bestiegener, dankbarer Aussichtsberg.

108 *Von der Capanna del Forno über den S-Grat*
II. 2½ Std. Abb. S. 41.

Landschaftlich eindrucksvolle, leichte Gletscher- und Felsroute.
L. Held, August 1878.

Auf dem Weg der Wasserleitung entlang zum Gletscher und hinauf zur Sella del Forno (2768 m). Von dort nordostwärts gegen einen markanten Steinmann, dann auf den S-Grat nördlich P.2944 aufsteigen (mit Stange markiert, Übergang zum

Passo del Muretto, R. 103). Nun nordwärts auf dem zu den Gipfelfelsen führenden Rücken. Bei den Gipfelfelsen etwas nach links (westlich) unter den Felsen durch bis zu einem Couloir, das sich bald zu einem Kamin verengt. Durch dieses überwindet man die Felsstufe (zwei SL) und erreicht über Schutt den Gipfel.

Ski. Skidepot oberhalb der Sella del Forno.

108 a *Variante*
Empfehlenswerte Variante. Steinschlagsicher.
II+.

Bei den Gipfelfelsen steigt man nicht durch das Couloir auf, sondern beginnt mit dem Anstieg etwa 40 m westlich des Couloirs. Dort folgt man einem Quarzband von links nach rechts, erreicht so das Ende des Kamins und über Schutt den Gipfel.

109 *W-Wand*
III. 4 Std. Abb. S. 41.
Der Aufstieg durch die W-Wand ist durch lose Steine beeinträchtigt.
L. Friedmann und L. Purtscheller, 10. August 1883.

Von der Capanna del Forno steigt man zum Anfang des W-Grates auf. Man kann nun über den Gletscher auf der N-Seite des W- bzw. SW-Grates leicht zum Einstieg der W-Wand gelangen. Er befindet sich dort, wo der SW-Grat an der W-Wand endet. Die Route führt zuerst durch ein Kamin ca. 15 m aufwärts zu einem guten Stand. Von dort quert man nach rechts über ein Band und über Felsstufen auf den Grat hinaus. Weiter über loses Gestein zum Gipfel.

109 a *W- bzw. SW-Grat und W-Wand*
Schwieriger und länger ist der Anstieg über den mit vielen Türmen gespickten W und SW-Grat, der direkt beim Einstieg an der W-Wand endet.
Beim Beginn des SW-Grates befindet sich ein Klettergarten mit prächtigen Genussklettereien im II. bis V. Schwierigkeitsgrad. Die Routen sind mit H gesichert.
Der Zugang von der Capanna del Forno zum Einstieg der verschiedenen Routen ist gut markiert (1 Std.).

Monte del Forno und Pizzi dei Rossi von W

110   *Von der Capanna del Forno über den Nordwestgrat*
WS. 3 Std. Abb. S. 41.

Schöne und interessante Skiroute.

Von der Capanna del Forno in nordöstlicher Richtung zu den obersten Gletscherfeldern im Westabhang des Berges. Von hier über einen Firnhang zur Gratsenke südlich P. 3082. Nach SE über den Block- und Schuttgrat leicht zum Gipfel (ev. Wächten!).

Ski. Als Alternative zur gebräuchlichen Abfahrt von der Capanna del Forno ins Tal kann der Weg über die oben erwähnte Gratsenke südlich P. 3082 gewählt werden. Abfahrt über den nach E abfallenden Gletscher gegen den Passo del Muretto und weiter nach Plan Canin und Maloja. Nur bei sicheren Verhältnissen.

111   *Vom Passo del Muretto über den NE und NW-Grat*
WS. 2½ Std.

Lohnender Anstieg vom Passo del Muretto.
Alfredo Corti und G. Foianini mit Livio Lenatti, 7. Juli 1934.

Vom Pass über Schutt und Schrofen, der Grenze nach, zum Felssporn, der zum NW-Grat hinaufführt. Über dessen Rücken unschwierig zum Vorgipfel P. 3178 und über den NW-Grat zum Gipfel.

112   *Vom Passo del Muretto über den E-Grat*
WS. 2 Std.

Leichter Anstieg.
A. und R. Balabio, A. Calegari und U. Franci, 19. August 1910.

Vom Passo del Muretto nach Südwesten hinauf gegen den Rand des kleinen Gletschers in der NE-Flanke des Monte del Forno. Unter dem Gletscher durch zum Ostgrat, den man in einer Höhe von etwa 2800 m erreicht. Über den Grat in leichter Kletterei, gelegentlich wenige Meter nach Norden ausweichend, zum Gipfel.

112 a   *Vom Passo del Muretto über die SE-Flanke und den S-Grat*
Vom Passo del Muretto in südlicher Richtung zum P. 2586. Nun durch die SE-Flanke auf Schutt und Schnee zum mit einer Stange markierten Übergang im S-Grat nördlich P. 2944 und auf R. 108 zum Gipfel.

Sella del Forno, 2768 m

Verbindet Val Forno mit Val Malenco und dem Veltlin. Kürzester Zugang von Chiareggio zur Capanna del Forno.

113 *Von der Capanna del Forno*

EB. 1 Std. Abb. S. 41.

Auf dem Weg der Wasserleitung entlang ostwärts auf markierter Route zur Sella del Forno.

Ski. Kurze Skitour.

114 *Von Chiareggio über Alp dell'Oro*

EB. 4 Std.

Von Chiareggio auf der linken Talseite des Màllero zum Eingang der Val Muretto. Auf dem Alpweg mit vielen Kehren auf die Höhe der Alp dell'Oro. Hier nach links (NW) abzweigen und abwärts zur Alp Monterosso inferiore (1946 m). Über den Rücken auf der S-Seite des aus der Val Bona fliessenden Baches steil aufwärts bis zum von der Alp Vazzeda superiore kommenden Pfad. Auf diesem in NW-Richtung zur Val Bona. Auf ca. 2100 m über den Bach und in der linken Talflanke weiter aufwärts. Zuletzt steil über Geröll und Schnee zur Sella del Forno.

114a *Von Chiareggio über Alp Vazzeda*

WS. 4 Std.

Markiert.

Man kann, statt gegen den Passo del Muretto anzusteigen, die Brücke über den Murettobach benützen und erreicht auf gut markiertem Pfad die Alp Vazzeda inferiore. Der Weg führt nun weiter zur Alp Vazzeda superiore (2033 m). Von dieser Alp in nordwestlicher Richtung gegen die Val Bona und auf Route 114 zur Sella del Forno.

Monte Rosso, 3088 m

Im Kreis der bedeutenderen Gipfel der Fornogruppe wenig auffallend. Bietet aber verschiedene dankbare Kletterrouten in der Nähe der Capanna del Forno.

115 *NE-Grat*

III+. 4 Std. Abb. S. 45.

Schöne Gratkletterei; die dankbarste Route am Monte Rosso.

L. Normann Neruda mit Christian Klucker, 16. August 1889.

Auf dem Weg der Wasserleitung entlang ostwärts auf markierter Route zur Sella del Forno. Vom Pass steigt man nach rechts (S) über Blöcke auf und quert dann die breite Hangflanke zu einem teilweise mit Eis bedeckten Sattel (P. 2884). Von diesem über ein steiles Eisfeld zum Grataufschwung, der zum Vorgipfel P. 2991 («Palazzo») führt. (Das Eisfeld kann links umgangen werden, wobei man vom Sattel in gutem Fels, III+, zwei SL aufwärts klettert.) Nach dem Vorgipfel folgt ein flacheres Stück mit kurzweiligem Auf und Ab über verschiedene Gratzacken. Am Gipfelaufbau wird die grosse Platte an einem schmalen Riss direkt erklettert. Die als Schlüsselstelle geltende Platte kann auf der E-Seite über Geröll und leichte Platten umgangen werden. Der Aufschwung nach der grossen Platte wird an einem Riss (H) auf der linken Seite erklettert. Nun leicht über den Grat zum Gipfel.

116   *ENE-Grat*
II. 5 Std.

Mühsam, nicht empfehlenswert.

Von Chiareggio auf R. 114 bis zu den obersten Hängen der Val Bona. Über Schnee und Schutt traversiert man zur NE-Flanke des Monte Rosso, in der man in südwestlicher Richtung aufsteigt. Dann links haltend über Moränenschutt zu einer Schulter im E-Grat. Steil, aber nicht schwierig aufwärts zum Gipfel.

117   *SE-Grat*
II. 2½ Std.

Schöner Blockgrat.

A. und R. Balabio, A. Calegari und G. Scotti, 25. September 1908.

Von der Capanna del Forno auf R. 124 zum Passo di Val Bona (2956 m). Über Firn und leichte Felsen zum eigentlichen Grat, der ohne Schwierigkeiten bis zum Gipfel verfolgt wird.

118   *Von NE über den SW-Grat*
II. 2½ Std. Abb. S. 45.

Normalroute von der Capanna del Forno.

Von der Capanna del Forno überquert man den von der Sella del Forno herunterkommenden Gletscherarm in südöstlicher Richtung und steigt, den Pfadspuren folgend, über die Geröllhänge der N-Flanke und dann westlich um den Felsaufschwung

Monte Rosso von NW

Passo Vazzeda

Monte Rosso

118a

130

118

119

120

115

P. 2849 herum, zum NW-Grat auf. Weiter über Schutt und Firn
in SE-Richtung zum P. 2987 und über den SW-Grat ohne nen-
nenswerte Schwierigkeiten zum Gipfel. ˙

118a   *Über den SW-Grat*

II+. 2½ Std. Abb. S. 45.

Emil Gretschmann und Walter Kirschten, 13. August 1925.

Von der Capanna del Forno auf den Vadrec del Forno hinunter
und um die Westflanke des Monte Rosso herum zum Fuss des
SW-Grates (ungefähr auf der Höhe von 2640 m). Der untere Teil
des Grates ist leicht begehbar. Der mittlere, besonders bevor
man P. 2987 erreicht, ist exponiert. Von P. 2987 ohne nennens-
werte Schwierigkeiten zum Gipfel.

119   *W-Flanke*

II. 2 Std. Abb. S. 45.

Leichter, wenig interessanter Anstieg. Die Route wird bei günstigen
Schneeverhältnissen für den Abstieg benützt.

Auf R. 118 an den Fuss der Westflanke. Über deren Firnhang
und einige leichte Felsen zum höchsten Punkt.

120   *NW-Grat*

III. 3 Std. Abb. S. 45.

Schöner Aufstieg in gutem Fels; die schwierigsten Stellen können leicht
umgangen werden.

Von der Capanna del Forno auf R. 118 zum Beginn des NW-
Grates bei P. 2849. Nun folgt man dem Grat, manchmal rechts
der Gratkante, in abwechslungsreicher Kletterei bis zum Gipfel.

Kluckerzahn, ca. 2860 m

Ohne Namen und Höhenangabe auf der LK. Markanter, ca. 200 m hoher
Felsturm in der NW-Flanke des Monte Rosso-NE-Grates.

121   *Von SE*

III. ½ Std.

Normalanstieg, Höhendifferenz ca. 50 m.

Man kann den plattigen Felsaufbau an verschiedenen Punkten
anpacken, und entsprechend kurz oder lang ist der Anstieg. Der
eigentliche Gipfelturm wird auf der S-Seite erklettert.

122 *N-Kante*
V – VI- und A2. 4–5 Std.

Interessanter, sehr schwieriger Anstieg in ausgezeichnetem Fels (30 H und 25 Bh).
A. Bianchi, M. Lamm und P. Nigg, 25./26. September 1968.

Der Einstieg befindet sich bei den Rissen hart rechts der Kante. Die Route führt über die ausgeprägte N-Kante; die Hauptschwierigkeiten in der Kantenmitte und im oberen Teil werden mit H und Bh überwunden.

123 *E-Wand*
IV. 2 Std.

Interessante Route über glatte Plattenschüsse.

Die Wand wird ungefähr in ihrer Mitte, östlich der N-Kante, angegangen. Man klettert an Rissen und über glatte Platten gerade aufwärts. Im oberen Teil ist die Wand stärker gegliedert und wird über Risse und Verschneidungen erklettert. Der Gipfelaufschwung ist sehr steil, kann aber gerade aufwärts bezwungen werden.

Passo di Val Bona, 2956 m
Vergletscherter Übergang vom Fornogebiet in die Val Bona, der auf der italienischen Seite mit Passo del Monte Rosso bezeichnet wird. Touristisch von geringer Bedeutung.

124 *Von der Capanna del Forno*
EB. 2 Std.

Von der Hütte auf den Gletscher hinunter und südwärts, um den Monte Rosso herum, in die Gletschermulde zwischen Cima di Vazzeda und Cima di Val Bona. Über den Gletscher in östlicher, dann fast nördlicher Richtung zum Pass. Die nur unwesentlich tiefere Senke P. 2952 östlich des im Passeinschnitt liegenden Felskopfes führt auf der italienischen Seite zu einem steilen Eishang und ist nicht zu empfehlen.

125 *Von Chiareggio*
EB. 4 Std.

Auf der R. 114 oder 114 a bis zu den obersten Hängen der Val Bona. Nun auf die südliche Talseite hinüberqueren und über

Geröll zum unbenannten kleinen Gletscher auf der E-Seite des Monte Rosso und über diesen zum Pass aufsteigen.

Cima di Val Bona, 3033 m

Skiberg. Interessante Kletterroute über den E-Grat.

126   *Von der Capanna del Forno*

L. 2½ Std.

Von der Hütte auf den Gletscher hinunter und südwärts, um den Monte Rosso herum, in die Gletschermulde zwischen Cima di Vazzeda und Cima di Val Bona. Über den Gletscher in östlicher Richtung bis wenige Meter unter den Gipfel, den man über leichte Felsen erreicht.

Ski. Kurze, interessante Skitour.

127   *NE-Wand des östlichen Vorgipfels*

III – IV. 5–6 Std.

Interessante Kletterei durch die Wand, die auf den östlichen Vorgipfel (ca. 2948 m) führt.

F. Longoni und C. Sicola, 11. August 1937.

Auf R. 128 (E-Grat) auf die NE-Seite des E-Grates. Der Einstieg befindet sich bei dem diagonalen Band, das im oberen Teil unter dem E-Grat mit einer Anzahl eindrücklicher Überhänge und Aufschwünge endet. Das Band erreicht man über treppenartige Platten. Man folgt dem Band ca. 40 m nach links, verlässt es über zerrissene Platten (ca. 10 m) und gelangt zu einer grossen Verschneidung. Durch diese schräg aufwärts gegen den E-Grat (kompaktes Dach). Nun traversiert man nach rechts (H) bis zu einer kleinen Terrasse. Weiter ca. 50 m über leichte Bänder an den Fuss der zweiten Bastion, die ununterbrochen bis zum Gipfel ansteigt. Zerrissene Platten führen an den Fuss einer Kamin-Verschneidung, die man unter Überwindung eines Blockes erklettert. Es geht weiter über Platten gegen einen weissen Strich, der wenig unter der nahen Kante des E-Grates endet. In einer breiter werdenden Rinne, die auf dem Grat endet, aufwärts, wo es möglich ist, über weniger schwierige Platten nach rechts zu traversieren, knapp unter dem Vorgipfel, den man in leichter Kletterei erreicht. Vom Vorgipfel Übergang über den Grat zur Cima di Val Bona.

128 *Über den E-Grat*
IV+. 4 – 5 Std.

Interessante, schwierige Route in ausgezeichnetem Granit.
R. Chabod, Alfredo Corti und G. Gervasutti, 15. Juni 1933.
Zugang und Einstieg: Vom Rifugio Del Grande quert man, auf gleicher Höhe bleibend, unterhalb der Vedretta Piatte di Vazzeda zum Gratfuss (1 Std.).
Von der Capanna del Forno auf R. 20 über die Sella del Forno zum Gratfuss (1½ Std.).
Der Einstieg befindet sich auf der S-Seite (P. 2538), wobei man zur Gratscharte wenig oberhalb des untersten Ausläufers aufsteigt.
Routenverlauf: Über einige Felsstufen und eine kurze Verschneidung auf den Grat. Eine gegen Val Bona geneigte Platte wird schwierig bezwungen. Man folgt nun mehr oder weniger dem Grat in interessanter, oft schwieriger Kletterei zum östlichen Vorgipfel. Der Übergang zum Hauptgipfel über den Grat, mit gelegentlichem Ausweichen nach Süden, bietet weniger Schwierigkeiten.
Abstieg: Man steigt über brüchige Felsen auf der SW-Seite ab und gelangt nach kurzer Zeit auf die obersten Firnhänge des Vadrec del Forno. Nun in südlicher Richtung, dem Fuss des S-Grates entlang, zum Passo Vazzeda.

129 *Vom Rifugio Del Grande über die ESE-Wand*
IV+. 3½ Std.

Interessant, ausgenommen der letzte Teil, der aus brüchigem Fels besteht.
G. De Simoni, C. Sicola und P. Tagliabue, 18. August 1936.
Vom Rifugio Del Grande auf die Vedretta Piatte di Vazzeda an den Fuss der Wand. Der Einstieg befindet sich in der Fallinie des Gipfels. Über eine Platte mit guten Griffen erreicht man zwei gut sichtbare weisse Querstreifen. Man verfolgt diese ca. 10 m nach links und kommt über Platten zum Anfang eines leicht schrägen Couloirs, das einen Teil der fast senkrechten Wand durchreisst. Durch das Couloir aufwärts bis an sein Ende und über eine glatte Platte zu einem Überhang, den man schräg links aufwärts überwindet. Weiter über glatte und zum Teil nasse Platten aufwärts, bis die Neigung der Wand abnimmt (3 H oberhalb des Couloirs). Über gute, abwechslungsreiche Felsen (ca. 70 m) klettert man weiter und erreicht über Geröll den Gipfel.

Passo Vazzeda, 2967 m

Gletscherübergang zwischen Cima di Val Bona und Cima di Vazzeda.
Führt vom Fornogebiet ins Val Malenco.

130   *Von der Capanna del Forno*
EB. 2 Std. Abb. S. 45, 57.

Von der Hütte auf den Vadrec del Forno hinunter, dem man
südwärts folgt, bis sich links, östlich, die weite Gletschermulde zwischen Monte Rosso und Cima di Vazzeda öffnet. Möglichst in Gletschermitte bleibend, im oberen Teil etwas gegen
die Cima di Val Bona ausholen (aber nicht ganz links, gegen
Norden, sonst kommt man zum Passo di Val Bona) zum Firnsattel des Passes.

Ski. Kurze Skitour.

131   *Vom Rifugio Del Grande*
EB. 1¼ Std.

Der Gletscher erfordert, wenn aper, Vorsicht.

Vom Rifugio nordwestwärts auf den die Ostflanke der Cima di
Vazzeda bedeckenden Vedretta Piatte di Vazzeda und, eher
gegen die Cima di Val Bona haltend, zur Passhöhe.

Cima di Vazzeda, 3301 m

Imposanter Felsgipfel, dessen Flanken aber, für das Bergell ganz un-
gewohnt, aus brüchigem Gestein bestehen. Die Wandrouten sind alpinistisch von geringem Interesse und ausserordentlich steinschlaggefährdet. Sie werden der Vollständigkeit halber aufgeführt. Die Grate
hingegen bieten anregende und dankbare Klettereien. Besonders empfehlenswert ist die Überschreitung der Cima di Vazzeda – Cima di
Rosso mit Aufstieg über den Ostgrat der Cima di Vazzeda und Abstieg
über die zwischen Cima di Rosso und Monte Sissone liegende Mulde
des Fornogletschers.

132   *Vom Passo Vazzeda über den N-Grat*
IV-. 2½ Std. Abb. S. 53, 57.

Interessanter Anstieg, dessen schwierigster Teil durch ein fixes Seil
gesichert ist. Beste Route von der Capanna del Forno.
Emil Gretschmann und Walter Kirschten, 14. August 1925.
Zugang: Auf R. 130 von der Capanna del Forno in 2 Std. oder
auf R. 131 vom Rifugio Del Grande in 1¼ Std. zum Passo Vazzeda (2967 m).

Routenverlauf: Vom Passo Vazzeda folgt man unschwierig dem Felsgrat bis zum grossen Grataufschwung. Dort quert man einige Meter in die Westflanke (Fornoseite), um den Grat in seinem flacheren Teil über eine steile Verschneidung und einen Riss wieder zu erreichen. Der Aufschwung misst etwa 35 m und ist durch ein von der Sektion Rorschach SAC montiertes fixes Seil gesichert. Weiter in leichter Kletterei bis zum Gipfelaufschwung. Er wird auf der rechten Gratseite schwierig durch einen Riss und über einen kleinen Überhang überwunden oder links, gegen den E-Grat, umgangen.

133 NE-Wand und N-Grat

II. 3 Std. vom Rifugio Del Grande, 4 Std., von der Capanna del Forno.

Route der Erstersteiger. Heute nicht mehr gebräuchlich; schlechtes Gestein.
A. von Rydzewsky mit Christian Klucker und M. Barbaria, 29. Juni 1892.

Auf R. 131 zum Passo Vazzeda und in südlicher Richtung über die Vedretta Piatte di Vazzeda zum Bergschrund am Fuss der NE-Wand. Über diese in steiler Kletterei zum N-Grat, der ungefähr auf halber Höhe (oberhalb des fixen Seils) erreicht wird. Weiter wie bei R. 132 zum Gipfel.

134 E-Grat

III+. 3½ Std. vom Rifugio Del Grande, 6 Std. von der Capanna del Forno.

Sehr schöne Kletterei.
A. Corti, G. Foianini und A. Lucchetti Albertini, 25. August 1929.
Der E-Grat wurde am 26. Juli 1921 im Abstieg durch A. Bonacossa und G. Polvara begangen.

Zugang: Das Rifugio Del Grande liegt auf 2600 m in der Fortsetzung des Grates. Man steigt vom Rifugio über Geröll und Schutt zu P. 2799 auf (½ Std.). Von der Capanna del Forno auf R. 130 zum Passo Vazzeda. Man folgt nun unschwierig dem felsigen N-Grat bis zur Senke vor dem grossen Grataufschwung und betritt dort die Vedretta Piatte di Vazzeda. In südöstlicher Richtung leicht absteigend, quert man über den Gletscher (Vorsicht: Spalten parallel zur Marschrichtung) zum E-Grat hinüber, den man bei P. 2799 über eine kleine Wandstufe be-

tritt (3 Std.) *Routenverlauf:* In anregender Kletterei zum turm-
artigen Aufschwung, der E- und SE-Grat verbindet. Man folgt
von hier aus einer schräg links aufwärts führenden, nicht sehr
ausgeprägten Verschneidung, die über einen kleinen Absatz
(H) auf eine Platte führt, von der aus man den Turm (P. 3160)
ohne Mühe erreicht. Weiter über den interessanten Grat zum
Gipfel.

135   *Vom Rifugio Del Grande über den SE-Grat*
III. 4 – 4½ Std.

Empfehlenswerte, lange und interessante Kletterei in gutem Fels.
A. und R. Balabio und A. Calegari, 23. September 1908.

Vom Rifugio Del Grande traversiert man über Schneefelder
gegen den grossen, schwarzen Turm (P. 2840) der den ersten
Aufschwung des SE-Grates bildet. Ein steiles Schneecouloir
führt zu einem Grateinschnitt nördlich des Turmes. Man begeht den Grat bis zu einem Gendarm, der auf einem breiten
Geröllband auf der Südwestseite umgangen wird. Man erreicht
den Grat wieder durch ein Geröllcouloir und verfolgt ihn bis
zum grossen Turm (P. 3160), bei welchem E- und SE-Grat zusammentreffen. Weiter auf R. 134 (E-Grat) zum Gipfel.

136   *S-Wand*
III. 6 Std.

Nicht lohnend, viel lockeres Gestein.
A. Bonacossa und A. Polvara, 26. Juli 1921.

Auf R. 146 zum Gletscher zwischen dem ESE-Grat der Cima
di Rosso und dem SE-Grat der Cima di Vazzeda und über den
Gletscher zum Fuss der S-Wand. Der Einstieg befindet sich an
einem nicht stark ausgeprägten Vorbau aus gelbem Gestein,
zwischen zwei Kaminen, von denen das eine zum E-Grat, das
andere schräg zum Gipfel hinaufzieht. Nach dem Bergschrund
erklettert man den Vorbau exponiert in schlechtem Fels. Hierauf biegt man leicht nach links, NW, ab. Zuerst über eine
Rippe, dann in einem wenig tiefen Kamin empor. Hie und da
loses Gestein. Ein 4 m langes Kamin bietet weiter oben einige Schwierigkeit. Weiter über eine exponierte Platte zu einem
Kamin mit losen Felsen, das zum E-Grat hinaufleitet. In 10
Minuten über den E-Grat zum Gipfel.

Cima di Vazzeda N-Grat

Cima di Vazzec

Fixes Seil

132

Passo Vazzeda

137 *Über den SW-Grat zur Cima di Rosso s. R. 145*
     (Cima di Rosso).

138 *W-Rippe und SW-Grat*
III. 4 – 5 Std.
Steinschlägig. Nicht empfehlenswert.
A. Bonacossa und P. Orio, 26. Juni 1927.

Auf R. 144 an den Fuss des Couloirs, das vom Einschnitt zwischen P. 3261 und der Cima di Rosso nach NW abfällt. Zuerst im Couloir, dann auf der Rippe zum Vorgipfel südwestlich der Cima di Vazzeda. Weiter über den SW-Grat zum Gipfel.

139 *NW-Wand*
IV – V. 7 – 8 Std.

Schwierige, steinschlaggefährliche Route. Nicht empfehlenswert.
G. Cazzaniga, A. Citterio, G. De Simoni und A. Parravicini, 23. Juli 1935.

Auf R. 144 an den Fuss der Wand. Der Einstieg befindet sich ungefähr in der Fallinie des Gipfels. Über den Bergschrund steigt man gegen einen Felssporn auf. Rechts der weit hinaufreichenden Schneezunge steigt man über den Felsgrat in losem Gestein aufwärts, bis man nach rechts auf ein Band und später über Platten in ein von oben kommendes Couloir gelangt. Auf der linken Seite auf gutem Fels (IV) einige SL hinauf. Bei einem Felssporn quert man über Platten (IV) nach rechts und über Blöcke auf die rechte Seite des Couloirs. Durch ein Kamin zu einem Überhang, der nach links, durch eine Verschneidung (IV+), umgangen wird. Nun 2 SL gerade aufwärts zu einem weiteren Überhang, unter dem man nach links zum Hauptgrat hinausquert. Weiter über den Grat zum Gipfel.

Cima di Rosso, 3366 m
Eine der schönsten und eindrucksvollsten Berggestalten des Fornogebietes. In der eisgepanzerten Nordwestflanke umschliessen zwei steile Hängegletscher die direkt zum Gipfel führende Nordrippe; westlich davon umklammern die nächste Felsrippe und der Westgrat einen etwas breiteren und weniger steilen Gletscherarm, während sich um den scharf nach Norden abgewinkelten Westgrat eine terrassenför-

mige Gletscherzunge schlingt und steil zum Fornogletscher abbricht.
Dankbare Skitour.

140 *Von der Capanna del Forno über die SW-Flanke und den
W-Grat*

WS. 3½ Std. Abb. S. 57.

Normal- und Skiroute.

W. A. B. Coolidge mit François und Henri Dévouassoud, 30. Juli 1867.
1. Winterbegehung: Frau E. Main mit C. Schnitzler und M. Schocher,
16. Februar 1896.

Von der Capanna del Forno hinunter auf den Vadrec del Forno und nach S über diesen ansteigend, der westlichen Fussbastion der Cima di Rosso entlang bis zu den Firnhängen, die
sich zum Monte Sissone hinaufziehen. Den steilsten, von N
herabfallenden Hang meidend, steigt man in einer leicht ausgeprägten Mulde südwärts so lange auf, bis es der zeitweise
stark zerklüftete Gletscher erlaubt, horizontal nach N zu
queren. Weiter nach NE aufwärts halten gegen den zum obersten Westgrat führenden steilen Firnhang. Über diesen hinauf
auf den Westgrat und über den Grat unschwierig zum Gipfel.

Ski. Der Skiaufstieg führt über diese Route. Skidepot am Fuss
des Firnhanges zum W-Grat. Dankbare Abfahrt auf der Aufstiegsroute.

140 a *Über die SW-Flanke und den S-Grat*

Wenn der zum W-Grat führende Firnhang vereist und der
Bergschrund nicht gut passierbar ist, steigt man mit Vorteil zur
tiefsten Einsattelung zwischen Cima di Rosso und Monte Sissone (Passo Sissone, 3157 m) auf und von dort über den S-Grat
zum Gipfel. Der Grenzgrat vom Monte Sissone bis zur Cima di
Rosso ist auf seiner ganzen Länge ohne Schwierigkeiten begehbar.

141 *W-Grat*

ZS. Felsgrat III. 5 – 6 Std. Abb. S. 57.

Selten begangen, nicht lohnend.

Auf R. 142 (Kluckerroute) aufwärts bis oberhalb der untersten
Steilstufe. Sobald es die Schründe erlauben, hält man nach W
zum Grat, dessen Überschreitung man wenig östlich P. 3180

beginnt. Der Bergschrund kann sehr schwierig sein, und der anschliessende Aufstieg über Schnee und Felsen zum Grat ist steinschlägig. Der Grat selbst bietet stellenweise ansprechende Kletterei über Platten und Türme und führt zuletzt über einen Schneegrat zum Gipfel.

141a *Variante*

Von der R. 140 (SW-Flanke) kann man den W-Grat ebenfalls angehen. Man steigt dazu auf dem Gletscher aufwärts, bis man zum Grat traversieren kann. Der Anstieg zum Grat kann an verschiedenen Stellen erfolgen; man wählt mit Vorteil eine kurze Felsstufe, da in der Gratflanke loses Geröll liegt.

142   *NW-Flanke und W-Grat (Kluckerroute)*
ZS. 4–5 Std. Abb. S. 57.

Die Routenwahl hängt weitgehend von den Eisverhältnissen ab. Der Wandfuss wird durch Abschmelzungen zunehmend steiler. Bei günstigen Schneeverhältnissen sehr schöne und lohnende Tour.
A. von Rydzewsky mit Christian Klucker und E. Rey, 8. Juni 1893.

Von der Capanna del Forno auf den Vadrec del Forno und in südlicher Richtung auf dem Gletscher aufwärts der W-Flanke des Monte Rosso entlang an den Fuss des Gletscherarmes, der die N-Flanke des W-Grates bedeckt. Oberhalb des ersten Steilaufschwunges hält man mehr gegen die östlich anschliessende Felsbarriere, überwindet den Bergschrund und gewinnt über den steilen Firn- und Eishang den W-Grat auf der Schulter vor dem Gipfelaufschwung. Über den Grat ohne Probleme zum höchsten Punkt.

142a *NW-Flanke, Variante*

Oft sind die Eisverhältnisse auf der östlichen Gletscherzunge günstiger, so dass man besser über die «Zunge» aufsteigt.

142b *NW-Flanke – N-Rippe*

K. Gruber und A. Grünwald stiegen am 14. August 1926 über die NW-Flanke auf, bis sie nach links über den Felssporn zum Hängegletscher westlich der N-Rippe hinüberqueren konnten. Über dem Abbruch des Hängegletschers traversierten sie weiter zur N-Rippe, und auf und neben ihr in abwechslungsreicher Eis- und Felsarbeit gelangten sie unmittelbar zum Gipfel.

Cima di Vazzeda – Monte Sissone von NW

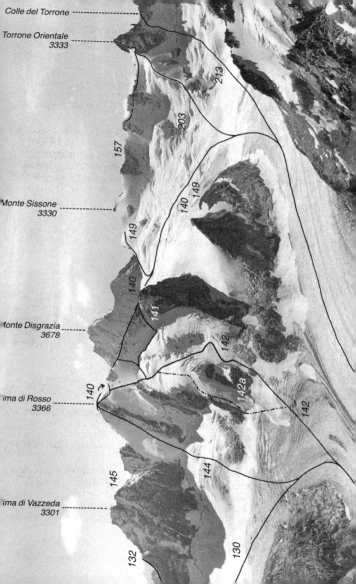

Colle del Torrone

Torrone Orientale
3333

Monte Sissone
3330

Monte Disgrazia
3678

Cima di Rosso
3366

Cima di Vazzeda
3301

213

203

157

149

140

149

149

140

141

142

142a

142

140

145

144

132

130

143 *N-Wand (westlich der N-Rippe)*

SS+. 6–7 Std.

Sehr schwieriger Anstieg, der durch starke objektive Gefahren beeinträchtigt wird.
H. und O. Heinzle und W. Rinderer, Mai 1964. 1. Winterbegehung: E. Gutensohn und F. Ruf, 20. März 1966.

Zugang wie R. 144, der Einstieg befindet sich auf der westlichen Seite der Rippe. Die Route verläuft parallel zur N-Rippe. Im unteren Teil, nach der Überquerung des Bergschrundes, sind die Schwierigkeiten sehr gross und stark von den jeweiligen Verhältnissen abhängig. Dies gilt insbesondere auch für den Zustand des Hängegletschers, der über die Rinne zwischen der N-Rippe und dem Gletscherabbruch erstiegen werden muss.

143a *N-Wand (über den Hängegletscher)*

SS+. 6–7 Std.

Variante, die wegen des drohenden Eisabbruches nicht wiederholt werden sollte.
R. Breit und L. Kronast, 23. Juli 1967.

Zugang wie R. 144. Der Einstieg befindet sich am Fuss der die N-Wand von der NW-Flanke trennenden Felsstufe. Über die Felsen aufwärts bis zum Hängegletscher, der in schwieriger Eisarbeit überwunden wird. Dann in der Mitte des Gletschers aufwärts zum Gipfel.

144 *N-Wand (östlich der N-Rippe)*

SS. 6–7 Std. Abb. S. 57.

Eindrucksvolle, sehr schwierige Fahrt, für die günstige Firnverhältnisse notwendig sind. Höhendifferenz ca. 400 m, Neigung bis 55°.
W. Amstutz und A. Bonacossa, 15. Juni 1930. 1. Winterbegehung: P. L. Bernasconi und F. Masciardi, 15. März 1959. 1. Abfahrt mit Ski: H. Holzer, 12. Juni 1976.

Zugang und Einstieg: Von der Capanna del Forno auf den Vadrec del Forno hinunter und in südlicher Richtung auf dem Gletscher aufwärts der W-Flanke des Monte Rosso entlang, dann nach SE in den Gletscherkessel auf der W-Seite der Cima di Vazzeda. Der Einstieg befindet sich östlich der Nordrippe (2 Std.).

Routenverlauf: Die Überwindung des Bergschrundes ist nicht immer einfach; die unterste Steilstufe kann meistens nur mit Hackarbeit und künstlichen Sicherungen überwunden werden. Je nach den Verhältnissen weicht man im obersten Teil der Wand nach links auf den Felsgrat aus oder verfolgt die Eiswand gerade aufwärts und erreicht den NE-Grat wenig unterhalb des Gipfels.

144a *N-Wand-N-Rippe*

SS, Fels IV+.

Eventuelle Ausweichmöglichkeit bei schlechten Verhältnissen in der N-Wand.

J. S. Cleare und M. W. Springett, 22. Juli 1969.

Auf der Originalroute aufwärts bis oberhalb der ersten Steilstufe, dann quert man nach rechts zur N-Rippe. Auf und neben der Schnee- und Felsrippe zum Gipfel.

145 *Von der Cima di Vazzeda über den NE-Grat*

III. Von Gipfel zu Gipfel 2 ½ Std. Abb. S. 57.

Die Überschreitung Cima di Vazzeda – Cima di Rosso (von N nach S) ist sehr interessant und lohnend.

A. von Rydzewsky mit M. Barbaria und Ch. Klucker, 29. Juni 1892.

Vom Gipfel der Cima di Vazzeda, sich leicht an die Fornoseite des SW-Grates haltend, zu einer Senke und auf den Vorgipfel. Dann steil, aber gutgriffig hinunter zum tiefsten Punkt im Verbindungsgrat, entweder unmittelbar am Grat, oder, etwas leichter, auf der E-Seite (ca. 3200 m, wird auch mit Forcola Rosso bezeichnet). Der nächste Aufschwung, P. 3261, besteht aus etwas brüchigem Fels. Man weicht gelegentlich etwas auf die W-Seite aus, überschreitet den Gratkopf und steigt über die Gratkante zum Einschnitt am Fuss des NE-Grates der Cima di Rosso ab. Den Gipfelgrat geht man vorerst in den Felsen an, wechselt dann im oberen Teil auf den Firn und erreicht über Blöcke den Gipfel.

145a *E-Flanke und NE-Grat*

A. und E. Bonacossa erreichten den Einschnitt am Fuss des NE-Grates am 17. Juli 1926 durch ein steiles Couloir vom Gletscher auf der E-Seite der Cima di Rosso. Nicht empfehlenswert, steinschlägig.

146 *Vom Rifugio Del Grande über den ESE-Grat*

III. 5 Std.

Interessante und sichere Route. Bei guten Verhältnissen der empfehlenswerteste Aufstieg aus der Val Malenco.
A. Bonacossa und P. Orio, 11. Oktober 1925.

Vom Rifugio Del Grande quert man leicht absteigend zur untersten Lücke im SE-Grat der Cima di Vazzeda. Von dort über Geröll und Schutt auf den Gletscher zwischen dem ESE-Grat der Cima di Rosso und dem SE-Grat der Cima di Vazzeda.
Man umgeht den untersten Grataufschwung (P. 3046) und steigt über eine Firnflanke zum Grat auf, den man westlich P. 3046 erreicht. Eine schöne Kletterei in festem Fels führt zur Grathöhe, der man so lange wie möglich folgt. Hierauf Quergang auf der S-Seite, worauf wieder der nun scharfe und exponierte Grat erreicht wird. Die obersten Aufschwünge des Grates sind kaum begehbar, und man weicht auf die N-Seite aus, quert auf etwas schlechterem Fels und gewinnt dann wieder den Grat, dem man bis zum Gipfel folgt.

147 *E-Wand*

IV – V. 5 Std.

Unterschiedliche Schwierigkeit und Felsqualität.
T. Capelli und C. Sicola, August 1941.

Auf R. 146 zum Gletscher zwischen dem ESE-Grat der Cima di Rosso und dem SE-Grat der Cima di Vazzeda. Auf dem Gletscher an den Fuss der E-Wand. Der Einstieg befindet sich beim Couloir, das vom Einschnitt zwischen P. 3261 und dem Gipfel der Cima di Rosso kommt. Nach dem Bergschrund verlässt man das Couloir in der Nähe zweier charakteristischer Gendarmen. An den beiden Türmen vorbei über Felsen und Schnee zu einigen grossen Schuppen (schön, schwierig). Bei der höchsten beginnt ein Band mit überhängenden Felsen, das die Wand diagonal überquert. Man quert nach links längs einer Band-Verschneidung. Nach 15 m (H) überquert man eine glatte Platte mit zwei weissen Strichen schräg nach links und erreicht einen Stand (V). Weiter mit weniger Schwierigkeiten zu einer Zone roter Felsen, über die man bis zu einem ausgeprägten Couloir aufsteigt. Man überschreitet das Couloir bis zu einem grauen Felsaufschwung, den man über eine fast senkrechte Rinne überwindet. Nun gelangt man zu losen Felsen, über die man zum Gipfel aufsteigt.

148 *SSE-Wand*

IV+ ?. 4–5 Std.

Steinschlägige, nicht empfehlenswerte Route, die nur im untersten Teil interessant ist.

A. und R. Balabio, 18. August 1913.

Vom Rifugio Del Grande quert man leicht absteigend zur untersten Lücke im SE-Grat der Cima di Vazzeda. Von dort über Geröll und Schutt am Fuss des ESE-Grates vorbei auf den nördlichsten Teil der Vedretta del Sissone, über den man zum Fuss der SSE-Wand aufsteigt. Nach Überwindung des manchmal schwierigen Bergschrundes steigt man im mittleren der drei Couloirs auf, die die Wand durchziehen. Das Couloir wird bald zum engen Kamin, das mit einem Überhang abschliesst. Um es zu umgehen, steigt man über wenige, aber feste Griffe und Tritte 3–4 m nach rechts (im Sinne des Anstiegs) aus dem Kamin heraus, klettert dort aufwärts und erreicht schwierig einen Riss mit vielen Griffen gerade oberhalb des Überhangs. Der unterste, beinahe senkrechte Wandteil ist damit überwunden. In steiler Kletterei verfolgt man das Kamin bis in ungefähr halbe Höhe, worauf man es nach links verlässt, um in einem direkt vom Gipfel herunterziehenden weiteren Kamin direkt zum höchsten Punkt aufzusteigen. Lose Felsen!

Passo Sissone, 3157 m

Tiefste Einsattelung zwischen Cima di Rosso und Monte Sissone. Zugang bei den Routen zu diesen Gipfeln beschrieben.

Monte Sissone, 3330 m

Dominiert die drei Talschaften Forno, Malenco und Mello. Wegen seiner prächtigen Aussicht auf das Disgrazia-Massiv von der Capanna del Forno aus auch mit Ski oft besucht. Über den Sissone führt der kürzeste Übergang von der Capanna del Forno zum Rifugio Ponti.

149 *Von der Capanna del Forno über den N-Grat*

WS. 4½ Std. Abb. S. 57.

Schöner Gletscheraufstieg, dankbare Skitour. R. M. Beachcroft, D. W. Freshfield, J. D. Walker mit François Dévouassoud und einem Träger, 10. August 1864.
1. Winterbegehung: F. Müller mit Christian Klucker, 1903.

Von der Capanna del Forno hinunter auf den Vadrec del Forno und nach S über diesen ansteigend, der westlichen Fussbastion der Cima di Rossa entlang bis zu den Firnhängen, die sich zum Monte Sissone hinaufziehen. Den steilsten, von N herabfallenden Hang meidend, steigt man in einer leicht ausgeprägten Mulde südwärts so lange auf, bis es der zeitweise recht zerklüftete Gletscher erlaubt, horizontal nach N zu queren. Man erreicht so den Passo Sissone (3157 m). Über den verfirnten, gelegentlich stark verwächteten N-Grat, zuletzt über einige Blöcke, zum Gipfel.
Nicht zu empfehlen ist der direkte Aufstieg über den steilen und stark verschrundeten Nordwesthang, wobei der Westgrat in Gipfelnähe betreten wird.
Ski. Mit Ski gleiche Route. Lawinengefahr beachten. Skidepot auf dem Vorgipfel. Für den Übergang nach Süden trägt man die Ski über den Gipfel, steigt zuerst etwa 50 m über den Westgrat bis zur Schulter ab, wendet sich dann nach Süden und gelangt über gut gestufte Felsen (eine gute Seillänge) zum Firnhang der Südflanke.

150   *E-Wand*

III–IV ?. 4–5 Std.

Nicht mehr begangene Route; dürfte auch nicht lohnend sein.
Alfredo Corti und O. Olivo mit Livio Lenatti, 26. August 1933.

Vom Rifugio Del Grande quert man leicht absteigend zur untersten Lücke im SE-Grat der Cima di Vazzeda und weiter in südwestlicher Richtung über die Vedretta del Sissone an den Wandfuss. Der Einstieg befindet sich ungefähr in der Fallinie des Gipfels. Zuerst schwach links, dann rechts haltend, durchklettert man die untere, steile und schwierige Wandhälfte im allgemeinen Richtung Gipfel. Die obere Hälfte der Wand bietet keine besondern Schwierigkeiten, und man steigt über Stufen und Bänder direkt zum Gipfel auf.

151   *E-Wand-SE-Grat*

III–IV. 4–5 Std.

A. und R. Calegari und G. Scotti, 11. August 1914.

Der Zugang ist derselbe wie bei R. 150. Der Einstieg erfolgt etwas südlich jener direkten Route bei einem steilen (Eis) Kamin. Im Kamin nicht leicht empor bis an dessen oberes Ende, dann wird in der oberen Wandhälfte nach rechts hinauf zum SE-Grat traversiert und über diesen der Gipfel erreicht.

152 *Vom Passo di Chiareggio über den SE-Grat*

II. ¾ Std.

Vom Passo di Chiareggio auf der W-Seite dem SE-Grat entlang aufwärts bis man, nach dem Grataufschwung zwischen dem Passo di Chiareggio und dem Gipfel, auf den SE-Grat aufsteigen kann. Auf dem Blockgrat ohne Schwierigkeiten zum höchsten Punkt.

153 *Vom Rifugio Ponti über die S-Flanke*

WS. 4 Std.

Als Übergang zur Capanna del Forno von Bedeutung.

Vom Rifugio Ponti auf R. 165 über die Bocchetta Roma und weiter auf dem markierten Sentiero Roma bis westlich des Passo di Mello. Von dort in nördlicher Richtung auf R. 154 zum Gipfel.

154 *Von S. Martino über die S-Flanke*

WS. 7 Std.

Langer und eintöniger Anstieg.

R. M. Beachcroft, D. W. Freshfield und J. D. Walker mit F. Dévouassoud und einem Träger, 10. August 1864.

Von S. Martino auf Fahrsträsschen bis Ca dei Rogni (Parkplatz) im Valle di Mello. Auf gutem Pfad gelangt man auf der rechten Talseite nach Casera Pioda (1559 m). 2 Std.

Von dort führt links ein Fussweg steil gegen die Felswände hinauf, zuerst fast genau nordwärts, dann ostwärts und wieder nordwärts zur Alp Cameraccio (2167 m). Nun in nordöstlicher Richtung über Weiden und Schutt auf den Gletscher, eingeschlossen zwischen dem S- und SE-Ausläufer des Monte Sissone, der den Anstieg von Süden vermittelt. Über die Firnfelder kommt man zum Gipfelaufbau, den man über leichte Felsen zu einer kleinen Schulter im Westgrat, unmittelbar unterhalb des Gipfels, erklettert. Man kann auch zum SE-Grat hinüber traversieren, dessen Granitblöcke leicht erkletterbar sind.

154a *Variante*

Von Casera Pioda (1559 m) kann man auch dem Bach bis zum Talabschluss folgen und dann über einen steilen Rücken zwischen zwei Bachläufen zur Casera Cameraccia (2233 m) aufsteigen. Von dort in nördlicher Richtung zum Gletscher zwischen dem S- und SE-Ausläufer des Monte Sissone und wie oben zum Gipfel.

Ski. Bei günstigen Verhältnissen kann aus dem Valle Sissone (R. 161) zum Passo di Mello aufgestiegen und von der Passhöhe zur oben erwähnten Route traversiert werden. Abfahrt vom Monte Sissone zur Capanna del Forno.

155   *Von S. Martino über die S-Flanke und das Couloir westlich des S-Grates*

II. 7 Std.

Nicht empfehlenswert, da der Anstieg durch das Couloir steinschlaggefährdet ist.

F. A. Y. Brown und F. F. Tuckett mit Chr. Michel und J. B. Walther, 11. August 1864.

Von Casera Pioda (1559 m) auf R. 154 zur Alp Cameraccio (2167 m). Von hier steigt man auf der Westseite des vom Gipfel nach Süden abfallenden Felsgrates aufwärts und gelangt zum Fuss eines zum Westgrat führenden steilen Couloirs. In diesem zum W-Grat empor, der in Gipfelnähe betreten wird, und nach E zum höchsten Punkt.

156   *Vom Passo Cameraccio über den W-Grat*

III–. 2 Std.

Interessanter Anstieg, bei dem die Steinschlaggefahr beachtet werden muss.

Vom Passo Cameraccio zum kleinen Gletscher in der SE-Flanke des Torrone Orientale. Über dem Felskeil, der diesen Gletscher teilt, zur östlichen Hälfte und zu einem meist schneegefüllten Couloir, das schräg rechts aufwärts zu einer Schulter des W-Grates die Wand durchzieht (ist das Couloir schneefrei, so ist der losen Felsen wegen Vorsicht geboten). Von der Schulter in wenigen Minuten zu einer markanten Senke östlich P. 3279 und weiter über den W-Grat, wobei einige steile Felstürme auf der N-Seite umgangen oder überklettert werden, ohne besondere Schwierigkeiten zum Gipfel.

157 *W-Grat*

III–. 6–7 Std. Abb. S. 57, 87.

Schöne, abwechslungsreiche Tour. Vor allem lohnend in Verbindung mit der Besteigung des Torrone Orientale.

J. Heller, A. Michel, G. Miescher und P. Schucan, 1. August 1909.

Von der Capanna del Forno über den Vadrec del Forno an den Fuss des Gletschers, der sich zum Schneesattel östlich des Torrone Orientale hinaufzieht. Über den Firngrat, der die stark verschrundete und kaum mehr begehbare Gletschermulde gegen W begrenzt, gelangt man zum obersten Bergschrund unterhalb des Verbindungsgrates Torrone Orientale – Monte Sissone. Den Bergschrund überwindet man rechts, westlich, und erreicht den Sattel östlich des Torrone Orientale (ca. 3200 m). Über den leichten Fels- und Schneegrat zum ersten, steilen Grataufschwung (ca. 3250 m), den man auf der S-Seite umgeht. Ein kurzes, schuttbedecktes Band führt nach Osten in die Südfelsen hinab. Vom Ende des Bandes über gute Felsen ins erste vom Grat herabkommende Couloir. Man quert dieses und gewinnt in ziemlich horizontaler Traverse ein zweites Couloir, auf dessen östlicher Seite man unschwierig zum Grat aufsteigt. Weiter über den Grat zu P. 3279. Dann werden einige steile Felstürme auf der N-Seite umgangen oder überklettert, und man erreicht ohne besondere Schwierigkeiten den Gipfel.

Passo di Chiareggio, 3110 m

Übergang vom Valle Sissone ins Valle di Mello.

158 *Vom Rifugio Del Grande*

ZS. 2½ Std.

Vom Rifugio Del Grande quert man, leicht absteigend, zur untersten Lücke im SE-Grat der Cima di Vazzeda. Nach der Lücke überschreitet man die Moränen des Vedretta del Sis-

sone, traversiert dann über die Geröllhalden, Grasbänder und
Platten unterhalb des Gletschers in südlicher Richtung gegen
P. 2580 und zum kleinen Gletscher zwischen den E-Ausläufern
des Monte Sissone und der Punta Baroni. Über diesen Gletscher hinauf zur Wandstufe, die den Zugang zum Pass abrie-
gelt. Einstieg an einem Sporn rötlicher Felsen, etwas nördlich
der Wandmitte. Ein kurzes Stück über die nördlichen Felsen
direkt hinauf, dann diagonal nach links – nicht ganz leicht –
zum oberen Arm des Couloirs, das vom Pass schräg durch die
Wand führt. Über dieses zum Grat, den man etwas südöstlich
des tiefsten Punktes erreicht.

159   *Von S. Martino*

L. 6 Std.

Von S. Martino auf R. 154 zu den Firnfeldern südlich des Monte
Sissone und dann in nordöstlicher Richtung über Schnee und
Schutt zum Pass.

Passo di Mello, 2992 m

Tiefster Übergang zwischen Monte Pioda und Cime di Chiareggio vom
Valle di Mello (S. Martino) in das Valle Sissone (Chiareggio).

160   *Von der Capanna del Forno*

WS. 6 Std.

Von der Capanna del Forno auf R. 149 zum Monte Sissone
(4½ Std.). Vom Gipfel verfolgt man den SW-Grat zum Torrone
Orientale ca. 50 m. Dann klettert man leicht über gut gestuften
Fels nach S hinunter auf den Schneehang und steigt auf diesem
bis ca. 2800 m ab. Nun traversiert man unter der Punta Baroni
und den Cime di Chiareggio in südöstlicher Richtung und
steigt dann über Schneehalden zum Pass (1½ Std.).

161   *Von Chiareggio*

ZS. 6 Std.

F. F. Tuckett, D. W. Freshfield und H. E. Buxton mit François Dévouassoud, P. Michel und J. B. Walther, 7. Juli 1865.

Von Chiareggio wandert man auf gutem Weg über Forbesina
ins Valle Sissone bis zu P. 1766. Nun auf Pfadspuren in süd-

westlicher Richtung auf der linken Talseite zur westlichen Seitenmoräne der Vedretta del Disgrazia. Auf dem Moränenkamm steigt man auf, bis man unterhalb P. 2562 auf den Gletscher queren kann. Nun in südlicher Richtung an den Fuss des Passes (die dem Monte Pioda nächste Lücke ist der richtige Übergang). Nach Überwindung des Bergschrundes klettert man steil, z. T. an fixen Seilen, gerade unterhalb der Passlücke direkt empor, hält sodann links, bis man die leichteren Felsen oberhalb des Absatzes gewinnt, worauf man sich nach rechts wendet und den breiten Sattel des Passes erreicht.

Ski. Diese Route wird auch mit Ski, vor allem zur Überschreitung des Monte Sissone, begangen. Der steile Anstieg zur Passhöhe ist aber, wenn die fixen Seile nicht sichtbar sind, sehr heikel und schwierig.

162 *Vom Rifugio Ponti*
EB. 2 Std.

Vom Rifugio Ponti auf R. 165 zur Bocchetta Roma (ca. 2850 m) und weiter auf dem Sentiero Roma bis nördlich von P. 2696, dann nach E aufwärts zum Passo di Mello.

163 *Von S. Martino*
EB. 6 Std.

Auf R. 154a zur Casera Cameraccio (2233 m). Von dort in nordöstlicher Richtung, nördlich P. 2696 vorbei, auf das Firnfeld unterhalb des Passes und über dieses zum Übergang.

164 *Vom Bivacco Manzi*
EB. 2 Std.

Vom Bivacco Manzi auf R. 202 zum Passo Cameraccio und weiter auf dem Sentiero Roma und nördlich von P. 2696, nach E aufsteigend, zum Pass.

Bocchetta Roma, ca. 2880 m

Ohne Höhenangabe auf der LK. Übergang zwischen dem Rifugio Ponti und dem Valle di Mello (Sentiero Roma).

165 *Vom Rifugio Ponti*

EB. 1 Std.

Sentiero Roma.

Vom Rifugio Ponti auf markiertem Weg/Wegspuren in nördlicher Richtung über Geröll und Schutt zur Bocchetta.

166 *Vom Bivacco Manzi*

EB. 4 Std.

Sentiero Roma.

Vom Bivacco Manzi auf R. 202 zum Passo Cameraccio. Von hier steigt man nach E über Schnee und Geröll bis auf ca. 2800 m ab, quert dann den riesigen Talkessel des Valle di Mello an P. 2696 vorbei zum Gletscher südwestlich des Monte Pioda. Über eine Geröllhalde und steile Felsen (fixes Seil) erreicht man die Bocchetta.

Passo Cecilia, ca. 3230 m

Ohne Höhenangabe auf der LK. Durchgang zwischen dem Ghiacciaio di Preda Rossa und dem Gletschergebiet westlich des Monte Pioda, der bei der Besteigung des Monte Disgrazia auf R. 181 (Ski) und beim Abstieg von diesem Berg ins Valle di Mello benützt wird.

Sella di Pioda, 3387 m

Sattel zwischen Monte Pioda und Monte Disgrazia. In früheren Ausgaben mit Passo della Speranza bezeichnet. Der Sattel wird bei der Besteigung des Monte Disgrazia über den NW-Grat (R. 170) benützt.

Monte Pioda, 3431 m

Selten bestiegener Gipfel am Anfang des NW-Grates des Monte Disgrazia.

167 *Von der Sella di Pioda über den E-Grat*

II. ¼ Std.

Normalroute.

Über leichte, zum Teil brüchige Felsen erreicht man, über den Grat aufsteigend, den Gipfel.

168 *SW-Grat*

III. 5½ Std.

Interessante Kletterei.

L. Binaghi, C. Feloy und G. Guggeri, 5. Juli 1931.

Vom Rifugio Ponti auf R. 165 zur Bocchetta Roma, und, auf R. 166 absteigend, gelangt man auf den sich in östlicher Richtung gegen den Monte Pioda hinaufziehenden Gletscher. Auf diesem aufwärts auf die Gletscherzunge zwischen dem SW- und dem SSW-Grat des Monte Pioda (2 Std.). Man erreicht den SW-Grat über ein breites Fels- und Schuttband, das von E nach W zu einer Schulter zuoberst auf dem unteren Sockel führt. Über eine steile Wand mit sehr guten Griffen, eher etwas rechts haltend, gelangt man zur Gratschneide (30 m). Man folgt dem Grat fast bis zu den charakteristischen Felsfiguren, die man auf einem Felsband zwischen unstabilen Blöcken auf der W-Seite umgeht. Man bleibt auf der linken Seite, einige Meter unter dem Grat, und kommt über ein Felsband zu einer Gratscharte. Weiter über den Grat bis zu einem Überhang, den man rechts umgeht, um auf Platten mit guten Griffen wieder zum Grat zurückzukehren. Leichte Felsen führen dann zum NW-Grat, den man ungefähr 50 m vom Gipfel entfernt erreicht.

169 *Vom Passo di Mello über den NW-Grat*

III. 3 Std.

Interessante Gratkletterei.

Leslie Stephen mit Melchior Anderegg, 20. August 1862.

Vom Passo di Mello aufsteigend, werden die ersten Grattürme über ein Schneefeld auf der SW-Seite umgangen. Man bleibt dann in den gut gestuften Felsen auf der SW-Seite und steigt zu P. 3103 im NW-Grat auf. Man verfolgt den Grat bis zum Gipfel, wobei einige Grattürme auf der SW-Seite umgangen werden.

169.1 *NNW-Wand*

S. 7 Std. (4 Std. bis zum Einstieg, 3 Std. für die Wand). Abb. S. 75.

Steile Firnwand; im obersten Teil führen Felsrippen, die parallel zum N-Sporn verlaufen, zum Gipfel. Günstige Verhältnisse nötig.

O. Lenatti und C. Sicola, F. Longoni und L. Tagliabue, 9. August 1937.

Von Chiareggio auf R. 161 auf die Vedretta del Disgrazia und über den Gletscher an den Fuss der Wand, die zwischen dem N-Sporn und dem NW-Grat eingebettet ist. Man überwindet den Bergschrund in der Wandmitte und steigt in der Fallinie aufwärts. Für den letzten Teil des Anstiegs benützt man eine der verschiedenen Felsrippen, die parallel zum N-Sporn zum Gipfel führen.

169.2 *N-Sporn*

ZS. III. 8 Std. (4 Std. bis zum Einstieg, 4 Std. für den Sporn selbst). Abb. S. 75.

Landschaftlich schöner, aber heikler Aufstieg.
G. Bava und Alfredo Corti, 9. Juli 1928.

Von Chiareggio auf R. 161 auf die Vedretta del Disgrazia und über den Gletscher an den Fuss des markanten Sporns. Man ersteigt den Grat auf der W-Seite und verfolgt ihn mit wenig Abweichungen nach links oder rechts in seiner ganzen Länge. Der Fels ist teilweise brüchig und unzuverlässig.

Monte Disgrazia, 3678 m

Der schönste und höchste Berg der Gesamtgruppe. Seine Nord- und Nordostwand bieten einen wunderbaren Anblick. Mächtige, steile und wild zerrissene Gletscher fliessen auf dieser Seite ins Tal.

170   *Vom Rifugio Ponti über den NW-Grat*

ZS. III. 5 Std. Abb. S. 73, 75.

Normalroute. Schöner Firn- und Felsgrat. Landschaftlich eindrücklich und sehr empfehlenswert.
Leslie Stephen und E. S. Kennedy mit Melchior Anderegg und Thomas Cox, 24. August 1862. 1. Winterbegehung: Frau E. Main mit M. Schocher und C. Schnitzler, 16. Februar 1896 (von der Capanna del Forno über den Monte Sissone).

Vom Rifugio Ponti traversiert man auf gut markiertem Pfad zur rechten Seitenmoräne des Ghiacciaio di Preda Rossa, auf der man bis ca. 2900 m aufsteigt. Nun auf dem Gletscher auf der westlichen Seite zur Sella di Pioda (3387 m). Zuerst traversiert man unter dem ersten Brataufschwung durch und gelangt dann über Schnee und zum Teil lose Felsen auf den NW-Grat. Über den interessanten Fels- und Firngrat steigt man ohne grössere Schwierigkeiten zum Vorgipfel auf. Zwischen dem Vor- und Hauptgipfel befindet sich die Graterhebung des «Cavallo di Bronzo» (Bronzepferd), die man überklettert, um hierauf den höchsten Punkt zu erreichen.

170a *Variante Schenatti*

Nur bei günstigen Schneeverhältnissen.
G. B. Vittadini mit Enrico Schenatti, August 1888.

Etwas unterhalb der Sella di Pioda hält man nach rechts, nord-östlich, und steigt über die steile Firnwand (40–45°) zum NW-Grat auf, den man am Fuss des felsigen Grataufschwungs zum Vorgipfel erreicht.

171 *N-Wand (Supercouloir Nord)*

Steileiskletterei 70–80°. 4–6 Std. Abb. S. 75.

Route nur im Winter oder Frühling begehbar. Höhendifferenz: ca. 600 m.
N. Riva und M. Della Santa, 12. Januar 1983.

Vom Bivacco Oggioni steigt man über den steilen Hang auf der W-Seite über Schnee und leichte Felsen zur Vedretta del Disgrazia ab. Weiter nach WSW zum Gletscherabbruch, über den man, zwischen gefährlichen Eistürmen lavierend, auf einen weniger zerklüfteten Gletscher absteigt. Nun in südlicher Richtung an den Fuss des auffälligen Couloirs, westlich des «Spigolo degli Inglesi», das den westlichsten Teil der N-Wand durchreisst. Man überwindet den Bergschrund an der günstigsten Stelle. Der Aufstieg durch das steile Couloir führt zum NW-Grat, den man westlich des «Spigolo degli Inglesi» (ca. 50 m tiefer) erreicht. Über den NW-Grat auf R. 170 zum Gipfel.

172 *N-Wand («Spigolo degli Inglesi»)*

S. 4–6 Std. Abb. S. 73, 75.

Bei günstigen Verhältnissen sehr schön und lohnend. Neigung ca. 55°, Wandhöhe ca. 450 m.
W. N. Ling und H. Raeburn, 8. August 1910.

Vom Bivacco Oggioni steigt man über den steilen Hang auf der W-Seite über Schnee und leichte Felsen zur Vedretta del Disgrazia ab. Über den Gletscher gegen die N-Wand, wobei man einige grosse Spalten antrifft. Der «Spigolo degli Inglesi» er-

hebt sich im westlichsten Teil der Wand, und man erreicht
den Einstieg in ca. 1½ Std.
Über den Bergschrund und den darüber liegenden steilen
Hang gelangt man in Kürze zu einem Schneegrat. Rechts an
zwei kleinen Felsen vorbei aufwärts zum zweiten Schneegrat,
der weiter oben beginnt und auf die Höhe der die Wand nach
rechts abschliessenden Felsen führt. Über einen herrlichen
Eisgrat gelangt man zum NW-Grat und zur R. 170, der man zum
Gipfel folgt.

172a *Variante*

Schwierige, kombinierte Route, die stark steinschlaggefährdet ist.
G. Bombardieri und A. Corti mit C. Follatti und P. Mitta, 5. Aug. 1933.

Der Einstieg erfolgt mehr östlich, direkt unter den beiden Fels-
bastionen im westlichen Teil der N-Wand. Nach Überwindung
des Bergschrunds steigt man im Eishang direkt Richtung der
unteren, kleineren Felsbastion aufwärts. An dieser Felsbastion
links, östlich, vorbei und nach links empor zum oberen, mäch-
tigeren Teil der Felspartie. In dieser ungefähr in der Mitte gerade hinauf zum NW-Grat und über diesen zum Gipfel. Statt
durch die Felspartie zum NW-Grat zu klettern, kann man links
über die Eiswand aufsteigen (oberer Teil der R. 173).

173   *N-Wand (Via diretta)*

SS. 4–6 Std. mit Ausstieg auf den NW-Grat. Beim Aufstieg
auf der Route der Erstbegeher (R. 173a) über die Gipfelfelsen
ist der Zeitbedarf wesentlich grösser. Abb. S. 73,75.

Die schwerste Wandroute mit nicht geringen objektiven Gefahren.
Wandhöhe 600 m, Neigung bis zu 60°.
A. Lucchetti Albertini und Giacomo Schenatti, 10. Juli 1934. 1. Winter-
begehung: E. Lazzarini und V. Taldo, E. Colonaci und R. Merendi,
6. März 1960 (mit Ausstieg auf den NW-Grat.) 1. Abfahrt mit Ski:
G. Lenatti, 3. Juli 1986.

Vom Bivacco Oggioni steigt man über den steilen Abhang über
Schnee und leichte Felsen zur Vedretta del Disgrazia. Über
den Gletscher, zwischen grossen Spalten durch, an den Fuss
der N-Wand (1½ Std.).
Der Einstieg in die Wand erfolgt je nach Verhältnissen am
rechten Rand des Felssporns unter dem grossen Eiswulst in
der Wandmitte oder direkt in der Wandmitte, also mehr rechts

Monte Disgrazia von N

Punta Centrale

Punta Orientale 3648

des Felssporns. Auf beiden Anstiegen hält man auf die Rinne zwischen dem Eiswulst und den Felsen rechts zu. Meistens wird der Anstieg dem Felssporn entlang gemacht (Sicherungsmöglichkeiten in den Felsen), dann zur Rinne gequert und den Felsen auf der rechten Seite entlang aufgestiegen. Die Steilheit nimmt ab, und man erreicht den Schneesattel im NW-Grat. Vom Sattel über den NW-Grat zum Gipfel.

173a *Variante*

Die Erstbegeher traversierten nach E in die Eiswand oberhalb des grossen Eiswulstes zu den Gipfelfelsen. Man steigt etwas rechts der tiefsten Felsen ein und erklettert den Gipfelaufbau ziemlich direkt aufwärts. Diese Kletterei ist heikel und schwierig, weil die Felsen meistens vereist sind (Wassereis).

173b *Variante*

Am 26. Juli 1941 erkletterten C. Negri und F. Rovelli den Felssporn unterhalb des grossen Eiswulstes (IV und V).

173c *Variante*

Am 28. August 1960 stiegen R. Aldé, B. Ferrario, C. Mauri und D. Piazza auf der linken Seite des Felssporns auf und überwanden den grossen Eiswulst auf der linken Seite in sehr schwieriger Eisarbeit.

174   *NNE-Grat («Via corda molla»)*

S–, Felsgrat III. 5 Std. Abb. S. 73, 75.

Grossartige, bei günstigen Verhältnissen nicht sehr schwierige kombinierte Fels- und Eisroute inmitten einer herrlichen Gletscherwelt.
B. De Ferrari mit I. Dell'Andrino, August 1914.
1. Winterbegehung: F. und G. Grandori, 26. Dezember 1940.

Vom Bivacco Oggioni folgt man dem Grat und gelangt über leichte Felsen, dann über die Firnhänge der E-Flanke zu P. 3295. Weiter über den Grat ohne grössere Schwierigkeiten an den Fuss eines markanten Aufschwunges, den man erklettert. Man benützt dazu eine Kaminreihe auf der rechten Seite des Aufschwungs (30 m, III, H). Nun über die zunehmend schmäler werdende Gratschneide zu einem horizontalen Firngrat, über den man auf der Schneide oder in seiner E-Flanke zu einem Absatz aus rotem Fels gelangt. Man befindet sich nun am Fuss des eleganten und scharfen Firngrates, der zu den

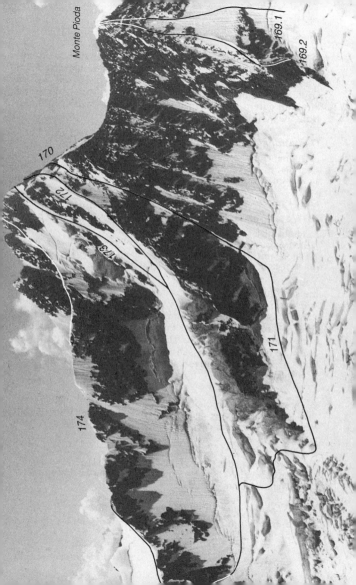

Monte Pioda

169.1
169.2
170
172
173
171
174

Gipfelfelsen hinaufleitet. Der Firngrat ist anfänglich nicht sehr steil, bäumt sich dann im oberen Teil auf und weist beim Übergang in die Felsen eine Neigung von ca. 45° auf. In den Gipfelfelsen hält man sich zuerst etwas nach links, steigt dann direkt in gutem Fels (III) auf und erreicht den SE-Grat in der Nähe des Gipfels.

174a *Variante*

E. Hulton, C. und L. Pilkington stiegen am 17. August 1882 vom obersten Plateau der Vedretta della Ventina zum NNE-Grat auf, den sie am Fuss des zu den Felsen führenden steilen Firngrates erreichten.

175 *Vom Passo Cassandra über den SE-Grat*

III. 6 Std. Abb. S. 73, 77.

Landschaftlich sehr schöne Route.
A. Bonacossa und P. I. Torti, 23. Juli 1911. 1. Winterbegehung: L. und P. Tagliabue mit Oreste Lenatti und Giacomo Schenatti, 5. Januar 1937 (bis P. 3648).

Vom Passo Cassandra (P. 3097) leicht, teils auf der S-Seite und meistens auf dem Grat, zur Punta Orientale (P. 3648). Das Gratstück von der Punta Orientale zur Punta Centrale (Turm, bei dem SW- und SE-Grat zusammentreffen) bietet schöne Kletterei in gutem Fels. Von der Punta Centrale wird der Grat bis zum Hauptgipfel über alle Türme hinweg überklettert. Man bleibt je nach Verhältnissen auf dem Grat, mit nur wenigen und kurzen Abweichungen auf die N-Seite.

175a *Variante*

F. Grandori und B. Perotti erstiegen am 30. Juli 1944 die N-Wand der Punta Orientale von der oberen Gletscherterrasse des Vedretta della Ventina und benützten dabei zeitweise das Eiscouloir der R. 177.

175b *Variante*

A. und N. Corti und P. Perego erreichten am 12. August 1940 den SE-Grat von der oberen Gletscherterrasse des Vedretta della Ventina über die N-Wand der Punta Centrale.

176 *NE-Sporn und SE-Grat*

ZS-. 5–6 Std. vom Bivacco Taveggia, 8–9 Std. vom Rifugio Porro. Abb. S. 73, 77.

Monte Disgrazia von NE

Passo Cassandra

175

176

186

183

25

24

O Bivacco Taveggia

Landschaftlich grossartiger kombinierter Anstieg.

F. T. Pratt Barlow und S. F. Still mit J. Anderegg und P. Taugwald, 29. August 1874.

Vom Bivacco Taveggia steigt man auf den Vedretta della Ventina ab. Dann quert man in südlicher Richtung unter den vom Monte Disgrazia kommenden Gletscherbrüchen durch, biegt am Fuss des Passo Cassandra (3097 m) nach Nordwesten ab und steigt auf dem Gletscher entlang der felsigen NE-Flanke des SE-Grates auf (Eisschlag!). Über eine steile Firn/Eiswand gewinnt man den von der Punta Orientale (P. 3648) herunterkommenden Firn- und Felsgrat. Über den Firngrat gelangt man zu gut gestuften Felsen (II+) und über diese zum P. 3648 und weiter auf R. 175 zum Hauptgipfel.

177 *NNE-Wand («Couloir dell'insubordinato»)*

S+. 3–4 Std.

Eiscouloir 65°, Wandhöhe 300 m.

R. Casarotto, G. P. Federico, A. Gogna, L. Mario, C. Mauri und E. Molin, 7. September 1979.

Zugang: Vom Bivacco Oggioni auf der E-Seite dem NNE-Grat des Monte Disgrazia entlang zum Schneesattel zwischen der Punta Kennedy und P. 3295. Abstieg auf der S-Seite auf die obere Terrasse des Vedretta della Ventina. Vom Bivacco Angelo Taveggia kann man auf R. 176 auch zur oberen Gletscherterrasse aufsteigen.

Routenverlauf: Das Couloir führt von der Gletscherterrasse in die Bresche zwischen der Punta Orientale (P. 3648) und der Punta Centrale. Man überwindet den Bergschrund (falls dies nicht möglich ist, steigt man etwa 20 m in den Felsen der rechten Couloirseite (IV) auf und traversiert dann etwa 50 m nach links, um ins Couloir einsteigen zu können). Über dem Bergschrund im 60–65° geneigten Couloir, das oft blank ist, zur Bresche im SE-Grat aufwärts. Weiter auf R. 175 zum Gipfel. Von der Bresche zwischen der Punta Orientale und der Punta Centrale führt ein steiles Couloir nach S zur Vedretta della Cassandra hinab, das bei guten Schneeverhältnissen im Ab- oder Aufstieg begangen werden kann.

178 *SSW-Grat vom Rifugio Desio*

III. 6 Std.

Der untere Teil des Anstieges über den brüchigen Grat ist nicht interessant.

G. Gugelloni mit B. Sertori, Juli 1901.

Vom Rifugio Desio folgt man dem SW-Grat zur Cima di Corna Rossa (3180 m), weiter über den Grat zu P. 3250. Über den zerrissenen Grat gelangt man zu einer Scharte, zu der der Ghiacciaio di Preda Rossa auf der W-Seite und der Ghiacciaio della Cassandra auf der E-Seite nahezu hinaufreichen (Einmündung der R. 178a). Man folgt nun dem SW-Grat ungefähr eine Stunde lang. Ein Grataufschwung von etwa 50 m Höhe wird westlich umgangen, worauf man über steile Felsen wieder den Grat gewinnt. Auf diesem an den Fuss des von allen Seiten gut sichtbaren Turms im Gipfelgrat, von dem der SW-Grat ausgeht. Der Turm befindet sich ungefähr in der Mitte zwischen der Punta Orientale und dem Hauptgipfel und wird mit Punta Centrale bezeichnet (ungefähr 3650 m). Der Turm wird direkt erklettert. (Man kann auch vom Einschnitt am Südfuss des Turms nach links, NW, traversieren, um zuletzt in einem Couloir zum Gipfelgrat aufzusteigen, der westlich der Punta Centrale erreicht wird.) Nun weiter über den SE-Grat, wobei alle Türme überklettert werden. Man bleibt je nach Verhältnissen auf dem Grat, mit nur wenigen und kurzen Abweichungen auf die N-Seite.

178a *SSW-Grat vom Rifugio Ponti*

Vom Rifugio Ponti traversiert man auf gut markiertem Pfad zur rechten Seitenmoräne des Ghiacciaio di Preda Rossa, auf der man bis ca. 2800 m aufsteigt. Nun quert man auf dem Gletscher nach E zum kleinen Gletscher in der W-Flanke des SW-Grates des Monte Disgrazia. Man steigt in den Felsen nördlich des Abbruchs auf. Über das Firnfeld oberhalb des Abbruchs gelangt man in eine Lücke im SW-Grat und zur R. 178.

179 *SW-Couloir und S-Wand*

III. 6 Std.

Schöner Anstieg, der aber stark von den Verhältnissen abhängig ist.
A. von Rydzewsky mit M. Barbaria, A. Dandrea und Christian Klucker, 23. Juni 1897.

Auf R. 170 steigt man gegen die Sella di Pioda auf und quert zur SW-Flanke. Man überwindet den Bergschrund zwischen

dem SW-Sporn und dem markanten Felskopf im unteren
Wandteil. Je nach Verhältnissen kann man in der Schneerinne
oder über den Felskopf in leichter Kletterei aufsteigen. Oberhalb des Felskopfs benützt man für den weiteren Anstieg eine
Fels/Schneerippe, die zu den Gipfelfelsen führt. Ein Felsband
und gut gestufte Felsen führen nun an den Fuss von zwei sehr
steilen Kaminen, von denen das westliche, etwas gebogene,
erklettert wird (wenn vereist, sehr schwierig). Man erreicht
den Gipfelgrat wenige Meter westlich des Gipfels.

179a *Variante*

A. Facetti und A. Villa mit B. Sertori, 14. Juli 1902.

Man kann auch westlich des Felskopfes durch eine steile, steinschlägige Rinne aufsteigen und so den Felskopf erreichen.
Nicht empfehlenswert.

180 *Über den SW-Sporn (Via Baroni)*
III. 4–5 Std.

Nicht mehr üblich, steinschlägig.

F. Lurani mit A. Baroni, 23. Juli 1878.

Auf R. 170 steigt man gegen die Sella di Pioda auf und traversiert oberhalb der Spaltenzone nach E an den Fuss des grossen Felssporns. Man beginnt den Anstieg auf der W-Seite des
Sporns und steigt dann über Absätze und Bänder auf dem
Gratrücken zum nordwestlichen Vorgipfel auf, von wo der
höchste Punkt in 10 Min. erreicht wird.

181 *Von der Capanna del Forno*
WS. III. 10 Std.

Lange, abwechslungsreiche Tour. Klassische und berühmte Skitour.

Von der Capanna del Forno auf R. 149 zum Monte Sissone.
4½ Std. Vom Gipfel steigt man zuerst etwa 50 m über den W-
Grat bis zur Schulter ab, wendet sich dann nach S und gelangt
über gut gestufte Felsen (eine gute SL) zum Firnhang der
S-Flanke. In dieser steigt man bis auf ca. 2800 m zum Sentiero
Roma ab und folgt diesem in SE-Richtung bis zu P. 2696 westlich des Passo di Mello. Über den Gletscher aufwärts zum Fuss
des SW-Grates des M. Pioda (P. 2895) und weiter zum Passo
Cecilia und zur Sella di Pioda (3387 m). 3 Std. Die R. 170 führt
zum Gipfel.

Ski. Bei guten Verhältnissen kann man den Monte Disgrazia auf dieser Route von der Capanna del Forno aus besteigen. Zeitbedarf hin und zurück ca. 15 Std. Die Ski müssen auf den Gipfel des Monte Sissone getragen und später auf der Sella di Pioda deponiert werden. Für den Aufstieg von der Sella di Pioda zum Gipfel sind Steigeisen nötig.

Punta Kennedy, ca. 3280 m

Ohne Namen und Höhenangabe auf der LK.
Als Punta Kennedy wird der Gipfel ca. 200 m östlich P. 3295 (im NE-Grat des Monte Disgrazia) bezeichnet. Der NNE-Grat ist ein Schnee-, der E-Grat ein Felsgrat.

182 *NNE-Grat*

L. ½ Std.

Schöner Schneegrat.

Vom Bivacco Oggioni quert man in südöstlicher Richtung zum Beginn des NNE-Grates. Ein schöner Schneegrat führt leicht zum Gipfel.

183 *E-Grat*

IV. 2½ Std. Abb. S. 77.

Interessante, empfehlenswerte Route in bestem Fels.
A. Corti mit G. N. Dell'Andrino, 21. Juli 1920.

Vom Bivacco Taveggia erreicht man in wenigen Minuten leicht den Beginn des Grates. Man folgt dem Grat und umgeht den ersten Gendarm auf der N-Seite. Meistens umgeht man den ersten Gratabschnitt und steigt in der N-Flanke zu einer Rinne auf, die von den Felsen des Gendarms und einem vom Grat herunterziehenden Sporn gebildet wird. Durch diese Rinne gelangt man in eine Scharte des E-Grates. Über eine glatte 40 m Platte (IV) kommt man zu einem senkrechten Aufschwung (IV, H), den man direkt überwinden muss, um am Rand einer Platte die Gratschneide zu erreichen. Leicht über diese Platte (80 m) aufwärts und weiter, sich auf der S-Seite haltend, über die Gratschneide zu einer Gruppe von Türmen. Man umgeht diese auf der linken Seite über ein Band oberhalb der senkrechten S-Wand, bis glatte Felsen den Weiterweg versperren. Nun erklettert man einen kleinen Überhang (6 m,

IV) und folgt der Gratkante bis zu einem weiteren Aufschwung, den man auch links (S) umgeht. Man überwindet eine kleine Platte, und über die Kante gelangt man in eine Scharte. Weiter klettert man durch eine Verschneidung links der Kante und erreicht, in der S-Flanke, über schöne, kleine Verschneidungen den Gipfel.

Colletto del Disgrazia, 3151 m

Sattel zwischen P. Ventina und P. 3295 des Monte Disgrazia-NE-Grates, auf dem wenig südlich das Bivacco Oggioni steht.
Siehe R. 24 und 25.

Passo di Corna Rossa, 2836 m

Übergang zwischen dem Rifugio Bosio und dem Rifugio Ponti. Etwa 30 m östlich des Passes steht das Rifugio Desio.

184   *Vom Rifugio Ponti*

EB. 1¼ Std.

Vom Rifugio Ponti quert man auf gut markiertem Pfad zur rechten Seitenmoräne des Ghiacciaio di Preda Rossa. Von der Moräne steigt man auf den Gletscher ab und gelangt, den Gletscher nach E querend, zum Fuss des Passes. Pfadspuren folgend, über Geröll und lose Steine zum Übergang.

185   *Vom Rifugio Bosio*

EB. 3 Std.

Vom Rifugio Bosio über die Brücke und auf der linken (N) Talseite durchs Valle Airale aufwärts. Von P. 2569 folgt man einer Felsrippe in nördlicher Richtung und gelangt über Schutt und Geröll zur Passhöhe.

Passo Cassandra, 3097 m

Ohne Namen auf der LK. Landschaftlich sehr schöner Übergang zwischen dem P. Cassandra und P. 3312 im SE-Grat des Monte Disgrazia.

186   *Von N (Rifugio Porro)*

WS. 4½ Std. Abb. S. 75.

Vom Rifugio Porro in südlicher Richtung auf einem Weg zur Vedretta della Ventina. Man steigt in dessen Mitte, anfänglich in südlicher, später in südwestlicher Richtung aufwärts zu einem flachen Stück auf ungefähr 2800 m. Nun wieder in südlicher Richtung in das Tälchen, das zum Pass führt. Über den Bergschrund (nicht immer einfach) und einen kurzen, steilen Hang zum Passo Cassandra.

Ski. Sehr schöne, lohnende Skitour.

187 *Von S (Rifugio Bosio)*

L. 3½ Std.

Vom Rifugio Bosio über die Brücke und auf der linken (N) Talseite durchs Valle Airale aufwärts bis auf die Höhe des durch den Abfluss des Lago della Cassandra gebildeten Wasserfalls. Von dort auf einem Pfad links (W) des Wasserfalls zwischen steilen Gras- und Schutthalden aufsteigend, gelangt man zu Alphütten. Weiter nach W, später N, über Alpweiden, dann Schutthalden, in denen sich der Pfad verliert und schliesslich über offene Hänge links des Felskopfes P. 2869 erreicht man den westlichsten Arm des Ghiacciaio della Cassandra (dieser Anstieg ist empfehlenswert; derjenige über den Lago della Cassandra führt über ausgedehnte Geröllhalden und ist sehr mühsam).

Über den Gletscher, im SE an der felsigen Insel (P. 2958) vorbei, gelangt man an den Fuss der grossen Block- und Geröllhalde unterhalb des Passes. Ungefähr in ihrer Mitte überwindet man eine Stufe aus faulem Fels (mit senkrechten, schwarzen Streifen) über eine Schnee- und Schuttzunge. Dann hält man entschieden nach rechts (E) und steigt über Schutt und Schnee zum Pass auf.

188 *Vom Passo di Corna Rossa*

L. 1¾ Std.

Vom Passo di Corna Rossa steigt man etwas ab und traversiert über die Schutthalden am Fuss der SSE-Wand der Cima di Corna Rossa zum westlichsten Arm des Ghiacciaio della Cassandra. Von dort auf R. 187 zur Passhöhe.

2. Torrone Orientale – Punta Rasica

Torrone Orientale – Ago del Torrone – Torrone Centrale –
Punta Ferrario – Punta Alessandra – Torrone Occidentale –
Picco Luigi Amedeo – Punta Rasica.

Passo Cameraccio, ca. 2950 m

Ohne Höhenangabe auf der LK.
Übergang vom obersten Valle Torrone in den obersten Kessel des Valle
di Mello, südlich des Monte Sissone.
Der Pass führt über den Südausläufer des Torrone Orientale und gehört
zum Sentiero Roma. Der Übergang wird bei Nord-Süd-Traversierungen
in der Torronegruppe mit Vorteil benützt, um über den Monte Sissone
zur Capanna del Forno zurückzukehren.

201 *Vom Rifugio Ponti*

EB. 3 Std.

Sentiero Roma.

Vom Rifugio Ponti steigt man über Moränen und Grashalden in
NNE-Richtung zur Bocchetta Roma (ca. 2880 m). Auf der NW-
Seite durch steile Felsen abwärts (fixes Seil) und später über
Schnee und Schutt auf den Gletscher südwestlich des Monte
Pioda, den man ungefähr auf der Höhe von 2600 m betritt. Bis auf
2800 m aufsteigend, quert man den riesigen Talkessel des Valle di
Mello auf der SW-Seite der Cima di Chiareggio bis in die Gegend
östlich P. 3024 im Grat, der den Kessel nach W abschliesst. In
nordwestlicher Richtung über einen Schnee- und Geröllhang
gelangt man zum Pass.

202 *Vom Bivacco Manzi*

EB. 1 Std.

Sentiero Roma.

Vom Bivacco Manzi auf dem markierten Sentiero Roma westlich der Rippe, auf der das Bivacco steht, aufwärts und dann in
nordöstlicher Richtung über die Moräne zum Gletscher zwischen dem S-Grat des Torrone Orientale und dem S-Grat des
Torrone Centrale. Man traversiert den Gletscher zu den Felsen
unterhalb des Passes (P. 2898). Im steilen Schnee- und Schuttcouloir zur tief eingeschnittenen Lücke (Drahtseile).

Torrone Orientale, 3333 m

Eine der markantesten Berggestalten des Fornogebietes. Zusammen mit
dem Ago del Torrone (Ago di Cleopatra) bildet der Torrone Orientale
den charakteristischen Talabschluss. Der Torrone Orientale besitzt einen
N- und einen S-Gipfel. Der südliche Gipfel ist höher und kotiert.

203   *Von NE*

ZS–. Fels III–, eine Stelle IV. 5 Std. Abb. S. 57, 87.

Übliche Route von der Capanna del Forno. Schöne, kombinierte Tour,
deren Verlauf durch das starke Abschmelzen des Firns Änderungen un-
terworfen ist.

R. Paulcke, A. Rzewuski mit Christian Klucker und J. Eggenberger,
29. Juli 1882.

Von der Capanna del Forno über den Vadrec del Forno an den
Fuss des Gletschers, der sich zum Schneesattel östlich des Torrone Orientale hinaufzieht. Man steigt über den Firngrat, der die
stark verschrundete und kaum mehr begehbare Gletschermulde
gegen W begrenzt, bis zur Felszunge, die in den Firnhang hin-
einragt, auf. In den Felsen, teilweise über Platten aufwärts, wobei in der ersten SL eine IVer-Stelle überwunden werden muss.
In leichterem Fels zu einer Rinne, durch die man auf ein Schutt-
Firnplateau gelangt. Von dort führen gut gestufte Felsen, links
am oberen Firnfeld (oft ausgeapert) vorbei, zum Gipfelgrat.

203a   *Von NE über die E-Wand*

II+. Ursprüngliche Route, die aber wegen grosser Steinschlaggefahr nicht
empfohlen werden kann.

Man steigt bis zum Schneesattel östlich des Torrone Orientale
(ca. 3200 m) auf. Vom Sattel traversiert man etwa 50 m nach
rechts (Fornoseite). Ungefähr in der Wandmitte klettert man
über Blöcke und Platten gerade hinauf, hält im oberen Teil

etwas nach rechts, bis man ein breites Band erreicht, das nach links zum Gipfel führt.

204   *Vom Firnsattel östlich des Torrone Orientale über den ENE-Grat*

III. 1 Std.

Interessanter Aufstieg; solider Fels.

Zugang: Von der Capanna del Forno oder vom Monte Sissone auf R. 157 und vom Passo Cameraccio auf R. 205 zum Firnsattel.

Routenverlauf: Vom höchsten Teil des Firnhanges hält man schräg links aufwärts gegen den ENE-Grat. Der Übergang vom Firn auf den Fels ist schwierig, doch wird die Kletterei schön, sobald man den Grat selbst, den man bis zum Gipfel verfolgt, erreicht hat.

205   *Von S zum Firnsattel östlich des Torrone Orientale (ca. 3200 m)*

IV. 2 Std.

Schöne Kletterei in gutem Fels.
A. Bonacossa und G. Ratti, 25. September 1948.

Vom Passo Cameraccio traversiert man über Geröll- und Schneehalden an den Fuss der SE-Wand. Der Einstieg befindet sich in der Fallinie des Firnsattels (ca. 3200 m) östlich des Torrone Orientale. Kurz nach Beginn der Kletterei quert man nach links zu einer Felsspalte und zu einer Verschneidung. Kurz vor dem Ende der Verschneidung steigt man nach rechts aus, wo eine glatte Platte zu einem Band am Fusse eines vom Gletscher aus gut sichtbaren Riss/Kamins führt. Aufwärts durch diesen Riss, dann im Zickzack über Bänder und Platten zum Firnsattel und auf R. 204 zum Gipfel.

206   *SE-Wand*

V+. 6 Std.

Sehr schwierige, steile Wandkletterei. Wandhöhe ca. 400 m.
V. Taldo und C. Zamboni, 28. August 1960.

Zugang und Einstieg: Vom Bivacco Manzi auf R. 202 zum Passo Cameraccio (1 Std.). Der Einstieg befindet sich etwa 200 m nordnordöstlich des Passes in der durch einen schwarzen Wasserstreifen gezeichneten Wandmitte.

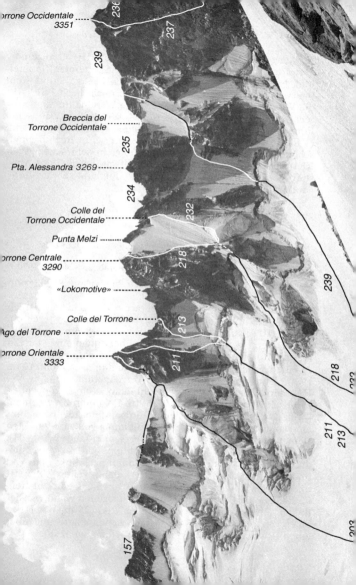

Torrone Occidentale 3351

236

237

239

Breccia del Torrone Occidentale

235

Pta. Alessandra 3269

234

Colle del Torrone Occidentale

232

Punta Melzi

Torrone Centrale 3290

218

«Lokomotive»

239

Colle del Torrone

213

Ago del Torrone

213

Torrone Orientale 3333

211

211

218

232

211
213

157

203

Routenverlauf: Zuerst über gestufte Platten (III) 40 m gerade aufwärts. Weiter leicht links haltend eine SL in freier Kletterei über einen Überhang (V) und gestuften Fels zu Stand. Von hier wendet man sich nach links und erreicht nach 3 SL (III) die Wandmitte. Hier beginnt die obere Wandhälfte mit senkrechten und geschlossenen Felsen. In der linken Wandseite führt eine 60 m hohe Verschneidung zu einem guten Stand (V+, div. H). Nun 20 m leichte Kletterei zum Beginn einer schönen, regelmässigen Verschneidung. In sehr schwieriger Kletterei durch die Verschneidung aufwärts, wobei der Ausstieg aus der Verschneidung auf den Gipfelgrat sehr anstrengend ist (V, Ausstieg VI-).

207 S-Grat

VI-. 6 Std.

Interessante, lange, grösstenteils freie Kletterei in gutem Fels.
J. Canali und R. Osio, 18. Juli 1956.
1. Winterbegehung: G. Della Torre und E. Majoli, 23.–24. Dez. 1970.

Zugang und Einstieg: Vom Bivacco Manzi auf R. 202 zum Passo Cameraccio (1 Std.).

Routenverlauf: Vom Passo Cameraccio zum Einstieg östlich der S-Kante über Risse und Platten (III), nachher durch ein Kamin (III+) aufwärts und an dessen Ende 5-6 m nach links (II) auf den eigentlichen Grat. Man überwindet einen kurzen Absatz (IV+) und folgt dem Grat über Platten und Risse (IV+) zu einem Standplatz. Zuerst quert man nun nach rechts (2 m, IV+), dann senkrecht durch eine Verschneidung (7-8 m, V-, H) empor. Die Verschneidung geht dann in ein Couloir über, biegt schräg nach rechts ab (20 m, III-IV) und führt zu einem kleinen, waagrechten Grasband. Einige Meter rechts beginnt eine lange und ausgeprägte Verschneidung von ca. 60 m. Man steigt ungefähr zwei Drittel in der Verschneidung auf (V-, H). Nach Überwindung einer grossen Schuppe wird die Verschneidung sehr eng und senkrecht. Man quert nach links (2 m V+) und steigt senkrecht (5 m, V+, 2 H), dann weitere 10 m (III und IV) bis über den riesigen Block am Fuss einer glatten, überhängenden, von zwei Rissen durchzogenen Wand. Auf der linken Seite in einen überhängenden Riss (25 m, V+, H) zu einer von brüchigen Rissen durchzogenen Platte und über einen Überhang (H) zu einem unbequemen Stand (10 m, V-).

Dann über einen Riss (10 m, V–) wieder auf die Kante, der man, sich leicht links haltend, über kleine Wände und Risse (III und IV) bis zur grossen Schulter folgt. Über diese auf unterschiedlichem Gelände (Stellen IV und 1 Stelle V) bis zum oberen Steilaufschwung. Die ersten 25 m der hohen, fast senkrechten Wand werden über einen nach oben links zu überwindenden Überhang mit Hilfe von Haken bewältigt. Nun folgt man dem Grat über Platten und Risse in ausgesprochen schöner Kletterei bis zum Gipfel.

207a *Variante*

Man kann von der grossen Schulter statt direkt über den S-Grat auch über R. 208 zum Gipfel gelangen.

208 *S-Grat und SE-SW-Wand*

IV, je eine Stelle V und VI–. 6 Std.

Interessante Route, wobei der untere grosse Steilaufschwung des Grates in der E-Flanke umgangen wird.
A. Bonacossa, Nini Pietrasanta und H. Steger, 1. September 1932.

Zugang und Einstieg: Vom Bivacco Manzi auf R. 202 zum Passo Cameraccio (1 Std.) und in wenigen Minuten zum Einstieg auf der E-Seite des S-Grates.

Routenverlauf: Zuerst diagonal rechts aufwärts, dann über eine Wandstufe zu einem Couloir, das man nach zwei Seillängen nach links verlässt, um über gut gestufte Felsen den eigentlichen Grat auf einer kleinen Schulter zu erreichen. Nun einige Meter in der E-Flanke leicht abwärts zu einem Kamin, durch das man zu einem grasdurchsetzten Band gelangt. Darauf quert man leicht ansteigend unter der glatten Wandflucht in der SE-Flanke. Vom Ende der Wandflucht steigt man nun wieder zum Grat auf, dem man mit gelegentlichem Ausweichen bis zur grossen, aus dem Val Masino gut sichtbaren Schulter folgt. Nach kurzem Stück über die Gratschneide Querung in die W-Flanke, wobei ein auffallender Felszahn links bleibt. Durch ein Couloir und die Begrenzungsfelsen links erreicht man ein nach rechts, SE, ansteigendes Band und über dieses ein weiteres Couloir. Dann folgen nach rechts schwierige und ausgesetzte Platten, zuletzt einige Meter (VI–) gerade hinauf. Über einen nicht leichten Riss, dann über Bänder und rissdurchsetzte Platten kommt man zu einem engen, nahezu senk-

rechten Kamin, das man nach oben links verlässt (V). Wenige
Meter über Blöcke führen zum Grat zurück, den man eine
Seillänge unter dem Gipfel erreicht.

209 *Vom Colle del Torrone über die SW-Wand*

III+. 1½ Std. Abb. S. 90.

Im untersten Drittel identisch mit R. 210.
C. Silvestri und C. Virando mit G. Fiorelli, 24. September 1917.

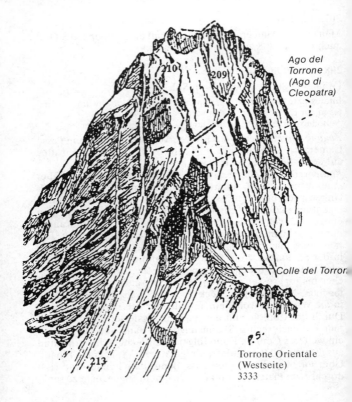

Ago del
Torrone
(Ago di
Cleopatra)

Colle del Torror.

p.s.

Torrone Orientale
(Westseite)
3333

Vom Colle del Torrone auf R. 210 über den W-Grat bis in ungefähr einen Drittel seiner Höhe. Dann nach rechts in die SW-
Wand, die über steile, glatte Kamine direkt erklettert wird.
Durch einen engen Riss gewinnt man den Gipfelgrat halbwegs
zwischen den beiden Gipfeln.
Kommt man von S zum Colle del Torrone, so kann man vom
Schneefeld am Fuss der Wand, links des grossen Couloirs,
das die Wand durchreisst, in der SW-Wand zur oben beschriebenen Route aufsteigen.

210 *Vom Colle del Torrone über den W-Grat*

III+. 2 Std. Abb. S. 90.

Interessanter Anstieg, stellenweise lose Steine.
K. Schulz mit Alexander Burgener u. Clemens Perren, 3. August 1883.

Vom Colle del Torrone an der S-Seite des Ago di Torrone vorbei und über die leichten untersten Felsen am Südabhang des
W-Grates empor. Der nicht sehr ausgeprägte Grat weist drei
schwierige Plattenpartien auf. In ¼ Std. vom Einstieg kommt
man zur ersten Platte. Über diese empor zu einer Geröllterrasse ungefähr auf gleicher Höhe mit dem Gipfel des Ago del
Torrone. Nun folgt die zweite, ca. 20 m lange Plattenpartie,
über die man zu einem glatten und schwierigen Kamin gelangt,
das in anstrengender Kletterei erstiegen wird. Die dritte Platte
ist oben leicht überhängend. Nach ihrer Überwindung befindet man sich gerade unter dem N-Gipfel, den man links (N)
umgeht, um zum Gipfelgrat zu gelangen, über den der höchste
Punkt erreicht wird.

211 *NW-Rippe*

III. 6 Std. Abb. S. 87.

Schöne, abwechslungsreiche Kletterei.
G. Dönni, H. Frei und R. Honegger, 1936.

Von der Capanna del Forno über den Vadrec del Forno und
gegen den Colle del Torrone aufwärts, bis man sich direkt unterhalb des NW-Spornes befindet. Nun über den Bergschrund
an den Fuss der Rippe, die man, sich möglichst an die Kante
haltend, erklettert. Eine Seillänge unterhalb des Gipfels wechselt man auf den W-Grat und erreicht über diesen den Gipfel.

Ago del Torrone (Ago di Cleopatra), ca. 3233 m

Ohne Namen und Höhenangabe auf der LK. Äusserst kühne, von weitem sichtbare Felsnadel westlich des Torrone Orientale.

212 *Vom Colle del Torrone*

IV. ½ Std. Abb. S. 92.

Kurze, aber schwierige Kletterei.

N. S. Finzi mit F. J. Biner und R. Lagger, 4. August 1923.

Vom Colle etwas absteigen und unter einem Überhang zum Einstieg in der N-Wand traversieren. Über ein schwieriges Wandstück aufwärts auf ein Bändchen (H). Über dieses nach rechts an die Kante und hinauf zu Stand. Über eine Verschneidung und ein Bändchen nach links in die N-Wand zurück. Nun feingriffig in der N-Wand bis kurz unter den Gipfel, worauf man in die W-Wand abbiegt und den höchsten Punkt gewinnt.

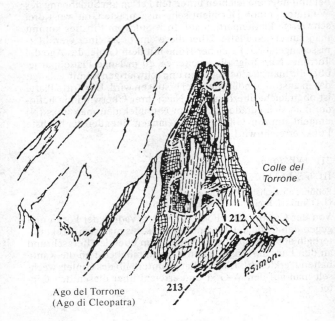

Colle del
Torrone

212

P. Simon.

Ago del Torrone
(Ago di Cleopatra)   213

Colle del Torrone, ca. 3180 m

Ohne Namen und Höhenangabe auf der LK. Sattel zwischen Torrone
Orientale und Torrone Centrale, charakterisiert durch die Felsnadel
des Ago del Torrone (Ago di Cleopatra). Wird als Übergang nicht be-
nützt und ist auch nicht zu empfehlen. Der Gletscherrückgang hat
Felstrümmer freigelegt, die sowohl auf der Nord- als auch auf der
Südseite die Steinschlaggefahr stark erhöht haben. Der Colle del Tor-
rone kann wesentlich sicherer durch die Überschreitung des Torrone
Orientale erreicht werden.

213 *Von Norden*

S–SS. 5 Std. Abb. S. 57, 87.

Der über 50° steile Eishang mit verschiedenen Bergschründen ist nur
bei einigermassen guten Verhältnissen zu bewältigen. Steinschlag!
K. Schulz mit A. Burgener und C. Perren, 27. Juli 1883.

Von der Capanna del Forno über den Vadrec del Forno an den
Fuss der zum Colle del Torrone führenden Firn- und Eiswand.
Nach der Überwindung der verschiedenen Bergschründe
steigt man in der Fallinie des Ago del Torrone (Ago di Cleopatra) bis an den Fuss dieser Felsnadel. Von dort traversiert
man nach rechts auf den Colle del Torrone.

214 *Von Süden*

S. 3 Std.

Schwieriger Bergschrund und Steinschlaggefahr.

Vom Bivacco Manzi auf R. 202 (Passo Cameraccio) bis auf den
Gletscher auf der SW-Seite des Torrone Orientale. Dort zieht
sich zwischen der glatten Südwestwand des Torrone Orientale
und der Felsmauer unter dem Colle del Torrone eine steile,
steinschlaggefährliche Rinne hinauf. Sie ist nur bei guten Verhältnissen, d. h. wenn hartgefrorener Schnee die Felstrümmer
zurückhält, einigermassen sicher begehbar. Der Bergschrund,
im Sommer oft vollständig ausgeapert, ist schwierig zu überwinden, kann aber in den Felsen rechts oder links (schwieriger) umgangen werden. Man verlässt die Rinne sobald als möglich und klettert über die Felsen auf der W-Seite zum Firnfeld
unter dem Ago del Torrone. Dann über leichte, aber brüchige
Felsen zum Pass.

Lokomotive, ca. 3230 m

Ohne Namen und Höhenangabe auf der LK. Grosser, zweigipfliger Höcker im SE-Grat des Torrone Centrale. Da die Graterhebung von der Capanna del Forno aus wie eine Dampflokomotive aussieht, hat sich der Name eingebürgert.

215 *Vom Colle del Torrone*

V. 2 Std.

Interessante und schwierige Kletterei.
Hans Frei mit Paul Petri und Hans Hauri, 16. Juli 1936.

Vom Colle del Torrone an den Fuss der E-Kante. Von hier quert man etwa 6 m in die S-Wand zu einem Standplatz. Nun etwa 25 m sehr schwierig (V) empor bis unter den überhängenden Gratzacken an der E-Kante (H, Kk). Dieser wird links umgangen, und über einen schwierigen Riss erreicht man wieder die Kante oberhalb des Überhangs. Über die Kante bis zum Vorgipfel, über dessen W-Seite hinab zu einem scharfen Grat und über diesen an den Fuss des Hauptgipfels. Nun auf der N-Flanke zur W-Seite des Gipfelturms und über diese mit Seilwurf auf den Gipfel.

Abstieg zur Scharte zwischen Lokomotive und Torrone Centrale, wobei die untersten 10 m abgeseilt werden. Umgehung der Lokomotive s. R. 222 (SE-Grat Torrone Centrale).

Torrone Centrale, 3290 m

Der Torrone Centrale ist ein schöner, selten bestiegener Fels- und Eisgipfel mit schwierigen, kombinierten Nordanstiegen. Er ist zweigipflig. Der Westgipfel, ca. 3275 m, wird mit Punta Melzi bezeichnet. Die Einsattelung zwischen dem Torrone Centrale und der Punta Melzi trägt den Namen Colle del Torrone Centrale.

216 *Vom Colle del Torrone Occidentale über den W-Grat*

III–. ½ Std. Abb. S. 97.

Normalroute.
A. von Rydzewsky mit Christian Klucker und M. Barbaria, 8. Juli 1891.

Vom Colle del Torrone Occidentale in östlicher Richtung dem Fuss der Felsen auf der N-Seite entlang zum breiten Firnsattel zwischen dem Torrone Centrale und der Punta Melzi (Colle del Torrone Centrale) und über leichte Felsen zum höchsten Punkt.

216a *Variante*

Man kann auch über ein Eisgrätchen und leichte Felsen zur Punta Melzi aufsteigen, dann in den Colle del Torrone Centrale hinabklettern und über Firn und die leichten Felsen des W-Grates den Gipfel gewinnen.

216b *Variante*

Der Colle del Torrone Centrale kann bei aussergewöhnlich guten Verhältnissen in der nördlichen Firnwand auch direkt erstiegen werden.
R. W. Lloyd mit G. Pollinger, 11. Juli 1910.

217 *Vom Bivacco Manzi durchs S-Couloir und über den W-Grat*
III–. 4 Std.

Bei guten Firnverhältnissen ohne besondere Schwierigkeiten. Ist das Couloir aber ausgeapert, so ist die Route steinschlaggefährlich.
A. von Rydzewsky mit Christian Klucker und M. Barbaria, 24. Juni 1900 im Abstieg.

Vom Bivacco Manzi auf R. 202 zum Gletscher am SE-Fuss des Torrone Centrale und zum breiten Couloir, das zum Colle del Torrone Centrale zwischen der Punta Melzi und dem Torrone Centrale hinaufführt. Nach Überwindung des Bergschrundes durch das oben enger werdende Couloir hinauf. Im oberen, steileren Teil hält man sich eher links und erreicht den Colle del Torrone Centrale. Über Firn und die leichten Felsen des W-Grates erreicht man den Gipfel.

218 *NW-Rippe*

S, Fels IV. 5 Std. Abb. S. 87, 97.

Wenn der Firnhang zum Colle del Torrone Occidentale (R. 232) blank ist, kann die praktisch ausgeaperte NW-Rippe empfohlen werden. Sehr interessante Eis- und Felstour.
J. Deiters, J. und M. Jolles mit L. Baer und W. Risch, im Abstieg in der Nacht vom 27. zum 28. August 1930.

Auf R. 232 zum Colle del Torrone Occidentale bis zum Felskopf P. 3008. Hier noch ein Stück den Firnhang aufwärts und nachher nach E zum unteren Ende der direkt zum Gipfel führenden Felsrippe traversieren. Auf dieser Rippe in schöner Kletterei zum Gipfel.

219 *NNE-Grat*

V. 5–6 Std. Abb. S. 97.

Schwieriger Aufstieg in Eis und Fels. Im unteren Teil besteht eine gewisse Steinschlaggefahr.
H. Frei und M. Margadant, 27. August 1933.

Von der Capanna del Forno auf R. 213 an den Fuss des Colle Torrone. Der Einstieg befindet sich im Kessel unterhalb des Colle Torrone bei einem gut sichtbaren Geröllfeld links der Fallinie des Gipfels. Hier überschreitet man den Bergschrund und verfolgt ein Band schräg rechts aufwärts bis zum NNE-Grat. Nach etwa 20 m Aufstieg auf dem Grat gelangt man zu einer steilen, grifflosen, ungefähr 20 m hohen Platte, die man erklettert. Von hier in einem etwa 40 m hohen Riss zu einer zweiten Platte, die schräg rechts aufwärts zu einem guten Stand gequert wird. Von hier über einen Schneefleck zu einem 60 m hohen Riss, der auf die hier ausgeprägte N-Kante führt. Über diese zum Gipfel.

220 *NE-Wand*

IV–. 5 Std.

Steinschlaggefährliche Eis- und Felsroute.
A. Corti und Oreste Lenatti, 17. August 1934.

Von der Capanna del Forno auf R. 213 an den Fuss der NE-Wand. Der Bergschrund wird wenig südöstlich der Fallinie des Gipfels überschritten. Man steigt auf der rechten Seite (im Sinne des Aufstieges) des breiten Couloirs empor, das die Wand von oben bis unten durchzieht. Steile, aber gute Felsen; im oberen Teil teilweise nicht leicht und exponiert. Zuoberst überschreitet man das Couloir nach links und erreicht, in leichten Felsen ansteigend, den SE-Grat wenige Meter vom Steinmann entfernt.

221 *NE-Wand und SE-Grat*

III. 5–6 Std. Abb. S. 97.

Unübliche Route, schlechtes Gestein.
A. Zürcher mit W. Risch im Abstieg, 25. Juli 1923.
J. Deiters, J. und M. Jolles mit W. Risch, 27. August 1930 im Aufstieg.

Von der Capanna del Forno auf R. 213 an den Fuss des Colle Torrone. Oberhalb des Bergschrundes steigt man in die Felsen

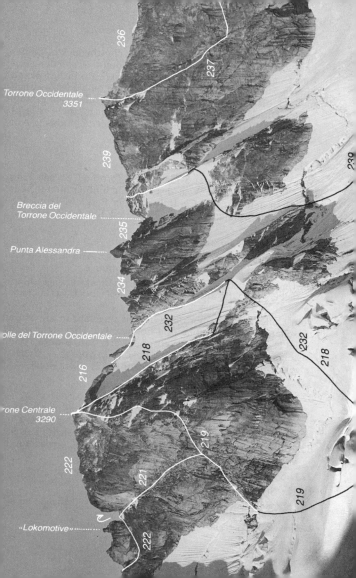

Torrone Occidentale
3351

Breccia del
Torrone Occidentale

Punta Alessandra

olle del Torrone Occidentale

one Centrale
3290

«Lokomotive»

236
237
239
230
235
234
232
218
216
232
218
222
221
219
219
222

der NE-Wand ein und erreicht über schuttbedeckte Bänder
den tiefen Einschnitt zwischen der Lokomotive und dem Torrone Centrale. Durch einen engen Schlupf rechts in die S-Wand
hinaus, zirka eine SL abwärts, sich immer möglichst westlich
haltend, bis bequeme Bänder ein direktes Aufsteigen ermöglichen. Durch eine breite Rinne schräg ostwärts hinauf erreicht
man den SE-Grat direkt über dem mächtigen Überhang. Auf
dem SE-Grat weiter zum Gipfel.

221a *Variante*

Von den Bändern in der S-Flanke des Torrone Centrale kann
man horizontal nach W in das Couloir hinüberqueren, das
zwischen dem Torrone Centrale und der Punta Melzi nach S
abfällt. Man gelangt damit in den oberen Teil der R. 217.

222   *Vom Colle Torrone über den SE-Grat*

IV. 2½ Std. bei Umgehung der Lokomotive. Abb. S. 97.
V. 4½ Std. bei Überkletterung der Lokomotive.

Die Umgehung der Lokomotive ist heikel, die Überkletterung schwierig (R. 215). Der Grat wird selten, meistens bei einer Überschreitung
der Pizzi Torrone, begangen.

Vom Colle Torrone über den Grat bis ungefähr in die Mitte
zwischen Ago del Torrone und Lokomotive. Hier steigt man
in der N-Flanke auf Bändern etwas abwärts (lose Blöcke!) und
ansteigend unmittelbar unter der Lokomotive durch zur Scharte vor dem Torrone Centrale. Nun auf R. 221 zum Gipfel.

222a *Variante*

Man kann auch von der Scharte auf einem Band in die NE-
Wand absteigen und dann auf der östlichen Seite des bei R. 220
erwähnten Couloirs wieder ansteigen und über leichte Felsen
den SE-Grat, wenige Meter vom Gipfel entfernt, erreichen.

223 *SSW-Wand*

III. 4½ Std.

Diese Route kann empfohlen werden, wenn die Verhältnisse im S-
Couloir schlecht sind.
L. Binaghi, F. Maccagno und A. Malinverno, August 1932.

Vom Bivacco Manzi auf R. 217 an den Fuss des S-Couloirs. Nun führt rechts ein markantes Band schräg aufwärts zu einem kleinen Geröllfeld. Von dort über leichte Wändchen nach links aufwärts zu einer Verschneidung, auf deren E-Seite man über solide Felsen den SE-Grat erreicht. Über grosse Blöcke gelangt man in kurzer Zeit zum Gipfel.

Colle del Torrone Centrale, ca. 3250 m

Ohne Namen und Höhenangabe auf der LK. Einsattelung zwischen dem Torrone Centrale und der Punta Melzi (Westgipfel des Torrone Centrale), die hauptsächlich bei der Besteigung dieser beiden Gipfel benützt und bei jenen Routen beschrieben wird.

Punta Melzi, ca. 3275 m

Ohne Namen und Höhenangabe auf der LK. Mit Punta Melzi wird der Westgipfel des Torrone Centrale bezeichnet; die Routenbeschreibungen sind beim Torrone Centrale zu finden.

Punta Ferrario, 3258 m

Plattiger Pfeiler südlich des Torrone Centrale.

224 *N-Grat (vom Sattel am Fuss der Punta Melzi)*

III. 1½ Std.

L. Binaghi und A. Malinverno, 8. September 1930.

Auf R. 216 erreicht man den Sattel am Fuss der Punta Melzi. Über Blöcke und Geröll, meistens auf der W-Seite des Grates, steigt man in südlicher Richtung auf. Nach der Querung über einige glatte Platten erreicht man eine kleine Rinne am Fuss des Gipfelblockes, immer auf der W-Seite. Durch einen Riss, anfänglich überhängend, erklettert man eine Felsplatte. Nachher folgt man einem Band nach rechts und gelangt zum Gipfel.

225 *E-Wand*

IV, mit Stellen V. 7–8 Std.

Abwechslungsreiche, interessante Kletterei. Fels stellenweise wenig solid. Höhendifferenz ca. 350 m.

P. L. Bernasconi, A. Bignami und V. Meroni, 20. Juli 1952.

Zugang: Vom Bivacco Manzi auf R. 202 auf den Gletscher zwischen dem S-Grat des Torrone Orientale und dem S-Grat des Torrone Centrale. Auf dem Gletscher aufwärts und dann an den Wandfuss, wo sich ein niedriger Felssporn von der Wand abhebt.

Routenverlauf: Man beginnt den Anstieg am einzigen Punkt, an dem die Felsen nicht überhängend sind. Durch zwei Verschneidungen mit brüchigem Fels gelangt man zur Spornspitze. Man folgt dann dem flachen Rücken bis unter die grossen Aufschwünge der SE-Wand. Nun einige Meter nach rechts zur rechten der beiden von unten sichtbaren kleinen Rinnen. Man durchsteigt diese bis an ihr Ende (IV), geht dann 5–6 m nach links auf eine grosse Platte und betritt eine steinschlägige Rinne. Man bleibt auf den sichereren Felsen der rechten Seite, am Schluss hält man nach rechts und gelangt zu einem guten Standplatz. Hier wird die Wand glatt und senkrecht. Durch einen Riss aufwärts, den man, wenn er zu eng wird, nach rechts verlässt (V) und zu einem unbequemen Standplatz gelangt. Nachher steigt man wieder in den Riss ein und folgt ihm bis zu zwei eingeklemmten, nicht sehr stabilen Blöcken, die man überklettern muss. Weiter aufwärts über leichtere, aber wenig solide Felsen bis unter den überhängenden Grat. Eine schräge Platte führt heikel zu dem am wenigsten abweisenden Punkt. Über eine kurze Verschneidung und eine Platte nach rechts zum letzten Überhang (H) und auf den N-Grat, dem man auf R. 224 bis zum Gipfel folgt.

226 *S-Wand (Jubiläumsroute 100 Jahre CAI)*

VI, A3. 12–14 Std. Abb. S. 103.

Extrem schwierige, technische Kletterei. Wandhöhe ca. 430 m. H bei den Standplätzen stecken. 50 m Seil nötig.

J. Alazzi, A. Pizzocolo und V. Taldo, 25.–26. August 1963.

Zugang und Einstieg: Vom Bivacco Manzi nach NNE auf ein kleines Schneefeld am Wandfuss. Einstieg in der Wandmitte senkrecht unter einem gut sichtbaren Riss, der durch die gelbe Platte hinaufzieht.

Routenverlauf: In 4 SL (170 m, IV, 6 H) erreicht man ein Bandsystem. Dann 80 m hinauf an den Fuss der eigentlichen, sehr steilen Wand (Steinmann). Vom Steinmann einige Meter nach links hinunter zu einem senkrechten Risssystem und an diesem 20 m hinauf (H). Nun traversiert man 5 m nach links und

durch einen Riss/Kamin (35 m, V) hinauf zu Stand. In leichtem
Gefälle 8 m nach rechts an den Fuss der gelben, überhängenden Wand. Über einen kleinen Überhang und einem nach
rechts hinaufführenden Riss hinauf zu Stand (45 m, 15 H, 10
Kk). Weiter 25 m über die gelbe Wand aufwärts zu einem Stand
auf sehr abschüssiger Platte (10 H, 8 Kk, 1 Bh). Vom Stand
über einen ausgeprägten Überhang und durch eine glatte, grifflose Wand zu einem Schlingenstand (30 m, 12 H, 10 Kk, 6 Bh;
in diesem haben die Erstbegeher der Wand biwakiert). Am
Riss weiter empor an das obere Ende der gelben Wand und
über einen Überhang und eine 10 m hohe, schwarze Platte
zu einem Stand über der Steilwand (30 m, 12 H, 8 Kk, 1 Bh).
Hier werden die Schwierigkeiten geringer. 150 m gerade aufwärts gegen das grosse Gipfeldach (V, 8 H, 5 Kk). Unter dem
Dach 40 m Traverse nach links abwärts auf den Grat und gegen die SW-Wand (V, 4 H). Die anschliessende Verschneidung
(15 m) wird in Dülfertechnik überwunden, und dann erreicht
man über leichte Felsen den Gipfel.

227 S-Wand (grosse Verschneidung – Via diretta)

VI, A2. 8–10 Std. Abb. S. 103, technische Skizze S. 102.

Die Route führt direkt durch die grosse Verschneidung in der Wandmitte aufwärts. Die letzten 4 SL folgen der R. 228.
B. Čiernik, J. Hyžný, M. Marek und F. Piaček, 18. August 1980.

Zugang und Einstieg: Wenig links (W) bei zwei Rissen der
R. 226.
Routenverlauf: Technische Skizze S. 102.

228 SSW-Wand

IV–V, eine SL VI/A2. 7 Std. Abb. S. 103.

Im oberen Teil senkrechte, zum Teil überhängende Wand.
E. Frisia, V. Taldo und C. Zamboni, 4. Oktober 1959.

Zugang und Einstieg: Vom Bivacco Manzi nach NNE zum
kleinen Schneefeld am Fuss der S-Wand. Dann steigt man etwa
100 m über schräge Felsplatten zum Fuss der SSW-Wand. Der
Einstieg erfolgt in der Wandmitte bei einem Riss (1 Std.).

Routenverlauf: Man folgt dem Riss eine SL (II, III), quert dann
nach rechts und erreicht eine durch einen Überhang geschlossene Verschneidung. Man überwindet den Überhang (V–, 1 H),

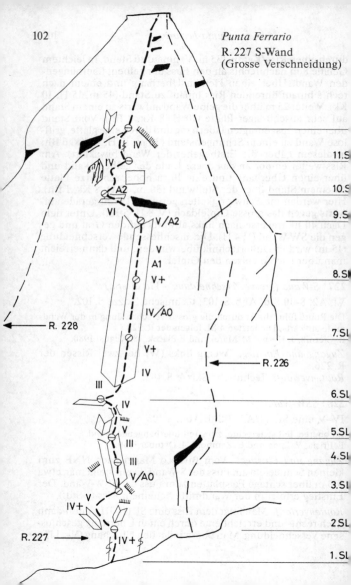

Punta Ferrario von SE

steigt einige Meter und quert dann nach rechts bis zu einem kleinen Absatz. Von hier klettert man über z-förmig angeordnete Kamine (ca. 150 m, III, IV) bis zum Fuss des oberen Wandteils, der durch grosse gelbe Überhänge gekennzeichnet ist. In schöner Kletterei diagonal über die Platte rechts unter den Überhängen durch bis zu einer kleinen Terrasse (45 m, III). Nun einige Meter nach rechts, dann über senkrechte Risse (10 m, 1 H) aufwärts. Weiter überwindet man die rote, überhängende Platte (7–8 m, H), quert dann nach rechts zu einer Nische. Über diese aufwärts (H) zu einer kleinen, schrägen Verschneidung, die zu einem guten Standplatz führt (von der kleinen Terrasse bis zu diesem Standplatz 35 m, VI und A2). Nun erreicht man links einen zuerst nicht sichtbaren H und überwindet das Dach mit einem Riss/Kamin (V). Über eine Reihe von Wandstufen (90 m, III, III+) gelangt man zum Gipfelblock. Man klettert 3 m in einer Verschneidung (V, Kk) empor, bis man nach links queren kann. Man überwindet nun den Aufschwung an spärlichen Griffen und erreicht über leichte, schräge Platten und brüchigen Fels den Gipfel.

229 *W-Wand*

V-. 5 Std.

Schöne und interessante Freikletterei. Wandhöhe ca. 300 m. 8 H.
A. Bignami und V. Meroni, 9. September 1956.

Vom Bivacco Manzi quert man nach W, bleibt unter den Felsen von P. 2951 und steigt dann auf dem Gletscher westlich P. 2951 in nördlicher Richtung auf. Oberhalb der Felsen des P. 2951 traversiert man an den Wandfuss. Man steigt dem Wandfuss entlang aufwärts, bis man über Platten, diagonal nach rechts haltend, einsteigen und den untersten Aufschwung umgehen kann. Man gelangt so an den Fuss einer deutlichen, ca. 30 m hohen Verschneidung, die man in herrlicher, freier Kletterei überwindet. Dann erreicht man eine Platte, der man nach rechts folgt. Nach einer heiklen Passage betritt man eine Rinne. Durch diese aufwärts bis unter einen Überhang. Über eine Wandstufe mit kleinen Schuppen (15 m, exponiert) zu leichteren Felsen und nach links zu einer Rinne, die weiter oben in eine Verschneidung übergeht. Durch diese klettert man empor. Ein kurzer Aufschwung führt zu schönen Platten, über die man zum Gipfel aufsteigt.

Punta 2951 (Punta Chiara)

Ohne Namen auf der LK. Markanter Granitturm im obersten Valle Torrone.

230 *N-Grat*

II. 2½ Std. von der Capanna Allievi, 1½ Std. vom Bivacco Manzi.

Blockgrat. Abstiegsroute.

Auf R. 233 auf den Gletscher südwestlich des Torrone Centrale und auf diesem bis ca. 2900 m aufsteigen, dann über den leichten Blockgrat zum höchsten Punkt (vom Gletscher bis zum Gipfel ca. ¼ Std.).

231 *S-Kante*

IV–V, eine SL V+. 5 Std.

Interessante Gratkletterei.
C. Mauri und G. Ratti, 21. Juni 1953.

Zugang und Einstieg: Vom Bivacco Manzi quert man nach W an den Fuss der S-Kante zum Einstieg auf der W-Seite.
Routenverlauf: Über eine 80 m lange Kamin/Verschneidung erreicht man die S-Kante. Dieser folgt man über zwei SL (60 m) und kommt zu einem senkrechten, grifflosen Aufschwung. Diesen umgeht man auf der rechten Seite (E) und gelangt auf die Kante zurück (30 m). Man folgt nun der Kante 30 m. Nun nach rechts und über eine Platte mit Rissen aufwärts und nachher zur Kante zurück (25 m). Nach 80 m schöner Kletterei, der Kante folgend, gelangt man an den Fuss von zwei Türmen, die man vom Bivacco Manzi gut sehen kann. Man kann sie auf der W-Seite leicht umgehen (80 m). Nun über eine schöne, rissige Wand nahe der Gratschneide aufwärts (80 m). Ungefähr 20 m vom Gipfel quert man nach links zu einem deutlichen Riss/Kamin und gelangt über diesen zum Gipfel.

Colle del Torrone Occidentale, ca. 3205 m

Ohne Namen und Höhenangabe auf der LK. Grateinschnitt zwischen Torrone Centrale und Punta Alessandra (P. 3269). Ausgangspunkt für die Besteigung dieser beiden Gipfel. In früheren Ausgaben des Führers mit Colle del Torrone Centrale bezeichnet. Dieser Name gilt aber für die Einsattelung zwischen dem Torrone Centrale und dem Westgipfel, der Punta Melzi.

232 *N-Flanke*

S. 4–5 Std. Abb. S. 87, 97.

Steile Firnflanke, auch bei guten Schneeverhältnissen nicht einfach.
A. von Rydzewsky mit M. Barbaria und Ch. Klucker, 8. Juli 1891.

Von der Capanna del Forno über den Vadrec del Forno an
den Nordfuss des Torrone Centrale. In westlicher Richtung
über den Gletscher und später über Felsen auf den bis auf den
Vadrec del Forno herunterreichenden Felsaufbau P. 3008. Nun
über den steilen, stark zerschrundeten Gletscher zum Colle
del Torrone Occidentale.

233 *Von Süden*

ZS. 3½ Std. von der Capanna Allievi, 2½ Std. vom Bivacco
Manzi.

Steinschlägig. Nicht empfehlenswert.
A. und R. Balabio, A. und R. Calegari und G. Scotti, 8. August 1910.

Zugang: Von der Capanna Allievi auf R. 254 über den Passo
Val Torrone, dann parallel zu den Granitwänden des Torrone
Occidentale-SSW-Grates aufwärts zum Gletscher südwestlich
des Torrone Centrale, den man westlich von P. 2951 betritt.
Vom Bivacco Manzi quert man nach W, bleibt unter den Felsen
von P. 2951 und steigt dann in nördlicher Richtung über Geröll
und Schutt zum Gletscher auf.
Routenverlauf: Über den Gletscher steigt man in nordöstlicher
Richtung in den hintersten Teil der Gletschermulde zum Einstieg in ein steiles Couloir, das in ein brüchiges, nicht ganz
einfaches Kamin übergeht und zum Pass führt.

Punta Alessandra, 3269 m

Ohne Namen auf der LK. Felszacken zwischen Torrone Centrale und
Torrone Occidentale. In früheren Ausgaben mit Torrone Centrale
Ovest bezeichnet.

234 *Vom Colle del Torrone Occidentale*

III. 1 Std. Abb. S. 87, 97.

Kurze Kletterei, die oft mit der Besteigung des Torrone Occidentale
über den E-Grat verbunden wird.
A. von Rydzewsky mit Johann Eggenberger und Christian Klucker,
9. Juli 1899.

Von der Capanna del Forno auf R. 232 oder von der Capanna Allievi auf R. 233 zum Colle del Torrone Occidentale. Von dort wendet man sich nach Westen, umgeht einen grossen Gendarm auf der S-Seite, verfolgt hierauf den E-Grat und erreicht den Gipfel, nach Umgehung auf der S-Seite, in leichter Kletterei über den W-Grat.

234a *Variante*

Man kann auch, wesentlich schwieriger, nach der Umgehung des grossen Gendarms den E-Grat bis zum Gipfel begehen.

235 *Von S über den W-Grat*

III. 5½ Std. von der Capanna Allievi, 4½ Std. vom Bivacco Manzi. Abb. S. 87, 97.

Dieser Anstieg ist der R. 233 über den Colle del Torrone Occidentale vorzuziehen.

Von der Capanna Allievi oder vom Bivacco Manzi auf R. 240 zum Verbindungsgrat zwischen Torrone Occidentale und Punta Alessandra, von dort über den W-Grat zum höchsten Punkt.

Breccia del Torrone Occidentale, ca. 3230 m

Ohne Namen und Höhenangabe auf der LK. Firnsattel zwischen der Punta Alessandra und dem Torrone Occidentale, der bei der Besteigung dieser beiden Gipfel begangen und bei jenen Routen beschrieben wird.

Torrone Occidentale, 3351 m

Breite, massige Berggestalt mit imposanten Plattenfluchten. Höchster Gipfel der Torronegruppe. Sein Südgrat trennt als langer Felsriegel Valle Zocca und Valle Torrone.

236 *Vom Colle Rasica über den NW-Grat*

III. 3 Std. Abb. S. 87, 97.

Normalroute von Norden, empfehlenswerte Klettertour.
C. C. Branch, E. J. Garwood, E. Kingscote mit Anton Rauch und Martin Schocher, 30. August 1891.

Vom Colle Rasica über den NW-Grat gegen die weithin sichtbare, etwa 40 m tiefe Scharte. Bevor man diese erreicht, steigt man rechts (S) durch die von Rissen durchzogene Plattenwand hinunter bis zu einem gut begehbaren Band, das fast horizontal zum Grat zurückführt. Der Grataufschwung nach der Scharte wird in schöner Kletterei in gutem Fels direkt erstiegen (er kann auch nördlich oder südlich umgangen werden). Nachher bleibt man bis an den Fuss des Gipfelturmes auf dem Grat. Man klettert am Turm in einem Riss hinauf, umgeht den Gipfel auf der S-Seite und erreicht den nach der Forno-Seite überhängenden höchsten Punkt von E.

236a *Variante*

A. und R. Balabia und M. Debenedetti, 7. September 1909.

Von S kann man, statt vollständig zum Colle Rasica (R. 256) aufzusteigen, nach Überwindung der ersten Felsbarriere über einen sehr steilen Firnhang nach rechts zu einem grossen Couloir queren. Durch dieses gelangt man zur tiefen Scharte im NW-Grat. Steinschlag! Höchstens bei ausgesprochen günstigen Schneeverhältnissen am frühen Morgen anzugehen.

237 *Oberer Teil der NE-Wand*

IV. 6–7 Std. Abb. S. 87, 97.

Schöne Klettertour, die aber nur bei trockener Wand als steinschlagsicher bezeichnet werden kann. Die untersten, senkrechten Plattenschüsse der N-Wand sind nicht begehbar, weshalb der Einstieg von der Colle Rasica-Seite her erfolgen muss.
Ernst Wyss und Karl Freimann, 17. August 1931.

Von der Capanna del Forno auf R. 255 bis zum Bergschrund unter dem Colle Rasica. Der Schrund wird an seinem östlichen Ende überschritten, worauf der steile Hang zu den östlichen Felsen an den Fuss eines ca. 40 m hohen Felskopfes gequert wird. Zwei steile, fast parallele Rinnen durchziehen die NE-Wand. Man benützt die östliche Rinne, die auf dem E-Grat ca. 40 m östlich des Gipfels endet. Vom Einstieg wird die NE-Wand auf Rissen und auf zum Teil gut begehbaren Bändern (von unten nicht sichtbar) ziemlich horizontal, zuletzt absteigend, traversiert, und man gelangt zu einer vom Vadrec del Forno gut sichtbaren Felsgrotte in der östlichen Rinne. Von der Grotte wird in der Rinne ca. 40–50 m exponiert über griffarme, plattige Felsen (IV) emporgestiegen. Dann mittelschwierig in der Rinne, oder nur wenig abweichend, hinauf. Kurz unter dem Gipfel wird die Rinne verlassen und in direktem Anstieg der NW-Grat, etwa 15 m vom Gipfel entfernt, erreicht. Den Gipfel, der auf der S-Seite umgangen wird, gewinnt man von E her.

238 *Über die nördliche Eiswand und den E-Grat*
S. 6 Std.

Nicht mehr begangen, heute erfolgt der N-Aufstieg im unteren Teil über R. 239 in Verbindung mit R. 240.
A. von Rydzewsky mit Christian Klucker und Emile Rey, 10. Juni 1893.

Von der Capanna del Forno über den Vadrec del Forno an den Fuss der N-Wand des Torrone Occidentale. Man steigt über Eis und Fels westlich der Felspartie, die in der unteren Wandhälfte zwischen der Punta Alessandra und dem Torrone Occidentale eingelagert ist, aufwärts. Oberhalb der Felspartie führt ein steiler Firn- oder Eisgrat zu den Felsen des E-Grates. Den Grat selbst gewinnt man schwierig (IV) über steile, oft vereiste Platten. Dann leicht über den E-Grat zum Gipfel.

239 *Über die nördliche Eiswand und den E-Grat*
S. 6 Std. Abb. S. 87, 97.

Der Anstieg ist sehr von den Schneeverhältnissen abhängig.
A. Corti, P. Foianini und O. Lenatti, 12. August 1934.

Von der Capanna del Forno über den Vadrec del Forno an den Fuss der Punta Alessandra. Nach Überwindung des Bergschrundes über die sehr steile Eiswand unter dem Gipfelaufbau der Punta Alessandra aufwärts, bis man nach rechts (W) zum steilen Firn- oder Eisgrat oberhalb der Felspartie im unteren Wandteil und damit zur R. 238 queren kann.

239a *Variante*

Bei sehr günstigen Schneeverhältnissen kann man direkt zum Firnsattel (ca. 3230 m) westlich der Punta Alessandra (Breccia del Torrone Occidentale) aufsteigen und von dort über den leichten E-Grat zum Gipfel gelangen.

240 *Von Süden über den E-Grat*
III. 5½ Std.

Leichteste Route von Süden.
A. Bonacossa, C. Prochownick und A. Rossi, 2. Juli 1922.

Von der Capanna Allievi oder vom Bivacco Manzi auf R. 233
bis zum Beginn der Rinne, die zum Colle del Torrone Occidentale führt. Einstieg in die Felsen links davon und über einige Stufen (lose Blöcke!) zu einem System von Bändern, auf
denen man diagonal nach links in Richtung Punta Alessandra
aufsteigt. Man geht an diesem Gipfel vorbei und erreicht den
Grenzgrat etwas weiter westlich. Über den Grat hinunter zum
Firnsattel, der auch mit Breccia del Torrone Occidentale (ca.
3230 m) bezeichnet wird. Es folgt ein Blockgrat, über den man
den flacheren Teil des E-Grates und leicht den Gipfel erreicht.

241 *S-Wand und S-Grat (Via Lurani)*

III. 5 Std.

Interessante Route der Erstbesteiger des Torrone Occidentale.
E. Albertario und F. Lurani mit A. Baroni, 12. August 1882.

Von der Capanna Allievi auf dem Sentiero Roma gegen den
Passo Val Torrone. Etwas unterhalb der Passhöhe biegt man
nach NE ab und steigt auf der W-Seite des SSW-Grates gegen
das kleine, im Herbst ausgeaperte Firnfeld am Fuss der plattigen S-Wand. Der unterste Teil wird in seiner ganzen Höhe von
einem Kamin durchzogen, in dem zeitweise Wasser fliesst. Über
leichte Platten schräg nach rechts (E) aufwärts an den Fuss des
Kamins und in diesem empor, bis man über glatte Platten nach
rechts zur Geröll- und Schneehalde westlich des SSW-Grates
traversieren kann. Über diese aufwärts bis zum SSW-Grat. Auf
diesem aufwärts, weiter oben quert man zum Firnhang auf der
Seite des Valle Torrone und steigt über diesen empor zu einem
Geröllcouloir, das auf die Grathöhe östlich des Gipfels führt.
Nun nach W kurz über den Grat zum höchsten Punkt.

241a *Variante*

A. Bonacossa, A. Polvera und M. Sbrojavacca, 18. September 1921.

Wenn der Eishang auf der Seite des Valle Torrone blank ist,
bleibt man am Grat, leicht auf der Seite der Valle Zocca, und
gewinnt den Gipfel über ein senkrechtes Kamin und rissdurchsetzte Platten.

242 *SSW-Grat*

IV+. 5 Std.

Interessante, schöne Route in gutem Fels.
A. Bonacossa und C. Negri, 12. September 1935.

Von der Capanna Allievi auf dem Sentiero Roma gegen den
Passo Val Torrone. Etwas unterhalb der Passhöhe biegt man
nach NE ab und steigt auf der W-Seite des SSW-Grates gegen
das kleine, im Herbst ausgeaperte Firnfeld am Fuss der plattigen S-Wand und von dort in den Winkel zwischen der S-Wand
und dem SSW-Grat. Über Platten zu einer Verschneidung, die
auf den Grat führt (IV+). Nun folgen drei von kleinen Schul-
tern unterbrochene Aufschwünge, der gutgriffige erste lässt
sich leicht bezwingen. Der zweite, scharf und exponiert, bietet
beträchtliche Schwierigkeiten. Man folgt der Gratschneide
oder bleibt unmittelbar daneben auf der Seite der Valle Zocca
(Platten mit schmalen, unterbrochenen Leisten). Auch der
dritte Aufschwung ist sehr exponiert und schwierig. Hat man
ihn überwunden, führt ein Plattenquergang nach links zum
leichten Teil des Grates und in die R. 241.

243 *S-Kante des P. 2987*

V–. 5 Std.

Schöner, häufig gemachter Aufstieg in bestem Fels.
J. Merizzi und G. Miotti, Juni 1975.

Zugang und Einstieg: Von der Capanna Allievi auf dem Sentiero Roma in östlicher Richtung bis unterhalb der gut sichtbaren Kante und über Gras und Geröll an den Kantenfuss.
Man steigt etwa 40 m der Westflanke entlang zum Beginn
einer vollständig mit grünen Flechten überzogenen Verschneidung, die den Einstieg vermittelt.
Routenverlauf: Die erste SL führt durch die «grüne Verschneidung» auf die Kante (II). Auf dieser über Risse und kleine
Verschneidungen zu einer grasigen, kleinen Rinne (IV–).
Durch diese und das nachfolgende Kamin aufwärts zu Stand.
Weiter an Längsrissen empor zu einer grossen Grasterrasse
in der Nähe eines grossen Blockes (IV–, III). Hinter dem Block
beginnt eine kurze, flache Verschneidung, die man durchsteigt
(IV+). Dann quert man etwa 3 m nach links und erklettert
an kleinen Rissen eine graue Platte bis zu einem kleinen Band
am Anfang einer überhängenden Wandstufe (V–, H). Etwa 2 m
rechts des Standes erklettert man einen Riss in der Wandstufe
bis auf die Höhe einer Felsnase (IV). Nun nach links in eine
Verschneidung und weiter über eine kleine, gelbliche Platte
unter einen markanten Übergang (IV). Über diesen hinauf und

nach rechts aussteigen (IV, V. Ausstieg IV+). Etwa 6 m gerade
aufwärts und dann zu Stand in der W-Flanke (III+). In der
W-Flanke durchsteigt man eine parallel zur Kante verlaufende
Verschneidung, steigt nach links aus und klettert an Längs-
rillen weiter (insgesamt 35 m, III und IV). Über eine kurze
Verschneidung an den Fuss eines Überhangs aus weissem Fels.
Diesen überwindet man nach rechts (IV, nach dem Überhang
III). Man gewinnt den Fuss eines grossen Turms, den man
direkt angeht. Seinen Gipfel umgeht man durch eine Querung
nach links und schlüpft dann, um einen zweiten Gendarm
rechts zu vermeiden, zwischen seiner Wand und einem frei-
stehenden Block hindurch (40 m, IV und IV+). Nun zwei SL
weiter in herrlicher Kletterei über die Kante (III) und zum
Gipfel des Vorbaus.
Vom Vorbau gelangt man über einen Firnhang, einen Block-
und Firngrat zum Gipfel des Torrone Occidentale (1 Std. vom
Vorbau).
Abstieg vom Vorbau: Dort wo die Schwierigkeiten enden, beginnt, etwas unterhalb der Kante auf der E-Seite, die Abseilpiste.

244 *SW-Kante des P. 2987*

VI, eine Stelle VI+, A1 und A2.

Kletterei mit sehr grossen Schwierigkeiten. Die Erstbegeher benötigten für die 350 m hohe Kante 14 Std. und 45 H und 1 Kk.
E. und P. Gugiatti, 13. Juli 1974.

Von der Capanna Allievi auf dem Sentiero Roma in östlicher
Richtung bis unterhalb der gut sichtbaren S-Kante. Über Gras
und Geröll der W-Seite entlang zum Fuss der SW-Kante (¾
Std.). Über leichte Platten gelangt man zu einem Kamin, dem
man zwei SL folgt (IV und IV+). Dann überwindet man eine
sehr steile Platte, indem man zuerst nach links quert (4 m, VI)
und dann direkt aufwärts klettert (VI+). Anschliessend auf der
rechten Seite der Kante über eine Platte diagonal nach links
und durch einen Riss gelangt man an den Anfang eines schwarzen, überhängenden Kamins (V). Durch dieses, das am Ausgang die grössten Schwierigkeiten aufweist (VI, A1), empor
und zwei SL über die Kante (III und IV) bis unter die gelben
Überhänge. Man benützt den überhängenden Riss, der leicht
diagonal nach rechts geht (A1), überwindet ein erstes Dach

links (A1) und ein zweites direkt (A2) und wechselt auf die andere Kantenseite. Nun über eine senkrechte Wandstufe nach rechts und über Risse an den Fuss des letzten grossen Überhangs (V). Nun quert man nach links, leicht abwärts zu flechtenbedeckten Felsen (15 m, VI, fixes Seil). Aufwärts durch ein Kamin/Riss (IV), wobei man zeitweise die seitlichen Platten benützen muss (2 SL, V, V+). Über eine glatte Platte und durch ein Kamin hinter einer grossen abstehenden Schuppe erreicht man den Gipfel des Pfeilers.

245 W-Wand des P. 2987

V+, mit VIer-Stellen.

Kletterei mit grossen Schwierigkeiten. Höhendifferenz 350 m. Die Erstbegeher benötigten 11 Std. und 60 H.
M. Colombo und E. Corti, 21. Juli 1955.

Links (W) der SW-Kante (R. 244) zeigt die Wand eine Doppellinie von zum Teil senkrechten und überhängenden Rissen, denen die Route folgt. Einzelheiten nicht bekannt.

245.1 W-Wand des P. 2987 («Meloni-Maspes crack»)
Nachtrag S. 497.

246 W-Wand

Schwierigkeit unbekannt. Die Erstbegeher benötigten 8 Std.

Kaum lohnend. Steinschlag aus dem oberen Wandteil.
E. Bozzoli-Parasacchi, V. Bramani und E. Castiglioni, 29. Juni 1937.

Von der Capanna Allievi auf R. 256 zum Gletscher zwischen Punta Rasica und Torrone Occidentale. Über den Gletscher aufwärts zum Wandfuss. Der Einstieg erfolgt etwas links der Wandmitte, dort, wo das grosse Basisband überhängender und kompakter Platten durch die Andeutung eines Kamins unterbrochen ist (1 Std.). Durch das Kamin etwa 100 m aufwärts, dann verlässt man es bei einem eingeklemmten Block und klettert am Rande des Kamins über eine steile, glatte Rippe empor. Das Kamin verliert sich in der Wand unterhalb eines grossen Gesimses, das zu einem abdrängenden Aufschwung führt. Diesem entlang, bis man über eine glatte und äusserst steile Platte zu einer neuen Reihe von Platten queren kann, die, zum Teil mit Schnee und Eis bedeckt, zum Gipfel führen.

Picco Luigi Amedeo, ca. 2800 m

Ohne Namen und Höhenangabe auf der LK. Gratgipfel unmittelbar nördlich des Passo Val Torrone im SSW-Grat des Torrone Occidentale (der Eintrag dieses Gipfels [2850 m] nördlich des Passo Qualido auf der LK [Ausgabe 1985] ist nicht richtig).

247 *Von WNW und über den NNE-Grat*

III+. 2 Std.

Kurze, aber interessante Kletterei.
G. Silvestri mit zwei Soldaten, 1919.

Von der Capanna Allievi auf dem Sentiero Roma bis kurz vor den Passo Val Torrone (R. 254). Dort, wo der Pfad etwas fällt, wendet man sich nach ENE und erreicht den Fuss einer Rampe mit schönen Platten (1 Std.). Über die Rampe nach rechts aufwärts zu einer von einem kleinen Aufschwung begrenzten Rinne und dann über ein Felsband auf den Grat, der Valle Torrone und Valle Zocca scheidet. Über leichte Felsen auf der W-Seite des NNE-Grates gelangt man an den Fuss des Gipfelaufbaus. Man klettert durch eine kurze Verschneidung zur Scharte zwischen einem winzigen Vorgipfel und dem Gipfel. Von der Scharte über die Platte zum Gipfel, der von einem Granitwürfel gebildet wird. Um zum zweiten, wenig niedrigeren Gipfel zu gelangen, steigt man in die Scharte zwischen den zwei Gipfeln ab und erklettert über eine grosse, wenig geneigte Platte den zweiten Gipfel.

248 *SE-Wand («Via Formaggio e Vino»)*

VI, A2. 10–16 Std. Technische Skizze S. 115.

Schwierige, ausgesetzte Kletterei in bestem Fels. Die Erstbegeher haben fünf Standplätze mit Bh ausgerüstet. Notwendiges Material: 20 H, 1 Serie Hex und 1 Serie Stoppers.
R. Kašťák, L. Šlechta und A. Stránský, 19.–21. August 1980.

Zugang wie bei R. 249. *Einstieg und Routenverlauf:* Technische Skizze S. 115.
Die letzten 4 SL des Gipfelgrates werden mit Schwierigkeitsgrad III bewertet.

249 *SE-Wand (Via Taldo-Nusdeo)*

VI, A1 und A2. 10–12 Std. Technische Skizze S. 115.

Ausserordentliche, athletische Kletterei in gutem, sicheren Granit. Wandhöhe: ca. 380 m. Ausrüstung: 3 Bongs (2 mittlere und 1 kleinerer), 7–8 H, hauptsächlich V–H, etwa 10 Kk.
N. Nusdeo und V. Taldo, 1.–2. Juni 1959.

R. 248 («Via Formaggio e Vino») *Picco Luigi Amedeo*
R. 249 (Via Taldo-Nusdeo) *SE-Wand*
R. 250 («Via Cecoslovacchi»)

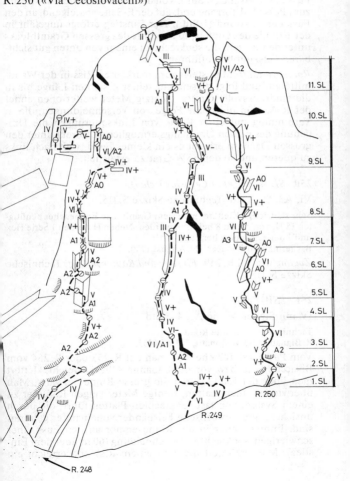

Zugang und Einstieg: Vom Bivacco Manzi folgt man dem Sentiero Roma Richtung Passo Val Torrone und gelangt so an den Fuss der SE-Wand (½ Std.). Von der Capanna Allievi auf R. 207 zum Passo Val Torrone und, auf der E-Seite absteigend, an den Fuss der SE-Wand (1 Std.). Der Einstieg erfolgt ungefähr in der Fallinie des Gipfels, 10 m rechts des grossen Granitblocks unter den Rissen, die senkrecht zu einem von unten gut sichtbaren Felskopf hinaufführen.

Routenverlauf: Man steigt zum markanten Riss in der Wandmitte auf und folgt diesem auf seiner gesamten Länge bis in die eindrucksvolle Grotte. Achtzig Meter weiter oben endet der Riss. Nun über eine Folge von Verschneidungen, die in Verbindung mit einer Reihe von Linksquerungen die Umgehung des gelben Überhangs ermöglichen. Direkt unter den grossen Dächern erlaubt es ein kleines Band, weit nach links zu queren und so den SSW-Grat zu erreichen.

250 *SE-Wand («Via Cecoslovacchi»)*

VI, A3. 8–12 Std. Technische Skizze S. 115.

Sehr schwierige Kletterei in bestem Granit. Die Erstbegeher benötigten 15 H, von denen 8 belassen wurden. Neben H werden 1 Serie Hex und 1 Serie Stoppers benötigt.
B. Čiernik und F. Piaček, 29. August 1980.

Zugang wie bei R. 249. *Einstieg und Routenverlauf:* Technische Skizze S. 115.

251 *SSW-Kante*

IV, mit Stellen V und A1. 4–5 Std.

Technisch interessante Route.
R. Bignami und W. Bonatti, 7. Juni 1953.

Vom Passo Val Torrone, den man auf R. 253 oder R. 254 vom Bivacco Manzi bzw. von der Capanna Allievi erreicht, klettert man links der Kante durch die grosse Rinne aufwärts. Man überwindet einen glatten, wenige Meter langen Riss, der zu einem System von fast senkrechten Platten führt, die durch unsichere, grasbewachsene Felsbänder voneinander getrennt sind. Immer weiter in der Rinne empor an den Fuss einer schwierigen, senkrechten Verschneidung (60 m über dem Einstieg). Man erklettert diese an einem Riss und erreicht ein bequemes, grasbewachsenes, dreieckiges Plätzchen. Hier beginnt eine offene Verschneidung, die man durch einen Riss, der die linke Seite der Verschneidung durchreisst, anpackt. Auf halber Höhe überwindet man einen Überhang und gelangt schliesslich links auf eine sehr abschüssige Platte. Man folgt, mit Hilfe von H, einem fast horizontalen Riss zu einer kleinen Rinne. Diese überquert man, klettert dann noch wenige Meter weiter schräg nach links und dann eine SL direkt aufwärts. Man ersteigt nun rechts eine Verschneidung, und über eine weitere Verschneidung rechts kommt man zur Kante. Über einen Riss rechts überwindet man einen ersten, ca. 8 m hohen Aufschwung. Auf der scharfen Gratschneide, die fast horizontal verläuft, erreicht man einen kleinen Absatz am Anfang eines zweiten Aufschwungs. Zuerst etwas nach rechts, dann über die Kante aufwärts. Über eine Reihe sehr abschüssiger Platten umgeht man, leicht nach links absteigend, den grossen Gipfelpfeiler, der von dieser Seite nicht überwunden werden kann. Mit der Traverse erreicht man ein bequemes Felsband, seilt dann einige Meter in eine kleine Rinne ab. Dann klettert man links durch eine Verschneidung zu einer grossen, glatten und schrägen Platte empor. Über diese erreicht man die Rinne, die zur Scharte zwischen den beiden Gipfeln führt.

252 *W-Wand*

V-.

C. Corti und C. Giudici, 5. August 1954.

Angaben über diese Route fehlen.

Passo Val Torrone, 2518 m

Der Sentiero Roma führt über diesen Pass, der Valle Zocca und Valle Torrone verbindet.

253 *Vom Bivacco Manzi*

EB. 1 Std.

Sentiero Roma.

Vom Bivacco Manzi führt der Pfad nach W quer durch das obere Valle Torrone zu den zum Übergang hinaufführenden zwei Geröllcouloirs. Der Aufstieg erfolgt durch das südliche Couloir (Drahtseile).

254 *Von der Capanna Allievi*

EB. 1 Std.

Sentiero Roma.

Von der Capanna Allievi folgt der Pfad der oberen Terrasse des
Valle Zocca über Grasbänder, Blöcke und Moränenreste, zuerst ansteigend, dann leicht abwärts und zuletzt horizontal zu
einer grasigen Senke unter dem Aufschwung zum Picco Luigi
Amedeo, einem Gratgipfel im SSW-Grat des Torrone Occidentale, und zum markanten Grateinschnitt.

Abstieg nach Osten: Zwei Couloirs führen in das Valle Torrone
hinab. Man benützt das südliche Geröllcouloir und gelangt
ohne Schwierigkeiten in das Valle Torrone (Drahtseile).

Colle Rasica, 3195 m

Ohne Namen auf der LK. Tiefster Punkt im Verbindungsgrat Torrone
Occidentale – Punta Rasica und Ausgangspunkt für die Besteigung
dieser beiden Gipfel. Als Übergang ohne Bedeutung.

255 *Nordflanke*

S. 3 Std. Abb. S. 189.

Steiler Eisaufstieg; der Bergschrund und das nachfolgende steile Eisfeld können sehr schwierig sein.

A. Rzewusky, Hermine und B. Tauscher-Geduly mit J. Eggenberger
und Ch. Klucker, 26. Juli 1891.

Von der Capanna del Forno auf den Vadrec del Forno und in
südlicher Richtung gegen das Ende des Gletscherbeckens,
dann nach SW über den stellenweise arg zerschrundeten Gletscher an den Fuss der Firn- und Eiswand unter dem Colle
Rasica. Nun über den Bergschrund aufwärts zum vom Pass
kommenden steilen Firn- und Eisfeld und über dieses hinauf
zu den Felsen unterhalb des Grateinschnittes. Über die Felsen
gelangt man leicht zum Colle.

Man kann nach der Überwindung des Bergschrundes auf der
W-Seite der Firnwand auch direkt über die gut gestuften Felsen
aufsteigen. Sie vermitteln über eine Verschneidung und ein
horizontales Band den Zugang zum Colle, der westlich des auffallenden Felszahnes erreicht wird. Brüchige Felsen und loses
Geröll!

256 *Durch das SW-Couloir*

ZS. 4 Std.

Zeitweise steinschlägig.

A. von Rydzewsky mit A. Dandrea und Christian Klucker, 16. Juli 1895.

Von der Capanna Allievi auf dem Sentiero Roma nach E. Ungefähr nach 500 m verlässt man den Pfad und steigt über Moränenschutt und Platten nordostwärts auf den Gletscher zwischen Punta Rasica und Torrone Occidentale. Auf dem Gletscher aufwärts bis zu einer Felsbarriere (auf der LK nicht erkennbar), die man dort, wo sie am niedrigsten ist, überwindet, oder je nach Verhältnissen auf der Rasicaseite umgeht. Ein steiler Schneehang, im Spätsommer Geröll und Platten, führt nach links hinauf zu leichten Felsen und zum Couloir. Durch dieses steil hinauf, zuerst auf der Rasicaseite, dann eher etwas rechts zu einem brüchigen, fast senkrechten Kamin, das auf dem Pass endet.

Punta Rasica, 3306 m

Kühner Felsgipfel mit drei sehr interessanten Grataufstiegen. Der N-Grat ist der längste und schönste und gleicht, von der Cima di Castello aus gesehen, einer aufgestellten Säge. Er trägt eine markante Erhebung, die als Nordgipfel bezeichnet wird (auf italienischen Karten mit 3261 m kotiert). Der Grat knickt beim Nordgipfel leicht nach NW zum Colle del Castello ein.

Der Gipfelturm befindet sich nicht an der Nahtstelle der drei Grate, sondern etwas nördlich davon auf dem Nordgrat und ist mit senkrechten Granitplatten gepanzert. Er wird über den messerscharfen Südostgrat erklettert. Sehr schön, aber lang, ist die Überschreitung der Punta Rasica mit Aufstieg über den Nordgrat und Abstieg über den Colle Rasica.

257 *Von der Capanna del Forno über den SE-Grat*

III, Gipfelblock IV. 5 Std. Abb. S. 189.

Scharfer, ausgesetzter Felsgrat mit sehr gutem Fels. Normalroute von der Capanna del Forno.

A. von Rydzewsky mit M. Barbaria und Ch. Klucker, 27. Juni 1892.

Von der Capanna del Forno auf R. 255 zum Colle Rasica. Über die Gratschneide oder zuerst etwas links, südlich, dann über den Grat bis zu einem steilen Aufschwung mit einem

Kamin in der Mitte. Es wird am linken, südlichen Rand und
dann im Kamin selbst geklettert (es kann auf gutem Fels südlich umgangen werden). Weiter über den Grat oder einfacher
nach links um die Ecke und auf Bändern schräg zum Vorgipfel
am Fuss der Gipfelplatte hinauf.
Die Kante des Gipfelturmes ist unten überhängend. Mit einem
grossen Spreizschritt auf einen Absatz fasst man die Kante
und zieht sich zu einem guten Stand hinauf. Die Füsse an die
senkrechte Wand gestemmt, greift man mit den Händen an der
Kante weiter hinauf und hangelt so seitwärts, bis man etwa in
halber Höhe eine gute Zacke fassen kann. Von dieser leichter
etwas nach rechts und zum Gipfel.
Abstieg: Abseilen auf das Band auf der E-Seite des Gipfelturms.

258 *E-Wand*

III, Gipfelblock IV. 4–5 Std. Abb. S. 189.

Diese Route kann in Frage kommen, wenn der Aufstieg zum Colle
Rasica unmöglich ist. Die Route 257 über den SE-Grat ist aber wesentlich schöner und interessanter.
E. J. Garwood, B. Wainewrigt mit A. Clalüna und Roman Imboden,
1. September 1893.

Von der Capanna del Forno auf R. 255 an den Fuss der E-Wand.
Der Einstieg in die Felsen befindet sich in der Fallinie des
Gipfels. Die Wand wird über Bänder, die im Zickzack hin- und
herführen, erstiegen (stellenweise loses Gestein). Der Grat wird
am Südostfuss des Gipfelturmes erreicht.

259 *S-Wand*

IV+. 5½ Std.

Schöner, interessanter Wandaufstieg in sehr gutem Fels. Wandhöhe
300 m.
A. Bonacossa und E. Castiglioni, 2. August 1935.

Von der Capanna Allievi auf R. 256 bis vor den unteren Felsriegel am Ende des Gletschers. Links dieses Riegels steigt man
über eine glatte Granitrampe in die Wand ein. Auf halber Höhe
dieser Rampe exponierter Quergang von einigen Metern nach
links. Dann leicht zu einer geneigten Plattenterrasse über dem
Felsriegel. Schräg nach links ansteigend, kommt man zu einem
Kamin, das zu einem leichteren Couloir führt, in welchem

man rasch an Höhe gewinnt. Es folgt ein 10 m hohes, glattes und enges Kamin (IV+). Darüber quert man über eine Kante einige Meter nach rechts und steigt wenige Schritte in ein Couloir ab. In diesem aufwärts über lose Blöcke zu einer Verschneidung mit einem feinen Riss (IV). Dann weniger schwierig nach rechts ansteigend, zuletzt über ein Band zur Kante, der man folgt, später über ein weiteres Band nach rechts und auf gut gestuften Felsen zur Schulter unter der Gipfelplatte.

260 SW-Grat (Via Bramani)

IV+. 6 Std.

Abwechslungsreiche, ausserordentlich schöne und interessante Route in gutem Fels.
A. Bonacossa, E. Bozzoli-Parasacchi, V. Bramani und C. Negri, 14. Juli 1935.

Zugang und Einstieg: Von der Capanna Allievi über die Moräne in nordöstlicher Richtung aufwärts zum kleinen Schneefeld zwischen den beiden mächtigen Felspfeilern östlich P. 2737. Einstieg bei einer Felsrinne.

Routenverlauf: In der Rinne aufwärts (III), dann umgeht man eine kleine Kante nach links und steigt etwa 20 m über ein Grasband ab. Eine Rampe führt zur Kante des abgerundeten Vorbaus zurück. Nun in leichter Kletterei über Platten zum P. 2957. Hier quert man nach rechts, wobei man sich in sicherem Abstand zu dem den Gipfel des Vorbaus bedeckenden Geröll hält. Mit einer leichten Traverse von ca. 80 m gelangt man zum Anfang einer offenen Verschneidung, durch die man in zwei SL (IV, III) ein z-förmiges Couloir erreicht, das, von der Hütte gut sichtbar, den oberen Teil der S-Wand durchzieht. Diesem Couloir folgt man etwa 40 m, verlässt es dann nach rechts und klettert zu einer Gratschulter hinauf (III+, IV+). Über einen kleinen Überhang direkt aufwärts, dann über Platten nach rechts (IV) in ein kleines geröll- und schneebedecktes Tälchen. Im Tälchen aufwärts bis zu einer Wandstufe, die man schräg nach rechts überwindet (IV+). Über Schutt und unstabile Blöcke zum Grat zurück. Nun quert man etwa 10 m in die E-Wand, kommt zum Beginn einer schwärzlichen Verschneidung mit wenig sicheren Schuppen, und klettert durch diese bis wenige Meter unter den Grat zurück (IV). Durch eine Querung nach links gelangt man wieder zur Gratkante. Über diese auf-

wärts bis zum Fuss eines grossen, gelblichen Aufschwungs
(III+). Nun quert man in die ausgesetzte E-Wand, zuerst in
schwieriger Gegendrucktechnik, dann über leichtere Felsen
mit vielen kleinen Bändern (3 SL, III, IV) bis zum Beginn einer
Kaminverschneidung. Eine SL durch das Kamin aufwärts
(III+), und dann zum Grat zurück, dem man mit geringfügigen
Abweichungen bis zum Gipfelblock folgt.

260a *Direkter, schwieriger Anstieg vom Schneefeld östlich P. 2737*
IV+.

Dieser Anstieg ist, obschon technisch anspruchsvoll, unangenehm, da
die Felsen ständig nass sind.
A. Bonacossa und C. Negri, 12. September 1934 (vor der Erstbegehung
des SW-Grates).

Einstieg am oberen Ende des Firnfeldes östlich P. 2737, eine
SL links des Rinnsals, das aus einem von der Capanna Allievi
gut sichtbaren Einschnitt im oberen Teil der Wand fliesst.
Routenverlauf: Ein feiner Riss führt nach wenigen Metern auf
ein Bändchen, von dem aus man zuerst über eine schwach ausgeprägte Rinne, dann leicht rechts haltend durch die griffarme
Plattenflucht mit zunehmender Schwierigkeit, etwa 3 SL über
dem Einstieg, ein Couloir erreicht. Durch dieses, das immer
nass ist, hinauf, bis man auf die trockene rechte Begrenzungs-
rippe ausweichen kann. In anregender Kletterei über die Rippe zu einem guten Standplatz. Weiter unschwierig über Bänder und gestufte Felsen, durch ein kleines Kamin, zuletzt etwas nach links über einen Felskopf zur Verschneidung, die den
Zugang zum Couloir öffnet, das die Wand unter dem SW-Grat
schräg aufwärts durchschneidet, und weiter auf R. 260 zum
Gipfel.

261 *W-Flanke (Via Castelnuovo)*
II+. Gipfelblock IV. 5 Std.

Normalroute von der Capanna Allievi. Die Überwindung des Bergschrundes kann sehr zeitraubend und schwierig sein.
A. Castelnuovo mit A. Fiorelli, 30. Juni 1906.

Von der Capanna Allievi auf R. 262 (Colle del Castello) zur
oberen Firnterrasse, die im W dem Punta Rasica-N-Grat vorgelagert ist. Über einen bogenförmigen Firnrücken südwärts
gehend, gelangt man zum Bergschrund am Wandfuss unter

dem Gipfelaufbau. Nach der Überwindung des Bergschrundes steigt man etwas rechts, südlich, der am weitesten in die Wand hinaufreichenden Firnzunge in die Felsen ein. Zuerst etwas nach rechts, dann über eine Verschneidung zu einem Band, allenfalls Schneefleck, über das von rechts nach links aufgestiegen wird. Über gut gestufte Felsen, fast in der Fallinie, weiter gegen den SW-Grat, den man am Fusse eines kleinen Aufschwungs erreicht. Man folgt dem Grat in leichter Kletterei zum Fuss des Gipfelblocks.

262 *Vom Colle del Castello über den N-Gipfel und den NNW-Grat*

IV+. 4 Std. Abb. S. 189.

Lange, schwierige und sehr lohnende Route.
Gaetano Polvara und Vittorio Ponti, 30. Juli 1922. Der N-Gipfel wurde von R. Lejeune und K. Steiner am 30. September 1910 auf dieser Route erreicht.

Vom Colle del Castello dem Grat folgend, gelegentlich leicht auf die Fornoseite ausweichend, über zwei Erhebungen zu einem messerscharfen Gratstück, das zum Steilaufschwung des N-Gipfels führt. Das Kamin, das den ganzen Gipfelturm durchzieht, lässt man rechts und bleibt an der Gratkante, die steil, aber gutgriffig zum N-Gipfel führt.
Vom N-Gipfel unschwieriger Abstieg in die nächste Scharte. Das folgende Gratstück wird mit Vorteil in der W-Flanke umgangen. Man erspart sich dadurch ein etwas heikles Abseilmanöver über den überhängenden, grossen Gratturm (Schlüsselstelle bei der Begehung des Grates von S nach N, IV+). Man steigt von der Scharte etwas in die W-Wand ab, traversiert auf gut gestuften Bändern und gewinnt unmittelbar nach dem grossen Turm wieder den Grat. Weiter der scharfen Schneide folgend über zwei Türme, von denen man abseilt, zum tiefsten Einschnitt zwischen N- und Hauptgipfel. Ein überhängender Krataufschwung wird über eine stark geneigte Platte (H) in der W-Flanke umgangen. Nun durch eine Verschneidung wieder auf den Grat und über diesen, zum Teil plattig, an den N-Fuss des Gipfelturmes. Nach einigen Metern Abstieg in die E-Flanke führt eine schwach ausgeprägte Verschneidung zum Gipfelblock, der auf R. 257 erklettert wird.

263 *E-Pfeiler des N-Gipfels (weisses Dreieck)*
VI. A2, Ae. 10 Std. Abb. S. 125, 189.

Äusserst ausgesetzte Route in bestem Granit. Standplätze und Schlingenstände gut. Ausrüstung: Klemmkeilsortiment, Hex, Friends. Der Bergschrund erfordert je nach Verhältnissen eine Eisausrüstung.
Ch. Baudenbacher und R. Hellstern, 15.–17. August 1971.
Zugang und Einstieg: Von der Capanna del Forno über den Vadrec del Forno auf R. 255 an den Fuss des Pfeilers (2½ Std.). Der Einstieg erfolgt direkt am Fuss der grossen Verschneidung, wo der Gletscher am höchsten hinaufragt.
Routenverlauf: In der ersten Seillänge ca. 5 m senkrecht hinauf und Quergang nach rechts auf die Rampe, dann 20 m durch Risse aufwärts zu Stand (IV–V). In der zweiten Seillänge ansteigender Quergang (exponiert) nach links (V+) in die grosse, zum Teil überhängende Verschneidung. In dieser führt die Route anstrengend unter ein Dach (VI, A2). Nun Quergang nach rechts und gerade hoch (Ae). Nach zwei Seillängen, leicht links haltend und senkrecht durch die Risse hinauf (V+), lehnt sich die Wand zurück, und man gewinnt in weniger schwieriger Kletterei den Biwakplatz der Erstbegeher. Von hier nach links dem gut sichtbaren Band entlang in das zum N-Gipfel führende Riss- und Kaminsystem. Im Kamin rechts in 2 Seillängen zum N-Gipfel (IV).
Abstieg: R. 262 zum Colle del Castello.

264 *NE-Wand des N-Gipfels*
IV?. 4–5 Std.

Kaum mehr begangen. Steinschlägig.
Hans Frei und Mathys Margadant, 24. August 1933.
Von der Capanna del Forno auf R. 255 an den Fuss der NE-Wand. Der Einstieg befindet sich etwas westlich der Gipfelfallinie. Die Überwindung des Bergschrundes bietet meistens beträchtliche Schwierigkeiten. Dann folgt man, teilweise schwierig, einer Rinne, bis sie etwa 40 m unter dem Gipfel auf eine Schulter führt. Dann über die steile Gratkante zum höchsten Punkt.

Colle del Castello, 3215 m

Früher auf der LK und im Bergellerführer mit Bocchetta del Castel bezeichnet. Unter Bergsteigern war die Bezeichnung Colle del Ca-

263

263

stello schon lange Zeit üblich. Auf der italienischen Seite nennt man
diesen Übergang Passo Lurani oder Passo del Castello. Mit Bocchetta
dal Castel wird heute die Senke im W-Grat der Cima di Castello zwischen dem Gipfel und P. 3159 bezeichnet. Als Übergang zwischen
der Capanna del Forno und der Capanna Allievi wegen des brüchigen
Gesteins auf der S-Seite des Passes nicht empfehlenswert.

265 *Von der Capanna del Forno*

WS. 3 Std. Abb. S. 189.

Aufstieg über zum Teil stark zerrissenen Gletscher.
F. Allievi mit A. Baroni, 15. August 1896.

Von der Capanna del Forno auf den Gletscher hinunter und
auf diesem südwärts, bis man den von P. 3312 (im Nordostgrat
der Cima dal Cantun) nach E abfallenden Felsriegel passiert
hat. Unmittelbar unter den Felsen über Moränenschutt auf die
weite, mässig geneigte Gletscherterrasse. Südwestwärts über
den Gletscher, zuletzt über einen steilen Firnhang und den
Bergschrund zum Colle del Castello.

266 *Von der Capanna Allievi*

WS. 3 Std.

Mühsam und steinschlägig.
Christian Klucker mit einem Träger, 2. September 1889.

Von der Capanna Allievi ein kurzes Stück auf dem Sentiero
Roma in östlicher Richtung zum Tälchen, das von P. 2580 am
Fusse der Punta Allievi kommt. Im Tälchen aufwärts zum Glet-
scher zwischen der Punta Rasica und der Cima di Castello.
Die Felsstufe wird auf der rechten Seite überwunden, und
dann quert man nach links zur Rinne, die dem Wandfuss der
Cima di Castello entlang schräg aufwärts zum Pass führt.
Die Rinne selbst kann nur benützt werden, wenn sie mit
Schnee gefüllt ist, sonst muss man über abgeschliffene Felsen
mit viel losem Gestein links der Rinne aufsteigen (steinschlag-
gefährdet).

3. Piz Salacina – Piz Bacun – Piz Balzet

Piz Salacina – Piz Murtaira – Cima da Murtaira – Piz Bregaglia
– Piz Casaccia – Cima da Splüga – Cima dal Largh – Piz Bacun –
Piz Balzet.

Piz Salacina, 2599.3 m
Sehr schöner Aussichtspunkt.

301 *Vom Passo del Maloja über die E-Flanke*
BG. 2½ Std.

Auf R. 304 zum Westufer des Lägh da Cavloc. Auf dem Weg
zum Pass dal Caval bis auf ca. 2100 m aufsteigen und über
Weiden und Geröll nach Starlögia (P. 2350). Nun über Gras-
und Schutthalden weiter zur Baracke bei P. 2495 im NE-Grat.
Von dort über Felsabsätze und Schutt durch die N-Flanke zum
Gipfel.

Ski. Dankbare Skitour bei sicheren Schneeverhältnissen.
Schöner und rassiger, wenn man weiter südlich durch die grosse Mulde zu P. 2511 zwischen Piz Salacina und Piz Murtaira
aufsteigt und nachher zum Lägh da Cavloc abfährt.

302 *S-Grat, Verbindungsgrat vom Piz Murtaira*
BG. 1 Std.

Vom Piz Murtaira steigt man über Felsstufen und Schutt zu
P. 2511 ab, folgt von dort dem Grat zu P. 2567 und gelangt ohne
Schwierigkeiten über den SSE-Grat zum Gipfel.

303 *Von Casaccia über die W-Flanke*
BG. 4 Std.

Von Casaccia in östlicher Richtung über Bleis Granda zu P.
2002.5 und weiter nach Motta Salacina (P. 2122 und P. 2153), von

dort in südlicher Richtung an die Felsen des NE-Grates aufsteigen. Durch die markante Runse auf den NE-Grat hinauf,
den man bei P. 2495 erreicht. Von dort über Felsabsätze und
Schutt durch die N-Flanke zum Gipfel.

304 *Vom Passo del Maloja über den NE-Grat*

WS. 3 Std.

Leichter, landschaftlich schöner Aufstieg.

Von der Passhöhe auf der Passstrasse südwärts hinunter bis
zur ersten Kurve (P. 1790). Dort zweigt links ein Fussweg nach
Orden ab und führt bei P. 1793 zur Brücke über die Orlegna.
Von dort benützt man den westlichen Weg zum Westufer des
Lägh da Cavloc, weiter nordwestwärts aufsteigend auf gutem
Weg zum Pass dal Caval. Über Felsabsätze und Schrofen auf
dem Bergrücken aufwärts zu P. 2278 und P. 2461. Der Felsabsatz bei P. 2461 wird auf der E-Seite umgangen, dann gelangt
man mühelos zur Baracke bei P. 2495. Nun über Felsabsätze
und Schutt durch die N-Flanke zum Gipfel.

Piz Murtaira, 2774 m

Gipfel zwischen der Cima da Murtaira und Piz Salacina ohne touristische Bedeutung.

305 *Vom Piz Salacina*

BG. 1 Std.

Vom Piz Salacina steigt man über den Verbindungsgrat zu
P. 2567 ab, folgt dem Grat zu P. 2511; von dort gelangt man
über Schutt und Felsstufen zum Gipfel.

306 *Vom Passo del Maloja über den NE-Grat*

WS. 3–3½ Std.

Auf R. 304 zum Lägh da Cavloc und auf dem Weg zum Pass
dal Caval bis auf 2100 m aufwärts. Nun in südlicher Richtung
zu P. 2319 und auf der E-Seite um P. 2500 herum zum NE-Grat
und über diesen zum Gipfel.

Ski: Bei lawinensicheren Verhältnissen lohnende Skitour.

306a *Variante*

Man kann auch im Tälchen nordwestlich P. 2319 in die Mulde und über Gras- und Schutthalden zu P. 2511 im Verbindungsgrat Piz Salacina – Piz Murtaira aufsteigen und weiter über den N-Grat zum Gipfel gelangen.

307 *Von der Cima di Murtaira über den SE-Grat*

BG. ½ Std.

Vom Gipfel der Cima di Murtaira steigt man zuerst in nördlicher Richtung abwärts und folgt dann dem SE-Grat ohne Probleme zum Gipfel.

Cima da Murtaira, 2857.8 m

Wenig besuchter, aber lohnender Aussichtsberg.

308 *Vom Piz Murtaira über den N-Grat*

BG. ½ Std.

Vom Gipfel des Piz Murtaira steigt man über den SE-Grat abwärts, und über Schutt, Platten und Bänder der NW-Flanke erreicht man den Gipfel.

309 *Vom Passo del Maloja über die NE-Flanke*

BG. 4 Std.

Auf R. 306 auf die E-Seite des Piz Murtaira-NE-Grates. Auf ungefähr 2560 m biegt man nach S ab, steigt durch eine Mulde aufwärts und dann weiter, in südwestlicher Richtung ansteigend, über Schutt und Gras zum kleinen Sattel am Fuss der N-Flanke und über diese zum höchsten Punkt.

Ski. Bei lawinensicheren Verhältnissen dankbare Skitour.

310 *E-Grat*

BG. 4 Std.

Mühsam, eher Abstiegsroute.

Auf R. 1 bis Plan Canin. Im Val del Forno weiter bis westlich P. 2025. Nun steigt man in nordwestlicher Richtung über steile Grashalden gegen P. 2600 auf, dann über Schutt und Platten zum nicht sehr ausgeprägten E-Grat. Über Platten und Blöcke führt dieser Grat zum Gipfel.

311 *Über den S-Grat vom Piz Bregaglia*
II. ½ Std.

Vom Piz Bregaglia über den Grat zu P. 2859, wobei einige Türme auf der Fornoseite in brüchigem Fels gequert oder, besser, ziemlich tief unten umgangen werden müssen. Dann über Felsabsätze und Gras zum Gipfel.

Piz Bregaglia, 2961 m
Selten besuchter, alpinistisch uninteressanter Gipfel.

312 *Von der Cima di Murtaira über den NNE-Grat*
II. ¾ Std.

Von der Cima di Murtaira erreicht man den Piz Bregaglia über den NNE-Grat auf R. 311.

313 *Von E*
II. 5 Std.

Mühsamer Anstieg.

Auf R. 314 zu den Geröll- und Grashalden östlich des Piz Bregaglia. In direktem Anstieg über Geröll und Gras erreicht man den Gipfel.

Piz Casaccia, 3036 m
Gipfel mit schönem Blick ins Val Bregaglia und ins Engadin.

314 *ESE-Grat*
II. 5 Std.

Mühsamer Aufstieg, Route eher für den Abstieg benützen.
A. Bonacossa und Rosamond Botsford, 15. Juli 1912, im Abstieg.

Auf R. 310 über die steilen Grashalden von P. 2025 im Val Forno aufwärts bis auf ca. 2500 m, dann quert man nach S unter den E-Ausläufern der Cima da Murtaira und des P. 2859 zu den Geröllhalden zwischen P. 2813 und dem Piz Casaccia.

Von dort steigt man zu einer ausgeprägten Gratschulter im ESE-Grat auf. Zuerst auf einem leichten Band in der S-Seite, dann auf dem Grat in anregender Kletterei über Felsstufen mit Rissen zum Gipfel.

315 *Von der Cima da Splüga über den SSW-Grat*

II. ½ Std.

A. Bonacossa und Rosamond Botsford, 15. Juli 1912.

Von der Cima da Splüga steigt man leicht über den Fels- und Schneegrat in nördlicher Richtung zu einem kleinen Einschnitt ab. Von dort folgt man dem Felsgrat, zuletzt etwas auf der Westseite, bis zum Gipfel.

Cima da Splüga, 3046 m

Felsgipfel ohne besondere Bedeutung nordöstlich der Cima dal Largh.

316 *Von der Forcola dal Largh über die W-Wand und den N-Grat*

II+. ½ Std.

Th. Curtius mit Christian Klucker, 1. September 1885.

Von der Capanna del Forno auf R. 319 zur Forcola dal Largh (2957 m). 3 Std. Nun in nordöstlicher Richtung über Schnee und Blöcke an den Fuss der Gipfelfelsen. Von hier quert man auf einem Felsband westlich unter dem Gipfel durch und erreicht den Nordgrat, der leicht bis zum höchsten Punkt verfolgt wird.

317 *Vom Piz Casaccia über den N-Grat*

II. ½ Std.

Siehe R. 315.

318 *Über den SE-Grat*

III. 3½ Std.

A. Bonacossa und Rosamond Botsford, 15. Juli 1912.

Auf R. 319 steigt man zur Mulde südöstlich unterhalb der Forcola auf und erreicht über ein leichtes Band eine Lücke im SE-Grat. Über eine Felsleiste auf der N-Seite und eine Verschneidung erklettert man den Grat, der in schöner Kletterei in festem Fels zum Gipfel führt.

318a *S-Wand*

IV. ¾ Std.

A. Bonacossa und G. Gervasutti, 19. September 1934.

Vom Band, das zum SE-Grat führt, kann man die ungefähr 50 m
hohe S-Wand durch eine Verschneidung/Rinne (H), die wenige
Meter südöstlich des Gipfels endigt, über ausgezeichneten
Fels erklettern.

Forcola dal Largh, 2957 m

Ohne Namen auf der LK. Sattel zwischen Cima dal Largh und Cima
da Splüga.

319 *Von der Capanna del Forno*

BG. 3 Std.

Th. Curtius mit Christian Klucker, 1. September 1885.

Auf R. 327 aufwärts, bis man den Piz Bacun-Ostgrat umgangen
hat. Weiter in gleicher Richtung überquert man den Valun dal
Bacun über Geröll und Blöcke, traversiert unter den Felsen der
Ostflanke der Cima dal Largh durch und steigt in der nachfolgenden Mulde zum Sattel auf. Von einem direkten Aufstieg
von E durch den Valun dal Largh wird wegen grosser Steinschlaggefahr dringend abgeraten. Dies gilt auch für einen Aufstieg von W durch den ebenfalls mit Valun dal Largh bezeichneten steinschlaggefährdeten Graben.

Cima dal Largh, 3188 m

Die drei kühnen Felstürme der Cima dal Largh krönen einen Felsgrat,
der sich vom Hauptkamm zwischen dem Valun dal Bacun und dem
Valun da lan Purteia gegen Pranzaira absenkt. Im Hauptkamm selber
liegt zwischen Forcola dal Bacun und Forcola dal Largh ein unbedeutender Vorgipfel. Wir bezeichnen den Hauptgipfel – nur dieser
ist auf der LK kotiert – mit Cima dal Largh, die beiden andern Gipfel
mit Punta Centrale (Mittelgipfel) und Punta Occidentale (Westgipfel).

320 *Von der Forcola dal Bacun über den S-Grat und die E-Wand*

III. 1½ Std. Abb. S. 135.

Sehr schöne, exponierte Kletterei. Normalroute.
M. Barbaria und Christian Klucker, 29. Juni 1891.

Von der Forcola dal Bacun über den Grat (oder auf der Forno-Seite wenige Meter darunter) zum Vorgipfel und unschwierig zum Verbindungsgrat, der vom Hauptkamm zur Cima dal Largh führt. Zuerst auf seiner S-Seite über Blöcke zu einem kurzen Kamin, das zur Grathöhe hinaufleitet. Die drei Türme des Verbindungsgrates werden auf der N-Seite umgangen. An den beiden ersten Gendarmen kommt man unschwierig vorbei. Am Nordfuss des dritten Turmes erklettert man einen senkrechten, von tiefen Rissen durchzogenen Absatz und gelangt zum Beginn einer mächtigen Platte. Die glatte und steile Platte wird von Rissen durchzogen, über die man in exponierter Kletterei auf das breite und fast ebene Plattenband der E-Flanke wenige Meter unter dem Gipfel gelangt. Man wendet sich nach rechts (N) und ersteigt einen zuoberst etwas von der Wand abstehenden Absatz. Nun durch eine Verschneidung links aufwärts auf die Kante und über die Schlussplatte zum Gipfel. (Der S-Gipfel mit dem «Wackelstein» kann mit einem Spreizschritt erreicht werden.)

320a *Variante*

III+. Abb. S. 135.

Nicht empfehlenswert.

E. H. F. Bradby, J. H. Wicks und C. Wilson, 11. Juli 1908.

Vom Plattenband auf halber Höhe des Gipfelaufbaues kann man auch nach links (S) gegen die SE-Kante queren. Man erklettert ein kurzes Kamin, und über ein Band gelangt man in das Kamin zwischen dem S-Gipfel und der Cima dal Largh. Im S-Kamin aufwärts zum Gipfel.

321 *Von der Forcola dal Bacun über die S-Wand und den W-Grat*

IV. 2½ Std.

In den Felsen teilweise loses Gestein. Nicht mehr üblich; heute benützt man als Zugang zum obersten Teil des W-Grates R. 322 der Punta Centrale und steigt über den E-Grat zur Gratscharte vor dem Hauptgipfel ab.

J. Heller und G. Miescher, 3. August 1909.

Von der Forcola dal Bacun wird zum Fuss der Schlucht zwischen Cima dal Largh und Punta Centrale abgestiegen. In den Felsen der Schlucht sehr schwierig über teilweise loses Gestein zur Scharte. Nun über eine glatte Granitschneide einige Meter hinauf zu einem guten Stand. Eine kurze Traverse nach rechts in die Südwand, über die Spitzen aufgestellter Platten, führt zu einem schmalen Felssims. Man ergreift die Spitze einer Platte, zieht sich daran hinauf und klettert dann noch etwa 3 m schwierig und exponiert zu einer Gratscharte und zum Gipfel.

321.1   *S-Pfeiler,* Nachtrag S. 497.

Cima dal Largh, Punta Centrale, ca. 3150 m
Ohne Namen und Höhenangabe auf der LK. Mittlerer Gipfel der Gruppe.

322   *Von der Forcola dal Bacun über die S-Flanke und den W-Grat*
III—. 2 Std.

Nur in Verbindung mit der Besteigung des Hauptgipfels lohnend.
Th. Curtius mit Christian Klucker, 12. August 1887.

Von der Forcola dal Bacun, die auf R. 327 von der Capanna del Forno oder R. 326 von der Capanna da l'Albigna erreicht wird, steigt man, sich ziemlich dicht unter dem Grat haltend, nach Westen ab an den Fuss der Südwand der Punta Centrale. In der Südwand klettert man auf einem Band, das teilweise mehr Kamin ist, schräg nach Westen steil empor bis auf den etwas nach Süden vorspringenden Pfeiler der Punta Centrale. Nun etwas abwärts zum Couloir zwischen Punta Centrale und Punta Occidentale und in diesem unschwierig zur Scharte zwischen beiden Gipfeln. Von der Scharte über die scharfe, zackige Schneide des Westgrates ohne besondere Schwierigkeiten zur Punta Centrale.

Cima dal Largh, Punta Occidentale, ca. 3130 m
Ohne Namen und Höhenangabe auf der LK. Westlicher Gipfel der Gruppe.

323   *E-Grat*
III. 2 Std. von der Forcola dal Bacun.

Th. Curtius und Christian Klucker, 12. August 1887.

Auf R. 322 in die Scharte zwischen Punta Centrale und Punta Occidentale. Von der Scharte ohne Schwierigkeiten über den E-Grat auf den Gipfel.

Cima dal Largh

Cima dal Largh

320a

320

1.1

324 *W-Grat mit Anstieg über den Sekundärgrat nördlich des
eigentlichen W-Grates*

V–. 8 Std., davon 2½ Std. Anmarsch bis zum Einstieg.

Lange, selten begangene, dankbare Route.

Arno Cajöri und Werner Hartmann, 11. August 1965.

Zugang und Einstieg: Ausgangspunkt ist der steile, bewaldete,
schwer zugängliche Hügel von Motta Fäga, P. 1981.6. Der Zugang führt vom Weiler Röivan an der Malojastrasse durch den
Valun dal Largh aufwärts bis zu einer breiten Schlucht, die
nach rechts gegen den P. 1830 hinaufführt und von dort durch
den Wald nach Motta Fäga. Der Einstieg befindet sich dort, wo
der felsige Grat sich aus dem bewaldeten Kamm erhebt.

Routenverlauf: In den ersten Seillängen sind noch einzelne
Föhren und Rasenbänder anzutreffen, aber bald wird der Grat
messerscharf und steil (IV, 1 SL V–), bis er sich wieder zurück-
legt und leichter wird. Auf dem weiterhin scharfen Grat bis zu
drei markanten Türmen. Die ersten zwei werden südlich auf
dem breiten Band leicht umgangen. Dann in mittelschwerer
Kletterei (IV) über den dritten Turm (P. 2894) hinweg in eine
Scharte. Von dieser steigt man über leichte, lose Felsen am
oberen Ende des Valun da lan Purteia zum W-Grat und über
diesen zur Punta Occidentale.

325 *W-Grat*

IV. 8 Std., davon 2½ Std. Anmarsch bis zum Einstieg.

Lang, nicht sehr interessant.

L. Binaghi und A. Bonacossa erstiegen den W-Grat am 14. Juli 1931,
indem sie vom P. 2758 über den Valun dal Bacun zum W-Grat querten.

Routenverlauf: Auf R. 324 nach Motta Fäga, P. 1981.6.
Nun überquert man den Valun da lan Purteia, um den W-Grat
zu erreichen. Der Grat wird bis zu einer grossen Platte mit
nachfolgendem Grataufschwung verfolgt. An dessen linker
Kante empor, dann etwas rechts und wieder zum Grat zurück,
der nun sehr leicht wird. Der eigentliche Gipfel wird durch
seine S-Flanke erreicht.

Forcola dal Bacun, 3107 m

Ohne Namen auf der LK. Einsattelung zwischen dem Piz Bacun und
dem Massiv der Cima dal Largh. Ausgangspunkt für Cima dal Largh
und Nordgrat des Piz Bacun.

326 *Von der Capanna da l'Albigna*

BG. 4 Std. Abb. S. 155.

Auf R. 402 zur Forcola dal Riciöl. Nun steigt man nach E ab und folgt dem untersten von drei zum E-Grat des Piz Bacun hinaufziehenden Geröllbändern zu einem Sattel im Grat. Von hier quert man, möglichst wenig absteigend, die E-Wand des Piz Bacun (Steinschlag, Eis!) und steigt über Schutt und Platten zur Forcola dal Bacun hinauf.

327 *Von der Capanna del Forno*

BG. 2½ Std. Abb. S. 155.

Th. Curtius mit Christian Klucker, 27. August 1885.

Von der Hütte auf den Vadrec del Forno und in nordwestlicher Richtung über den Gletscher an den Fuss der Geröllhalde zwischen den Ostausläufern von Piz Casnil und Piz Bacun (P. 2395). Der Anstieg führt über diesen Schuttkegel, südlich des Baches, aufwärts bis zu den Felsen. Der durch Steinmännchen gut markierte Pfad führt auf Grasbändern zwischen Plattenschüssen zuerst nach Süden, dann nach Nordwesten zu einer Geröllmulde. Diese quert man in der Richtung eines grossen Felsblocks am Piz Bacun-Ostgrat. Unterhalb dieses Felsblocks auf gutem Pfad hart an den Fuss des Piz Bacun-Ostgrates, den man umgeht. Anfänglich auf Pfadspuren im Schutt, dann über Schneehänge direkt nördlich des Grates in westlicher Richtung aufsteigend zur Forcola dal Bacun.
Ein Aufstieg durch den Valun dal Bacun von der Talsohle her ist zwar möglich, aber äusserst mühsam und sehr steinschlägig.

Piz Bacun, 3244.2 m

Vielbesuchte, eine schöne und umfassende Aussicht bietende Granitpyramide mit genussvollen Kletterrouten über die verschiedenen Grate.

328 *Von der Capanna del Forno über den E-Grat*

III–. 5 Std.

Normalroute, interessante Kletterei im oberen Teil.

L. Bernus und Th. Curtius mit Joh. Eggenberger und Christian Klucker
27. August 1883.

Auf R. 327 gegen die Forcola dal Bacun aufwärts, ziemlich
unterhalb der Passhöhe schwenkt man nach links (SW) ab und
erreicht über ein nach oben ziehendes Band den E-Grat. (Zum
gleichen Punkt im E-Grat gelangt man auf R. 329 von der
Forcola dal Riciöl.) Über den Grat in abwechslungsreicher
Kletterei zum höchsten Punkt.

329 *Von der Capanna da l'Albigna über den E-Grat*

III–. 5 Std.

Interessante Kletterei im oberen Teil.
A. von Rydzewsky mit M. Barbaria und Ch. Klucker, 26. Juni 1891.

Auf R. 402 zur Forcola dal Riciöl. Nun horizontal nach N bis
zu einer steilen Rampe, die auf das markante Flachstück im
E-Grat hinaufzieht. Weiter über diesen in abwechslungsreicher Kletterei zum Gipfel.

330 *S-Grat*

IV. 5 Std.

Wenig begangene, schöne und interessante Route.
N. S. Finzi mit J. Biner und A. Schaller, 29. August 1921.

Auf R. 402 zur Forcola dal Riciöl. Der Anstieg beginnt ein
paar Meter östlich des Übergangs bei einer Rinne (Band), über
die man schräg links aufwärts auf eine Kante gelangt. Nun
rechts an einem Block vorbei zu einem guten Stand. Weiter
durch eine steile Verschneidung, dann über Platten nach rechts
auf die Gratkante und über etwas brüchigen Fels weiter nach
rechts zu Stand. Eine leichte Plattenwand führt auf ein horizontales Kantenstück an den Fuss einer Wandstufe. Eine SL
über diese Wandstufe aufwärts und weiter auf den Gipfelaufschwung. Rechts der Kante an einem Riss (IV) 40 m empor
zu einem Stand und weiter über Platten gerade hinauf zu gutem
Stand. Von hier kann man durch eine Rinne den Gipfelgrat
erreichen. Schöner: Über Platten gerade hinauf, dann nach
rechts unter einen Überhang. Diesen überwindet man an guten
Griffen zuerst gerade aufwärts, dann nach rechts zur Kante
und zum Gipfel.

331 *SSW-Kamin (Südkamin)*

III. 4 Std. von der Capanna da l'Albigna, 4½ Std. von der Capanna del Forno.

Oft begangene Route, auch im Abstieg.
L. Bernus und Th. Curtius mit Joh. Eggenberger und Christian Klukker, 27. August 1883 im Abstieg.

Von der Capanna da l'Albigna auf R. 402 zur Forcola dal Riciöl. Von der Capanna del Forno auf R. 411 zum Pass da Casnil Nord, dann auf dem Gletscher, dem W-Fuss des Piz Casnil entlang, zur Forcola dal Riciöl. Über ein breites Schnee- oder Geröllcouloir wenig westlich der Forcola dal Riciöl steigt man in die SW-Wand des Piz Bacun ein. In diesem Couloir empor, bis man nach rechts schräg aufwärts gegen E auf einen wenig ausgeprägten Pfeiler aufsteigen kann. Dort befindet sich am Fuss des S-Kamins ein Steinmann. Im Kamin zuerst senkrecht aufwärts (schwierig), dann in leichter Kletterei zum SW-Grat und auf diesem mit wenigen Schritten zum Gipfel.

332 *SW-Grat (Via Bonacossa)*

IV. 7–8 Std.

Längster und schwierigster Grat des Piz Bacun mit grossartigen Tiefblicken ins Bergell.
A. Bonacossa und Rosamund Botsford, 9. Juli 1912.
1. Winterbegehung: D. Erba, G. Maresi, D. Strambini und M. Valsecchi, 20./21. März 1973.

Von der Capanna da l'Albigna folgt man R. 402 zur Forcola dal Riciöl, am Piz dal Päl vorbei, durch die Mulde mit den kleinen Tümpeln (P. 2652) auf die Moräne, die den S-Abstürzen des SW-Grates vorgelagert ist. Einstieg in die Wand in der Fallinie des tiefsten Punktes im SW-Grat. Schwierig hinauf auf den Grat. Die ersten Türmchen im horizontalen Teil werden nördlich umgangen oder überklettert. Das folgende, steile Gratstück, von einem markanten Block gekennzeichnet, bietet eine abwechslungsreiche Kletterei, wobei man bis zum ersten Turm möglichst der Gratkante folgt. Vom Gipfel des ersten Turmes wird in die Scharte abgeklettert oder 20 m abgeseilt. Ein Band nach rechts führt zur SE-Wand des zweiten Turmes, die schwierig erklettert wird (man kann auch das Band weiterverfolgen bis zu einem Kamin, durch das man auf den zweiten Turm gelangt). Weiter über den Grat auf weniger gutem Fels zu einem deutlichen Sattel hinunter. Der Grat führt dann zu einem doppelten Gendarmen, den man mit leichtem Ausweichen auf die S-Seite überklettert. Dann folgt eine steile, unten in einen tiefen Spalt abbrechende Platte und ein kurzes und leichtes Gratstück zum Gipfel.

332.1 *S-Wand-S-Pfeiler («Mauerläufer»)*, Nachtrag S. 498.

333 *Von der Forcola dal Bacun über den N-Grat*
III. 1½ Std.
Schöne Kletterroute in griffigem Granit. Sehr dankbar in Verbindung mit der Besteigung der Cima dal Largh.
Th. Curtius mit Christian Klucker, 27. August 1885.
Von der Capanna del Forno auf R. 327 oder von der Capanna da l'Albigna auf R. 326 zur Forcola dal Bacun (3107 m). Nun ohne Schwierigkeiten über den Grat aufwärts bis zu einer grossen, steilen Platte, die an Längsrissen überwunden wird. Über eine Wandstufe an den Fuss des höchsten Gratturmes, der auf der Fornoseite an einem Band umgangen wird. Zwischen grossen Blöcken aufsteigend, gelangt man wieder auf den Grat. Das letzte Gratstück bietet keine Schwierigkeiten.

334 *S-Sporn des SW-Gipfels*
V, Schlüsselstelle V+. 5 Std. Technische Skizze S. 141.
D. Maida, L. Tenderini, R. Merendi und P. Pellegrini, 11. Sept. 1959.
Zugang: Von der Capanna da l'Albigna folgt man R. 402 zur Forcola dal Riciöl, am Piz dal Päl vorbei durch die Mulde mit den kleinen Tümpeln (P. 2652) auf die Moräne, die den S-Abstürzen des SW-Grates des Piz Bacun vorgelagert ist. Einstieg am Ende der Moräne (1½ Std.).
Routenverlauf: Technische Skizze S. 141.

335 *W-Kante des SW-Gipfels*
IV. 3½ Std. vom Einstieg.
Giuliano Maresi, Dulio Strambini und Lino Trovati, 11. Juli 1976.
Keine Angaben über die Route vorhanden.

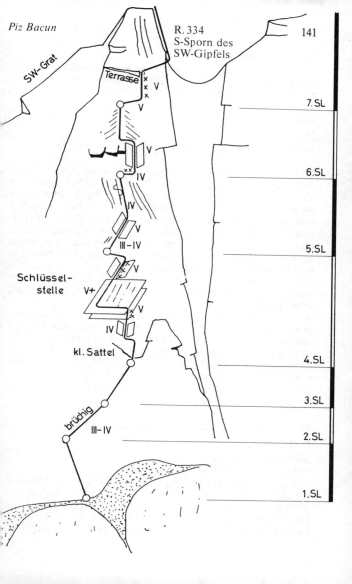

Piz Bacun

R. 334
S-Sporn des
SW-Gipfels

141

SW-Grat

Terrasse x x V
          x x x
          V

V

V
IV

IV

V
III–IV

Schlüssel-
stelle

V
x x

V+

V
x x

IV

kl. Sattel

brüchig III–IV

7. SL

6. SL

5. SL

4. SL

3. SL

2. SL

1. SL

Piz Balzet, 2869 m

Von der Staumauer aus durch seine unheimlichen Plattenschüsse imponierend, ist der Piz Balzet von Süden gesehen nur ein eher bescheidener Eckpunkt des Piz Bacun-SW-Grates.

336 *E-Grat*

II+. 3 Std.

Interessante Kletterei mit prächtigen Tiefblicken. Normalroute.
Hans Rütter und Andrea Zuan, 11. August 1919.

Von der Capanna da l'Albigna auf dem Pfad zum Pass da Casnil Sud (R. 412) am Piz dal Päl und Piz Balzet vorbei. Letzterem sind im Osten zwei grosse Gratürme vorgelagert. Im Couloir zwischen beiden steil, aber unschwierig zur Scharte zwischen den beiden Gendarmen. Man traversiert die steile Nordostflanke des Gratturmes östlich des Gipfels in losem Fels zu einer Verschneidung. In dieser empor und nach S aufwärts in die Scharte zwischen Gratturm und Hauptgipfel. Nun entweder auf der Albignaseite durch Rinnen und Rissverschneidungen, hart der E-Kante entlang, oder durch ein Kamin in ihrer Nordabdachung und über die Kante in schöner Kletterei zum Gipfel.

Abstieg: Auf der oben beschriebenen Route oder auf der Albignaseite, hart neben der E-Kante, durch Rinnen und Rissverschneidungen in die Scharte zwischen Gipfel und erstem Gratturm hinab. Nun auf der N-Seite des vorgelagerten Turms ca. 30 m zuerst leicht ansteigend, dann steil abwärts zu einer Abseilstelle (ca. 22 m) und über diese in die Scharte zwischen den zwei vorgelagerten Türmen. Dann auf der Albignaseite durch die Rinne absteigen.

337 *Von der Capanna da l'Albigna über den S-Grat*

IV. 3 Std.

Sehr schöne, lohnende Kletterei.
Walter Risch, allein, 1922.

Von der Capanna da l'Albigna auf dem Pfad zum Pass da Casnil bis auf den Sattel zwischen Piz dal Päl und Piz Balzet (ca. 2590 m). Über einen Grasrücken und Platten zur Kante, die gegen Westen in steilen Wänden abbricht. Schöne und exponierte Kletterei über die Kante in gutem Fels. Die verschiedenen Grataufschwünge, auch der markante, plattige Turm im oberen, flacheren Teil des Grates (IV, Schlüsselstelle), werden überklettert.

338 *SW-Grat («Albignageist»)*

IV. 4–5 Std. Abb. S. 145.

Die Route führt rechts des mit «Albignageist» bezeichneten Felsgesichtes über den SW-Grat und bietet abwechslungsreiche, schöne Kletterei.

Hans Bättig und Gottlieb Zryd, 1960.

Zugang und Einstieg: Von der Capanna da l'Albigna auf dem zum Stausee führenden Pfad abwärts und um den vom Piz dal Päl herabziehenden Rücken herum. Über Grashänge zu einer markanten Verschneidung im rechten Teil der W-Wand und zum Einstieg.

Routenverlauf: In der auffallenden, rechts vom «Albignageist» sich hochziehenden Verschneidung zu einem Standhaken. Über einen Block zu einem Grasband und links haltend in die Schlucht. (Bis hier kann auch der «Bügeleisen»-ähnliche, grüne Pfeiler links der Verschneidung benützt werden. Er wird über einen seitlichen Vorbau ungefähr in mittlerer Höhe erreicht.) Einige Meter in der Schlucht aufwärts, dann nach links über Platten auf den «Kopf des Geistes». Über Platten oberhalb des «Albignageistes» (H) zum Grat. Rechts des Grates über Platten und Risse unter einen gelben Überhang (H) und unter diesem nach links in eine Verschneidung und auf den Grat hinauf. Von hier in anregender Kletterei zum Gipfel.

339 *W-Wand (direkt zum und über den «Albignageist»)*

VI+, A1 und A2. 4–5 Std. Abb. S. 145, technische Skizze S. 147.

Wandhöhe 150 m. Es sind fast alle H entfernt. Dünne Spachtel-Haken notwendig.

G. Alberti und P. Lüthi, 24. September 1983.

Zugang und Einstieg: Von der Capanna da l'Albigna auf dem zum Stausee führenden Pfad abwärts und um den vom Piz dal Päl herabziehenden Rücken herum. Über Grashänge an den Fuss der W-Wand und durch eine Rinne direkt unter dem «Albignageist» zum Einstieg.

Routenverlauf: Technische Skizze S. 147.

340 *W-Wand*

IV. 8 Std. Abb. S. 145.

Die Route führt durch Couloirs und über Rippen durch die W-Flanke
zwischen dem WSW- und dem WNW-Grat. Höhendifferenz 750 m.
D. Erba, G. Maresi und L. Trovati, 27. Juli 1974.

Zugang und Einstieg: Von der Capanna da l'Albigna auf R. 339
an die Basis der W-Wand des Piz Balzet und nordöstlich abbiegend gegen den Schuttkegel des grossen W-Wand-Couloirs.
Der Anstieg beginnt beim Couloir südlich des grossen Couloirs.

Routenverlauf: Im Couloir aufwärts, bis es nach links abbiegt,
Überhang. Über Bänder und grasige Couloirs nach links zu
einer Kante, der man folgt, bis sie sich verliert. Dann nach
links unter eine Art Dachvorsprung, der mit einem 3 m hohen
Absatz auf einer Platte endet. Nun steigt man stark nach rechts
über eine Schuppe zu einer anderen Kante. Auf dieser einige
Seillängen empor, dann nach rechts in einen Riss/Kamin und
zu einer Terrasse, bei der ein Couloir, das vom Einschnitt
im WSW-Grat kommt, endet. 30 m weiter, und auf einem
Band 6 m abwärts in ein Couloir. Rechts davon aufwärts über
zwei kleine Überhänge und dann nach links queren. Nachher
30 m weiter aufwärts, wobei man sich an den Rand des Couloirs hält und schliesslich ins Couloir selbst absteigt (H). Nun
im Couloir Richtung Sattel oberhalb der Türme auf der linken
Seite aufwärts. Wenn das Couloir nicht mehr begangen werden kann, verlässt man es, um das erste Couloir rechts zu gewinnen, welches links des Überhangs zu einer Kante oberhalb
des Sattels führt. Man folgt der Kante und dem anschliessenden Band (25 m) und traversiert dann nach rechts auf eine
Platte. Nun steigt man über eine exponierte Kante einige Meter auf, um nach rechts zu einem überhängenden Couloir zu
gelangen (H). Auf der linken Seite emporsteigend, kommt man
zu einer grossen Platte. Schräg rechts aufwärts erreicht man
nach 50 m den SW-Grat, dem man eine SL folgt bis zu einem
breiten Grasband. Von hier knapp über den Überhängen stark
nach links (40 m, schwierig) bis fast zur mittleren Kante. Ein
Riss, sehr mühsam beim Ausstieg, führt zu einem Standplatz
auf der Gratschneide. Die darauffolgende Platte überwindet
man nach rechts und folgt dem Grat bis zum Gipfel.

Piz Balzet von W

Piz Balzet

341 *Westcouloir («Thirty-five Gully»)*

EX. 6 Std. Abb. S. 145.

Das Couloir ist im Sommer unbegehbar und kann in Jahren mit normaler Schneemenge am günstigsten in den Monaten Mai und Juni (Steileiskletterei) begangen werden. Mittlere Neigung 70°, grösste Steilheit 90°. Länge 800 m, Höhendifferenz 750 m. Sehr schöner, rassiger Aufstieg, dessen Schwierigkeit höher einzustufen ist als vergleichsweise diejenige des Macho-Couloirs am Mont Blanc du Tacul. Zum 35jährigen Bestehen der «Gruppo dei Ragni», CAI Lecco, wurde die Route von den Erstbegehern «Thirty-five Gully» benannt.
Daniele Bianchi, Floriano Castelnovo, Norberto Riva und Beppe Rusconi, 2. Mai 1981.
1. Winterbegehung: Dante Porta, allein, 2. Februar 1987.

Zugang und Einstieg: Von der Capanna da l'Albigna an den Fuss der Staumauer des Lägh da l'Albigna. Nun in östlicher Richtung an die Basis der W-Wand des Piz Balzet und nordöstlich abbiegend zum Schuttkegel bei der Couloir-Mündung (½ Std.).

Routenverlauf: 50 m im Couloir aufwärts bis zur ersten Verengung, welche auf der rechten Seite überwunden wird. Weitere 100 m Aufstieg bei einer mittleren Neigung von 55° führen zur zweiten Verengung. Während 20 m weist diese eine Steilheit von 80° auf; die restlichen 5 m sind 90° steil. Nun folgen mehrere Seillängen mit 55° bis 65° Steilheit. Ein grosser, von der Seilbahn gut sichtbarer Block wird bei 70° Steilheit rechts umgangen. Das Couloir wird bis zu einer Verzweigung weiter verfolgt. Hier wählt man den rechten Arm, der nach 200 m sehr schwieriger Kletterei in kombiniertem Gelände auf den nordwestlichen Vorgipfel führt. Nun auf der Westgrat-Route zum Hauptgipfel.

342 *W-Grat*

V–. 7–8 Std. Abb. S. 145.

Lange, interessante Kletterei. Im unteren Teil etwas steinschlägig; im oberen, flacheren Teil ist der Grat brüchig. Höhendifferenz ca. 750 m. Reto Giovanoli und Philipp Wieland, 2. September 1945.

Zugang und Einstieg: Von der Capanna da l'Albigna auf R. 339 an die Basis der W-Wand des Piz Balzet. Über die grossen hellen Platten quert man in der W-Flanke gegen die Kante.

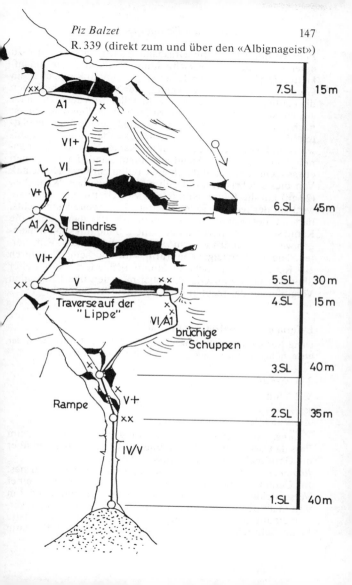

Routenverlauf: Über ein Grasband nach rechts aufwärts zu
einer schluchtartigen Verschneidung, durch die man hinaufklettert (3 SL), bis das Ende der vorerwähnten Kante über ein
Grasband erreicht werden kann (guter Stand). Hier beginnen
die Platten, die den Weiterweg zum hellen, von der Staumauer
aus gut sichtbaren Westgrat vermitteln. Vom Stand aus zuerst
nach links (N) um die Kante und zwei SL gerade über die Platten hinauf. Nachher geht es zuerst links über Grasbänder aufwärts und dann nach rechts auf die Kante. Nun auf dieser gerade empor zu einem Stand auf einem Band. Jetzt hält man
etwas rechts und steigt durch ein Couloir zur Gratscharte auf.
Von dieser führt die Route über ein schwieriges Wändchen
(20 m) auf die Kante. Nun folgen vier Grattürme: Der erste
wird auf der rechten Seite erklettert. Der zweite kann rechts,
hart an der Kante bis zu einem Absatz, dann über die
Kante selbst erklettert oder auf einem Band links (N) umgangen werden. Der dritte Turm wird rechts umgangen. Vom vierten, leicht zu ersteigenden Turm wird abgeseilt oder durch
ein Kamin in eine Scharte hinuntergeklettert. Nun weiter
über den Grat zum Gipfel, wobei man den überhängenden
Vorgipfel auf der rechten Seite an einem Riss umgeht.

E-Turm des Piz Balzet, ca. 2800 m

Ohne Namen und Höhenangabe auf der LK. Als E-Turm wird der
erste, höhere Turm auf der E-Seite des Piz Balzet bezeichnet.

343   S-Kante

V. 2½ Std.

Kurz, aber sehr schön.
Albin und Heidi Schelbert, 29. Juli 1966.

Zugang: Von der Capanna da l'Albigna auf dem Pfad zum
Pass da Casnil am Piz dal Päl und Piz Balzet vorbei und über
die Geröllhalde zum Pfeilerfuss (¾ Std.).

Routenverlauf: Der Einstieg befindet sich links des Turmes.
Im Couloir zuerst einige Meter aufwärts und dann in einer
Verschneidung 30 m nach rechts hinauf zu einem Stand 2 m
unterhalb der Kante. An der Kante und rechts an einer Ver-
schneidung über den Kantenabbruch hinauf auf eine glatte
Platte. Sehr feingriffig, nach rechts ausholend, über die Platte

(V) zu Stand. Wenig rechts der Kante gerade hinauf zu einem Absatz und Stand. Eher etwas links haltend ca. 30 m zu einem Stand in einer kurzen Verschneidung links der Kante. Zurück zur Kante und über den letzten, steilen Kantenaufschwung zum Gipfel des Turms.

344 *S-Wand*

VI, A2e. 2½ Std.

80 m lange Bohrhakenroute, im oberen Teil freie Kletterei.
H. P. Kaspar, allein, 27. September 1969.

Zugang: Wie R. 343.
Routenverlauf: Die Route führt durch die Wandmitte aufwärts und ist gut sichtbar.

4. Piz Casnil — Cima di Castello — Punta Allievi

Piz dal Päl — Piz Casnil — Bio-Pfeiler — Caciadur — Scälin — Cima dal Cantun — Punta da l'Albigna — Cima di Castello — Castel — Punta Allievi.

Piz dal Päl, 2618 m

Doppelgipflige Erhebung im Felsgrat nördlich der Capanna da l'Albigna. Beliebter Klettergarten und auf allen möglichen Routen bestiegen. Von W ziemlich schwierige Plattenaufstiege, leicht von E. Wir verzichten auf die Beschreibung der vielen kurzen Anstiege.

401 *Von Osten*
II. 1 Std.
Normalroute.

Von der Capanna da l'Albigna auf dem Pfad gegen den Pass da Casnil bis zur flachen Terrasse unmittelbar südlich des Piz dal Päl. Von der Scharte im Osten in leichter Kletterei auf den E-Gipfel oder durch ein Rasencouloir in den Einschnitt zwischen den Gipfeln und von dort leicht auf den W-Gipfel.

401.1 *NW-Pfeiler («Hokuspokus»),* Nachtrag S. 498.

401.2 *Plattenschuss westlich unterhalb der Capanna da l'Albigna,* Nachtrag S. 499.

Forcola dal Riciöl, 3044 m

Das zwischen Piz Bacun und Piz Casnil liegende Schneejoch dient nur noch der Besteigung dieser beiden Gipfel und der Traversierung zur Forcola dal Bacun (R. 326). Von einem Abstieg zum Fornogletscher wird dringend abgeraten. Wo früher Firn lag, sind heute ausgeaperte, steile, schuttbedeckte Platten und Schrofen. Wir verzichten auf die Beschreibung einer Auf- und Abstiegsroute zum Vadrec del Forno und empfehlen die Benützung der sicheren Casnile-Übergänge.

402 *Von der Capanna da l'Albigna*
BG. 2½ Std. Abb. S. 151.
Viel begangener, schöner Aufstieg.

Cima dal Largh — Piz Bacun — Piz Casnil von SW

ss Casnil Sud

Bocch Prefiel

412

ss Casnil Nord

410

403

Casnil
3189

408

402

cola dal Riciöl

Bacun
244.2

cola dal
cun

a dal Largh
3188

nta Centrale

Punta
cidentale

Piz Balzet
2869

411

442

Piz dal Pal

Capanna da l'Albigna

Von der Capanna da l'Albigna auf gutem Pfad (Casnileweg)
ostwärts die Grashänge hinauf zu einem flachen Boden östlich
des Piz dal Päl. Nun in südöstlicher Richtung, an den Tümpeln P. 2652 vorbei, über Geröll auf den kleinen Gletscher im
Winkel zwischen Piz Bacun-WSW-Grat und Piz Casnil-N-Grat.
Über den Gletscher steil aufwärts zum Joch.

Ski. Gleiche Route, lohnend.

Piz Casnil, 3189 m

Lohnende und beliebte Tour. Der Berg wird oft sowohl von der Capanna
da l'Albigna als auch von der Capanna del Forno bestiegen.

403   *S-Grat*

II, eine Stelle III. 3½ Std. Abb. S. 151, 155, 167.

Normalroute.

Von der Capanna del Forno auf R. 411 oder von der Capanna da
l'Albigna auf R. 410 zum Pass da Casnil Nord (2½ Std.). Vom Pass
zuerst über Blöcke, dann über den ausgeprägter werdenden Grat
in leichter, abwechslungsreicher Kletterei auf den Gipfel (1 Std.).

404   *SW-Flanke*

II. 3 Std.

Abstiegsroute.
J. Caviezel und H. Lavater-Wegmann, 24. August 1880.

Von der Capanna da l'Albigna auf R. 410 oder von der Capanna
del Forno auf R. 411 zum Pass da Casnil Nord. Vom Pass über
das Schneefeld hinauf gegen die Mitte der SW-Flanke, links
des die Flanke herunterziehenden Couloirs. Zuerst über Blökke, dann über leichte Blockverschneidungen und weiter oben
über gut gestufte Platten auf der nördlichen Seite der Wand-
flanke hinauf. Zuletzt über den W-Grat zum Gipfel.

Ski. Lohnende Skitour bei sicheren Verhältnissen. Skidepot
unterhalb der Felsen.

405   *S-Wand — E-Grat*

V, eine Stelle V+. 6 Std. Abb. S. 155, 167.

Sehr lohnender Aufstieg in bestem Fels. Da sich der Ausstieg aus der
Wand eine SL über dem Einstieg des E-Grates befindet, ist diese Tour
in Verbindung mit dem E-Grat zu empfehlen.
Marco Mehli und Alberto Rogantini, 15. Juli 1973.

Zugang und Einstieg: Von der Capanna del Forno auf R. 413 bis auf das Plateau unterhalb des kleinen Gletschers (ca. 2750 m). Von der Capanna da l'Albigna erreicht man dieses Plateau über den Pass da Casnil Sud (R. 412/413). Nun sieht man die ganze Südwand vor sich, welche rechts von einem grossen Couloir begrenzt ist. Der Einstieg befindet sich 20 m links des grossen Couloirs auf der rechten Seite des Riss-Systems, welches nach oben immer schmaler wird und schliesslich in Platten übergeht.

Routenverlauf: Vom Einstieg klettert man an einem Riss hoch bis unter einen kleinen Überhang (IV+, H). Gerade darüber hinweg. Dann leicht links haltend im Riss-System weiter und nach links zu gutem Stand. Weiter geht es in einem Kamin ca. 20 m bis zu grossem, grasbewachsenem Standplatz. Nach rechts queren und an einem Riss auf Block rechts an der Kante. Nun über ganz glatte Platten, sehr schwierig (V+, H), dann leicht links in einen Riss, diesem folgend zu gutem Stand unter Überhang. Nun gerade über diesen Überhang über kurze, glatte Platte und wenig nach rechts in eine hellgraue Verschneidung (V), weiter zu grasbewachsenem Stand (guter Sicherungsblock). Weiter über Platten und leicht überhängende Blöcke zu kleiner Grasterrasse (Standplatz). In einer kleinen Verschneidung leicht links haltend bis unter ein kleines hellgraues Dach. Nun 20 m Quergang nach links zu Stand. Einem Grasband folgt man nun leicht bis zum Fuss eines grossen, schwarzen, gut sichtbaren Kamins, welches den Ausstieg aus der Wand bildet. Weiter über den E-Grat, R. 407, zum Gipfel.

405.1 *S-Wand («Calzone al Forno»),* Nachtrag S. 499.

405.2 *S-Wand («Accidental Tourist»),* Nachtrag S. 499.

406 *SSE-Kante (Fornokante)*

IV, drei Stellen IV+ bis V. 5 Std. Abb. S. 167.

Die Fornokante befindet sich zwischen E- und S-Grat und kann zum Teil auch als Parallelgrat zum S-Grat betrachtet werden (erster Einblick vom S-Grat oder vom oberen E-Grat). Ausgezeichneter Fels, der wunderschöne Granitkletterei bietet.
Marco Mehli, allein, 3. September 1977.

Zugang und Einstieg: Von der Capanna del Forno auf R. 413 (Pass da Casnil Sud) bis auf das Plateau unterhalb des kleinen

Gletschers (ca. 2750 m). Auf Geröllfeldern an den Fuss des
untersten Kantenaufschwungs, der von hier aus eher wie ein
Pfeiler aussieht. Dieser wird links in einer Schlucht umgangen,
dann nach rechts auf die Kante zum eigentlichen Einstieg.

Routenverlauf: Nun bleibt man eigentlich immer auf der Kante. Ein erster Aufschwung wird sehr feingriffig direkt erklettert
(2 H, IV+). Man gelangt so auf flacheres Gelände, welches
über Blöcke und Platten zum Fuss des Hauptaufschwungs
führt. Dieser wird in herrlicher Kletterei (IV) zirka zwei Seillängen bis auf einen kleinen Absatz verfolgt. Nun sieht man den
markanten Gendarm mit einer gelb-roten Platte über einem
Dach vor sich. Über Blöcke bis unter das Dach und direkt an
einem Riss (Kk, IV+) darüber hinauf. Hinter dem Gendarm
steigt man einige Meter in eine kleine Scharte ab. Nun folgt eine sehr feine Platte (IV+), welche in leichteren Fels und zum
E-Grat führt. Über den Gipfelgrat leicht zum Gipfel.

406a *Von der Capanna da l'Albigna (6 Std.)*

Von der Capanna da l'Albigna auf R. 412 zum Pass da Casnil
Sud. Von der Passhöhe steigt man in nördlicher Richtung ab
bis auf ca. 2750 m und erreicht die oben beschriebene Route.

407 *E-Grat*

IV. 5 Std. Abb. S. 155, 167.

Sehr schöne, interessante Kletterei in gutem Granit.
W. Risch, allein, 1922.

Zugang und Einstieg: Von der Capanna del Forno auf R. 413
(Pass da Casnil Sud) bis auf das Geröllplateau unterhalb des
kleinen Gletschers (ca. 2750 m). In nördlicher Richtung leicht
ansteigend zu einem kurzen, steilen Geröllcouloir, durch das
man den E-Grat westlich P. 2831 erreicht. Nun auf der N-Seite
des Grates über Geröll und leichte Platten aufwärts bis zur
Schlucht, die den Grat unterbricht. Man umgeht die Schlucht
rechts, hält dann nach links gegen den Grat, und kommt zum
Einstieg.

Routenverlauf: Nach einigen Metern erreicht man den Grat,
dem man in leichter Kletterei bis an den Fuss einer grossen
Platte (Stand) folgt. Über die Platte aufwärts, leicht rechts haltend, zu Stand (IV, H, 40 m). Vom Stand gerade gegen den

Piz Casnil und Piz Bacun von E

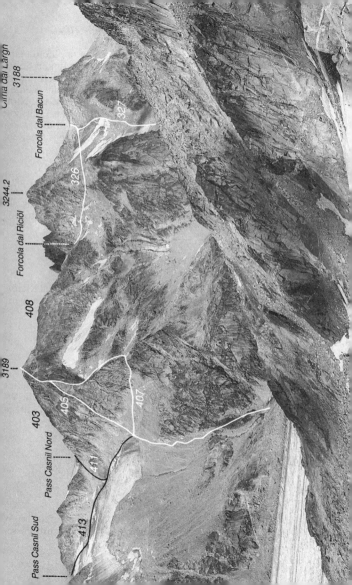

Cima dal Largn
3188

Forcola dal Bacun

327

3244.2

326

Forcola dal Riciöl

408

3189

403

405

407.

Pass Casnil Nord

411

Pass Casnil Sud

413

Grat hinauf und weiter in schöner Kletterei bis zu einem markanten gelben Aufschwung. Dieser wird auf der linken Seite über eine Rampe angegangen. Nach einigen Metern nach rechts und über einen Absatz (3 m) hinauf auf die Kante. Rechts der Kante, einem Riss folgend, zu Stand (IV, H). Nun in prächtiger Kletterei, immer möglichst über den Grat, zu einem weiteren Aufschwung, der an guten Griffen direkt erklettert wird. Nun weiter über den leichten, nicht mehr steilen Blockgrat zum Gipfel.

407a *Von der Capanna da l'Albigna (6 Std.)*

Von der Capanna da l'Albigna auf R. 412 zum Pass da Casnil Sud. Von der Passhöhe steigt man in nördlicher Richtung ab bis auf ca. 2750 m und erreicht die oben beschriebene Route.

408 *N-Grat*

II+. 3½ Std. Abb. S. 151, 155.

Schöne, ansprechende Kletterei.

Von der Capanna da l'Albigna auf R. 402 zur Forcola dal Riciöl Der erste Grataufschwung wird auf der Fornoseite umgangen nachher folgt man dem schönen Grat bis zum Gipfel.

409 *W-Flanke*

II. 3 Std.

Steinschlaggefährdet.

Von der Capanna da l'Albigna auf R. 402 zum kleinen Gletsche im W des Piz Casnil. Über den Gletscher hinauf in die W Flanke und über Schneefelder und Felsen, zuletzt ein kurze Stück über den N-Grat, zum Gipfel.

Pass da Casnil Nord, 2975 m

Wenig begangener Übergang zwischen Albigna und Forno.

410 *Von der Capanna da l'Albigna*

EB. 2½ Std. Abb. S. 151.

Von der Capanna da l'Albigna auf R. 412 zum Firnfeld im W des Pass da Casnil Nord und über dieses Firnfeld zum Pass.

411 *Von der Capanna del Forno*

EB. 2½ Std. Abb. S. 155.

Von der Capanna del Forno auf R. 413 zum kleinen Gletscher, der sich zum Pass da Casnil Sud emporzieht. Vom Gletscher über mühsame Schutt- und Geröllhalden zum Pass.

Pass da Casnil Sud, 2941 m

Leichter und bequemer Übergang zwischen Albigna und Forno, markiert. Der Pass vermittelt interessante und schöne Einblicke in die Bergeller Bergwelt. Idealer Skiübergang.

412 *Von der Capanna da l'Albigna*

EB. 2½ Std. Abb. S. 151.

Von der Capanna da l'Albigna auf gutem, markiertem Pfad ostwärts die Grashänge hinauf zu einem flachen Boden östlich des Piz dal Päl. Weiter auf der S-Seite des Kamms, der von P. 3039.7 nach Westen zieht. Im oberen Teil folgt der Pfad dem Kamm selbst und führt zum Firnfeld im Westen des Pass da Casnil Nord. Hier zweigt R. 410 zum Pass da Casnil Nord ab. Zum Pass Casnil Sud quert man in der Südflanke des P. 3039.7 zum breiten Schneesattel hinüber.

Ski. Vom flachen Boden südlich des Piz dal Päl steigt man empor zu P. 2652 und weiter in östlicher Richtung auf das Firnfeld westlich P. 3039.7. Von dort traversiert man auf der Albignaseite unter dem P. 3039.7 durch zum Pass da Casnil Sud. Lohnende Skitour.

413 *Von der Capanna del Forno*

EB. 2½ Std. Abb. S. 155.

Von der Capanna del Forno auf den Vadrec del Forno hinunter und diesen querend an den Fuss des Piz Casnil-E-Grates bei P. 2453. Auf Pfadspuren anfänglich ziemlich steil in westlicher Richtung aufwärts zum kleinen Gletscher, der vom Pass herunterkommt. Über diesen südwestwärts zum breiten Übergang.

Ski. Gleiche Route, dankbar. Lohnend ist ein Abstecher zu P. 3034. Kurze, schöne Abfahrt.

Bio-Pfeiler, P. 2843

Ohne Namen auf der LK. Wenig nordwestlich des Pass da Casnil Sud (2941 m) zweigt ein Geländerücken nach Südwesten ab. Er trägt die Kote P. 2952 und bricht mit einem steilen Felspfeiler ab, welcher mit 2843 m kotiert ist. Diese Felsbastion wird als Bio-Pfeiler bezeichnet und ermöglicht auf verschiedenen Routen kurze, schwierige Kletteranstiege.

Renata Rossi und Franco Gallegioni haben für die sechs Routen technische Skizzen gezeichnet, die derart klar sind, dass auf eine zusätzliche Beschreibung verzichtet werden kann.

Zugang: Von der Capanna da l'Albigna auf dem Pfad der Wasserleitung entlang zum Tälchen zwischen der nördlichen Randmoräne des Vadrec dal Cantun und den Felsen. Zuerst im Tälchen, dann auf dem Moränenrücken aufwärts Richtung Pass di Caciadur an den Fuss des roten Bio-Pfeilers, der durch grosse Verschneidungen und gelbe Platten auffällt (1 Std.). Abb. S. 151.

Abstieg: Den Grat in Richtung P. 2952 ca. 20 m weit verfolgen, dann durch ein breites Geröllcouloir und zuletzt über Blöcke zum Einstieg zurück.

414   SSW-Wand (*«Via Classica»*)
V+. 1½–2 Std. Technische Skizze S. 159.
Wandhöhe 200 m.
Leo Blättler und Kaspar Heuitschi, 28. Juli 1971.

415   SW-Wand (*«Arabella»*)
V+. 2–2½ Std. Technische Skizze S. 160.
Wandhöhe 160 m.
Franco Giacomelli und Renata Rossi, 19. August 1985.

416   E-Wand (*«Snoopy»*)
VI+. 2–2½ Std. Technische Skizze S. 161.
Wandhöhe 180 m.
Franco Giacomelli und A. Greco, 20. Oktober 1985.

417   E-Wand (*«Via Miki»*)
V+. 1½–2 Std. Technische Skizze S. 162.
Wandhöhe 180 m.
Franco Giacomelli und Renata Rossi, 13. Juli 1980.

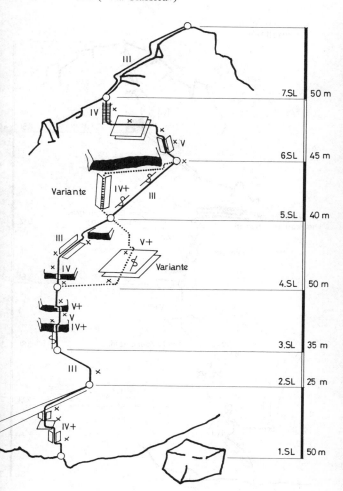

Bio-Pfeiler
R. 415 SW-Wand
(«Arabella»)

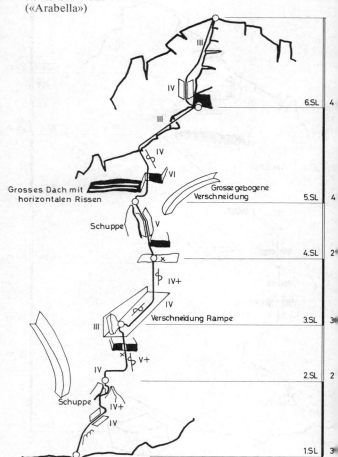

6.SL 4

III

IV

III

IV

VI

Grosses Dach mit
horizontalen Rissen

Grosse gebogene
Verschneidung

5.SL 4

Schuppe

V

x

4.SL 2

IV+

IV

Verschneidung Rampe

3.SL 3

III

x V+

2.SL 2

IV

Schuppe

IV+

IV

1.SL 3

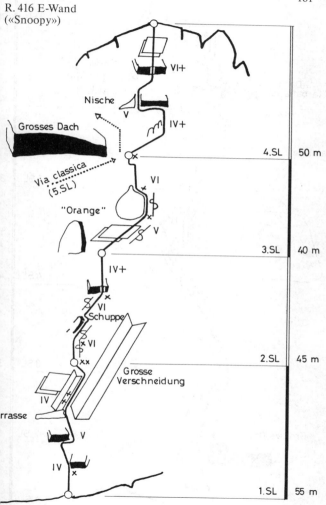

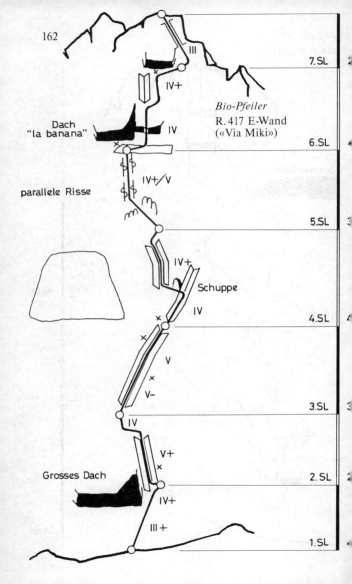

162

Bio-Pfeiler
R. 417 E-Wand
(«Via Miki»)

III — 7.SL

IV+

Dach
"la banana"
IV — 6.SL

parallele Risse
IV+/V

— 5.SL

IV+

Schuppe

IV

— 4.SL

V

V−

— 3.SL

IV

V+

Grosses Dach
— 2.SL

IV+

III+

— 1.SL

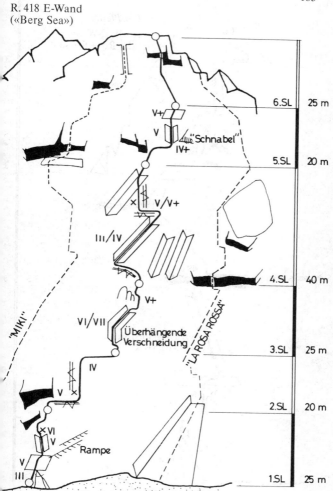

164

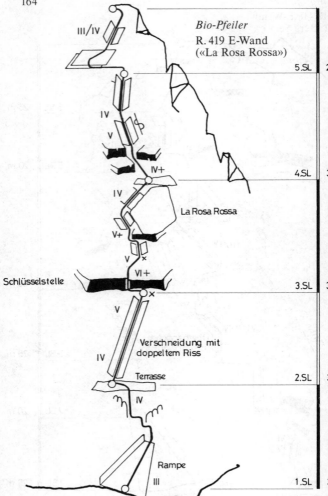

Bio-Pfeiler
R. 419 E-Wand
(«La Rosa Rossa»)

III/IV

5.SL

IV

V

IV+

4.SL

IV

La Rosa Rossa

V+

V ×

VI+

Schlüsselstelle

3.SL

×

V

Verschneidung mit
doppeltem Riss

IV

Terrasse

2.SL

IV

Rampe

III

1.SL

418 *E-Wand («Berg Sea»)*

VII. 3 Std. Technische Skizze S. 163.

Wandhöhe 150 m.
Giancarlo Grassi, R. Hyvernat und G. Patru, 6. August 1986.

419 *E-Wand («La Rosa Rossa»)*

VI+. 2 Std. Technische Skizze S. 164.

Wandhöhe 140 m.
Franco Giacomelli und Renata Rossi, 19. August 1985.

Pass di Caciadur, 2938 m

Jägerpass, der selten als Übergang zwischen Albigna und Forno benützt wird.

420 *Von der Capanna da l'Albigna*

EB. 2½ Std.

Von der Capanna da l'Albigna auf dem Pfad der Wasserleitung
entlang zum Tälchen zwischen der nördlichen Randmoräne
des Vadrec dal Cantun und den Felsen. Zuerst im Tälchen,
dann auf dem Moränenrücken aufwärts bis auf ca. 2700 m und
von dort zuerst in nordöstlicher und dann in östlicher Richtung gegen das Firnfeld unterhalb des Passes ansteigen und
über das Firnfeld auf den Pass.

421 *Von der Capanna del Forno*

EB. 2½ Std.

A. von Rydzewsky mit Christian Klucker, 9. Juli 1891.

Von der Capanna del Forno über den Vadrec del Forno zum
breiten Schnee- und Geröllcouloir, das sich vom P. 3034 (zwischen Pass di Caciadur und Pass da Casnil Sud) nach E zum
Vadrec del Forno hinunterzieht. Man folgt ein Stück weit diesem Couloir, dann wendet man sich nach links und steigt in
südwestlicher Richtung über einen Rücken gegen die Mulde
östlich des Passeinschnittes an. In dieser Mulde westwärts
zur felsigen Passlücke.

Caciadur, 3040 m

Gratgipfel zwischen dem Pass di Caciadur und Scälin.

422 *N-Grat*

WS. 3 Std.

Von der Capanna da l'Albigna auf R. 420 oder von der Capanna del Forno auf R. 421 zum Pass di Caciadur (2938 m). Vom Pass steigt man zuerst auf dem Schneefeld westlich des N-Grates, dann auf dem Grat selbst ohne Schwierigkeiten zum höchsten Punkt.

423 *S-Grat*

III. 3 Std.

Lohnende, kurze Kletterei.

Von der Capanna da l'Albigna auf R. 424 zur zweiten Gratlücke nördlich des Scälin. Von dieser Scharte zuerst über die scharfe Gratkante und dann ein kurzes Stück in der Wand auf der Albignaseite aufwärts und wieder zum Grat zurück. Weiter über ein Plattenbändchen zu einer kurzen Verschneidung auf der Fornoseite und über diese wieder zum Grat, der zum Gipfel führt.

Scälin, 3164 m

Hübscher Klettergipfel. Die Überschreitung des ganzen Grates vom Pass di Caciadur über Scälin zur Cima dal Cantun ist eine landschaftlich hervorragend schöne Tour ohne übermässige Schwierigkeiten.

424 *N-Grat*

III–. 3½–4 Std.

Schöne, teilweise exponierte Kletterei.
U. Canziani und C. Prochownick, Juli 1912.

Von der Capanna da l'Albigna auf dem Pfad der Wasserleitung entlang gegen den Pass di Caciadur. Dabei benützt man das Tälchen zwischen den Felsen und der nördlichen Randmoräne des Vadrec dal Cantun. Letzterer wird über seinem Abbruch auf ca. 2660 m nach S betreten. Dann steigt man zuerst südöstlich, dann östlich und durch ein kleines Couloir zur ersten Gratlücke nördlich des Scälin auf (2½–3 Std.). Von dieser

Piz Casnil von SE

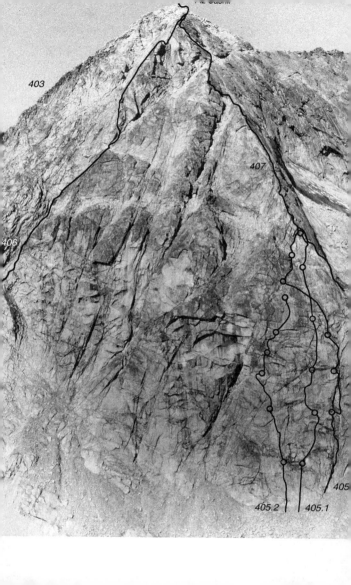

403

406

407

405

405.2 405.1

Lücke verfolgt man zuerst ein Band auf der Fornoseite des
Grates, klettert so bald wie möglich in die Höhe und gewinnt
ein zweites Felsband, das sich durch die E-Wand schräg aufwärts zieht und die Grathöhe unter dem Vorgipfel des Scälin
erreicht. Vom Vorgipfel unschwierig, mit einer Abweichung
auf der Fornoseite, über den Grat zum Gipfel (1 Std.).

425　*E-Grat*

III. 4 Std.

Kurze, abwechslungsreiche Kletterei. Interessanter Anstieg für die
Traversierung Scälin–Cima dal Cantun.
H. und W. Flaig, 19. August 1936.

Von der Capanna del Forno auf den Vadrec del Forno und dann
in südwestlicher Richtung auf die W-Seite des Gletschers. Man
steigt über Geröll, Schutt und Platten zum Firnfeld NE des
Scälin auf. Von dort gewinnt man den Grat und folgt diesem
bis zum Gipfel. Eine glatte Platte (IV) kann auf der N-Seite
umgangen werden.

426　*Von der Furcela dal Scälin über den SW-Grat*

III–. ½ Std.

Der Grat wird hauptsächlich bei der Überschreitung zur Cima dal
Cantun begangen.
U. Ganziani und C. Prochownick im Abstieg, Juli 1912.

Von der Furcela dal Scälin folgt man zuerst der scharfen Gratschneide, hält dann über einige Felsabsätze zuerst eher links,
dann rechts und erreicht den Gipfel ohne besondere Schwierigkeiten.

427　*W-Wand*

IV. 3 Std.

Schöne Wandkletterei, gutes Gestein.
Conradin Meuli, Toni Spinas und Gottlieb Zryd, 27. September 1969.

Zugang: Wie R. 428. Der Einstieg befindet sich in der Fallinie
des Gipfels. Gerade aufwärts bis zum markanten Überhang,
der rechts umgangen wird. Weiter durch die breite Verschneidung zum Gipfel.

428 *W-Wand des N-Gipfels*

V+, A0 und A1. 4–5 Std. Abb. S. 171.

Interessante, lohnende Kletterei in gutem Fels. Wandhöhe 230 m.
Alle notwendigen Haken stecken.
Martin Hunziker und Mario Pasini, 5. Oktober 1985.

Zugang und Einstieg: Von der Capanna da l'Albigna auf dem
Pfad der Wasserleitung entlang gegen den Pass di Caciadur.
Dabei benützt man das Tälchen zwischen den Felsen der nördlichen Randmoräne des Vadrec dal Cantun. Letzterer wird
über seinem Abbruch auf ca. 2660 m nach S betreten. Dann
steigt man in südwestlicher Richtung an den Fuss der W-Wand.
Der Einstieg befindet sich in der Fallinie des N-Gipfels auf
ca. 2930 m. (1½ Std.)

Routenverlauf:

1. SL: Über gestufte Felsen zu einer Verschneidung und durch
diese empor zu einem Stand in einer Nische (III–IV). 35 m.

2. SL: Schräg links aufwärts und anschliessend waagrechter
Quergang nach links (V) auf glatter Platte bis zum Beginn einer
Verschneidung. Durch diese aufwärts zu einem Stand einige
Meter unterhalb eines markanten, schwarzen Daches (IV+).
35 m.

3. SL: Nun klettert man bis unter das Dach, dann rechts um
die Kante (V, A0) zu einer steilen Platte mit Riss. Diesem folgt
man aufwärts zu einem Stand bei schmalen Bändern auf einer
Platte (V). 22 m.

4. SL: Weiter über die Platte bis zu einem Aufschwung. Querung rechts hinaus auf die Kante (IV). Dann gerade hinauf zu
Stand in einer grossen Nische (III). 22 m.

5. SL: Mit Trittschlinge über eine senkrechte Stufe auf ein
schräges Band (V+, A1). Über etwas leichtere Stufen gelangt
man zu einer Verschneidung (IV+). Mit Piaztechnik in der
Verschneidung hoch, sodann rechts haltend zu einem Stand
auf einem schmalen Band (V). 22 m.

6. SL: In der Verschneidung weiter, bis diese in eine glatte
Platte übergeht (V). Mit Hakenhilfe auf dieser ein paar Meter
empor (V+, A0). Dann heikler Quergang (VI) zu einer griffigen
Rinne. In dieser aufwärts zu geräumigem Stand (IV–V). 45 m.

7. SL: In leichtem Fels bis zu einem senkrechten Aufschwung
(III). Dann quert man an schräger Leiste (V–), bis man eine

grosse, abgespaltene Schuppe erklimmen kann (IV). Dann nach rechts zu Stand in grossen Blöcken. 20 m.

8. SL: Nun 6 m Quergang nach rechts (III) zu einem Haken. Dann gerade hinauf über gestufte Platten (IV+) und leicht rechts haltend zu Stand in einer Nische (IV). 35 m.

9. SL: Links um die Kante an einem Riss aufwärts (IV+), dann schräg links haltend in einem Kamin (III) aufwärts, bis eine überhängende Stufe den Weiterweg versperrt. Dort zieht man sich an Rissen empor (V) und wechselt dann nach rechts zu einem Parallelkamin (IV). Dieses verfolgt man bis zu einem Stand in einer grossen Nische. 25 m.

10. SL: Zuerst in einer Rinne weiter (II) und dann nach links in ein Kamin, das zum Nordgipfel führt (IV–). 15 m.

Furcela dal Scälin, 3100 m

Ausgangspunkt für den Südanstieg zum Scälin und den Nordostgrat der Cima dal Cantun. Wird als Übergang nicht mehr benützt. Da durch die Abschmelzung des Gletschers auf der Albignaseite steile, schuttbedeckte Platten blossgelegt wurden, wäre der Aufstieg von dieser Seite sehr gefährlich.

429 *Von der Capanna del Forno*

WS. 2 Std.

A. von Rydzewsky mit M. Barbaria und Ch. Klucker, 28. Juni 1892.

Von der Capanna del Forno auf den Vadrec del Forno und den Gletscher gegen P. 2556 querend, gelangt man an den Fuss des vom Scälin-E-Grat nach NE abfallenden Gletschers. Über diesen nach SW hinauf bis auf ca. 2800 m, dann quert man horizontal in südlicher Richtung in der E-Flanke des P. 2984 zum Bach, der vom Gletscher auf der SE-Seite des Scälin kommt. Nun auf der N-Seite des Baches aufwärts zum erwähnten Gletscher und auf diesem, am nördlichen Rand aufsteigend, zur Furcela dal Scälin.

Cima dal Cantun, 3354 m

Gletschergipfel mit imponierender, eisgepanzerter Nordwand.

Scälin W-Wand

Scälin Westwand

428

430   *Von der Capanna da l'Albigna über den Vadrec dal Castel Nord und den NW-Grat*

WS. 4½ Std. Abb. S. 187.

Gletscheraufstieg (recht viele Spalten im unteren Teil des Gletschers), Normalroute von der Albignaseite.

A. von Rydzewsky mit M. Barbaria und Ch. Klucker, 18. Juni 1891.

1. Winterbegehung: A. Bonacossa und E. Bontadini, 22. Dez. 1924.

Von der Capanna da l'Albigna auf dem nach Süden zum Stausee hinunterführenden Pfad zum vom Vadrec dal Cantun kommenden Bach, der überschritten wird. Nun den Schutthang in der Nordflanke der Punta da l'Albigna hinauf. Auf Pfadspuren unmittelbar unter den Plattenfluchten der Punta da l'Albigna (die tiefe, zum Stausee hinunterführende Schlucht kann nur ganz oben, direkt unter der Plattenwand, passiert werden) um die Punta da l'Albigna herum, oder durch die Lücke im W-Grat östlich P. 2623 auf die Südseite zur Moräne und auf den nördlichen Arm des Vadrec dal Castel Nord, den man genau südlich P. 2893 erreicht. Nun den Gletscher hinauf Richtung Passo dal Cantun. Auf ca. 3100 m nordwärts gegen den NW-Grat abbiegen, den man über einen Firnhang auf einem Schneesattel erreicht. Auf dem Firngrat in ¼ Std. zum Gipfel. Ist der zum NW-Grat führende Firnhang vereist, ist der Auf- bzw. Abstieg über den S-Grat (R. 431) zu empfehlen.

Ski. Rassige, hochalpine Skitour. Auf R. 451a auf den Vadrec dal Castel Nord und wie oben zum Gipfel.

431   *Vom Passo dal Cantun über den S-Grat*

WS, Fels II+. ½ Std. Abb. S. 187, 189.

Schöner Verbindungsgrat zur Cima di Castello (Nordgrat).

N. Rodio und R. Trümpler, 2. September 1908.

Vom Passo dal Cantun über P. 3348 ohne grössere Schwierigkeiten zum Gipfel. Die Gendarmen werden mit einer Ausnahme überklettert. Der Gratturm, der nicht überklettert werden kann, wird mit horizontaler Hangeltraverse auf der Fornoseite umgangen.

Der S-Grat kann von der Albignaseite her an verschiedenen Stellen erreicht werden.

431.1   *E-Wand des südlichen Vorgipfels P. 3348,* Nachtrag S. 500

432   *E-Flanke*

WS. 4 Std.

Für den Aufstieg nicht zu empfehlen, wohl aber für einen raschen Abstieg zum Vadrec del Forno, besonders wenn im Couloir noch Schnee liegt. A. von Rydzewsky mit M. Barbaria und Ch. Klucker, 18. Juni 1891 im Abstieg.

Von der Capanna del Forno über R. 265 auf die Gletscherterrasse in der Ostflanke der Cima dal Cantun. Über den im Spätsommer meistens stark verschrundeten Gletscher aufwärts, zwischen dem Absturz des Nordostgrates und den Felsköpfen südlich davon, hinauf zu einem Schutt- und Schneecouloir, das zum Sattel unmittelbar südlich des Gipfels führt.

433   *Von der Capanna del Forno über den NE-Grat*

ZS–. 4 Std. Abb. S. 177.

Schöner und empfehlenswerter Anstieg.
A. von Rydzewsky mit M. Barbaria und Ch. Klucker, 28. Juni 1892.

Von der Capanna del Forno auf R. 429 zur Furcela dal Scälin (3100 m). Nun folgt man dem NE-Grat über leichten Fels, eine Firnkante und wieder Fels zum Vorgipfel P. 3312. Das folgende Gratstück trägt eine Reihe von Türmen, die man überklettern oder auf der Albignaseite umgehen kann. Dann über den feingeschwungenen, scharfen Firngrat zum Gipfel.
(Man kann den Vorgipfel [P. 3312] auch über seine östliche Firnwand erreichen. Dazu wendet man sich schon etwas unterhalb der Furcela dal Scälin nach Süden, umgeht den Felsvorbau des NE-Grates und steigt zuerst in südwestlicher, dann westlicher Richtung über das steile Firnfeld zu den Felsen des Vorgipfels auf.)

433.1   *Von der Capanna da l'Albigna über den NE-Grat*

ZS–, Fels III–. 6 Std. Abb. S. 177.

Von der Capanna da l'Albigna auf R. 424 zum Scälin (3164 m). Abstieg auf R. 426 zur Furcela dal Scälin und auf R. 433 zum Gipfel.

434   *NW-Wand («Placca scura») zum Vorgipfel P. 3312 und über den NE-Grat*

V–, eine Stelle VI. 5–6 Std.

Die Route führt über die dunklen Platten aus gutem Fels etwa 100 m
links des Couloirs «Fiammifero» (R. 435) zum Vorgipfel.
G. Benedum, G. Manca und M. Marzorati, 3. August 1986.

Zugang und Einstieg: Von der Capanna da l'Albigna auf R. 437
bis auf die Firnterrasse unterhalb der N-Wand der Cima dal
Cantun. Der Einstieg befindet sich ungefähr 100 m links des
Couloirs «Fiammifero».

Routenverlauf: Von den obersten Spalten steil (55°- 60°)
zum tiefsten Punkt eines kleinen Felssporns. Über den
Sporn durch einen auffälligen Riss (V+), dann über Platten
aufwärts (IV). Weiter über schräge, kleine Verschneidungen
bis unter einen Überhang (IV). Zuerst links, dann direkt über
eine abschüssige Platte zu einem Stand auf einer grossen
Schuppe (IV+). Vorsichtig nach links queren (V+), dann durch
einen Riss empor und über eine kompakte Platte (V-) zu einem
Überhang, den man durch einen Riss überwindet (VI). Nun
über leichtere Platten immer gerade aufwärts bis zum gelben
Überhang, den man links umgeht und so auf den Grat, der
zum höchsten Punkt führt, gelangt.

435   *NW-Couloir zum Vorgipfel P. 3312 und über den NE-Grat*
       («Via del Fiammifero»)

Steileiskletterei –75°, Fels IV. 5–6 Std. Abb. S. 177.

Die Route führt durch das tief eingeschnittene, sehr enge, gradlinige
Eiscouloir, das vom charakteristischen Felszahn des Vorgipfels auf den
Vadrec dal Cantun abfällt. Wegen der besonderen Form des Couloirs,
das in Verbindung mit dem markanten Felszahn wie ein Zündholz
(Fiammifero) aussieht, wird die Route «Via del Fiammifero» benannt.
D. Bianchi, F. Castelnovo, F. Giacomelli, N. Riva, Renata Rossi und
G. Rusconi, 6. Juli 1980.

Zugang und Einstieg: Von der Capanna da l'Albigna auf R. 437
bis auf die Firnterrasse unterhalb der Nordwand der Cima dal
Cantun, nördlich der Felsrippe, die vom Vorgipfel, P. 3312,
herunterkommt. Man bemerkt nun auf der N-Seite dieser Rippe zwei sehr enge Couloirs.

Der Aufstieg erfolgt durch das linke, tief eingefressene und
von zwei Granitwänden eingefasste Couloir, dessen Mündung
nach Querung des Gletschers erreicht wird (2½ Std.).

Routenverlauf: Nach Überwindung des Bergschrundes rund
100 m zur ersten Verengung aufsteigen (50–55°). Diese wird

direkt erklettert (50 m, 70–75°). Weitere zwei SL im Eis-
schlauch bis zum zweiten Engpass (70°), der etwas links überwunden wird. Noch zwei SL (60°) bis zu den Gipfelfelsen. Linker Hand über diese hinauf (IV, 1 H) und über den Schlusshang
(60°, dann 55°) zum P. 3312. Weiter über den NE-Grat, der eine
Reihe von Türmen trägt, die man überklettern oder auf der
Albignaseite umgehen kann. Dann über den feingeschwungenen, scharfen Firngrat zum Gipfel.

436 *NW-Wand zum Vorgipfel P. 3312 und über den NE-Grat*
S. 5 Std. Abb. S. 177.

Steiler Anstieg über Schnee, Eis und Felsen. Neigung stellenweise
50–55°.
Franco Giacomelli und Renata Rossi, 8. Juli 1979.

Zugang und Einstieg: Von der Capanna da l'Albigna auf R. 437
bis auf die Firnterrasse unterhalb der N-Wand der Cima dal
Cantun.
Routenverlauf: Der Anstieg beginnt beim Firnrücken rechts
des markanten NW-Couloirs «Fiammifero». Nach Überwindung der ersten Steilstufe steigt man über Schnee und Eis
ungefähr in der Fallinie auf. Im oberen Teil führen Felsen zu
P. 3312. Weiter wie bei R. 435 über den NE-Grat zum Gipfel.

437 *N-Wand*
S. 5–6 Std. Abb. S. 177.

Klassische, sehr schöne Eistour. Wandhöhe 300 m, Neigung 50–55°.
Ch. Godet und H. Rütter, 18. August 1912.
1. Abfahrt mit Ski: H. Holzer, 10. Juni 1976.

Zugang und Einstieg: Von der Capanna da l'Albigna auf dem
Pfad der Wasserleitung entlang gegen den Pass di Caciadur.
Dabei benützt man das Tälchen zwischen der nördlichen
Randmoräne des Vadrec dal Cantun und den Felsen. Oberhalb
des Abbruches, auf ca. 2700 m, quert man auf den Gletscher
und, über diesen zuerst nach Südosten, dann nach Süden aufsteigend, gelangt man an den Fuss der N-Wand. Der Einstieg
erfolgt je nach den Verhältnissen am Bergschrund ungefähr
in der Fallinie des Gipfels (2½ Std.).

Routenverlauf: Man kann links oder rechts des Felssporns
in der Mitte aufsteigen; der obere Teil auf der linken Seite ist

das steilste Stück. Man gelangt so entweder wenig unterhalb des Gipfels auf den NE-Grat oder, wenn man rechts bleibt, auf den NW-Grat. Je nach den Wächten am NE- und NW-Grat empfiehlt es sich, nach rechts oder links zu halten.

438 *NNE-Wand und NW-Grat*

V+. 7–8 Std. Abb. S. 177.

Interessante, kombinierte Wand-Route, die zuletzt über den lohnen-den obersten Teil des NW-Grates zum Gipfel führt.
Andreas Schmid mit Hans Müller, 24. Juli 1980.

Zugang und Einstieg: Von der Capanna da l'Albigna auf R. 437 in den obersten Gletscherkessel und an den Fuss des west-lichen Teils der N-Wand (3 Std.). Nach Überwindung des Berg-schrunds steigt man 3–4 Seillängen in der steilen Firnwand aufwärts zur kompakten, rötlich-hellen Felswand. Der Einstieg erfolgt in der Mitte der Wand.

Routenverlauf:
1. SL: Über Platten ca. 10 m leicht links haltend aufwärts an 2 H vorbei und dann etwas rechts weiter zu einem Rechts-quergang (sehr schwierig, Sicherung mit Kk, ca. 18 m). Zuerst Hangeltraverse, leicht abwärts, dann auf einem Band weiter zur Verschneidung. Dieser entlang aufwärts zu sehr gutem Stand (V+). Ca. 40 m.
2. SL: Die Route führt nun in der Verschneidung weiter zu gutem Stand (H entfernt, IV). Ca. 25 m.
3. SL: Die Verschneidung wird weiter verfolgt (1 H) bis zu einer schönen, sich von links nach rechts hinaufziehenden Rampe. Diese wird bis zu ihrem Ende begangen (H mitten in der Ram-pe). Nun auf einem schmalen Band abwärts und auf horizon-talen Stufen ca. 8 m nach rechts queren. Weiter den markanten, sichelförmigen Riss verfolgen und über Überhänge und Risse auf den NW-Grat (V). Ca. 40 m.
Der Weiterweg folgt R. 439. Dabei wird der Grat mehr oder weniger über die Gratschneide begangen.

439 *NW-Grat*

III+. 10 Std. Abb. S. 177.

Langer, selten begangener Grat; teilweise brüchiger Fels.
A. Michel, A. Pfister und P. Schucan, 21. August 1910.

Cima dal Cantun von N

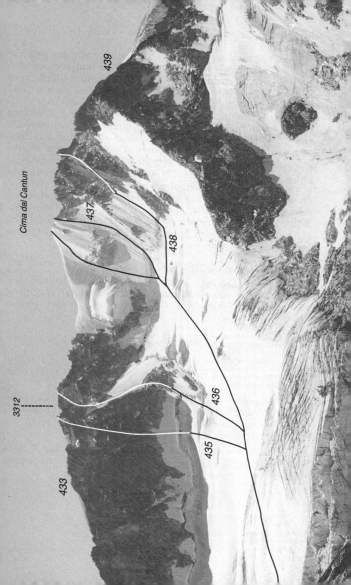

Cima dal Cantun

3312

439

433

437

438

436

435

Von der Capanna da l'Albigna kurz nach S absteigen und auf horizontalem Weg zum vom Vadrec dal Cantun kommenden Bach und südwärts über Schutt, Schneereste und Blöcke zum Sattel zwischen Punta da l'Albigna und P. 2893 im NW-Grat der Cima dal Cantun (Bocchetta della Punta da l'Albigna). Von hier aus wird der lange, zackige Grat über P. 2893 und P. 3117 bis zum Gipfel verfolgt. Der Grat kann auch über die von P. 3117 nach Norden abfallende Rippe oder über den Firnhang östlich davon erreicht werden. Die schwierigen und interessanten Partien folgen erst oberhalb des Vereinigungspunktes der Rippe mit dem NW-Grat. Nach einer durch Abseilen zu erreichenden Scharte wird der Grat schmal und sehr ausgesetzt. Er ist flankiert von senkrechten Granitwänden und führt zu einer von Westen aufsteigenden kurzen Gratrippe. Nun über leichtere Felsen, wobei zwei Gratürme auf der S-Seite umgangen werden, zum kurzen Firngrat und zum Gipfel.

Passo dal Cantun, ca. 3260 m

Ohne Höhenangabe auf der LK. Firnübergang im Verbindungsgrat Cima di Castello - Cima dal Cantun, ca. 100 m nördlich P. 3265. Dient vorwiegend als Ausgangspunkt für die Besteigung der beiden Gipfel und nicht als Übergang Albigna–Forno.

440   *Von der Capanna da l'Albigna*

WS. 3½ Std. Abb. S. 187.

Gletscheraufstieg, der bei starker Verschrundung schwierig sein kann.
A. von Rydzewsky mit A. Dandrea und Ch. Klucker, 16. Juli 1895.

Von der Capanna da l'Albigna auf R. 451 zu den obersten Hängen des Vadrec dal Castel Nord, dann in östlicher bis südöstlicher Richtung zum Fuss des Übergangs. Nun über einen kurzen, steilen Schneehang zum Pass.

Ski. Bei sehr sicheren Verhältnissen kann man auf R. 451a zum Vadrec dal Castel Nord aufsteigen. Rassige, interessante Abfahrt.

441   *Von der Capanna del Forno*

WS. 3½ Std. Abb. S. 189.

Interessanter Gletscheraufstieg.

Von der Capanna del Forno auf R. 265 zu den Firnhängen in der Ostflanke des Castello-Cantun Massivs. Den Felsriegel P. 3079 nördlich lassend, steigt man westwärts gegen den tiefsten Punkt der Wasserscheide an und gewinnt die Senke durch ein kurzes Schneecouloir.

Ski. Übliche Skiroute zur Cima di Castello und zur Cima dal Cantun. Gefährliche Triebschneeansammlungen im letzten Steilhang beachten!

Bocchetta della Punta da l'Albigna

Ohne Namen und Höhenangabe auf der LK. Sattel zwischen der Punta da l'Albigna (2824 m) und P. 2893 im NW-Grat der Cima dal Cantun. Die Beschreibung erfolgt bei den die Bocchetta berührenden Routen.

Punta da l'Albigna, 2824 m

Von der Capanna da l'Albigna aus besonders schöner, pyramidenförmiger Felsturm, der den NW-Grat der Cima dal Cantun abschliesst. Ein kurzer SE-Grat fällt zum Sattel vor dem ersten Aufschwung des NW-Grates der Cima dal Cantun ab, der mit Bocchetta della Punta da l'Albigna bezeichnet wird.

442   *Über die Bocchetta della Punta da l'Albigna und die W-Flanke*

III. 3 Std. Abb. S. 151.

Normalroute.

Von der Capanna da l'Albigna kurz nach S absteigen und auf horizontalem Weg zum vom Vadrec dal Cantun kommenden Bach und südwärts über Schutt, Schneereste und Blöcke zum Sattel zwischen der Punta da l'Albigna und P. 2893 im NW-Grat der Cima dal Cantun (Bocchetta della Punta da l'Albigna). Man überschreitet den Sattel und quert auf der Südflanke ziemlich horizontal über Blöcke und ein Grasband zum W-Grat, passiert ihn durch eine enge Scharte, die den Zugang zu einem engen, 4–5 m hohen Kamin öffnet. Durch das Kamin hinauf und, immer links der Schneide bleibend, zum Gipfel. *Abstieg:* Vom Gipfel südwärts durch eine leichte Rinne abwärts auf ein kleines, grasiges Bändchen. Am westlichen Ende befindet sich eine Abseilstelle. 18 m abseilen auf das Grasband, das nach E zur Bocchetta della Punta da l'Albigna führt.

443 *W-Grat*

IV. 3½ Std. Abb. S. 183.

Kurze, aber schöne Kletterei in festem Fels.
Erstbegeher unbekannt.

Zugang: Auf R. 430 auf die S-Seite des W-Grates und zum Grassattel östlich P. 2623 (1½ Std.).

Routenverlauf: Südlich des ersten überhängenden Aufschwunges klettert man über Gras und Platten auf die Kante, quert einige Meter nach links in die NW-Flanke und erreicht über einen Absatz und feingriffige Platten (H) den Fuss des markanten, von der Hütte aus gut sichtbaren Gratturmes. Man erklettert ihn über die Kante und seilt sich von seiner Spitze 20 m in die Scharte ab (den Turm kann man auch auf seiner N-Seite auf schmalen Leisten (H) umgehen). Nun über den Grat und schöne Platten zum Gipfel.

444 *NW-Grat*

III, eine Stelle IV. 3 Std. Abb. S. 183.

Schöne Kletterei in gutem Fels.
K. Mersiovky und H. Perret, 15. Juli 1943.

Von der Capanna da l'Albigna kurz nach S absteigen und auf horizontalem Weg in südöstlicher Richtung zum vom Vadrec dal Cantun kommenden Bach. Auf ca. 2300 m über den Bach und über einen Moränenrücken an den Vorbau des N-Grates. Über glattgeschliffene Platten horizontal nach rechts auf der kleinen Gletscher zwischen dem N- und dem NW-Grat. Über diesen diagonal nach rechts zum scharf eingeschnittenen Sattel des NW-Grates. Vom Sattel auf einem Schutt- oder Schneeband rechts um den ersten Aufschwung herum zu einem Couloir. Rechts davon einige Meter empor und rechts haltend über Platten und eine runde Kante (IV, H) zu Stand am eigentlichen NW-Grat. Nun in schöner, steiler Kletterei (III+), immer nahe der Kante, zum Vorgipfel. Exponierter, aber un schwieriger Übergang vom Vor- zum Hauptgipfel.

445 *W-Pfeiler*

V–. 5 Std. Abb. S. 183.

Interessanter, steinschlagsicherer Anstieg.
Jacqueline Paul mit Gottlieb Zryd, 21. August 1968.

Zugang und Einstieg: Auf R. 446 an den Fuss des NW-Pfeilers und weiter, in südlicher Richtung ansteigend, zum Einstieg bei einer dreieckigen, kompakten Granitplatte.

Routenverlauf: Über die Platte aufwärts. Später durch eine kaminartige Verschneidung (H) und etwas rechts haltend über Risse und Verschneidungen aufwärts zur eigentlichen Kante. Der weitere Anstieg bietet bedeutend weniger Schwierigkeiten mit Ausnahme einer glatten Verschneidung, durch die man am Schluss des W-Pfeilers zur R. 446 gelangt.

446 *NW-Pfeiler (Steiger-Route)*

V+. 5 Std. Abb. S. 183.

Schwierige, interessante Route. Der Pfeiler führt durch die NW-Wand zum NW-Grat.

Gaby und Geny Steiger, 26. Juli 1962.

Zugang und Einstieg: Von der Capanna da l'Albigna kurz nach S absteigen und auf horizontalem Weg in südöstlicher Richtung bis zum vom Vadrec dal Cantun kommenden Bach. Auf ca. 2300 m über den Bach und, ungefähr auf gleicher Höhe bleibend, zum Fuss der NW-Wand. Einstieg 80 m rechts (W) der ausgeprägten Steinschlagrinne, die die NW-Wand durchzieht, am tiefsten Punkt des Pfeilers (½ Std.).

Routenverlauf: Zwei Seillängen in der Fallinie über Platten auf einen Kopf rechts einer kleinen Rinne. Nach weiteren 12 m Stand auf einer Schutt- und Grasterrasse. Dann über grosse Blöcke auf eine Art Grat, immer in Richtung des gelben Zahns, senkrecht über der Route (von unten gut sichtbar). Nach etwa 25 m abdrängende Stufe, 8 m höher wieder Stand. Über wenig steile Schrofen aufwärts, bis man die Rinne nach links queren kann. Durch eine Platte schräg links empor auf die Pfeilerkante. Nun von hier senkrecht über die Kante hinauf bis zu grossem Standplatz und weiter eine Seillänge über eine Platte zu einem Stand (V) und 25 m durch eine Verschneidung zu gutem Stand. Senkrecht über eine steile Platte (V+) bis zu einem Haken und dann leicht nach links zur Kante (Stand rechts in der Nische). Nächste Seillänge links der Nische gerade hinauf über eine steile Platte mit Rissen und wieder kurz nach rechts auf die Kante zu Stand (V). Weiter über den Pfeiler links des gelben Zahns bis zu einem Stand in der Platte. Senkrecht empor, über den Weg versperrende grosse Blöcke, auf

den Pfeilerkopf. Der nun ansetzende waagrechte Grat wird bis
zur Scharte links des Gratturms verfolgt. An diesem über eine
Platte und eine schräg hochziehende Rampe in die nächste
Scharte. Von dieser über den NW-Grat, R. 444, zum Gipfel.

447 *NW-Wand (Meuli-Route)*

IV. 5 Std. Abb. S. 183.

Sehr lohnende Kletterei über Platten und schöne Felstürme.
Konrad Freund, Hans Gschwend und Conradin Meuli, 16. Sept. 1961.

Zugang und Einstieg: Von der Capanna da l'Albigna kurz nach S
absteigen und auf horizontalem Weg in südöstlicher Richtung
bis zum vom Vadrec dal Cantun kommenden Bach. Auf ca. 2300
m über den Bach und, ungefähr auf gleicher Höhe bleibend,
zum Fuss der NW-Wand. Der Einstieg erfolgt östlich der ausgeprägten Steinschlagrinne, die die NW-Wand durchzieht, an der
linken (unteren) ca. 60 m langen grünlichen Platte. Die rechte
(obere) Platte ist dem Steinschlag ausgesetzt.

Routenverlauf: Über die Platte in feingriffiger Kletterei zwei SL
gerade aufwärts, dann durch seichte Rinnen auf leichtere, geneigte Platten. Über diese empor, dann durch eine steile, s-för-
mig geschwungene Verschneidung zu einem Stand am Anfang
einer Platte unter braunen Überhängen. Nun die Platte 40 m diagonal nach links hoch queren zu Stand auf einer Kanzel. Vom
Stand 6—7 m über eine Rampe nach rechts ansteigend in einen
steilen Riss. Dann zwei SL gerade hinauf auf ein horizontales
Grätchen. Dieses führt in ein schluchtartiges Kamin, das man
leicht bis auf den Grat verfolgt. In schöner Kletterei kann man
die folgenden Grattürme überschreiten oder auf dem kleinen
Gletscher auf der E-Seite bis zum markanten Sattel im NW-Grat
umgehen. Weiter auf R. 444 zum Gipfel.

447.1 *NW-Wand («Moderne Zeiten»),* Nachtrag S. 500.

448 *Durch die Nordflanke*

III—. 3 Std.

Route der Erstbesteiger. Steinschlägig; wird nicht mehr begangen.
J. Cottinelli und P. Schucan, 22. August 1910.

Man steigt auf R. 442 bis ca. 30 m unterhalb die Bocchetta
della Punta da l'Albigna auf. Hier Einstieg in die Wand direkt
westlich; anfangs über gutgriffige, dann über sehr steile Felsen
auf eine kleine vorspringende Schulter im NNE-Grat. Hier

Punta da l'Albigna von NW

Einstieg in ein Couloir, welches die ganze Flanke des Berges bis zum Gipfel durchreisst. Zuoberst in kurzem Quergang aus dem Couloir nach rechts hinaus und nun leicht zu den drei Gipfelzacken.

448a *Variante*

H. Rütter und A. Zuan, 12. August 1919.

Auf R. 444 auf den kleinen Gletscher zwischen dem N- und NW-Grat. Über ein steiles Firnfeld gelangt man zum N-Grat und über Felsstufen zum Gipfelcouloir. In diesem (lose Blöcke) wie bei R. 448 zum Gipfel.

449 *SE-Grat*

IV–. 3 Std.

Exponierte, kurze Kletterei. Selten begangen.
Alfred Sommer, 6. September 1928.

Von der Capanna da l'Albigna auf R. 442 zur Bocchetta della Punta da l'Albigna.
Der Einstieg erfolgt bei der Platte mit einem Riss, der nach links führt. Weiter oben müssen zwei Plattenkeile, die vom Grat abstehen, überwunden werden. Nun weiter links in einem Riss, der oben spärliche Griffe bietet, sehr exponiert hinauf bis unter einen losen Block. Schwierig und exponiert wird dieser überklettert. Nun weiter über den Grat und zuletzt in einer Rinne zum Gipfel.

450 *Von S*

III+. 4 Std.

Langer Anmarsch, selten begangen.
K. Baer mit E. Brantschen, im Abstieg, 7. September 1934.

Von der Capanna da l'Albigna auf R. 430 auf die S-Seite der Punta da l'Albigna. Der Aufstieg erfolgt über die steilen Felsen der S-Flanke und bietet schöne, mittelschwere Kletterei.

Cima di Castello, 3388 m

Dieser schöne Gipfel, Kulminationspunkt der südlichen Bergeller Berge, fällt nach E und S in schroffen Wänden ab. Nach W ziehen sanfte Firnhänge zum Vadrec da l'Albigna hinunter. Die Cima di Ca-

stello dominiert die drei Talschaften von Forno, Albigna und Zocca.
Die S-Wand ermöglicht interessante und schwierige Kletterfahrten,
und die Gletscher laden zu dankbaren Skitouren ein.

451 *Von der Capanna da l'Albigna über den Vadrec dal Castel
Nord und den W-Grat*

WS. 5 Std. Abb. S. 187.

Abwechslungsreiche Gletschertour. Normalroute von der Albignaseite.

Von der Capanna da l'Albigna auf dem nach Süden zum Stausee hinunterführenden Pfad zum vom Vadrec dal Cantun kommenden Bach, der überschritten wird. Nun den Schutthang
in der Nordflanke der Punta da l'Albigna hinauf. Auf Pfadspuren unmittelbar unter den Plattenfluchten der Punta da
l'Albigna (die tiefe, zum Stausee hinunterführende Schlucht
kann nur ganz oben, direkt unter der Plattenwand, passiert
werden) um die Punta da l'Albigna herum auf die Südseite zur
Moräne und auf den nördlichen Arm des Vadrec dal Castel
Nord, den man genau südlich P. 2893 erreicht. Nun in südöstlicher Richtung über den Gletscher zur Bocchetta dal Castel
(3106 m). Man überschreitet die Bocchetta zum Vadrec dal
Castel Sud und steigt ostsüdostwärts zu einer Schulter am
Fusse der Firnhaube auf. Über den Firnrücken des Westgrates
zum Gipfel.

451a *Variante*

Man kann vom Vadrec da l'Albigna, nördlich von P. 2280, in die
Geröllmulde eines fast ganz abgeschmolzenen Gletscherarmes
einschwenken und erreicht in mühsamem Aufstieg, erst ostwärts, dann nordostwärts, den Moränenhang südlich der Punta da
l'Albigna und R. 451. Diese Variante kommt nur bei Schneebe-
deckung in Frage, sonst mühselige Schinderei über die Moräne.
Ski. Bei sicheren Verhältnissen interessante und lohnende
Skiroute.

451b *Variante*

Sofern der enorme Bergschrund überwunden werden kann,
bietet der direkte Aufstieg durch die NW-Wand keine beson-

deren Schwierigkeiten. Nur bei guten Schneeverhältnissen zu empfehlen.

A. und E. Bonacossa, 7. Juli 1928.

452 *Von der Capanna da l'Albigna über den Vadrec dal Castel Sud und den W-Grat*

WS. 5 Std. Abb. S. 187.

Skiroute. Im Sommer ist dieser Aufstieg wegen des starken Rückzugs des Vadrec dal Castel Sud nicht zu empfehlen.

G. Kuhfahl, H. Sattler und O. Schuster, 8. August 1904.

Von der Capanna da l'Albigna auf dem nach Süden zum Stausee hinunterführenden Pfad zum Gletscherbach, der vom Vadrec dal Cantun herunterkommt. Nach der Überquerung des Bachs gelangt man auf die Geröll- und Blockhalden auf der N- und NW-Seite der Punta da l'Albigna und erreicht bald einen zum Teil in die Felsen gesprengten und mit Drahtseil gesicherten Pfad (Achtung Steinschlag). Den genannten Felspfad und den durch Geröll führenden Weg verfolgend, erreicht man die grosse, östliche Seitenmoräne des Vadrec da l'Albigna und schliesslich den Gletscher selber. Zuerst steigt man in der Mitte des Gletschers auf, hält dann nach links (SE), in Richtung Passo di Zocca, des tiefsten Einschnittes nordöstlich des Pizzo di Zocca. Kurz vor dem Aufschwung zum Passo di Zocca steil nach E hinauf und über die Firnhänge des Vadrec dal Castel Sud zur Bocchetta dal Castel und weiter ostsüdostwärts zu einer Schulter am Fuss der Firnhaube. Über den Firnrücken des Westgrates zum Gipfel.

Ski. Sehr lohnende, hochalpine Skitour mit schöner Abfahrt Skidepot am Fuss der Firnhaube.

452a *Vom Castel über den W-Grat*

III. 3 Std.

Fels- und Schneegrat.
U. Canziani und C. Prochownick, Juli 1912.

Vom Castel (2924 m) auf R. 466 zur Bocchetta dal Castel (3106 m). Dann ostsüdostwärts zu einer Schulter am Fuss der Firnhaube und über den Firnrücken des W-Grates zum Gipfel.

Cima dal Cantun und Cima di Castello von NW

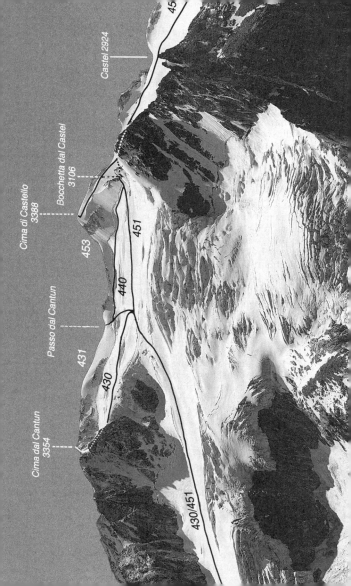

Castel 2924

45

Bocchetta dal Castel
3106

Cima di Castello
3388

453

451

440

Passo dal Cantun

431

430

Cima dal Cantun
3354

430/451

453   *Von der Capanna del Forno über den N-Grat*

ZS–. 4–5 Std. Abb. S. 187, 189.

Sehr schöner Aufstieg. Normalroute von der Fornoseite.
D. W. Freshfield und C. C. Tucker mit François Dévouassoud und Alexander Flury, 31. Juli 1866.

Von der Capanna del Forno auf den Gletscher hinunter und
auf diesem südwärts, bis man den von P. 3312 (im NE-Grat der
Cima dal Cantun) nach E abfallenden Felsriegel passiert hat
Unmittelbar unter den Felsen über Moränenschutt auf die
weite, mässig geneigte Gletscherterrasse. Südwestwärts an dem
Fuss der E-Wand der Cima di Castello. An deren Nordseite
führt ein steiles Couloir zur Wasserscheide Albigna–Forno
hinauf. Durch das Couloir zur Schulter am Fuss des N-Grat-
Steilaufschwungs. Das Couloir ist gelegentlich steinschlägig,
so dass man besser rechts, nördlich, in die gut gestuften Felsen
einsteigt, wobei man den Grat zwischen der Schulter und dem
Passo dal Cantun erreicht. Einen kleinen Gratturm westlich
umgehen, südwärts zur Schulter, dann über den felsigen Aufschwung des Nordgrates zur Firnhaube des Gipfels.

Ski.   Übliche Route von der Capanna del Forno: Auf R. 441
zum Passo dal Cantun. Von hier nach kurzer, zu Beginn recht
steiler Abfahrt nach SW zur Bocchetta dal Castel (3106 m).
Nun südwärts ausholen und empor zu einer Schulter am Fuss
der Firnhaube (Skidepot). Über den Firnrücken des W-Grates
zum Gipfel.
Die R. 452 und 453 lassen sich auch sehr gut bei einem beabsichtigten Wechsel vom Forno- ins Albignagebiet oder umge-
kehrt miteinander verbinden. Den jeweiligen Anschluss vermittelt die Abfahrt bzw. der Aufstieg zwischen Passo dal Cantun und Bocchetta dal Castel.

454   *Von der Capanna da l'Albigna über den N-Grat*

ZS–. 5 Std. Abb. S. 187.

Variante zum Normalaufstieg, steiler und exponierter.

Von der Capanna da l'Albigna auf R. 440 zum Passo dal Cantun und über den N-Grat zur Schulter am Fuss des N-Grat
Steilaufschwungs (ein kleiner Gratturm wird westlich umgangen). Weiter über den felsigen Aufschwung zur Firnhaube
des Gipfels.

Punta Rasica – Cima di Castello – Cima dal Cantun von

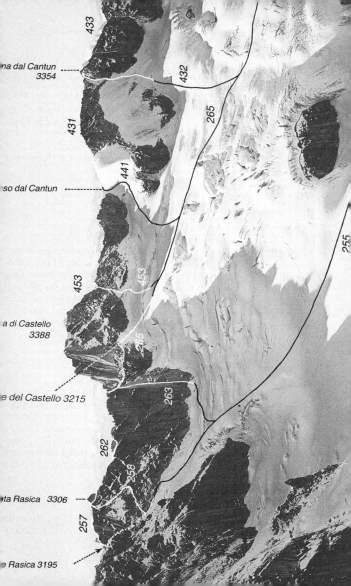

433

na dal Cantun
3354

432

265

431

441

so dal Cantun

453

453

a di Castello
3388

265

255

e del Castello 3215

263

262

258

ta Rasica 3306

257

e Rasica 3195

455 *E-Wand*

III. 4½ Std.

Nicht empfehlenswert. Zum Teil brüchiges, unsicheres Gestein.
Hans Curtius mit Christian Klucker und P. Zuan, 10. September 1902.

Auf R. 453 zum Couloir, das zur Schulter am Fuss des N-Grat-Steilaufschwungs führt. Ungefähr auf halber Höhe des Couloirs quert man nach links auf ein Felsband hinaus, das sich von N nach S schräg aufwärts durch die E-Wand zieht und südlich des Gipfels ausmündet. Das Band wird unschwierig verfolgt und der Gipfel von S her erreicht.

456 *E-Wandcouloir*

III. 2½ Std. vom Colle del Castello.

Steinschlägig, nicht mehr gebräuchliche Route.
A. von Rydzewsky mit Christian Klucker und Emile Rey, 12. Juni 1893.

Vom Colle del Castello in nordwestlicher Richtung an den Fuss der felsigen E-Wand. Von der Capanna del Forno kommend, hält man, je nach den Verhältnissen beim Bergschrund, schon etwas unterhalb des Colle nach rechts und steigt dann diagonal von links nach rechts (im Sinne des Aufstiegs) zum grossen Couloir, das beinahe die ganze E-Wand durchzieht. Im Couloir empor zum SSE-Grat und über diesen zum Gipfel.

457 *SSE-Grat*

IV, eine Stelle V–. 1½–2 Std. vom Colle del Castello. Abb. S. 193

Schöner, sicherer Aufstieg, empfehlenswert.
A. Bonacossa, V. Bramani und E. Fasana, 7. Juli 1924.

Vom Colle del Castello auf einem schmalen Schutt- und Felsband in der S-Flanke leicht abwärts zu einem etwa 60 m hohen engen Kamin. Es führt neben dem Grat hinauf zu einer kleinen Schulter (V–). Dann weiter über den Grat bis unter die Gipfelfelsen. Hier weicht man auf die N-Seite aus, steigt über einige Bänder auf, gewinnt wieder den Grat und über diesen den felsigen S-Gipfel und die Firnhaube.

457a *Direktere, schwierigere Variante*

Vom Colle del Castello direkt über eine Platte und Risse an den Fuss eines gut sichtbaren Kamins, durch das man hinauf stemmt und über Risse zu einem grossen Standplatz gelangt. Von hier auf kleinen Bändern nach rechts um die Ecke, dann an Platten mit Rissen schräg rechts aufwärts und weiter nach rechts queren. In einer Verschneidung schwierig einige Meter empor und an Rissen und über Platten auf den Grataufbau und von dort über den Grat weiter wie bei R. 457.

458 *S-Wand («Via diretta»)*

VI. 9 Std. Abb. S. 193.

Sehr schöne und sehr schwierige Route. Weitgehend Freikletterei. Wandhöhe ca. 350 m.

B. Corti und R. Osio, 25. Juli 1954.

Zugang und Einstieg: Von der Capanna Allievi auf R. 266 aufwärts gegen den Colle del Castello. Ungefähr 80 m unterhalb des Passes quert man auf Bändern nach links an den Wandfuss.

Routenverlauf: Über gestufte Felsen steigt man bis auf die Höhe des Passes auf. Nun 20 m durch Risse aufwärts (VI) zu einem grossen H. Einige Meter weiter zu einem Stand auf schmalem Band. Vom Bändchen spreizend nach rechts hinauf zu H und weiter zu einem Kamin. Von diesem wieder nach links zu einer eingesteckten Platte und zu sehr gutem Stand darüber. Vom Stand 5 m durch ein Kamin gerade empor zu H, dann Traverse nach links bis zu einem guten Stand. Eine SL an einem Riss gerade aufwärts zu Stand. Nun nach rechts über eine sehr schwierig scheinende Wand, die sich aber gut erklettern lässt (V-) bis zu einem H. Von diesem nach links zu einem Kamin. Im Kamin in herrlicher Freikletterei zwei SL aufwärts zu einer kleinen Terrasse (Stand). Ein Kamin und Risse führen zum Gipfel.

459 *S-Wand, Zentralpfeiler («Via della Speranza»)*

VI, A3. 12–16 Std. Abb. S. 193.

Ausserordentlich schwierige Kletterroute mit sehr viel Freikletterei in gutem Fels. Wandhöhe ca. 350 m.

N. A. J. Rogers und I. Roper, 8.–9. August 1969.

Zugang und Einstieg: Von der Capanna Allievi auf R. 266 nicht ganz bis zum Beginn des zum Colle del Castello führenden Couloirs. Einstieg auf der linken Seite des Pfeilerfusses bei einem grossen, blockartigen Vorbau.

Cima di Castello
R. 460 S-Wand
(«Tschechoslowakische
Route»)
R. 461 S-Wand
(Linke Verschneidung)

Cima di Castello

Cima di Castello von S

Routenverlauf: Links des Blockes durch eine Verschneidung
25 m empor auf ein Band (V). Nun Querung nach rechts; die
ersten 20 m über eine Einbuchtung führen zu einem Überhang. Dieser wird an einer eingesteckten Platte nach rechts
hinauf überwunden. Weiter nach rechts zu einem Stand auf
einem Bändchen (V+). Nochmals nach rechts über ein glattes
Wändchen hinauf (H) und über einen senkrechten Absatz zu
einer Rampe (V und VI). Über diese aufwärts zu einem engen
Riss und an diesem hinauf zu einer eingesteckten Felsplatte
(Stand, H). Nun einem Riss nach aufwärts zu einem überhän-
genden Block. An diesem rechts vorbei und über ein abdrän-
gendes Band hinauf in eine Nische unter einem Überhang (V).
Über eine Platte unter das Dach, dann nach rechts in eine
Verschneidung und durch diese hinauf in eine Nische (V).
Nun 4 m nach rechts hinunter zu einem Riss (H, VI-). Der
Riss führt in eine Rinne, durch diese aufwärts, und über einen
Felswulst (H) gelangt man auf eine Platte. Über diese nach
links auf ein Band in einer Nische unter einem grossen Dach
(VI). Ein Riss und eine kurze Platte führen zu einem schlech-
ten Stand direkt unter dem Dach. Nun quert man nach rechts
(6 H, A3) in eine Rinne und über kleine Ausbuchtungen hin-
auf zu einem kleinen Stand (4 H, VI). Weiter in der Rinne
aufwärts, bis diese in ein überhängendes Kamin übergeht (12
H, A2). Nun auf die rechte Seite der Kante, wo man zuerst
eine Platte überwindet und dann zu einer Kaminreihe auf dem
Kantenpfeiler gelangt. Die nächsten 25 m über den Pfeiler
sind sehr ausgesetzt und führen in etwas schlechtem Fels zum
Biwakplatz der Erstbegeher. Nun folgt man einer Reihe von
überhängenden Rissen und Rinnen 25 m zu einem breiten
Band auf dem Pfeiler (5 H, VI+, Biwakplatz). Man folgt nun
zuerst dem linken von drei Kaminen, wechselt dann ins mittlere (VI-). Mühsam durch dieses breite Kamin aufwärts bis zu
einem Überhang (V+). Nun quert man an Rissen nach rechts
zu Felsschuppen und einem bequemen Band (VI-). Von hier
benützt man eine Rinne rechts des Pfeilers und quert 15 m
nach rechts zu einem markanten Turm. Vom diesem klettert
man etwa 90 m aufwärts bis zu einer Verschneidung (III und
IV, mit VIer Stellen), die den obersten Pfeilerturm in zwei
Teile teilt. Durch die Verschneidung empor bis zu einem Dach
(V+). Das Dach umgeht man rechts durch eine Rinne und
steigt in dieser über Felswülste (VI) hinauf zu einem Band auf

der rechten Seite. Nun folgt man wieder der Kante, überwindet zwei Aufschwünge (IV+) und ein Kamin (III) und erreicht das Gipfelschneefeld.

460 *S-Wand («Tschechoslowakische Route»)*

VI+, A3. 12–16 Std. Abb. S. 193, technische Skizze S. 192.

Schwierige, zum Teil sehr technische Route. Die Erstbegeher verwendeten 40 H und 4 Bh.
O. Seifer und R. Velísek, 30./31. August 1980.

Zugang und Einstieg: Wie bei R. 459.
Routenverlauf: Technische Skizze S. 192.

461 *S-Wand (Linke Verschneidung)*

VI–. 4–6 Std. Abb. S. 193, technische Skizze S. 192.

Die Route folgt einer auffälligen Reihe von Kaminen und Rinnen. Schöne Kletterei, Hauptschwierigkeiten am Anfang.
O. Seifer und R. Velísek, 19. August 1980.

Zugang und Einstieg: Wie bei R. 459.
Routenverlauf: Technische Skizze S. 192.

462 *S-Wand (Linke Rinne)*

IV. 7 Std. Abb. S. 193.

Teilweise loses Gestein und steinschlägig.
L. Binaghi und A. Bonacossa, 24. September 1926.

Von der Capanna Allievi auf R. 266 nicht ganz bis zum Beginn des zum Colle del Castello führenden Couloirs. Dann nach links an den Wandfuss zu einer nicht sehr ausgeprägten Verschneidung westlich eines Felspfeilers, der sich zwischen der Verschneidung und dem vom Gipfel herabziehenden markanten Couloir erhebt. Einstieg nicht leicht über eine Wandstufe und glatte Risse. In der Verschneidung hinauf, bis sie sich verzweigt. Man folgt ihrem rechten Arm (im Sinne des Anstiegs) über Klemmblöcke, bis sich die Verschneidung weitet. Über lose Felsen zu einer weiteren Verzweigung, wo man leicht links hält. Dann kommt man über steile, von Rissen durchzogene Platten zu einem Kamin und über ein Band rechts zu einem weiteren Kamin. Man folgt diesem ein Stück weit und quert dann links über ein schmales Band zu einem Absatz. Von hier auf eine Rippe, die eher leicht zur Grathöhe führt. Über den Grat zum Gipfel.

463 *Von der Capanna Allievi durch das südliche Eiscouloir.*

ZS. 4–5 Std.

Gangbar bei guter Verfirnung des Couloirs, sonst ist entschieden von dieser Route abzuraten. Bei Blankeis ausgeprägte Steinschlaggefahr. F. Allievi und F. Lurani mit A. Baroni und G. Fiorelli, 13. August 1896.

Von der Capanna Allievi über Weiden und Blöcke nach NE an den Fuss des Couloirs, das den felsigen Südabsturz des Castellomassivs durchreisst. Das Couloir führt zwischen P. 3103 und P. 3225 auf den SW-Grat (dieser Übergang wird auch Bocchetta Baroni, ca. 3090 m, genannt). Nach der Überwindung des Bergschrundes (kann schwierig sein) im steilen Couloir zwischen den Felsen aufwärts zum Grat und zur R. 452.

464 *Von S zum SW-Grat und zur R. 452*

II. 4½ Std.

Normalroute von der Capanna Allievi.

Von der Capanna Allievi über Wiesen und Geröll nach N aufwärts zum Geröllkessel zwischen dem SE-Grat des P. 3012 und einem Ausläufer des grossen S-Sporns der Punta Allievi. Über einige Felsen in den Geröllkessel und in nördlicher Richtung zum Teil über Schnee an den Fuss der Felswand. In dieser klettert man zuerst von links nach rechts (von SW nach NE) schräg aufwärts, quert dann nach W über Felsleisten und Absätze, immer aufsteigend, an den Fuss einer Rinne, die den Zugang zum Sattel östlich von P. 2973 vermittelt. Der Gipfel wird über R. 452 erreicht.

464a *Variante*

Von der Capanna Allievi auf R. 502 zum Passo di Zocca und auf der N-Seite absteigend, gelangt man zum Vadrec dal Castel Sud und zur R. 452 (Einfacher, aber länger).

1. Winterbegehung: N. Zaquini mit E. Fiorelli, Januar 1903.

Bocchetta dal Castel, 3106 m

Vergletscherter Übergang im oberen Teil des W-Grates der Cima di Castello, der bei der Besteigung dieses Gipfel beschrieben wird.

Bocchetto Baroni, ca. 3090 m

Ohne Namen und Höhenangabe auf der LK. Schneesattel zwischen P.3103 nördlich von Punta Allievi und P.3225. Wird bei der Besteigung der Cima di Castello benützt und bei R.463 beschrieben.

Castel, 2924 m

Eckpfeiler des Westgrates der Cima di Castello.

465 *S-Flanke und W-Grat*

II+. 4 Std.

Fritz Baumann und Hans Rütter, 1. Juli 1926.

Von der Capanna da l'Albigna auf R.501 bis etwas südlich des Castel. Der Einstieg erfolgt von S bei der Schlucht, die westlich der Fallinie des Gipfels in die Felsen hinaufzieht. Nach kurzer Kletterei erreicht man zwei schräg von W nach E ansteigende breite Bänder. Das obere, couloirartige Band ist unschwierig, während das untere zu einem Eck führt, über dem eine steile, exponierte Platte zu erklettern ist. Ungefähr auf der Höhe von P.2636 auf einem Rasenband horizontal nach NW zu einem steilen Kamin, das ungefähr 150 m westlich des Gipfels zum W-Grat führt. Nun leicht über den Grat zum Gipfel.

466 *Von der Bocchetta dal Castel über den E-Grat*

III. 2½ Std.

Langer Grat, kann auch als Anstieg zur Cima di Castello in Frage kommen.

U. Canziani und C. Prochownick, Juli 1912.

Von der Bocchetta dal Castel umgeht man P.3159 auf dem Vadrec dal Castel Sud und steigt dann zu P.3101 auf. Weiter, über den Grat absteigend, zum Castel. Genaue Angaben fehlen.

467 *WNW-Wand («Blumenroute»)*

V. 5 Std. Abb. S.199.

Lohnende Kletterei in gutem Fels. Wandhöhe ca. 550 m. Wegen der vielen, wunderschönen Blumenpolster hat Gaby Steiger diesen Aufstieg mit Blumenroute bezeichnet.

Geny und Gaby Steiger, 25. Juli 1963.

Zugang und Einstieg: Von der Capanna da l'Albigna auf Route 501 auf den Vadrec da l'Albigna und auf der östlichen Moräne bis unter die Wand. Der Einstieg erfolgt dort, wo der Fels am weitesten herunterreicht.

Routenverlauf: Anfangs in leichter Kletterei etwa 100 m durch eine plattige Rinne zu gutem Stand. In der ansetzenden Verschneidung klettert man 8 m hinauf und quert 5 m nach links über grifflose Platte zu feinem Riss. Durch diesen hoch zu Stand (V, H). In der von dort hochführenden Rinne 20 m empor und in die linke Verschneidung zu Stand (H). In dieser aufwärts, bis man eine abfallende Wand erreicht und nach etwa 80 m über Risse einen guten Stand (H) findet. Nach weiteren 15 m (H) wird mit 8 m Quergang nach rechts eine parallele Verschneidung erreicht. Dann nochmals 15 m zu Stand (V, H). 8 m hoch zu Haken und Seilquergang nach links zurück in die linke Verschneidung (etwa 12 m, V). Durch abdrängenden Riss (V, H) auf schräg nach rechts hochführende Rampe zu Stand. 15 m rechts aufwärts, bis, leicht fallend, über Leisten nach rechts gequert werden kann (etwa 70 m, IV). Nochmals über eine Platte und durch einen Riss senkrecht hoch zu gutem Stand (IV/V) und in gleichem Schwierigkeitsgrad über Platten und Risse zu einer Rinne, die in der Scharte südlich des ersten Gratgipfels endet (etwa 90 m, III/IV). Über den Grat oder auf dessen Südseite bis in die zweite Gratscharte. Weiter in ¾ Std. über den Blockgrat leicht zum Gipfel.

Abstieg: Etwa 150 m zurück und in die zweite kleine Scharte Richtung Süden. Links dieser Scharte in eine kleine Schlucht hinabklettern und über Moränenschutt zum Gletscher zurück.

468 *WNW-Wand («Via dei Lecchesi»)*

V+, A2. 9–10 Std.

Schwieriger, stellenweise heikler und durch Steinschlag gefährdeter Wandanstieg.
B. De Angeli und I. Mozzanica, 5. August 1973.

Zugang wie bei R. 467. Der Einstieg erfolgt in der Mitte der Wand.

Routenverlauf: 1. SL (45 m): In der Wandmitte durch Verschneidung (III und III+) aufwärts.
2. SL (45 m): Über Platten (III+) zu Standplatz (H).

Castel 2924

467

3. SL (15 m): Links 3 m über eine Wandstufe und einen Überhang rechts (V, 1 H).

4. SL (10 m): 4 m aufwärts, leicht links haltend zu H. 3 m nach links pendeln, um einen Riss zu erreichen (V, V+).

5. SL (30 m): 4 m im Riss aufwärts, dann Spreizschritt zu einem weiteren Riss rechts. Noch weiter rechts über einen Überhang (4 H). Dann folgt eine heikle Traverse von ca. 12 m zu einem Standplatz auf einer Platte vor zwei parallelen Rissen (V, V+).

6. SL (40 m): Ohne grosse Schwierigkeiten zu einer Kluft in der überhängenden Wand, Standplatz auf unsicheren Felsen.

7. SL (15 m): 4 m überhängend, 2 H rechts, dann 3 H links, dann steigt man stark exponiert einige Meter auf und quert nach rechts zu einem Block (V+, A2).

8. SL (30 m): Man folgt zwei parallelen Rissen (IV, heikel).

9. SL (45 m): Eine lange Diagonale nach links führt zu einem Schutt-Felsband am Fuss eines neuen Überhangs.

10. SL (45 m): Schräg nach links (nass und faul) unter den Überhang, den man links erklettert (IV+ – V+, 6 H, athletischer Ausstieg).

11. SL (30 m): 15 m gerade aufwärts, dann eine heikle Passage nach rechts und wieder gerade aufwärts.

12. SL (40 m): Durch eine kleine Rinne zu einer Nische.

13. SL (40 m): Durch ein Couloir, einen mühsamen Engpass und über Schutt zu einer Nische.

14. SL (40 m): Weiter durch das Couloir mit interessanten Stellen aufwärts und über Schutt zu einer grossen Schuppe.

15.–17. SL (3 x 50 m): In 3 SL (Stellen III und IV, steinschlägig) erreicht man eine Scharte im Grat, dem man über unstabile Blöcke etwa 300 m bis zum höchsten Punkt folgt (Stellen IV).

P. 3225

Ohne Namen auf der LK. Erhebung mit steilen Granitwänden auf der S-Seite zwischen Cima di Castello und Punta Allievi.

469   *Von der Capanna da l'Albigna von NW*
WS. 4½ Std.
Abstiegsroute.

Von der Capanna da l'Albigna auf R. 452 auf den Vadrec dal Castel Sud, von dem man über Schnee und leichte Felsen zum höchsten Punkt gelangt.

470 *S-Sporn*

VI. 5–7 Std.

Die Route führt über den Sporn, der die SE-Wand auf der linken (S) Seite begrenzt.

A. Citterio, G. De Simoni und A. Parravicini, 30. Juli 1935.

Zugang wie bei R. 471. Der Einstieg erfolgt ungefähr 40 m links des Sporns, der die SE-Wand auf der linken (S) Seite begrenzt.

Routenverlauf: Man steigt über unstabile Platten ca. 15 m nach links und dann 30 m nach rechts auf. Von dort benützt man eine Rinne (Z-förmig), die man ungefähr nach 30 m verlässt, um wenige Meter nach rechts zu gehen. Nach 5–6 m nach links zur Rinne zurück, die, sich zum Kamin verengend, bald wieder verlassen werden muss, da ein Überhang den Weiterweg versperrt. Ein ebenfalls überhängender Riss führt rechts zu einer Platte fast auf dem Sporn, wo man eine weitere Platte (8–10 m, äusserst schwierig) quert und zum Kamin zurückkehrt. Im Kamin wird nun ein Überhang aus hellgrünen Felsen direkt überwunden. Leicht rechts haltend, gelangt man auf den Sporn. Auf soliden und nicht schwierigen Felsen (Bänder) ungefähr 50 m aufwärts, dann direkt empor zum Beginn eines tiefen Kamins, das einen gelblichen Turm von der Wand trennt. Man überwindet das enge, ca. 50 m hohe Kamin bis zu einem breiten Absatz, von dem aus man durch einen glatten Riss einen kleinen Absatz erreichen kann. Dann, nach einem sehr schwierigen Überhang, folgt man ca. 20 m einem Riss bis zu einem Grätchen. Man quert dann 10 m nach rechts und klettert weitere 15 m aufwärts bis zu einem Überhang, den man direkt überwindet. Eine offene, glatte Verschneidung (10 m), dann leichte Felsen (15 m) führen zu einem Band, welches die ganze Wand nach rechts durchzieht. Links überwindet man eine glatte Platte (5–6 m) bis zu einem Riss, in dem man ungefähr 10 m weiterkommt. Direkt 20 m weiter, wobei man manchmal gezwungen ist, den Riss mit äusserst schwierigen Traversen zu verlassen, um einem parallelen Riss links zu folgen. Im ersten meidet man einen Überhang links und klettert 10 m senkrecht empor bis zu einem schmalen, luftigen Bändchen, das schräg nach rechts ansteigt. Nach dem ganzen Anstieg (25 m) zu einer engen Rinne, die man vollständig durchklettert, wobei zwei Überhänge überwunden werden müssen. Nun führen nicht sehr schwierige Felsstufen zum Gipfelgrat. In einem Bogen nach rechts erreicht man die Gipfelfelsen.

471   *SE-Wand («Via Città di Sondrio»)*

VI, A3. 6–9 Std.

Sehr technische, zum Teil athletische Route.
C. Pedroni, T. Speckenhauser, P. Ghetti und F. Gugiatti, 10.–11. August 1969.

Zugang und Einstieg: Von der Capanna Allievi ein kurzes Stück auf dem Sentiero Roma in östlicher Richtung zum Tälchen, das von P. 2580 am Fuss der Punta Allievi kommt. Im Tälchen aufwärts zum Gletscher zwischen der Punta Rasica und der Cima di Castello. Auf diesem an den Fuss der SE-Wand. Ein steiler Firnhang führt zu den Felsen des Wandfusses (1½ Std.).
Routenverlauf: Über zerrissene Felsen und kleine Platten aufwärts gegen eine markante Kaminverschneidung, die einen Überhang aus dunklen Felsen etwas rechts der Fallinie des Gipfels durchschneidet. Um das Kamin zu erreichen, steigt man rechts des Kamins ein und klettert etwa 10 m bis unter einen Block. Diesen umgeht man nach links und gelangt zu einer Verschneidung, der man fünf Meter folgt. Man verlässt sie nach links und gewinnt über Blöcke das Grasband, bei dem das Kamin beginnt. Nun steigt man 45 m direkt bis zu einer Schulter links der Kaminverschneidung auf (V, mit Stellen VI). Von der Schulter über kompakte Platten links des Kamins. Am Ende des Kamins in dieses hinein und zu einem alten H (V, IV). Vom H steigt man etwas ab, um einen Riss zu gewinnen, der die Verlängerung des Kamins bildet. Diesem folgt man einige Meter, benützt eine Rampe nach rechts, um dann über Schuppen nach links zum Riss zurückzuqueren, der auf ein Grasband führt. Diesem folgt man etwa 15 m nach links (VI). Über zwei parallele Risse erreicht man den ersten Bh (A3, af VII+). Nach einigen weiteren schwierigen Metern folgt der zweite Bh, und man gelangt zu einem Bändchen (VI+, V+). Auf diesem 3 m nach links und in einer Verschneidung zum breiten Band, das den ganzen oberen Teil der Wand quert

(1 SL VII-, VI). Nun 10 m nach rechts, dann, Rissen folgend, 40 m schräg nach links (VI). Anschliessend quert man etwa 5 m nach rechts und steigt rechts über Platten, die in einem Riss enden (VI), auf. Über leichte, brüchige Felsen erreicht man den Gipfel.

472 *SE-Wand («Via Senza Sole»)*

IV–V, eine Stelle VI. 5–7 Std.

Der Aufstieg folgt einer Reihe von Kaminen und führt zum Sattel zwischen P. 3225 und Cima di Castello.

K. I. Meldrum, N. A. J. Rogers und I. Roper, 6. August 1968.

Zugang und Einstieg wie bei R. 471.

Routenverlauf: Über zerrissene Felsen und kleine Platten aufwärts, bis man über Felsbänder nach rechts an den Fuss der Kamine queren kann (IV). Im Kamin 45 m empor bis zu einem Felsband (IV+). Oberhalb dieses Bandes verengt sich das Kamin und wird überhängend. Nun 4 m nach rechts und zu einer wenig tiefen Rinne. Über zwei Wülste erreicht man ein gutes Felsband (VI, 40 m, 4 H). Nun nach links in das Kamin zurück und in diesem aufwärts bis zu einer Nische (V, IV, 45 m). Man verlässt diese nach links und erreicht ein «Amphitheater mit Schnee». Nun klettert man durch den Riss, 6–7 m rechts des Kamins, 10 m empor (V). Dann verschiebt man sich nach links und gelangt über Risse und Verschneidungen, die man nach links verlässt, zu einem Standplatz (V, 3 H, 1 H belassen). Darüber beginnt die Traverse zum Sattel (III und IV, 130 m). Von diesem ohne Schwierigkeiten zum höchsten Punkt.

Punta Allievi, 3121 m

Auf der Albignaseite unbedeutende Graterhebung. Die S-Seite dagegen zeigt eine gewaltige Granitbastion mit schweren und interessanten Kletterrouten.

473 *Von der Capanna da l'Albigna von NW*

WS. 4½ Std.

Normalroute.

Von der Capanna da l'Albigna auf R. 452 auf den Vadrec dal Castel Sud, von dem man über Schnee und leichte Felsen den Gipfel erreicht.

474 *Von der Capanna Allievi von NW*

II. 2½ Std.

Normalroute.

Von der Capanna Allievi auf R. 464 auf den Vadrec da Castel
Sud, von dem man über Schnee und leichte Felsen den Gipfel
erreicht.

475 *E-Wand (Via Erba)*

V+, eine Stelle VI, A0. 5—6 Std. Technische Skizze S. 205.

Reizvolle, oft begangene Route. Höhendifferenz vom Einstieg auf dem
Band bis zum Gipfel 250 m. A. Erba und A. Fumagalli, 28. Juli 1973.
1. Winterbegehung: E. Maspes und A. Marini, 24. Februar 1990.

Zugang und Einstieg: Von der Capanna Allievi über Weiden und
Geröll nach NE an den Wandfuss (1 Std.). Zuerst über den steilen Schneehang aufwärts zur Rinne, die auf der rechten Seite der
E-Wand vom N-Grat herunterkommt. Man steigt über die Felsen auf, bis man zum grossen Band, das etwa 100 m über dem
Wandfuss die E-Wand durchzieht, queren kann. Auf dem Band,
leicht ansteigend, nach links zum Einstieg, der zwischen den beiden grossen Dächern erfolgt.

Routenverlauf: Die Kletterei beginnt in der Fallinie des linken
Dachs und führt über Platten und Schuppen nach rechts zur
Rissverschneidung zwischen den beiden Dächern. Durch die
Rissverschneidung aufwärts bis zu einem Felszahn an einer
Schuppe (IV und IV+). Über diese hinauf bis zu leichteren
Felsen, die zu einem Band am Fuss glatter Platten führen
(V, III, Stand). Nun etwa 10 m nach rechts hinab und durch
eine Verschneidung schräg nach links aufwärts direkt über den
Standplatz (IV). (Es ist möglich, nach links unter einen Über-
hang zu klettern und durch eine Kamin-Verschneidung zum
Stand zu gelangen, gleiche Schwierigkeit.) Von einem Bändchen nach rechts über kompakte Platten zu einer wenig ausgeprägten Riss-Verschneidung (V). Man erklettert diese (VI, A0)
und gelangt zu einer etwa 10 m hohen Verschneidung, die zu einem Stand unter einem markanten Überhang führt (V, V+).
Vom Stand quert man schräg nach links, klettert dann durch
eine weitere Verschneidung empor bis an den Fuss eines engen
Kamins (2 kurze SL, V, IV, Stand). Man traversiert etwa 20 m
nach rechts in die Wandmitte und gelangt zu einer Verschneidung mit brüchigen Kanten. Durch die Verschneidung zu aus-

Punta Allievi
R. 475 (Via Erba)
R. 476 («Herbstwind»)

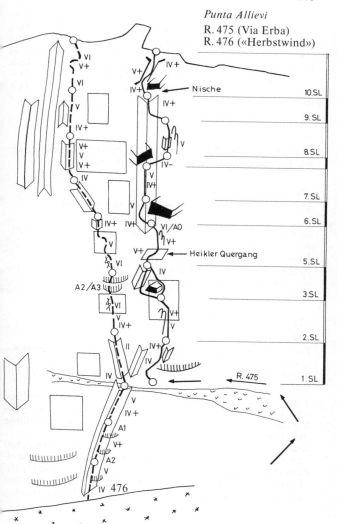

gesetztem Stand (V, V+). Vom Stand nach links in ein Riss-kamin, das man erklettert, bis es senkrecht wird. Dann nach links aus dem Risskamin hinaus und über Schuppen zum Beginn einer kleinen Verschneidung empor. Diese führt schräg nach rechts in das Risskamin oberhalb des senkrechten Teils zurück (Stand am Ende der kleinen Verschneidung; III–IV+ bis zum Beginn der Verschneidung, eine Stelle V+, dann IV+ in der Verschneidung). Durch das Kamin aufwärts zu grossen Blöcken und über diese zum Gipfel (IV+, IV).

475a *Variante*

Man kann auf R. 476 direkt vom Wandfuss zum Einstieg der Via Erba aufsteigen (4 SL, siehe technische Skizze S. 205).

476 *E-Wand («Herbstwind»)*

VI, A2 und A3. 9–10 Std. Technische Skizze S. 205.

Diese Route führt zwischen der R. 475 Via Erba und R. 477 («Via dei Camosci») in extremer Kletterei durch die E-Wand. Höhendifferenz ca. 500 m.
P. Benařík und A. Piños, 2. September 1980.

Zugang und Einstieg: Auf R. 475 zum Wandfuss, Einstieg rechts der zwei Überhänge in der Fallinie des Gipfels.
Routenverlauf: Technische Skizze S. 205.

477 *ESE-Pfeiler («Via dei camosci»)*

VI+, A3. 12 Std.

Extreme Kletterei, weitgehend mit künstlichen Mitteln. Höhendifferenz ca. 500 m.
T. Nardella, A. Parolo, P. L. Piasini und T. Speckenhauser, 30./31. Juli 1967.

Zugang und Einstieg: Von der Capanna Allievi über Weiden und Geröll nach NE an den Wandfuss (1 Std.). Einstieg am Fuss des Pfeilers unter den grossen Überhängen in der Fallinie des Gipfels.
Routenverlauf: Mit drei SL, wenig links haltend, erreicht man den Anfang einer grossen, von unten gut sichtbaren Verschneidung (VI, A2 und A3, meistens Kletterei mit künstlichen Hilfsmitteln; ein Dach bietet enorme Schwierigkeiten und hat einen sehr heiklen Ausstieg). 35 m durch die Verschneidung

empor, dann nach links zu gutem Stand (V+, A2). Über Platten
aus bestem Fels bis zu einer kleinen Terrasse in einer Nische
(V). Nun 5 m sehr heikel nach rechts queren, nachher einer
«Maultierrücken-Rippe» (VI) folgen, bis man in das Kamin
rechts der Rippe einsteigen kann. Im Kamin aufwärts (IV, V)
zu einer schrägen Terrasse und auf dieser, leichter, nach rechts
zum Band in der Wandmitte.
Nun zu einem kleinen Sattel des Pfeilers am Ende des Bandes.
Vom Sattel ca. 40 m links abwärts und dann durch eine Ver-
schneidung/Kamin von links nach rechts aufwärts (40 m, IV).
Jetzt quert man 4 m nach links und klettert dann durch eine
Verschneidung (V, VI–) bis zur linken Kante des Pfeilers. Nun
nochmals 6 m nach links queren, dann über Platten und Risse
aufwärts bis zu einer kleinen Terrasse. Nun direkt über eine
Serie von Rissen zwei SL über den Pfeiler aufwärts (V und VI,
H). Schräg nach links haltend, erreicht man ein Kamin. Durch
dieses 30 m aufwärts, dann abwärts zu einer Terrasse am Fuss
des letzten Teils des Pfeilers. Man folgt einem Riss schräg
rechts hinauf (15 m) und klettert dann 8 m direkt durch eine
Verschneidung empor. Dann nach links traversieren, einem
fast horizontalen Riss (V+, sehr heikel) folgend. Eine letzte
SL (III, IV) führt zum Gipfel des Pfeilers.

478 SE-Wand («Boga»)

V, mit Stellen VI. 10 Std.

Die Wand wird in der Mitte durch eine Bänderzone geteilt; der untere
Wandteil bietet Kletterei über glatte Platten, Risse und Verschneidungen, während der obere Teil steile Kamine und Verschneidungen
aufweist.
M. Dell'Oro und U. Tizzoni, 18. August 1937.

Zugang und Einstieg: Von der Capanna Allievi über Weiden
und Geröll nach NE an den Wandfuss. Der Einstieg erfolgt
ca. 100 m rechts des Fusses der S-Kante bei einer glatten und
leicht bauchigen Platte, die in der Mitte von einer Felsstufe
unterbrochen ist.

Routenverlauf: Die Kletterei beginnt auf der rechten Seite der
Platte und führt schräg nach links aufwärts unter die Felsstufe
(IV, 2 H). Von hier einige Meter nach rechts, dann über die
Felsstufe (V, VI) aufwärts und nachher schräg nach links (V)
zum Anfang einer Serie von Rissen. Durch diese 60 m (Stellen

V) aufwärts an die Basis einer 50 m hohen, schrägen Verschneidung und zu gutem Stand. Durch die Verschneidung, zuerst auf der rechten Seite, dann in der Verschneidung selbst, gelangt man zu einem Überhang, der die Verschneidung sperrt (2 SL, IV, V). Man erklettert den Überhang durch den Riss in der Mitte (V, 2 H) und erreicht eine Reihe von kleinen Rinnen, die zu den Bändern in der Wandmitte führen (ca. 100 m, III). Über die Bänder zur Verschneidung, die vom ESE-Pfeiler gebildet wird. Durch die Verschneidung gegen zwei parallele Kamine aufwärts, deren Fuss man, nach links querend und einen Überhang (V) überwindend, erreicht. Durch das rechte Kamin (Zugang V) 50 m aufwärts, dann nach links auf die Rippe, die die beiden Kamine trennt (V, brüchig) und wieder zurück ins Kamin rechts. Man folgt diesem (III) 60 m und erreicht eine breite Verschneidung. Durch diese (IV) aufwärts. bis man sie nach rechts, Richtung Gipfelfelsen, verlassen kann.

479   S-Kante (Via Gervasutti)

V–, af V+. 5–6 Std.

Klassische, sehr schöne Route. Eine der schönsten und interessantesten Routen im Gebiet der Capanna Allievi. Höhendifferenz ca. 500 m. G. Gervasutti und C. Negri sowie A. Bonacossa, der durch das Couloir in der Südwestwand aufgestiegen war und sich dann der Partie anschloss, 16. September 1934. 1. Winterbegehung: G. F. Gugiatti und C. Pedroni, 21./22. Dezember 1971.

Zugang und Einstieg: Von der Capanna Allievi ca. 300 m auf dem Sentiero Roma in nordöstlicher, dann in nördlicher Richtung zum grossen Grasband aufsteigend, das, in der W-Flanke beginnend, schräg an die Kante etwas oberhalb des Kantenfusses führt. Am Ende des Bandes folgt man einer weiteren schmalen Grasleiste und gelangt zum Einstieg bei einer Platte.

Routenverlauf: Man überwindet die Platte und erreicht ein schmales Band, dem man nach rechts folgt und das zum Beginn einer grossen, grasdurchsetzten Verschneidung führt, die die rechte Flanke der Kante durchzieht (IV+). Durch diese Verschneidung zwei SL aufwärts (III–, IV, Stellen IV+) und in Gegendrucktechnik zum Fuss eines engen Kamins (IV+, Stand). Durch dieses aufwärts, dann rechts hinaus und weiter in der schönen Verschneidung des «Primo Dito», die in anstrengender Kletterei auf das Grätchen führt, das den «Finger von der Kante trennt (V und A0). Vom Grätchen steigt man in die W-Flanke auf ein Grasband ab. Man folgt diesem nicht, sondern erklettert eine graue Felsstufe und gelangt zur Kante zurück (IV). Nun drei SL rechts der Kante über leichtere, grasdurchsetzte Felsen zum Fuss des «Secondo Dito» auf einer Schulter in halber Höhe der Kante. Man umgeht den «zweiten Finger» über nicht allzu soliden Fels nach links und kommt zum Grat zurück (III). Hier mündet das die SW-Wand durchziehende Couloir, das bei Wetterumschlag eine gute Rückzugsmöglichkeit bietet. Nun steigt man in die E-Flanke ab zu einem Band, das an den Fuss zweier paralleler Kamine führt. Man erklettert das Kamin rechts und verlässt es durch ein enges Loch auf ein Band (III+). Nun zum Grat zurück und über diesen aufwärts bis zu einem Aufschwung aus gelbem Fels (Salto Giallo) rechts der Gratkante (IV, Stand). Man erklettert den Salto Giallo und kommt zuletzt auf einen kleinen Grat (V). Von hier weiter über den Grat (IV und IV+), dann über die scharfe Schneide am Beginn einer schrägen Platte (III, IV, Stand). Über die Platte hinauf gegen ein enges Kamin, das eine überhängende Wandstufe durchzieht. Am Fuss des Kamins quert man etwa 15 m nach rechts, erklettert einen Riss, und gelangt, links haltend, zu einer Nische (III, IV). Man kann diese auch schwieriger (V–) durch das enge Kamin erreichen, wobei nach dem Kamin einige Meter nach links gequert werden muss. Von der Nische traversiert man weiter nach links zum grossen Schlusskamin, das in zwei SL zum W-Grat führt, wenige Meter vom Gipfel entfernt (III).

480 *SW-Wand*

IV? 4½ Std.

Nicht interessant.
P. Cottini, P. Santini, A. Trotti mit G. Fiorelli, 12. August 1934.

Zugang und Einstieg: Wie bei R. 481.

Routenverlauf: Einige Meter auf der Rampe aufwärts zu einem fast senkrechten Riss, der auf eine Rippe führt. Über diese und ein Band quert man zu einer breiten Rinne. Weiter über eine zweite Rippe an den Fuss des Hauptcouloirs, das südwestlich des Gipfels beginnt und durch die SW-Wand abwärts führt (ein Anstieg durch das Couloir ist nicht sehr schwierig, aber sehr steinschlägig). Anstatt durch das Hauptcouloir steigt man

durch ein sekundäres Couloir links (W) des Hauptcouloirs auf.
Eine 15 m hohe, griffarme Wand wird erklettert und dann
weiter im enger werdenden Couloir, das in ein sehr enges, glattes und überhängendes Kamin ohne Griffe übergeht. Das Kamin wird durch eine Schuppe in zwei Teile geteilt. Man erklettert die schwierige Schuppe, und über ein kleines Grasband gelangt man auf die Schneide der Rippe. Über ein Grasband auf
die gegenüberliegende Seite und durch ein kleines Kamin aufwärts, dann nach rechts bis zu einem charakteristischen kleinen Sattel gegenüber einer glatten Wand, die von einem senkrechten Kamin mit eingeklemmten Blöcken durchrissen ist.
Vom Sattel nach rechts aufwärts auf die Schneide der Rippe
und über einige ziemlich schwierige Schuppen gelangt man zu
einem weiteren Grasband. Von hier durch ein leichtes Kamin
aufwärts zum Grat, den man südwestlich des Gipfels erreicht.
Über den W-Grat zum Gipfel.

481 *SW-Pfeiler («Engländerroute»)*

IV+, mit Stellen V. 5 Std.

Interessante Kletterei. Vom untersten Teil abgesehen, guter Fels. Der
Pfeiler trennt die SW-Wand von der W-Flanke. Höhendifferenz ca.
450 m.

K. I. Meldrum, N. A. J. Rogers und Mrs. Rogers, 30. August 1967.

Zugang und Einstieg: Von der Capanna Allievi nach N aufwärts zum Geröllkessel zwischen dem SE-Grat des P. 3012 und
einem Ausläufer des grossen S-Sporns der Punta Allievi. Über
einige Felsen an den Fuss der SW-Wand und zum Anfang einer
auffälligen Rampe, die schräg von links nach rechts ansteigt
(1 Std.).

Routenverlauf: Man folgt der Rampe bis an den Fuss des auffälligen Kamins, das die Mitte des Pfeilers durchreisst. Man
steigt durch das Kamin empor (40 m, IV+; es kann auch rechts
umgangen werden). Nun klettert man über die Kante weiter
bis zu einer kleinen Terrasse (40 m, zuerst leicht, dann V–).
Nach rechts und durch einen breiten Riss unmittelbar rechts
des Grates aufwärts (10 m, V). 2 m heikel nach rechts querend
erreicht man eine kleine Rinne, die unten ins Leere fällt. Man
verlässt die Rinne auf der rechten Seite und klettert durch ein
kurzes Kamin (V) aufwärts bis zu einer guten Plattform links
des Grates. Einige Meter abwärts, dann nach rechts über leich-

te Felsen und wieder zurück nach links auf den Grat am Fuss eines senkrechten Kamins. Durch dieses (IV+) empor und weiter über den Grat (III und IV) zum Gipfel des Pfeilers und über den W-Grat zum Gipfel.

5. Pizzo di Zocca – Pizzi del Ferro

Pizzo di Zocca – Pizzo Ferro Orientale – Torrione del Ferro –
Cima della Bondasca – Pizzo Ferro Occidentale.

Passo di Zocca, 2749 m

Leichtester Übergang östlich des Pizzo di Zocca über die Grenzkette
aus dem oberen Bergell ins Valle di Mello und Val Màsino.

501 *Von der Capanna da l'Albigna*

EB. 3 Std. Abb. S. 215.

Für das letzte, steile Stück zur Passhöhe sind unter Umständen Steigeisen nötig.

Von der Capanna da l'Albigna steigt man in südlicher Richtung auf dem ausgeprägten und markierten Pfad zum Gletscherbach ab, der vom Vadrec dal Cantun herunterkommt.
Nach der Überquerung des Baches gelangt man auf die Geröll-
und Blockhalden auf der N- und NW-Seite der Punta da l'Albigna und erreicht bald einen zum Teil in die Felsen gesprengten
und mit Drahtseil gesicherten Pfad (Achtung Steinschlag!).
Den genannten Felspfad und den durch Geröll führenden Weg
verfolgend, erreicht man die grosse, östliche Seitenmoräne
des Vadrec da l'Albigna und schliesslich den Gletscher selber.
In der Mitte des Gletschers aufsteigend, hält man Richtung
Passo di Zocca, den tiefsten Einschnitt östlich des Pizzo di
Zocca. Im oberen Teil weicht man in der Regel den Schründen
auf die Westseite aus und erreicht, ziemlich steil nach Südosten aufsteigend, die Passhöhe.

502 *Von der Capanna Allievi*

EB. 1 Std.

Westlich der Capanna Allievi beginnt ein nach NW führender
Pfad, zum Teil nur Pfadspuren, der zwischen grossen Blöcken

durch und über Moränengeröll zum vom Pass kommenden Tälchen führt. Zuletzt steigt man in einer steilen Schuttrinne zur Passhöhe, die man links eines markanten Felszahns erreicht.

Pizzo di Zocca, 3174 m

Dieser prachtvolle Fels- und Gletschergipfel bildet den imposanten Abschluss des Albignatals. Der Pizzo di Zocca ist die dominierende Berggestalt der Albigna, obschon er nicht der höchste der den Vadrec da l'Albigna einrahmenden Gipfel ist.

Vom Hauptgipfel (3174 m) führen drei Grate zu den Vorgipfeln:

1. Der W-Grat (Grenzgrat) zum W-Gipfel, unkotiert, wo der westliche NW-Grat über P. 2899 mündet.
2. Der N-Grat (Grenzgrat) zum N-Gipfel, ebenfalls unkotiert, wo der östliche NW-Grat über P. 2865 endet.
3. Der ESE-Grat, der zum Torrione Est, P. 3010, führt.

Zum Torrione Est führen der NE-Grat (aus dem Kessel südlich des Passo di Zocca) und der SE-Grat (unteres Teilstück des ESE-Grates). SSW des im oberen Teil mit ESE- und im unteren Teil mit SE-Grat bezeichneten Hauptgrates führen das ESE-Couloir und ein ESE-Sekundärgrat zur S-Wand des W-Grates. Der Grat vom W-Gipfel zur Bocchetta di Zocca (3004 m) wird mit WSW-Grat, der Grat vom N-Gipfel zum Passo di Zocca (2749 m) mit NE-Grat bezeichnet.

503 *Von der Capanna da l'Albigna über die nordwestliche Firnwand und den WSW-Grat*

ZS. III. 5 Std. Abb. S. 215.

Normalroute. Gletscheraufstieg, im oberen Teil über eine steile, zeitweise blanke Firn- und Eiswand.

A. von Rydzewsky mit M. Barbaria und Ch. Klucker, 15. Juni 1891.

1. Winterbegehung: A. Bignami, V. Meroni; P. L. Bernasconi und F. Masciardi, 10. März 1957.

Von der Capanna da l'Albigna auf R. 501 an den Fuss des Firnhangs auf der NW-Seite des Pizzo di Zocca. Über diesen Hang, der zeitweise sehr stark verschrundet ist, führt die Route zur Lücke zwischen dem W- und dem Hauptgipfel. Je nach Verhältnissen steigt man auf der E- oder W-Seite auf und hält dann im oberen Teil auf die Mitte zu. Die obersten Schründe, die in heissen Sommern den Firn in seiner ganzen Breite durchreissen, zwingen dann zu einem Ausweichen nach links oder rechts, verunmöglichen unter Umständen ein Durchkommen. (In diesem Falle die R. 516 über den westlichen NW-Grat wählen.) Oberhalb des letzten Schrundes über die steile Firn- und Eiswand in die Lücke zwischen dem W- und dem Haupt- gipfel. Von der Scharte über Platten hart an der Kante auf der Albignaseite zum Gipfel.

503a *Variante über den W-Gipfel*

ZS. III. 5½ Std. Abb. S. 215.

Nicht lohnend, am West-Gipfel viel loses Gestein.
K. Gruber und A. Grünwald, 19. August 1926.

Im obersten Teil des Anstiegs quert man die nach NE orien- tierte, steile Firnwand des W-Gipfels zu einem Firnsattel des westlichen NW-Grates. Von diesem in losem Gestein zum W-Gipfel und über den W-Grat zum Hauptgipfel.

504 *Über den östlichen NW-Grat*

III– bis N-Gipfel, IV N-Gipfel bis Hauptgipfel. 9 Std. Abb. S. 215.

Landschaftlich sehr schöner Anstieg mit viel schlechten Felsen.
Alfred Zürcher mit W. Risch, 28. August 1922. Das Gratstück vom N- Gipfel zum Hauptgipfel wurde am 1. September 1932 von Nina Perlasca mit Guglielmo und Virgilio Fiorelli erstmals begangen. A. Zürcher und W. Risch erreichten den Hauptgipfel über eine heute ausgeaperte und ausgebrochene Firnwand auf der NW-Seite.

Von der Capanna da l'Albigna auf R. 501 an den Fuss des Gra- tes. Er wird in seiner ganzen Länge verfolgt, meist über die Gratzacken mit sehr schlechten Felsen, und zuletzt hält man sich links (E) des Grates. (Bei guten Schneeverhältnissen kann man den untersten Teil auf der E-Seite umgehen und erst im oberen Teil auf den Grat selbst aufsteigen.) Vom N-Gipfel zuerst horizontal über den scharfen Grat, dann steigt man in die Scharte zwischen dem Vor- und Hauptgipfel ab. Über ein Türmchen und den anschliessenden scharfen Grat kommt man an den Fuss eines Überhangs. Über ein schmales Bänd- chen und eine senkrechte Wand (H) wird dieser auf der S-Seite umgangen und wieder der Grat erreicht. Die nächste SL ist weniger schwierig, und über steile Platten erreicht man den Gipfel.

Pizzo di Zocca von N

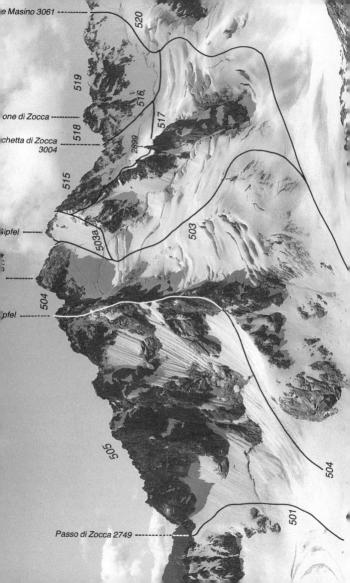

e Masino 3061

520

519

516

one di Zocca

518

chetta di Zocca
3004

2899

517

515

Gipfel

503a

503

504

pfel

505

504

501

Passo di Zocca 2749

505 *NE-Grat*

IV+. 8 Std. von der Capanna Allievi, 9–10 Std. von der Capanna da l'Albigna. Abb. S. 215.

Lange, interessante Kletterei in gutem Fels in einer eindrucksvoller Landschaft.
A. Castelnuovo mit Anselmo Fiorelli, 1906, bis zum N-Gipfel.
E. Fasana und P. Mariani verfolgten am 1. August 1910 diesen Grat bis zum N-Gipfel, stiegen dann in die NE-Wand ab und erreichten über R. 506 den Hauptgipfel.

Von der Capanna Allievi auf R. 502, von der Capanna da l'Albigna auf R. 501 zum Passo di Zocca.
Vom Passo di Zocca auf der Albignaseite durch eine senkrechte Verschneidung auf die Kante hinter dem ersten Gratturm. Nun über leichtere Felsen zu zwei breiten Türmen, die überklettert oder auf der S-Seite umgangen werden können. Vom nachfolgenden Sattel eine SL auf dem Grat aufwärts, dann auf der Albignaseite durch eine Kaminrinne und Platten empor zu einem kurzen Überhang und nachher über Platten auf der Grat zurück. Weiter über den Grat und Platten zum N-Gipfel. Von diesem Vorgipfel wie auf R. 504 zum Gipfel.

506 *NE-Wand*

III. 4 Std.

Stark steinschlaggefährdete Route. Nicht zu empfehlen, auch nicht für den Abstieg.
G. Gugelloni mit R. Sertori, 1900.

Von der Capanna Allievi Richtung Passo di Zocca aufwärts. Bald biegt man nach W ab und steigt am Fuss des NE-Grates des Torrione Est (P. 3010) über Schneereste, Geröll und Platten zur NE-Wand auf. Der Einstieg erfolgt etwas rechts (N) der Gipfelfallinie durch eine steinschlägige Rinne. Einige Meter durch die Rinne aufwärts, dann erreicht man ein Band, das in den unteren Wandpartien schräg aufwärts in ungefähr nördlicher Richtung verläuft, verfolgt es und klettert dann direkt empor zum breiten Band, das, die Wand nach S aufwärts querend, zuoberst am ESE-Grat endet. Über das Band ohne Schwierigkeiten zum ESE-Grat und über schön gestufte Felsen zum Gipfel.

507 *Torrione Est (P. 3010) und ESE-Grat*

IV. 5 Std.

Interessante, lohnende Kletterei in gutem Fels.
A. Bonacossa und F. Pasquale, 7. September 1919.

Von der Capanna Allievi Richtung Passo di Zocca aufwärts.
Bald biegt man nach W ab und steigt am Fuss des NE-Grates
des Torrione Est (P. 3010) über Schneereste, mühsames Geröll und Platten zu einer Plattenrinne auf, die gegen den Torrione Est hinaufführt. Über Platten, Bänder und schwach ausgeprägte Verschneidungen, gelangt man, zum Teil exponiert,
zum Torrione Est.
Dem Torrione Est folgt ein horizontales Gratstück. Einige
Zacken werden überklettert, andere umgeht man auf der rechten (NE) Seite in nicht durchwegs guten Felsen. Man gelangt
so in eine Scharte, aus welcher der Grat messerscharf emporsteigt, verfolgt ein leichtes Band etwas oberhalb der Scharte
auf der NE-Seite und gewinnt den Grat über Risse und Verschneidungen in schöner Kletterei. Die folgenden Zacken umgeht man auf der NE-Seite auf breiten Bändern, und das oberste Gratstück wird auf der SW-Seite in guten Felsen umgangen.

508 *Torrione Est (P. 3010) über die NE-Kante (Via Bonatti)*

VI. 6–8 Std. Abb. S. 219.

Grossartige Kletterei in gutem Fels.
R. Bignami und W. Bonatti, 21. Juni 1953.

Zugang und Einstieg: Von der Capanna Allievi folgt man ein
kurzes Stück dem Sentiero Roma und steigt an den Fuss der
ESE-Wand auf. Einstieg bei einer langen, von rechts nach links
aufwärts führenden Verschneidung (20 Min.).

Routenverlauf: Durch die lange Verschneidung nach links aufwärts zu einem bequemen Grasband. Man folgt diesem horizontal nach rechts bis zu einer Höhle. Von dort links hinauf
in das grosse, mittlere Couloir, dem man folgt, dann auf der
rechten Kante zum Sattel am Fuss der eigentlichen NE-Kante
(III, IV). Vom Sattel 40 m über wenig geneigte Platten aufwärts, dann, steiler und schwieriger, schräg links hinauf unter
grosse Blöcke (IV, 40 m). Diese überwindet man auf der linken
Seite. Darüber folgt man einer regelmässigen Verschneidung
bis unter einen grossen, von unten sichtbaren Überhang (V),

den man auf der rechten Seite (VI) überwindet. Darüber erreicht man eine grosse Platte, über die man zu einer zweiten gelangt. Diese zweite Platte wird schräg nach links aufwärts zu einem Überhang gequert. Unter diesem quert man 3 m nach rechts und umgeht eine Kante. Hinter dieser durch eine Rinne 15 m gerade empor zu gutem Stand. Einem Band nach links folgend, gewinnt man den Gipfel des Torrione Est.

509 *Torrione Est (P. 3010) ESE-Wand*
V, A2 und A3. 12–14 Std. Abb. S. 219.

Extremroute über Platten und Dächer, im oberen Teil weitgehend mit künstlichen Hilfsmitteln. (Die Erstbegeher benötigten 120 H und 10 Kk, 30 H stecken gelassen.)
G. L. Marini und T. Nardella, 22.–24. August 1968.
Zugang und Einstieg: Auf R. 510 auf das Band, das die ESE-Wand von der SE-Kante zur NE-Kante durchzieht. Der Einstieg erfolgt ungefähr in der Mitte der Wand.
Routenverlauf: Zuerst 15 m aufwärts auf ein grasbewachsenes, von einem grossen Dach überragtes Felsband. Ungefähr 10 m rechts der Fallinie des Dachs über einen kleinen überhängenden Riss (3 m) empor, dann traversiert man 4 m nach links und folgt einem senkrechten Riss (2 m) und quert anschliessend 8 m längs eines horizontalen Risses nach rechts. Nun erklettert man einen senkrechten, wenig ausgeprägten Riss, der zu einer kompakten Platte (Bh) und nach weiteren 6 m, senkrecht aufwärts, zu einem unbequemen Stand führt. Man klettert durch einen schrägen Riss nach links, überwindet nach 8 m ein Dach, und erreicht, immer schräg links aufwärts, einen weiteren, unbequemen Stand. Nun folgt ein 20 m langes leichteres Stück, dann traversiert man 8 m nach rechts und erreicht einen guten Stand am Fuss eines Kamins. Man folgt dem Kamin über 2 SL (V) bis unter ein Dach, das man direkt überwindet, um einen Riss/Verschneidung zu erreichen, der zu einem Zacken mit gutem Stand führt. Dann folgt man dem Riss rechts, überwindet ein Dach, das den Riss sperrt, und erklettert einen anderen Riss/Verschneidung bis an dessen Ende. Nun nach links pendeln, über eine Rippe der Verschneidung und 1 m abwärts in einen breiten Riss. Man folgt dem Riss (H und Kk) bis ans Ende, wobei eine Nische mit Dach überwunden werden muss. Zum Schluss über leichtere Felsen zum Gipfel des Torrione Est.

Pizzo di Zocca Torrione Est von

Pizzo di Zocca
Torrione Est

508

510

509

510   *Torrione Est (P. 3010) über die SE-Kante (Via Parravicini)*
V–V+. 6 Std. Abb. S. 219.

Interessante, ausgesetzte Route in gutem Fels.
G. Cazzaniga, M. Dell'Oro und U. Tizzoni, 5. September 1937.
1. Winterbegehung: R. Merendi und L. Tenderini, 21. Februar 1959.

Zugang und Einstieg: Von der Capanna Allievi auf dem Sen
tiero Roma nach SW an den Fuss der Kante. Man steigt durch
eine kleine, grasdurchsetzte Rinne auf, die zum Fuss des ersten
Aufschwungs hinaufleitet. Dann folgt man, immer rechts der
Kante, einer Reihe von Grasbändern und gewinnt über einig
nicht leichte Stellen (III, IV) den Fuss des Turms.
Man kann auch auf R. 508 (Via Bonatti) zur Schulter am Beginn
der NE-Kante aufsteigen. Von der Schulter seilt man bis au
das Band ab, das die ganze ESE-Wand durchzieht und zun
Sattel am Fuss des Turms führt.

Routenverlauf: Vom Sattel nach rechts zu einer kleinen Platte
die man erklettert (V, H). Weiter nach rechts zu einem Stan
am Anfang der zweiten von zwei parallelen Verschneidungen
Durch diese aufwärts und auf ein Band unter einem grosse
Dach hinaus (V, V–). Nun quert man etwa 3 m nach links
überwindet ein kleines Dach und folgt einer Verschneidung
Nach etwa 8 m quert man nach links an einem kleinen hori
zontalen Riss zu einem Grasband (V, H). Über grasdurchsetzte
Platten steigt man leicht nach rechts aufwärts und kommt dann
zurück in ein enges Risskamin. Am Ende des Kamins hält man
nach links zu einem Stand bei einem Block in der Nähe der
Kante. Nach rechts querend, gelangt man in eine ziemlic
glatte Verschneidung (zahlreiche H), die man bis zu einer
Überhang begeht. Man überwindet ihn und folgt dann de
Verschneidung, bis ein weiterer Überhang zu einer Querun
nach rechts zwingt. Nach etwa 6 m kommt man zu einer lan
gen grasdurchsetzten Verschneidung (V–, IV, H). Durch dies
empor zu einem Stand bei einem gut sichtbaren Felszahn a
der Kante (IV, mit Stellen V–). Rechts des Zahns über klein
Verschneidungen zu einer Rissverschneidung. Durch dies
hinauf auf ein Band an der Kante (V–, III+). Nun nach link
durch eine leichte Rinne zum Torrione-Gipfel. (Man kann, sta
über das Band, direkt über die Kantenschneide (V, A0) au
steigen).

511 *Torrione Est (P. 3010) SSW-Wand*

V. 6 Std.

Interessante Kletterei in gutem Fels. Höhendifferenz 400 m.
A. Bignami, G. Catelli, W. Lina und V. Meroni, 1. September 1957.

Zugang und Einstieg: Auf R. 512 in das grosse ESE-Couloir
der SSW-Wand. Im Couloir aufwärts bis an den Fuss eines gut
erkennbaren Risskamins von ca. 40 m Höhe zum Einstieg
(1½ Std.).

Routenverlauf: Im Risskamin klettert man einige Meter aufwärts bis unter einen Überhang. Nun quert man unter dem
Überhang nach links zu einem Parallelriss, den man bis an
sein Ende verfolgt. Über leichtere Felsen, Felsstufen und
schmale Couloirs steigt man, schräg nach links haltend, aufwärts bis zum Anfang von zwei steilen Rissen. Im rechten
Riss, der sich weiter oben in ein Kamin ausweitet, erreicht
man einen bequemen Absatz unter einem Überhang. Dieser
wird auf der rechten Seite durch einen Riss überwunden. Man
erreicht eine überhängende Platte und quert unter dieser (H)
nach links hinaus auf eine Terrasse, die von unten sichtbar ist.
Von dieser Terrasse führt die Route weiter schräg links hinauf
zu einer Platte. Über diese gelangt man zu einem Risssystem
und über dieses zu einigen Bändern. Am linken Ende der
Bänder führt ein Riss aufwärts zu einer glatten Platte (Kk, H).
Über die Platte erreicht man leichtere, zum Torrione-Gipfel
führende Felsen.

512 *Durch das grosse ESE-Couloir*

III–. 5 Std.

Route der Erstbesteiger, nicht mehr üblich. Stark steinschlaggefährdet.
G. Melzi und A. Noseda mit G. Fiorelli und B. Sertori, 2. August 1890.

Von der Capanna Allievi folgt man dem Sentiero Roma in südwestlicher Richtung und erreicht den Ausläufer des Pizzo di
Zocca-SE-Grates, den man zwischen P. 2420 und 2270 überschreitet. Nun zuerst etwas in W, dann in NW Richtung über
Weiden und Geröll zum Beginn des Couloirs, das die ganze
SSW-Wand von E nach W schräg aufwärts durchzieht und in der
Lücke zwischen Haupt- und Westgipfel endet (1 Std.). Man
durchklettert das stark dem Steinschlag ausgesetzte Couloir in
seiner ganzen Länge (Höhendifferenz 500 m) bis zur Lücke im

W-Grat. Von der Lücke über Platten hart an der Kante auf der Albignaseite zum Gipfel.

512a *Variante*

Wenig unterhalb der Lücke im W-Grat verlässt man das Couloir nach rechts (E) und klettert über sehr steile, aber gute Felsen direkt zum Gipfel hinauf.

513　*W-Gipfel ESE-Grat («Cresta della Rosa Rossa»)*

V, mit Stellen V+. 9 Std.

Langer, interessanter Aufstieg in gutem Fels. Höhendifferenz ca. 550 m. K. I. Meldrum, Mrs. und N. A. J. Rogers und I. Roper, 10. August 1968.

Zugang und Einstieg: Auf R. 512 in das grosse ESE-Couloir. Leichte Platten und Bänder führen zum Einstieg beim ersten Turm des ESE-Grates (1½ Std.).

Routenverlauf: Vom Fuss des ersten Gratturms über eine grasbewachsene Rampe auf der rechten Seite aufwärts, das erste überhängende Gratstück umgehend. Dann durch ein Kamin (III) empor und nach links traversieren, indem man den Grat umgeht bis zu Bändern oberhalb der Überhänge. Über den Grat weiter klettern, bis er wieder steiler wird. Man kann entweder durch einen Riss auf der Schneide (V+) oder durch einen leichteren (IV+), 4 m mehr rechts, und über eine darauffolgende Platte aufsteigen. Der folgende Riss, 30 m, bietet am Anfang Schwierigkeiten (V). Weiter, zuerst links, dann rechts haltend, auf Platten (IV+) an den Fuss einer steilen Platte mit kleinen Schuppen. Über diese (V) und darnach auf leichteren Felsen zum Gipfel des Felsturms. Es folgen drei kleinere Türme; den ersten umgeht man auf der rechten Seite, den zweiten überklettert man, und den dritten umgeht man auf der linken Seite und gelangt an den Fuss des zweiten grossen Felsturms. Zuerst über leichte Blöcke, dann durch eine kurze steile Verschneidung zu einer breiten, glatten Platte auf der rechten Seite des Turms. Durch einen Riss im Grund einer Verschneidung, der gegen das Ende hin steiler wird (V), erreicht man leichtere Felsen und den Gipfel des zweiten Felsturms. Man folgt dem Grat, dann bequemen Bändern auf der rechten Seite zu einem kurzen, meistens schneebedeckten Grat. Den folgenden Turm umgeht man links und folgt dem steilen Grat (einige Stellen III) bis in die Nähe des Gipfels, den man nach Überwindung eines letzten Überhangs erreicht.

514 *W-Gipfel S-Wand*

III. 5 Std.

Interessante Kletterei mit IIIer Stellen, die als Ausweichroute empfohlen werden kann, wenn das Couloir zur Bocchetta di Zocca vollständig ausgeapert ist.
A. Bonacossa und G. Zanelli, 6. September 1928.

Von der Capanna Allievi auf R. 515 an den Fuss des steilen Couloirs zur Bocchetta di Zocca. Über ein breites Band oberhalb des untersten Felsabsturzes quert man zum ausgeprägten Couloir, das, vom W-Grat kommend, die S-Wand durchzieht. Durch das felsige Couloir und über Bänder, zuletzt etwas rechts haltend, zum Westgipfel und auf R. 515 zum Hauptgipfel.

515 *Von der Capanna Allievi über den WSW-Grat*

III. 5 Std. Abb. S. 215.

Normalroute. Empfehlenswert, auch für den Abstieg.
A. und R. Balabio, A. und R. Calegari und G. Scotti, 6. August 1910.

Von der Capanna Allievi folgt man dem Sentiero Roma in SW Richtung und erreicht den Ausläufer des Pizzo di Zocca-SE-Grates, den man zwischen P. 2420 und 2270 überschreitet. Nun steigt man über Moränengeröll gegen P. 2699 am S-Fuss des W-Gipfels. Von dort gelangt man über einen kleinen Gletscher zum Beginn eines grossen Couloirs (im Vorsommer schneebedeckt), das zur Bocchetta di Zocca (P. 3004), einer breiten Scharte im WSW-Grat, führt. (Ist das ziemlich steile Couloir aper, so benützt man mit Vorteil die Felsen auf der E-Seite des Couloirs.) Von der Bocchetta di Zocca folgt man dem WSW-Grat in schöner, abwechslungsreicher Kletterei zum W-Gipfel. Dabei wird der erste, blockartige Aufschwung überklettert, ein zweiter Aufschwung über eine Platte und der W-Gipfel über den Grat gewonnen. Vom W-Gipfel steigt man in die Scharte zwischen diesem und dem Hauptgipfel ab und gelangt über den W-Grat (Platten hart an der Kante auf der Albignaseite) zum Gipfel.

516 *Von der Capanna da l'Albigna über WSW-Grat*

ZS. III. 5½ Std. Abb. S. 215.

Günstig im Vorsommer, wenn der sehr breite Bergschrund überwunden werden kann. Steinschlaggefahr beachten.
E. L. Strutt mit Josef Pollinger, 16. Juni 1913.

Von der Capanna da l'Albigna auf R. 501 auf den Vadrec da l'Albigna. Zuerst in südlicher Richtung aufwärts und, an der grossen Mittelmoräne westlich vorbeigehend, schwenkt man nach SW ab, steigt dann westlich des vom W-Gipfel des Pizzo di Zocca herunterkommenden Grates über den Gletscher auf und gewinnt die zur Bocchetta di Zocca (P. 3004) hinaufführende, im oberen Teil stark ausgeaperte Firnhalde. Nach dem Bergschrund über den steilen Firnhang und über Felsen zur Bocchetta di Zocca. Von der Scharte auf R. 515 zum Gipfel.

517 *Über den westlichen NW-Grat*

II+. 5 Std. Abb. S. 215.

Empfehlenswerter Aufstieg, wenn die obersten Schründe der R. 503 nicht mehr passierbar sind.
W. Risch mit 4 Mitgliedern der SAC Sektion Basel, 1928.

Von der Capanna da l'Albigna auf R. 501 auf den Vadrec da l'Albigna. Zuerst in südlicher Richtung aufwärts und, an der grossen Mittelmoräne westlich vorbeigehend, schwenkt man nach SW ab. Nun steigt man westlich des vom W-Gipfel des Pizzo di Zocca nach NW herunterziehenden Grates über den Gletscher auf, schwenkt dann nach E ab und gewinnt den Grat durch eine Rinne direkt oberhalb des mächtigen Turms (P. 2899). Nun verfolgt man den Grat meistens auf der E-Seite in morschen Felsen bis zum W-Gipfel. Dann steigt man in die Lücke zwischen dem niedrigeren W-Gipfel und dem Hauptgipfel ab und gewinnt diesen über den W-Grat.

Bocchetta di Zocca, 3004 m

Ohne Namen auf der LK. Breite Felsscharte am Fuss des WSW-Grates des Pizzo di Zocca. Kein Übergang, sondern Anstieg zum SW-Grat des Pizzo di Zocca.
Von N R. 516, von S R. 515.

Torrione di Zocca, ca. 3080 m

Ohne Namen und Höhenangabe auf der LK. Charakteristischer, oben abgerundeter Turm unmittelbar westlich der Bocchetta di Zocca.

518   *E-Grat*

II. ½ Std. Abb. S. 215.

E. L. Strutt mit Josef Pollinger, 16. Juni 1913.

Von der Bocchetta di Zocca unschwierig zum höchsten Punkt.

519   *Vom Colle Màsino über den W-Grat*

II. 1 Std. Abb. S. 215.

Brüchiges Gratstück, das vor allem bei einer Überschreitung vom Pizzo di Zocca zu den Pizzi del Ferro begangen wird.
H. Rütter mit Ph. Wieland, 5. Juli 1945.

Vom Colle Màsino ohne Schwierigkeiten über den brüchigen Grat und zuletzt über den leichten W-Grat zum höchsten Punkt.

Colle Màsino, 3061 m

Pass zwischen Pizzo di Zocca (3174 m) und Pizzo Ferro Orientale (3199 m). Er liegt am Anfang des E-Grates des Pizzo Ferro Orientale und hat als Übergang keine Bedeutung, sondern wird bei der Besteigung des Pizzo Ferro Orientale benützt. Der in früheren Auflagen des Clubführers verwendete Name Colle del Qualido ist durch die auf der Südseite übliche Bezeichnung Colle Màsino ersetzt worden. Es entsteht damit eine klare Unterscheidung zum Passo Qualido (2647 m), der vom Valle Qualido ins Valle del Ferro führt.

520   *Von Norden*

S. 4 Std. Abb. S. 215.

Steiler Anstieg, der eigentlich nur im Vorsommer empfohlen werden kann, da die Route bei Blankeis und Ausaperung im oberen Teil heikel und steinschlägig sein kann.
A. von Rydzewsky mit Ch. Klucker, 28. Juni 1893.

Von der Capanna da l'Albigna auf R. 501 auf den Vadrec da l'Albigna. Man lässt die Moräne am N-Fuss des Pizzo di Zocca östlich liegen und hält dann südwestliche Richtung ein, umgeht den vom westlichen Vorgipfel des Pizzo di Zocca nach NW

herunterziehenden Grat (mit dem Turm P. 2899) und steigt
westlich desselben über den Gletscher an den Fuss des zum
Colle Màsino führenden Firnhangs. Über die Bergschründe
aufwärts zur steilen Firnwand unterhalb des Übergangs. Nach
der Firnwand folgen bei aperen Verhältnissen Platten und Felsstufen, die man anfänglich in der Mitte, dann auf der westlichen Seite ersteigt.

521 *Von Süden*

L. 3 Std.

Leichter Anstieg über Geröll und Firn.

Von der Capanna Allievi auf R. 522 zum Passo dell'Averta und
auf der W-Seite des Passes ins Valle Qualido. Dann über Geröll
und Schutt in nordwestlicher Richtung zum kleinen Gletscher
auf der S-Seite des Übergangs. Ohne Schwierigkeiten gelangt
man über diesen Gletscher zum Colle Màsino.

Passo dell'Averta, ca. 2540 m

Ohne Höhenangabe auf der LK. Leichter Übergang von der Capanna
Allievi ins Valle Qualido (Teil des Sentiero Roma). Ferner vermittelt
er den kürzesten Zugang zu den Pizzi del Ferro von der Capanna
Allievi aus.

522 *Von der Capanna Allievi*

EB. 1¼ Std.

Von der Capanna Allievi auf dem Sentiero Roma um den Ausläufer des SE-Grates des Pizzo di Zocca (nördlich P. 2270 m
herum in das Tälchen zwischen dem Pizzo di Zocca und den
das Valle Qualido im E begrenzenden Felsenzug. Über diesen
führt der mit Drahtseilen gesicherte Passo dell'Averta.

523 *Vom Bivacco Molteni*

EB. 1½ Std.

Vom Bivacco Molteni auf R. 533 zum Passo Qualido; auf markiertem Pfad, das Valle Qualido querend, gelangt man zum
Übergang.

Pizzo Ferro Orientale, 3199 m

Ohne Namen auf der LK. Ostgipfel der Pizzi del Ferro. Der Name Punta Qualido wird nicht mehr verwendet, da er nicht gebräuchlich ist und vermutlich ursprünglich dem östlichen Vorgipfel des Pizzo Ferro Orientale galt, dort wo der SSE-Grat zum Passo Qualido abzweigt.

524 *Vom Colle Màsino über den E-Grat*

III? 1 Std.? Abb. S. 231.

Dieser Anstieg ist 1988 durch einen Felsabbruch verändert worden. Genauere Angaben, insbesondere über eine Begehung nach dem Abbruch, fehlen.

A. von Rydzewsky mit Ch. Klucker, 28. Juni 1893.

Vom Colle Màsino folgt man dem Grat schwierig über einen Grataufschwung und dann recht exponiert über ein schmales Gratstück und weiter über den Grat zum eigentlichen Gipfelaufbau. Zwischen grossen Blöcken hindurch und über ein kurzes flaches Stück zum Gipfelturm auf dem östlichen Vorgipfel. Man umgeht den Felsturm oder erklettert ihn in einem leichten Riss von NW her. Weiter über den Grat in die Scharte zwischen E- und Hauptgipfel und über den Blockgrat zum Gipfel.

524a *Variante*

Man kann auch vom Colle Màsino nach S absteigen und über Firnfelder den E- und Hauptgipfel erreichen. Heute sind die Firnhänge zum Teil ausgeapert, es liegt viel loses Gestein herum und abgeschliffene Platten kommen zum Vorschein, so dass diese Variante nicht empfohlen werden kann.

525 *Von S*

II. 3 Std.

Kaum lohnend.

A. und V. Bertarelli mit G. Rigamonti, 28. Juli 1883.

Vom Bivacco Molteni auf R. 531 an den Fuss der SW-Wand. Ungefähr in der Mitte der SW-Wand steigt man in einem Couloir auf, hält dann links, westlich, und erreicht die erste Terrasse. Von ihrem westlichen Ende aus gelangt man zum oberen Firnhang und erreicht über Blöcke die Scharte östlich des Gipfels und diesen selbst über den E-Grat.

526 *Von der Bocchetta Ferro-Albigna (P. 3053 m) über den W-Grat*

III. 1 Std. Abb. S. 231.

Vermutlich G. Fiorelli, 1882 oder 1887, sicher aber E. H. Bradby und C. Wilson, 2. August 1911 im Abstieg.

Aus der tief eingeschnittenen Scharte steigt man in steilen, aber gut erkletterbaren Felsen empor. Dann über den flacher werdenden Grat, teilweise etwas exponiert, zum breiten Geröll- und Schneehang, der zum Gipfel hinaufführt.

527 *NNW-Wand (W-Sporn)*

SS. IV+, eine Stelle V−. 8 Std. Abb. S. 231.

Firn- und Felsroute, die stark von den Verhältnissen abhängig ist Höhendifferenz ca. 500 m.
G. Lafranconi und N. Nusdeo, 1. Juli 1964.

Zugang und Einstieg: Auf R. 529 an den Wandfuss (2 Std.) Der Einstieg erfolgt beim Firnhang auf der W-Seite des Sporns

Routenverlauf: Man überwindet den Bergschrund (Stein schlaggefahr), und über brüchigen Fels gelangt man zum Pfeiler (etwas links des Grates). Man folgt einer deutlichen Linie von Bändern in Schnee und Fels schräg nach links aufwärts Nach zwei SL hält man nach rechts, überwindet ein kurzes, vereistes Kamin, das nach rechts zum Grat führt (es ist möglich über die Firnflanke rechts des Sporns bis zu diesem Punkt zu zusteigen). Man meidet das folgende steile Gratstück und steigt zwei SL durch vereiste Couloirs auf der rechten Seite auf Dann nach links und über eine kurze Wandstufe (IV) auf der Grat zurück. Weiter über Firn und felsige Platten bis zu einen steileren Stück. Nun diagonal nach links über Firn (Eis) und eine kleine Wand zu einem weiteren Schneefeld. Oberhalb dieses Schneefelds, immer noch auf der linken Seite des Pfeilers über Platten und Rinnen (IV, IV+) zum Grat. Über Platten und Risse wenig rechts des Grates (III und IV) empor (stellenweise schneebedeckt). Dann links der Schneide weiter bis zu einem Vorsprung, dem man nach links ausweicht (eine Stelle V−). Nun verringert sich die Steigung, und über Schnee (allenfalls Eis) und Blöcke gelangt man zum Gipfelgrat.

527.1 *NNW-Wand*

Steileiskletterei – 65°, Fels III. 6 Std. Abb. S. 231.

Steile Eis- und Firnwand westlich des W-Sporns.
G. Bonfanti, P. Pivetta, R. Quagliotto, 12. Juli 1987.

Zugang und Einstieg: Auf R. 529 an den Wandfuss (2 Std.).
Der Einstieg erfolgt in der Mitte des Firnhangs auf der W-
Seite des W-Sporns.

Routenverlauf: Man steigt über die meistens vereiste Firnwand
auf (50°), die in etwa ⅔-Wandhöhe an einer Felsstufe endet.
Dann biegt man nach links ab, um eine deutliche Rinne zu
erreichen, wobei zuerst ein felsiger Engpass (5 m, III) überwunden werden muss. Weiter durch die vereiste Rinne westlich der W-Rippe (60–65°) aufwärts zum W-Grat und über
diesen zum Gipfel.

528 *N-Wand, NW-Couloir zum Sattel zwischen Ost- und Hauptgipfel*

Steileiskletterei – 60°. 5–6 Std. Abb. S. 231.

Firn- und Eisroute, die nur im Vorsommer begangen werden kann.
Höhendifferenz 450 m.
D. Erba und O. Pivetta, 6. Juli 1979.

Zugang und Einstieg wie bei R. 529.
Routenverlauf: Nach der Überwindung des Bergschrundes in
direkter Linie aufwärts zum Sattel zwischen dem östlichen Vor-
und dem Hauptgipfel. Vom Sattel in westlicher Richtung über
den Blockgrat zum Gipfel.

529 *Nord-Wand*

Steileiskletterei – 65°. 5–6 Std. Abb. S. 231.

Anstieg in Firn und Eis, der nur im Vorsommer möglich ist. Höhendifferenz 500 m.
E. L. Strutt mit J. Pollinger, 26. Juni 1914.
1. Winterbegehung: P. L. Bernasconi und E. Masciadri, 3. März 1957.

Zugang: Von der Capanna da l'Albigna auf R. 501 auf den Vad-
rec da l'Albigna. Man lässt die Moräne am N-Fuss des Pizzo di
Zocca östlich liegen und hält dann nach SW und gelangt so an den
Fuss der N-Wand.

Routenverlauf: In der Fallinie des Gipfels über den Bergschrund aufwärts in die steile Wand. Die Route führt westlich

der NW-Kante zum östlichen Vorgipfel, den man wenige Meter
östlich des Felsturms beim Vorgipfel erreicht.Man umgeht den
Felsturm oder erklettert ihn in einem leichten Riss von NW her.
Weiter über den Grat in die Scharte zwischen E- und Hauptgipfel und über den Blockgrat zum Gipfel.

530　*Über die Nordwestkante (E-Sporn der NNW-Wand)*
IV, Schlüsselstelle V. 6–7 Std. Abb. S. 231.

Sehr schöne, lohnende Tour in einer grossartigen Landschaft. Kanten-
höhe ca. 500 m.
M. Eichelberg mit K. Meuli, 6. September 1958.

Zugang: Von der Capanna da l'Albigna auf R. 529 an den Fuss
der NW-Kante (2 Std.).

Routenverlauf: Unmittelbar links der Rinne, in die das westlich
des Grates gelegene Couloir mündet, wird über griffarme Platten eingestiegen. Man wendet sich gleich zur Kante und erreicht sie über eine kleine senkrechte Stufe. Ein leicht überhängender Aufschwung führt zu einer abschüssigen gelben
Platte. Man verlässt diese nach wenigen Metern und gewinnt
(linkerhand) in feingriffiger Kletterei die Schneide zurück.
Nach einem weiteren, gutgestuftem Aufschwung gelangt man
vor einen schwarzen, «durchrissenen Kopf» (Schlüsselstelle).
Auf leichtem Band nach rechts in eine feuchte, überhängende
Verschneidung, die von einem Überhang überdacht wird. Die
anfänglich grifflose Verschneidung wird an ihrer linken Begrenzung erklettert (heikel). Nun nicht über das lose Dach
des Überhangs, sondern schwierig nach rechts hinaus. Es wird
der grünlich gefärbten Kante gefolgt, bis man links in das feine
Risssystem einer steilen, 30 m hohen Platte abgedrängt wird
(schwierig). Einige Schritte nach rechts hinauf und zum Grat
Möglichst auf der Kante bleibend, mehrere Seillängen aufwärts. Ein Grataufschwung wird links über einen kurzen, kraft-
raubenden Überhang erklettert (exponiert). Der grosse Absatz, dessen senkrechte gelbe Platte schon vom Gletscher her
auffällt, wird an seiner rechten Flanke durch einen griffarmen
Riss über drei kleine Wülste hinweg erstiegen. Von hier, ohne
den Grat zu verlassen, in anregender Kletterei zum Gipfel.

Abstieg: Man steigt vorteilhaft auf der S-Seite (2 Abseilstellen)
zum Sentiero Roma ab und erreicht über diesen Pfad das Bivacco Molteni oder die Capanna Allievi.

Pizzo Ferro Orientale N-Wand

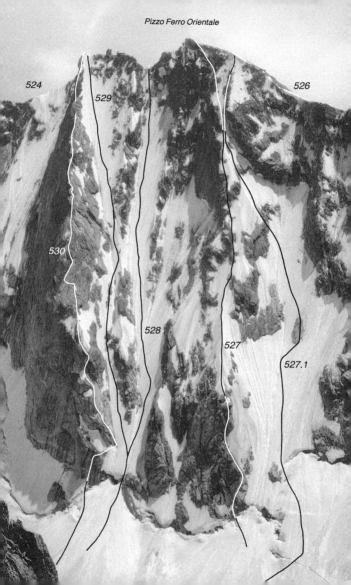

Pizzo Ferro Orientale

524

529

526

530

528

527

527.1

Bocchetta Ferro-Albigna, 3053 m

Ohne Namen auf der LK. Tiefster Punkt im Grat zwischen Pizzo Ferro Orientale (P. 3199) und Torrione del Ferro (P. 3234). Nicht zu verwechseln mit der Bocchetta del Ferro (ca. 3010 m) im SSW-Grat des Pizzo Ferro Occidentale.

531 *Von S*

III. 3 Std.

Zeitweise steinschlägig.

Vom Bivacco Molteni etwa 500 m auf dem Sentiero Roma nach E, dann in nördlicher Richtung über Gras- und Geröllhalden aufwärts zu den Firnfeldern unterhalb der tief eingeschnittenen Bocchetta. Über leichte Felsstufen und ein breites Band gelangt man zu einem steilen Couloir. Der Aufstieg durch das Couloir ist wegen des faulen Gesteins heikel, und ein eingeklemmter Block bietet einige Schwierigkeiten.
Von einem Aufstieg auf der N-Seite wird wegen der grossen Steinschlaggefahr dringend abgeraten.

Passo Qualido, 2647 m

Übergang zwischen dem Valle Qualido und dem Valle del Ferro, der zum Sentiero Roma gehört.

532 *Von der Capanna Allievi*

EB. 2 Std.

Von der Capanna Allievi auf dem Sentiero Roma zum Passo dell'Averta (R. 522), dann, das Valle Qualido querend, auf zum Teil mit Drahtseilen gesicherten Bändern zum Pass.

533 *Vom Bivacco Molteni*

EB. 1 Std.

Vom Bivacco Molteni auf dem Sentiero Roma über Gras und Geröll zum Passo Qualido.

Torrione del Ferro, 3234 m

Ohne Namen auf der LK. Kühner Felsturm in der Gruppe der Pizzi del Ferro. Die Überschreitung des Grates vom Pizzo Ferro Orientale (P. 3199) bis zur Cima della Bondasca ist sehr lohnend und interessant. Von W nach E ist die Überschreitung leichter, da über die schwierigen Steilstufen abgeseilt werden kann.

534 *Von der Bocchetta Ferro-Albigna über den E-Grat*

III+. 2½ Std.

Interessanter, langer Platten- und Blockgrat.
H. Rütter mit Ch. Klucker, 5. Juli 1927.

Von der tief eingeschnittenen Scharte steigt man wenig nach S ab und erreicht ein plattiges Kamin, das erklettert wird. Nun eine nach S orientierte, ziemlich steile Platte hinauf an den Fuss eines senkrechten Absatzes, den man über einen plattigen Riss rechts überwindet. Exponiert und schwierig. In kurzer, leichter Kletterei wird sodann die kleine Terrasse, westlich oberhalb der Bocchetta, erreicht.
Der nun folgende leichtere Grat kann auf Bändern auf der S- oder N-Seite umgangen werden und führt ohne besondere Schwierigkeiten zum Gipfel.

534a *Variante*

Von der Scharte kann man an einem sehr feinen, senkrechten Riss, zuerst gerade aufwärts, dann leicht rechts haltend, den Steilaufschwung erklettern.

W. Diehm mit W. Risch, 2. September 1931.

535 *N-Couloir und E-Grat*

SS. 5–6 Std.

Sehr steiles Eiscouloir (50–60°). Stark ausgeapert, steinschlägig. Nur bei sehr guten Verhältnissen begehbar.
Hans Rütter mit Christian Klucker, 28. Juni 1922.

Von der Capanna da l'Albigna auf R. 501 in den obersten Kessel des Vadrec da l'Albigna und nach Südwesten an den Fuss des steilen, etwa 300 m hohen Eis- und Firncouloirs, das sich zum Gipfelturm des Torrione del Ferro emporzieht und sich an dessen Nordfuss in zwei Arme teilt. In diesem Couloir, das zuoberst sehr steil ist, steigt man empor und benützt oben den östlichen Arm, um über die Felsen des nordöstlichen Pfeilers den E-Grat zu erreichen, über dessen Südseite der höchste Punkt unschwierig erstiegen wird.

535.1   *NE-Wand («Wilderness»)*, Nachtrag S. 501.

536   *W-Grat*
IV. 1 Std. Abb. S. 239.
Sehr schöne Route, schwierigstes Gratstück bei der Überschreitung der Pizzi del Ferro von W nach E. E. Jecker mit W. Risch, 1928.

Von der Bocchetta del Torrione, die man vom Vadrec da l'Albigna oder vom Gipfel der Punta Est der Cima della Bondasca auf R. 543 erreicht, zuerst eine SL über lose Felsen aufwärts. Der folgende Gratturm wird auf der Albignaseite umgangen. Wieder auf dem Grat wird man in die Südwand gedrängt und erreicht dann über Platten einen guten Stand auf dem Grat. Nun Quergang in die N-Wand hinter einer mächtigen, aufstehenden Platte durch und in einer Rinne auf den Gipfel.

537   *SE-Wand*
IV. 4—5 Std. Abb. S. 239.
Route der Erstersteiger; nicht empfehlenswert, denn die Kletterei über die steilen, durch herabfliessendes Wasser glitschig gewordenen Felsen ist nicht lohnend und heikel.
H. Ellensohn, A. Perrotti mit B. Sertori, 29. Juli 1900.

Vom Bivacco Molteni auf R. 531 eine kurze Strecke in der Richtung der Bocchetta Ferro-Albigna hinauf, worauf man links, westlich, hält und leicht die grosse Schutt-Terrasse nördlich P. 2726 an der Basis des Torrione del Ferro erreicht. Ungefähr von der Mitte der Terrasse aus (ca. 3000 m) steigt man in ein Kamin ein und durchklettert es bis an sein oberes Ende. Oberhalb des Kamins erreicht man über unschwierige Felsen, Schnee und Geröll den Gipfel.

538   *S-Grat*
III? 4—5 Std. Abb. S. 239.
O. Heid und W. Schärer mit W. Risch, im Abstieg, 26. Juli 1928.

Auf R. 537 an die Basis der SE-Wand des Torrione del Ferro. Nun in westlicher Richtung zum S-Grat und auf dem Grat aufwärts, wobei die Steilstufen auf der W-Seite umgangen werden.

Bocchetta del Torrione, ca. 3170 m

Ohne Namen und Höhenangabe auf der LK. Scharte zwischen Torrione del Ferro und Punta Est der Cima della Bondasca. Die Bocchetta del Torrione wird bei der Besteigung der beiden vorerwähnten Gipfel begangen und beschrieben.

Von N R. 543.
Von S ist kein Anstieg bekannt; er wäre bestimmt sehr steinschlaggefährlich.

Punta Est der Cima della Bondasca (Vetta orientale des Pizzo del Ferro Centrale), ca. 3260 m

Ohne Namen und Höhenangabe auf der LK. Dieser Gipfel bildet den südwestlichen Abschluss des Tales des Vadrec da l'Albigna.

539 *Vom Colle dell'Albigna über die N-Seite*

L. ½ Std.

Vom Colle dell'Albigna über einen breiten Gletscherrücken aufwärts und zuletzt über den W-Grat zum Gipfel.

Ski. Lohnende Skitour.

540 *Von der Cima della Bondasca über den W-Grat*

L. ½ Std. Abb. S. 239.

Leichter, sehr schöner Grat.

Über Felsen und Schnee steigt man zu einem breiten Grateinschnitt ab und gelangt über einen schönen Schneegrat auf die Punta Est der Cima della Bondasca.

541 *S-Wand*

V. 6 Std. Abb. S. 239.

Interessante, schwierige Kletterei.
R. Compagnoni und V. Meroni, 16. Juli 1959.

Vom Bivacco Molteni steigt man in nördlicher Richtung über Gras- und Geröllhalden zum Gletscher auf, der zwischen dem S-Grat der Cima della Bondasca und einer Felsbastion südlich der Punta Est eingebettet ist. Über den Gletscher aufwärts an den Fuss der S-Wand und zum Einstieg. Dieser befindet sich links der gut sichtbaren Wasserrinne, die aus einer wenig

ausgeprägten Verschneidung herunterkommt. Über glatte
Platten hinauf auf einen Absatz. Von diesem über einen 5–6 m
hohen Überhang, der an einem Riss überwunden wird. Weiter
über eine Reihe kurzer Verschneidungen zum oberen Wandteil. In schöner Freikletterei gelangt man über zerrissene
Platten und Schuppen zum Gipfel.

542 S-Sporn

V+. 6 Std. Abb. S. 239.

Sehr schöne Kletterei in wilder Einsamkeit. Bester Granit. Sehr lohnend ist die Traversierung zur Cima della Bondasca mit Abstieg zum
Passo del Ferro.

G. Miotti, L. Mottarella und M. Spini, September 1980.

Zugang und Einstieg: Vom Bivacco Molteni steigt man in nördlicher Richtung über Gras- und Geröllhalden zum kleinen
Gletscher am S-Fuss der Bocchetta del Torrione (Scharte zwischen Torrione del Ferro, P. 3234, und Punta Est der Cima della
Bondasca). Man steigt auf der E-Seite des von der Bocchetta
del Torrione kommenden Couloirs auf, überwindet den Bergschrund und quert dann nach links zu den Felsen.

Routenverlauf: Über Schuppen und Stufen klettert man schräg
nach links bis zu einem Grasband an der Kante des Sporns
(IV, eine Stelle V+). Die folgenden Platten führen an den Fuss
des ersten, überhängenden Aufschwungs (IV und III). Stand
etwas oberhalb und rechts des engen Kamins, das ihn durchzieht. Durch das Kamin aufwärts zum Ansatz einer flachen
Verschneidung, die man durchsteigt (V und V+). Stand auf
einem Band etwa 4 m links des Ausstiegs am Anfang einer
zweiten Verschneidung (H). Nach etwa 2 m quert man nach
rechts in eine dritte Verschneidung, die man durchsteigt und
nach links zu einem Stand bei einem kleinen Spalt gelangt
(V und V+). Nun direkt gegen den zweiten, überhängenden
Aufschwung empor. Nach etwa 10 m quert man nach links
über Platten und kleine Verschneidungen bis zu einem Band
am Fuss des linken Randes des Aufschwungs (IV+ und V).
Ein kleiner Überhang aus Schuppen gestattet es, den Aufschwung zu überwinden. Dann weiter in der W-Flanke über
rissarmen, aber unschwierigen Fels bis zum Beginn einer Rinne, die nach rechts gegen eine Kanzel an der Kante hinaufzieht (IV und V). In der Rinne aufwärts; kurz bevor man die

Kanzel erreicht, klettert man nach links auf die Kante, wobei man einer sehr schönen Schuppe etwa 20 m folgt (V+, IV+ und V). Dann durch eine kurze Rinne mit Blöcken und nach links auf ein Band am Anfang eines Kamins (III und IV, Stand). Über die Platten links des Kamins, dann durch das letzte Stück des Kamins zu Stand (IV+ und V, IV+). Man folgt nun, leichter, der Kante bis zu einem Band unterhalb des Gipfels, an dessen rechtem Rand man den letzten Abschnitt des E-Grates und den Gipfel erreicht.

543 *N-Couloir und E-Grat*

S. E-Grat IV+. 6–7 Std.

Steiles Eiscouloir (50–60°). Stark ausgeapert, steinschlägig. Nur bei sehr guten Verhältnissen begehbar.
E. L. Strutt mit J. Pollinger, 11. Juni 1913.

Von der Capanna da l'Albigna auf R. 501 in den obersten Kessel des Vadrec da l'Albigna und nach Südwesten an den Fuss des steilen, etwa 300 m hohen Eis- und Firncouloirs, das sich zum Gipfelturm des Torrione del Ferro (P. 3234) emporzieht und sich an dessen Nordfuss in zwei Arme teilt. In diesem Couloir, das zuoberst sehr steil ist, steigt man empor und erreicht über den westlichen Arm die Bocchetta del Torrione, die Scharte zwischen dem Torrione del Ferro und der Punta Est der Cima della Bondasca. Der nun zum Gipfel führende E-Grat ist im untersten und obersten Teil sehr steil und schwierig (IV+). Von der Bocchetta del Torrione an einem Riss auf der Albigna-Seite aufwärts zu Platten und über diese hinauf über den ersten steilen Teil (40 m, Abseilstelle). Das nun folgende leichte Gratstück führt zum Gipfelaufbau. Dieser wird über ein brüchiges Band auf der S-Seite angegangen und über steile Platten und Risse erklettert (Abseilstelle).

Cima della Bondasca (Pizzo del Ferro Centrale), 3289 m

Dieser Doppelgipfel ist der Kulminationspunkt der Pizzi del Ferro. Der höhere E-Gipfel ist die Cima della Bondasca. Um weniges niedriger und durch einen Schneesattel getrennt ist der westliche Vorgipfel. Der östliche Vorgipfel zwischen P. 3234 (Torrione del Ferro) und der Cima della Bondasca wird mit Punta Est der Cima della Bondasca (ca. 3260 m) bezeichnet und separat beschrieben.

544 *Vom Passo dell'Albigna über die N-Flanke*

L. ½ Std.

L. Held, 1876.

Vom Passo dell'Albigna auf dem breiten Gletscherrücken direkt zum Gipfel.

Ski. Schöne Skitour.

545 *Von der Punta Est der Cima della Bondasca über den E-Grat*

L. ½ Std.

Leichter, sehr schöner Grat.

Über einen schönen Schneegrat steigt man zu einem breiten Grateinschnitt ab und gelangt über Felsen und Schnee ohne Schwierigkeiten zur Cima della Bondasca.

546 *SE-Wand*

V+, A2. 8 Std. Abb. S. 239.

Wandhöhe 300 m. Die ersten 120 m bieten sehr schwere Kletterei (V+, A2), nachher wird der Aufstieg leichter (III und IV).
M. Zappa und R. Zocchi, 26. Juni 1966.

Zugang und Einstieg: Vom Bivacco Molteni auf R. 541 an den Fuss der SE-Wand links eines Basis-Bandes riesiger glatter Platten (2 Std.).

Routenverlauf: Man lässt ein breites, schwärzliches Kamin rechts, steigt durch eine enge Riss/Verschneidung (V+, 20 m, 6 H) aufwärts und klettert über ein exponiertes Stück weiter zu einem kleinen Absatz. Nun rechts durch einen Riss, der senkrechte Platten trennt (V+, A2, 8 H), zu einem schlechten Stand empor. Weiter durch den Riss, der weniger steil wird, sich ausweitet und eine heikle, freie Kletterei erlaubt, aufwärts (V+, 6 H, 1 Kk). Nun in eine Verschneidung/Kamin mit kurzer Traverse nach rechts und in dieser 10 m aufwärts. Dann quert man nach links und gelangt mit einem grossen, heiklen Spreizschritt nach links (1 H, 1 Kk) in die Nähe eines grossen, auch von unten gut sichtbaren Blockes. Durch ein Kamin/Couloir steigt man schräg nach rechts und erreicht besser gegliederte Felsen. Weiter in amüsanter Kletterei in der Mitte der Wand über Platten (III und IV) bis unter den Gipfel aufwärts. Diesen erreicht man über einige Risse und Schuppen.

Pizzi del Ferro von S

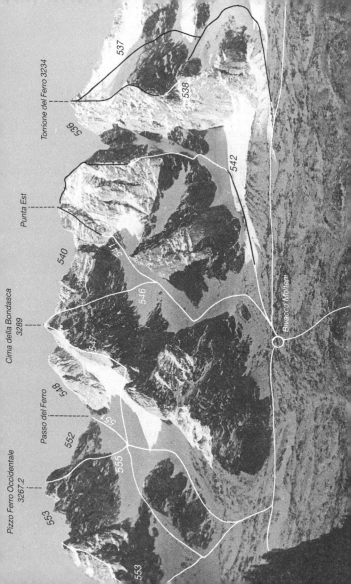

Tornione del Ferro 3234

Punta Est

Cima della Bondasca 3289

Passo del Ferro

Pizzo Ferro Occidentale 3267.2

Bivacco Mollem

537

538

536

542

540

546

547

548

551

552

555

553

553

547 *S-Grat*

III. 4 Std. Abb. S. 239.

Interessanter und sicherer Aufstieg.
L. Binaghi, A. Bonacossa und U. di Vallepiana, 22. September 1929.

Zugang und Einstieg: Vom Bivacco Molteni steigt man auf R. 551 zum Gletscher südlich des Passo del Ferro auf. Vom mittleren Gletscherplateau quert man in östlicher Richtung zum S-Grat, den man über eine Wandstufe mit schlechtem Fels erreicht (2½ Std.).

Routenverlauf: Man steigt ein Stück weit längs der Gratschneide mit herrlich angeordneten, soliden Felsen an, wobei man sich bis über den steilsten Teil hinaus ein wenig an die sicheren Risse links hält. Auf einem sehr breiten Band auf der rechten Seite wird dann ein Teil des Grates umgangen. Nachher folgt man wieder dem Grat, der in schöner Plattenkletterei zum Gipfel führt.
Bei sehr guten Schneeverhältnissen könnte auch durch das Couloir zwischen dem Hauptgipfel und dem westlichen Vorgipfel aufgestiegen werden. Steinschlaggefährlich!

548 *Vom Passo del Ferro über den W-Grat*

L. ½ Std. Abb. S. 239.

Vom Passo del Ferro in leichter Kletterei zum westlichen Vorgipfel. Von dort nach E zum Schneesattel absteigen und über den zerrissenen Felsgrat zur Cima della Bondasca.

549 *Vom Passo di Bondo*

L. ½ Std.

Vom Passo di Bondo steigt man auf den Vadrec da la Bondasca ab und gelangt über den Gletscher, nach E aufsteigend, zum Gipfel.

Passo del Ferro, ca. 3200 m

Ohne Höhenangabe auf der LK. Breiter Schneesattel zwischen der Cima della Bondasca (3289 m) und des Pizzo Ferro Occidentale (P. 3267.2). Der Übergang verbindet das Val Bondasca mit dem Valle del Ferro.

550 *Von der Capanna di Sciora*

ZS. 4 Std.

Von der Capanna di Sciora verfolgt man R. 801 zum Passo di Bondo bis zu den obersten Hängen des Vadrec da la Bondasca; von dort in südöstlicher Richtung aufsteigend gelangt man zum Pass.

551 *Vom Bivacco Molteni*

L. 3 Std. Abb. S. 239.

R. M. Beachcroft, D. W. Freshfield und J. D. Walker mit F. Dévouassoud, 9. August 1864.

Vom Bivacco Molteni über Weiden und Geröll aufwärts in nördlicher Richtung. Über Moränengeröll zwischen dem S-Gratausläufer der Cima di Bondasca (P. 3289) und der westlich dieses Grates gelegenen Felsrippe zum Gletscher am Fuss des Passes. Über den Gletscher, zuletzt über einen steilen Firnhang aufwärts zum breiten Schneesattel.

Bocchetta del Ferro, ca. 3010 m

Ohne Namen und Höhenangabe auf der LK. Einschnitt im SSW-Grat des Pizzo Ferro Occidentale, südlich P. 3177, der beim Aufstieg zu diesem Grat (R. 553) beschrieben wird. (Nicht zu verwechseln mit der Bocchetta Ferro-Albigna, 3053 m, im Grat zwischen Pizzo Ferro Orientale und Torrione del Ferro.)

Pizzo Ferro Occidentale, 3267.2 m

Ohne Namen auf der LK. Westlichster Gipfel der Pizzi del Ferro; er dominiert drei Talschaften: Val Bondasca, Valle Porcellizzo und Valle del Ferro. Von ihm zweigt nach Süden die Kette ab, die das Valle Porcellizzo vom Valle del Ferro trennt.

552 *Vom Passo del Ferro über den ENE-Grat*

L. ½ Std. Abb. S. 239.

Normalroute.

Vom Passo del Ferro über leichte Felsen und Blöcke ohne Schwierigkeiten über den Grat zum Gipfel.

553 *SSW-Grat*

III. 5 Std. Abb. S. 239.

Abwechslungsreicher Anstieg.
A. Bonacossa und C. Prochownick, 17. August 1910.

Zugang und Einstieg: Von der Capanna Gianetti auf dem Sentiero Roma in östlicher Richtung bis zur Geröllmulde zwischen P. 2618 und P. 2707. Über Geröll und Schutt nach NNE aufwärts zum Schneefeld östlich P. 2929. Von dort führt eine Rinne zu einem Sattel nördlich des markanten Felsturmes im SSW-Grat (Bocchetta del Ferro, ca. 3010 m) und zum Einstieg.
Vom Bivacco Molteni auf R. 551 bis zur Felsrippe westlich des S-Gratausläufers der Cima di Bondasca (P. 3289). Nun steigt man über Geröll und Firn am E-Fuss des SSW-Grates entlang aufwärts, bis zwei steile und enge Couloirs zum SSW-Grat leiten. Man benützt das rechte, nördliche, und erreicht so die Bocchetta del Ferro.

Routenverlauf: Von der Scharte zuerst etwas in der W-Flanke, dann auf dem Grat selbst zu einem Abbruch, der (nicht ganz leicht) erklettert wird. Nun kurze Traverse in der W-Flanke, worauf man den Grat, zum Teil in ziemlich schwieriger Kletterei, verfolgt. Die letzte Strecke bietet keine Schwierigkeit. Man hält sich zuletzt etwas unterhalb des Grates (E-Seite) und erreicht unschwierig den Gipfel.

553a *W-Wand*

A. Balabio und ein Begleiter stiegen am 30. Juli 1911 vom Gletscher auf der S-Seite des Passo di Bondo durch die W-Wand zum SSW-Grat auf. Sie benützten ein Couloir (lose Felsen, steinschlaggefährdet!) das im obersten Teil des SSW-Grates endet.

554 *Vom Passo di Bondo über den NW-Grat*

III. ¾ Std.

Landschaftlich schöner Anstieg.
A. Bonacossa mit A. Baroni und B. Sertori, 31. Juli 1893.

Vom Passo di Bondo umgeht man den ersten Gratabschnitt auf der Bondascaseite. Man erklettert einen schwierigen Riss (III), kommt dann zum Grat zurück, der zunehmend leichter wird. Über einen Blockgrat zum Gipfel.

554a *N-Wand und NW-Grat*

A. Bonacossa, A. Polvara und Maria Sbrojavacca, 20. Sept. 1921.

Man kann auch unterhalb des Passo del Ferro nach W zur N-Wand queren. Nach Überwindung des Bergschrunds gelangt man zu einer Geröllterrasse. Von dort zum NW-Grat und über diesen zum Gipfel.

555 *E-Wand*

V. 7 Std. Abb. S. 239.

Interessante Kletterei.
B. Basilli und G. Fracassi, 30. Juli 1939.

Vom Bivacco Molteni auf R. 551 auf den Gletscher auf der S-Seite des Passo del Ferro. Auf der Höhe der E-Wand angelangt, traversiert man nach links an den Wandfuss. Einstieg einige Dutzend Meter links einer markanten Kante, die sich weiter oben in der Wand verliert und die sich etwas rechts der Fallinie des Gipfels befindet. Man folgt einem Felsband nach rechts und erreicht den Beginn eines Risses. Im Riss aufwärts (H), worauf man zu einer sehr steilen und glatten Platte von 30 m gelangt. Man erklettert sie bis ungefähr zur Mitte, quert dann, sehr ausgesetzt, nach rechts und gelangt zu einer Verschneidung. Ohne in die Tiefe der Verschneidung einzusteigen, klettert man in ihrer Nähe an feinen Rissen (H) bis an ihr Ende. Anschliessend folgt man einer Kante und gelangt, nach links traversierend, zu einem senkrechten Band mit spärlichen Griffen, das mit Reibung (H) überwunden wird. Weiter durch die Wand aufwärts, die jetzt stärker gegliedert ist, zum Gipfel.

Passo del Camerozzo, 2765 m

Mit Drahtseilen gesicherter Übergang zwischen dem Valle del Ferro und dem Valle Porcellizzo, über den der Sentiero Roma führt.

556 *Vom Bivacco Molteni*

EB. 1 Std.

Vom Bivacco Molteni steigt man zum Sentiero Roma auf und folgt diesem nach W. Die Felsbarriere von ca. 150 m Höhe unterhalb des Passes wird zuerst in südlicher Richtung angegangen, dann schwenkt man nach NW ab, und über Bänder und Platten gelangt man zum Pass.

557   *Von der Capanna Gianetti*

EB. 2 Std.

Von der Capanna Gianetti auf dem Sentiero Roma in östlicher, dann südöstlicher Richtung zu P. 2469. Von dort über Geröll und Schutt, später über Felsstufen an den Fuss des zum Übergang führenden Geröll-/Schneecouloirs. Ohne Schwierigkeiten zur engen, tief eingeschnittenen Passlücke.

6. Spazzacaldeira – Pizzi Cacciabella – Piz Grand

Spazzacaldeira – Roda Val della Neve – Vergine – Al Gal –
Piz Frachiccio – Pizzi Cacciabella – Lan Furcelina – Piz Grand
und I Mot.

Spazzacaldeira, 2487 m

Nicht nur des eindrucksvollen Tiefblicks wegen, sondern auch weil
er die Felsnadel der Fiamma – eines der Wahrzeichen des Bergells –
trägt, wird der Spazzacaldeira häufig besucht. Besonders lohnend ist
der Anstieg über den NE-Grat. Die auf der Höhe des Staudamms ansetzende, bis zu 300 m hohe SE-Flanke ermöglicht eine Reihe von
interessanten Routen, die, wenn in höheren Regionen noch Schnee
liegt, begangen werden können. Es handelt sich um kurze, normal
eingerichtete alpine Routen.

501 *S-Seite*

II. 1½ Std.

Normalroute.

Vom Wärterhaus auf der Albigna-Staumauer steigt man auf
Pfadspuren in westlicher Richtung aufwärts und gelangt über
eine Grashalde in den Grassattel auf der S-Seite des Gipfelaufbaus. Von diesem Sattel über Platten und Kamine empor
zu den auf den höchsten Punkt führenden grossen Blöcken.

502 *Von W*

I. 1½ Std.

Route des Erstbegehers mit schönem Tiefblick ins Bergell.
.. Held, 18. August 1876.

Vom Wärterhaus auf der Albigna-Staumauer steigt man auf
Pfadspuren in westlicher Richtung aufwärts und gelangt über
eine Grashalde zu einem Sattel auf der S-Seite des Gipfelaufbaus. Von hier nach N in die SW-Flanke. Über Rasen und

Felsen (Trittspuren) bis nahe zum W-Grat und weiter in an
regender Kletterei nach E zum aus grossen Blöcken geform
ten Gipfel.

603 *N-Grat*

IV. 3 Std. Abb. S. 255.

Eigentliche Kletterarbeit verlangen nur die ersten 3 SL. Die Über
schreitung des Grates ist landschaftlich sehr eindrucksvoll; auch Zu
stieg zur Fiamma und zum Dente di Spazzacaldeira. Genau genom
men handelt es sich um den NNE-Grat, wir belassen aber die ge
bräuchliche Bezeichnung.

Zugang und Einstieg: Vom Wärterhaus auf der Albigna-Stau
mauer quert man unter der E-Flanke des Spazzacaldeira zun
Beginn des N-Grates. Der Einstieg befindet sich wenig recht
einer glatten und überhängenden Verschneidung.

Routenverlauf: Drei Seillängen über Platten und Verschnei
dungen führen auf den eigentlichen N-Grat. Man folgt nu
dem leichter werdenden Grat über Bänder und Absätze ohn
Schwierigkeiten bis zum grossen Block beim Zusammentref
fen von N und NE-Grat. Man kann den Block erklettern un
auf die N-Seite abseilen oder auf der rechten Seite auf halbe
Höhe queren und über eine Kamin-Verschneidung auf die N
Seite gelangen. Nun über Bänder und durch ein Loch in ein
Scharte östlich des Dente di Spazzacaldeira. Jenseits absteigen
dann auf Pfadspuren an den Fuss der Fiamma hinauf und übe
den aus grossen Blöcken gebildeten Grat auf den Gipfel.

603a *Variante*

Leichter kann man den N-Grat auf der W-Seite über Bände
und Absätze gewinnen.

604 *E-Wand («Für d'Claudia»)*

VI. 3–4 Std. Technische Skizze S. 254.

Kletterei in sehr schöner Rissverschneidung.
M. Moosberger und Conradin Clavuot, 12. August 1984.

Einstieg: 50 m rechts des «Steinfresserwegs».

Routenverlauf: Technische Skizze S. 254.

605 *E-Wand («Steinfresserweg»)*

V–VI, Schlüsselstelle VII–. 5 Std. Abb. S. 255, technische Skizze S. 256.

Der «Steinfresserweg» führt durch die E-Wand des ersten Aufschwunges am Nordgrat. Es handelt sich um eine ausserordentlich schöne Tour in herrlichem, steilem Granit. Wandhöhe: 170 m.
Thomas Müller und Martin Scheel, 9. August 1978.

Einstieg: In der Mitte eines auffälligen Pfeilers am Beginn einer ausgeprägten Rissverschneidung (Orientierungshaken bei kleiner Föhre). Zugang von der Seilbahnstation unterhalb der Albigna-Staumauer, zuerst auf Wegspuren, dann 20 m gerade aufwärts zum Einstieg (ca. ¼ Std.).

Routenverlauf: Durch die Rissverschneidung 20 m hinauf (IV, V), rechts hinaus und wieder nach links zurück zu Stand bei Zapfen (V+). Weitere 30 m durch die Verschneidung empor (V), Stand beim Baumstrunk auf dem Pfeilerkopf. Etwas rechts durch eine spitzwinklige Verschneidung 10 m gerade hoch (VI) und wenig rechts über ein kleines Dach (V+). Nun etwas höher nach links zu grasigem Riss, den man 20 m verfolgt (V+, heikel) und dann nach rechts verlässt zu Stand mit Haken. Nach links in den Riss zurück und nochmals 15 m in schöner Kletterei hinauf (V+) und nach rechts auf kleine Grasterrasse. Stand an Föhre. Noch ganz auf die Terrasse hinauf und 25 m schräg nach links über eine kompakte Platte (V+, VII–, Schlüsselstelle) zu etwas labiler Schuppe. Von dieser, anfangs mit Seilzug (af VII), dann in immer leichter werdender Freikletterei 6 m waagrecht nach rechts (VI, 1 H) zu Wandbuch und 10 m rechts hoch (V) zu Stand an Klemmkeilen. Noch 10 m gerade hinauf (IV) auf die Kante, über die man nach weiteren 40 m (II–III) den flachen Grat erreicht. Weiter ohne Schwierigkeiten über den N-Grat zum Gipfel.

Abstieg: Wenn man nicht zum Gipfel aufsteigen will, kann man nach Nordwesten, sich immer links (westlich) haltend, über Schrofen und durch Gestrüpp absteigen und unter dem Nordgrat durch zurück zum Einstieg gelangen (ca. ½ Std.).

606 *E-Wand («Via Da Capo»)*

VII+. 4 Std. Abb. S. 255, technische Skizze S. 257.

Bohrhakenroute.

Th. Bärfuss, H. Furrer und Th. Utelli, August 1987.

Einstieg: Links des «Steinfresserwegs».
Routenverlauf: Technische Skizze S. 257.

606.1 *E-Wand («Via andamento lento»)*

V+, eine Stelle VI. 2 Std. Abb. S. 255.

Die R. verläuft zwischen R. 607 («Nasi Goreng») und R. 606 («Da Capo»)
über die zwei von unten gut sichtbaren Verschneidungen, die von grossen gelben Überhängen beherrscht sind. H an den Standplätzen wurden
belassen.

F. Giacomelli und R. Rossi, 15. August 1988.

Einstieg: Einige Meter rechts des charakteristischen w-förmigen
Daches.
Routenverlauf:
1. SL: Über Felsstufen bis unter zwei auffällige Schuppen aufwärts. Über die Schuppen zu Terrasse und Stand (45 m, IV, V).
2. SL: Durch einen Riss, der sich ausweitet, nach links bis zu
grossen Schuppen (von kleinen Grasbändern unterbrochen).
Stand bei einem Baum (40 m, V+, IV, V).
3. SL: Über eine grosse Schuppe klettert man bis unter den gelben Überhang, dann nach rechts unter den Überhang (1 H).
Durch eine Verschneidung/Kamin aufwärts, nach 15 m Terrasse
und Stand auf der linken Seite (40 m, IV, V, V+).
4. SL: Man erklettert die Platte, die unter den zweiten grossen
Überhang führt. Links eines Baumes aufwärts und durch einen
Riss/Verschneidung bis zu einer Nische (45 m, V–, V, V+).
5. SL: Weiter durch die Verschneidung/Kamin aufwärts bis zu
grossen, eingeklemmten Blöcken. Man weicht nach rechts aus,
klettert durch eine kurze, schwierige Verschneidung (2 H), dann
durch ein leichtes Kamin mit Schuppen bis zu einem grossen
Grasband (45 m, IV, V, VI, IV).
6. SL: Über leichte Felsen mit Sträuchern erreicht man den
N-Grat des Spazzacaldeira (25 m, II, III).

606.2 *E-Wand («Excalibur»)*

VII+. 3 Std. Abb. S. 255.

Hübsche R. mit eleganten Stellen. Wandhöhe ca. 200 m. Kk und Friends
bis Nr. 3. — Franco Giacomelli und Renata Rossi, 1990.

Einstieg: 15 m links der R. 606.
Routenverlauf: Die R. folgt zuerst einem hellen Pfeiler und später
dunklen Platten mit athletischen Schuppen und Rissen.

607   *E-Wand («Nasi Goreng»)*

VI. 3—4 Std. Abb. S. 255, technische Skizze S. 258.

Fallinienkletterei mit sehr schönen Einzelstellen. Wandhöhe: 220 m.
Röbi Bösch und Hugo Furrer, 20. Juni 1982.

Einstieg: Bei einem kleinen grünen Pfeiler.

Routenverlauf:

1. SL: In schöner Reibungskletterei 20 m über einen kleinen
grünlichen Pfeiler (VI, 3 Bh). Vom Pfeilerkopf leicht links haltend über Platte (IV) und leicht zu Stand.

2. SL: Man verfolgt nun die rinnenartige Verschneidung bis zum
zweiten von zwei parallel verlaufenden Rissen. Durch diesen
Faustriss 20 m hoch zu Stand (keine Haken, Friend 4 oder Hex
11, VI).

3. SL: Durch die nun hier ansetzende Verschneidung 20 m gerade hoch (1 Bh) und in einer Linksschlaufe zu Stand auf Pfeiler-
köpfchen (VI).

4. SL: 10 m durch einen Faustriss hoch (V+), auf einem Band
5 m nach links und in leichtem Gelände wieder hoch zu Stand.

5. SL: Über dem Stand befindet sich ein Dach. Links
erklettert man es an seiner rechten Begrenzung (VI). Durch eine
schöne Verschneidung mit einem weiteren Dach 20 m empor
(VI, 3 Bh). Über Stufen gerade hoch zu Stand mit Wandbuch.

6. SL: 8 m nach links in eine Verschneidung traversieren. In dieser empor bis unter einen markanten Turm (V+). Nun verlässt
man die Verschneidung, um den Turm an seiner linken Kante
zu ersteigen (Schlinge, IV). Vom Turm klettert man direkt über
das darüberliegende Wändchen (V+) und gelangt über eine Rippe zu Stand bei einem Bäumchen.

7. SL: In leichtem Gelände 10 m einer nach links führenden
Grasrampe folgen. Nun nach rechts über einen Zapfen auf eine
weitere kleine Grasrampe unter einer Wand zu Stand mit Haken.

8. SL: Direkt über dem Stand schwierig 2 m hoch zu Riss (VI).
Dem Riss-System, leicht links haltend, folgen zu schwach ausge-
prägtem Band (Bh, V+). Nun an Schuppen gerade hoch zu
Schlinge und weiter zum Grat (V—).

607.1   *E-Wand («Le Teorie del Cele»)*

VII+. 3 Std. Abb. S. 255.

Interessant. Wandhöhe ca. 250 m. Kk mittlerer Grösse.
Rossano und Valentino Libera, Davide Biavaschi und Vittorio Copes
1988.

Einstieg: 15 m rechts von «Nasi Goreng».

Routenverlauf: Abb. S. 255.

607.2   *E-Wand («Kind of Magic»)*

VIII. 4 Std. Abb. S. 255.

Extrem schwierige Kletterei in der Fallinie. Friends 2½—3½, einige K
mittlerer Grösse.
Davide Biavaschi, Rossano und Valentino Libera, 1991.

Einstieg: 15 m links von «Nasi Goreng».

Routenverlauf: Abb. S. 255.

608   *NE-Grat*

IV+. 2½ Std. Abb. S. 255.

Als NE-Grat wird der Sporn bezeichnet, der sich bei P. 2383 des N-Grate
in Richtung Piz Balzet (E) und Albignaschlucht absenkt. Die Klettere
verläuft zuerst links, dann rechts der Rippe und erst im obersten Teil übe
deren Schneide. Empfehlenswerte, klassische Route, die sehr interessan
te Kletterei in ausgezeichnetem Fels bietet. Sie ist insbesondere auch als
Zugang zu den Felstürmen Dente di Spazzacaldeira und La Fiamma seh
empfehlenswert.
Alfred H. Sommer, 7. September 1928.

Zugang und Einstieg: Vom Wärterhaus auf der Albigna-Staumauer, der leicht fallenden Strasse folgend, in nordwestliche
Richtung an den Fuss eines auffälligen Geröll- und Graskegels
(10 Min.). Auf Pfadspuren über den Kegel zur Wand hinauf, welche hier stark eingebuchtet ist.

Routenverlauf: Im rechten, nördlichen Teil des Trichters 3 SL
über Fels- und Grasstufen aufwärts zur Mündung eines auffälligen, in nordöstlicher Richtung gegen den Grat hinaufführenden
Kamins (H). An der rechten Kaminkante 40 m hinauf (IV, 3 H)
zu gutem Stand über den Blöcken, die das Kamin abschliessen
Hier zweigt die R. 608a ab. Auf die Blöcke absteigen und zwischen hohen Plattenwänden hindurch auf die NW-Seite de
Grates. Nun schräg rechts haltend auf kleinen Leisten eine Seillänge in die von senkrechten Rissen durchzogene Wand hinau
zu Haken. Dem entferntesten Riss entlang steil zu vorstehende
Platte und zu Standplatz in der Nähe der Gratschneide (IV.

mehrere H). Nun in herrlicher, luftiger Kletterei 2 SL über den sich allmählich zurücklegenden, scharfen Grat (III+) auf einen Block beim Vereinigungspunkt von N- und NE-Grat.

Nun 5 m auf den N-Grat abseilen oder klettern. Über Bänder und durch ein Loch in eine Scharte östlich des Dente di Spazzacaldeira (Abzweigung Route 613 Dente di Spazzacaldeira). Jenseits absteigen, dann auf Pfadspuren an den Fuss der Fiamma (Abzweigung Route 612 La Fiamma) und über den aus grossen Blöcken geformten Grat auf den Gipfel.

608a *Variante direkter NE-Grat*

V+.

Kurze, sehr schwierige Variante. — Paul Nigg, Leo Proyer, 18. Sept. 1967.

Nach dem zum Grat hinaufführenden Kamin klettert man direkt hart an der linken Kantenseite über sehr schwierige Platten gerade hinauf (V-, H) und über einen Gratblock zu einer kleinen Scharte. Von dieser direkt über die sehr schöne Kante, dann über eine kurze Platte aufwärts direkt unter den Überhang. Nun nach links zu Stand auf einem Grasband. Dann an senkrechten Rissen auf den Grat (V+) und auf R. 608 zum Gipfel.

609 *E-Wand («Via Felici»)*

VI+. 2—4 Std. Abb. S. 255, technische Skizze S. 259.

Die Route führt über den markanten NE-Pfeiler und mündet in halber Höhe in die Route über den NE-Grat (R. 608). Lohnende und abwechslungsreiche, anspruchsvolle Kletterei. Nur zum Teil mit H und Bh ausgerüstet; Friends mittlerer Grösse empfehlenswert. Bezeichnung «Via Felici» zum Andenken an den Bündner Bergführer Felici Gadola.

Hugo Furrer und René Ruch, 2. August 1982.

Der Aufstieg vom 1. zum 2. Pfeiler (SL 5 und 6) wurde am 11. Juni 1978 durch F. Giacomelli, C. Pedroni, R. Rossi und D. Scari begangen.

Einstieg: Am tiefsten Punkt des NE-Grates bei einer markanten Rampe.

Routenverlauf:

1. SL: Der Rampe nach von rechts nach links aufwärts bis zu ihrem Ende. 2 m nach links und wieder aufwärts unter einen kleinen Überhang. Wieder 2 m nach links zu einer Schuppe. Nach 5 m Stand in einer Nische (V).

2. SL: Weiter der Schuppe nach aufwärts. Am Ende der Schuppe beginnt ein Quarzband. Dieses verfolgt man nach links bis zu einem stumpfen Riss. Über diesen zu einem kleinen Überhang,

den man von rechts nach links überwindet. Nun quert man leich
rechts aufwärts zum Stand auf dem Grasband (eine Stelle VI).
3. SL: Vom Stand rechts aufwärts zu abgespaltener, hohler Plat
te. Bis ans Ende dieser Platte, dann nach rechts und wieder gera
de aufwärts zum Stand bei einem Baum (Wandbuch, VI—).
4. SL: Rechts des Baumes in eine Verschneidung, die man bis z
ihrem Ende verfolgt. Stand auf einem grossen Blockband (V+
5. SL: Gerade hoch, links an dürrem Baum vorbei über eine
kleinen Überhang. Nun links um die Kante und zu einem Stan
(eine Stelle VI+).
6. SL: Zuerst leicht rechts haltend, dann gerade hinauf auf de
Pfeilerkopf (III—IV).
Vom Pfeilerkopf 10 m absteigen und über R. 608 oder R. 608
zum Gipfel.

609.1 *E-Wand («Via dente per dente»)*
V—VI, eine Stelle VI+. 2—3 Std. Abb. S. 255, techn. Skizze S. 26
Unterer Teil Platten, oberer Teil Risse und Verschneidungen.
F. Giacomelli und R. Rossi, 1. August 1987.
Routenverlauf: Technische Skizze S. 260.

610 *E-Wand («Via Tirami-su»)*
VII, eine Stelle VII+. 2—3 Std. Abb. S. 255, techn. Skizze S. 26
Schwieriger und interessanter Anstieg.
Franco Gallegioni, Franco Giacomelli und Renata Rossi, 25. Juli 1986.
Einstieg: Ca. 20 m rechts der «Via Leni».
Routenverlauf: Technische Skizze S. 261.

610.1 *E-Wand («Buttamigiu»)*
VII. 2½ Std. Abb. S. 255.
Schön, anhaltend schwierig.
A. Alioscha, M. Folini und C. Lorenzo, 1989.
Einstieg: Beim kleinen Platz am Weg zur R. 608.
Routenverlauf: Abb. S. 255.

610.2 *E-Wand («Lasciamili»)*
VI+. 2½ Std. Abb. S. 255, technische Skizze Nachtrag S. 511.
Schöne Kletterei, ausgezeichneter Fels.
B. Falett und G. Lisignoli, Juli 1990.
Einstieg: Wie bei R. 610.1.
Routenverlauf: Technische Skizze Nachtrag S. 511.

611 *SE-Grat, Plattenturm («Via Leni»)*

VI–. 2½ Std. Abb. S. 255, technische Skizze S. 262.

Eine tiefe Schlucht trennt den Plattenturm vom eigentlichen SE-Grat. Die Route führt durch die E-Wand des Plattenturms und anschliessend über den SE-Grat auf den Gipfel. Schöne Granitkletterei (Platten und Verschneidungen). Alle Zwischenhaken (7) und Standhaken (2) vorhanden. Zu Ehren der legendären Hüttenwartin Leni Wieland wird diese Route mit «Via Leni» bezeichnet.
Jöri Bardill, Vital Eggenberger und Peter Müller, 15. September 1978.

Einstieg: Von der Albigna-Staumauer in 5 Min. zum Einstieg in der Gipfelfallinie des Plattenturms.

Routenverlauf: Über Platten und Risse nach 30 m auf einen grösseren Rasenfleck zu Stand (Schuppe). Senkrecht durch eine kurze Verschneidung auf ein Grasband, über dieses nach rechts zu Stand unterhalb einer Rissverschneidung (H). Durch die erwähnte Verschneidung aufwärts und links über eine Platte (H), die man aber nach einigen Metern durch einen Riss an der rechten Begrenzungswand verlässt zu Stand auf einem Absatz (Schuppe). Nach rechts zu einem Riss, der unter einen geschwungenen Überhang leitet; unter diesem links haltend hoch zu Stand auf Rasenfleck unmittelbar unter dem Gipfeldach. Durch die steile Verschneidung rechts am Dach vorbei auf ein Podest und senkrecht weiter durch Risse zu Stand auf der Gipfelkante des Plattenturms (1½ Std.). Südwärts auf einen Grassattel absteigen und durch eine leichte Rinne auf den SE-Grat, den man in hübscher Kletterei bis auf den Gipfel verfolgt (1 Std.).

611a *Plattenturm-SE-Grat (Variante zur «Via Leni»)*

VI–. Technische Skizze S. 262.

Sehr schöne Platten- und Reibungskletterei. Diese Route wird meistens der Originalroute vorgezogen.
E. Frei, E. Kilchör und S. Negrini, 1981.

Die ersten drei SL führen über die glatten Platten links der Originalroute aufwärts.

611b *Plattenturm-SE-Grat («Lenilinks»)*

Eine weitere R. beginnt zusammen mit der Via Leni. Sie führt gerade aufwärts zum Überhang. Dann ungefähr 10 m weiter auf R. 611a und direkt über die Platten links des «Halbmondes» zum Plattenturm (VI+ und VIII, VII+).

Spazzacaldeira
R. 604
(«Für d'Claudia»)

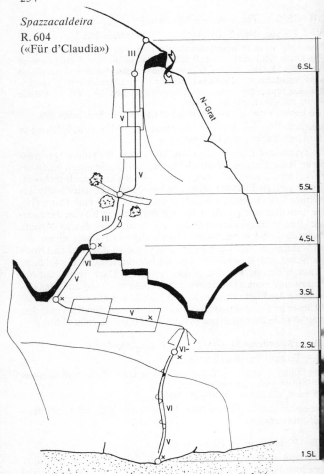

Spazzacaldeira von

Spazzacaldeira

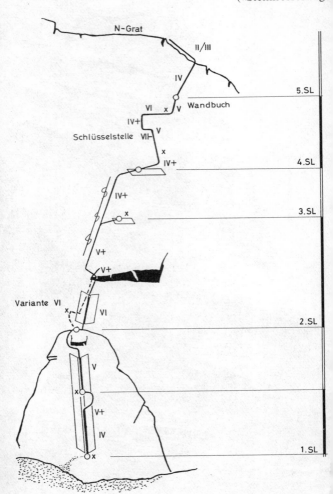

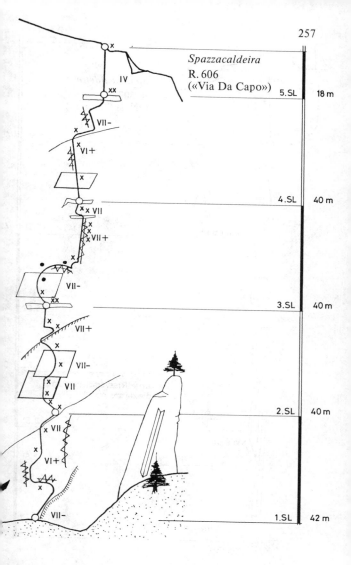

Spazzacaldeira
R. 606
(«Via Da Capo»)

5.SL   18 m

IV

VII−

VI+

4.SL   40 m

VII

VII+

VII−

3.SL   40 m

VII+

VII−

VII

2.SL   40 m

VII

VI+

VII−

1.SL   42 m

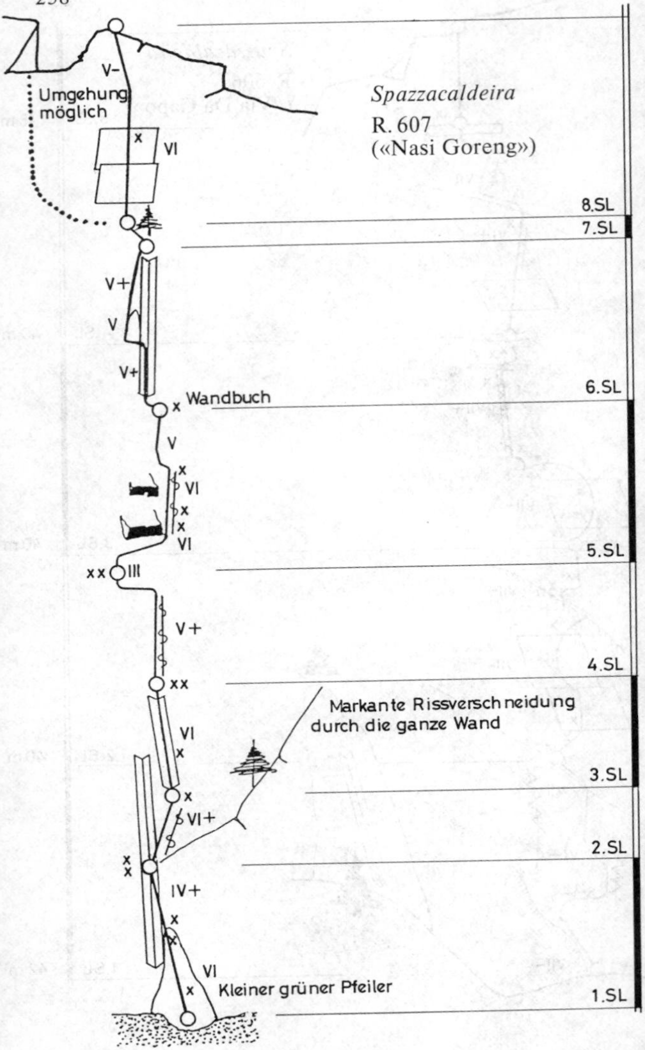

258

Spazzacaldeira
R. 607
(«Nasi Goreng»)

V−
Umgehung
möglich

VI

8.SL
7.SL

V+
V
V+

Wandbuch — 6.SL

V

VI

VI

5.SL

III

V+

4.SL

Markante Rissverschneidung
durch die ganze Wand

VI

3.SL

VI+

2.SL

IV+

VI
Kleiner grüner Pfeiler

1.SL

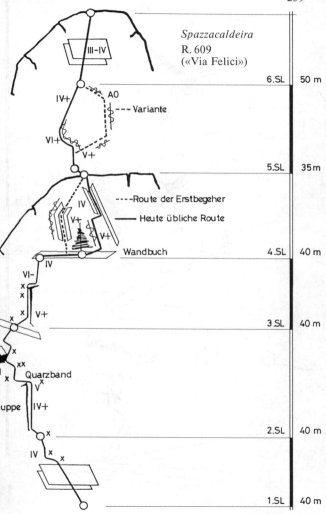

Spazzacaldeira
R. 609
(«Via Felici»)

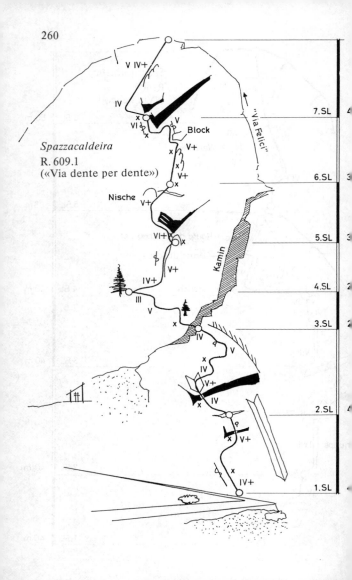

Spazzacaldeira
R. 609.1
(«Via dente per dente»)

Spazzacaldeira
R. 610
(«Via Tirami-su»)

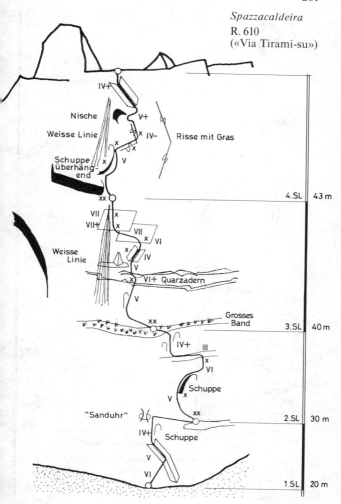

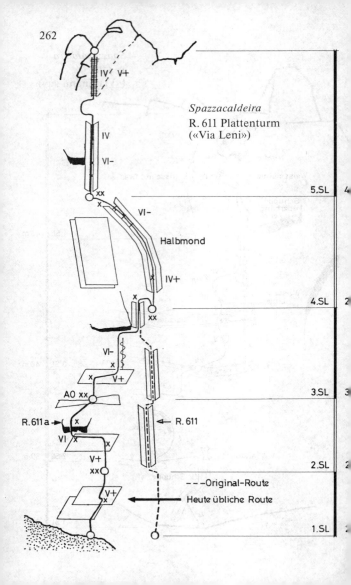

Spazzacaldeira
R. 611 Plattenturm
(«Via Leni»)

La Fiamma

Ohne Namen und Höhenangabe auf der LK. Kühne Felsnadel, Wahrzeichen des Albignagebietes, nordöstlich des Spazzacaldeiragipfels.

612 *Von der Scharte südwestlich der Fiamma*

V. ½ Std. Abb. S. 265.

Einzigartige, exponierte Kletterei hoch über dem Val Bregaglia. Hans Hürlimann mit Philipp Wieland, 8. August 1936.

Zugang: Die Scharte südwestlich der Fiamma erreicht man vom Spazzacaldeiragipfel auf der Albignaseite absteigend oder beim Aufstieg über den Spazzacaldeira-NE-Grat (R. 608).

Routenverlauf: Ein schwach ausgeprägtes Querband führt auf einen Absatz, von dem aus man sehr exponiert und schwierig eine Verschneidung in der Fallinie erklettert (ca. 5 m bis zu H). Nun quert man heikel nach links an die Kante und auf dieser exponiert aufwärts bis zur Kantenecke beim Überhang. Dann 2 m schräg nach rechts über eine glatte Platte zu kleinem Stand. Von diesem sehr schwierig nach links aufwärts auf die Kantenschneide und im Hängegriff über die Kante zur Spitze.

Abstieg: Auf die N-Seite abseilen.

Dente di Spazzacaldeira

Ohne Namen und Höhenangabe auf der LK. Markanter Felszahn neben der Fiamma. Krönender Abschluss des Anstiegs über den Spazzacaldeira-NE-Grat mit anschliessender Besteigung der Fiamma.

613 *Vom Spazzacaldeira-NE-Grat*

V, A0 (af VI+). ½ Std. Abb. S. 265.

Übliche Route, die durch H entschärft worden ist. Höhendifferenz ca. 70 m.

Von der Scharte östlich des Dente (vgl. R. 608) traversiert man zum Einstieg (ca. 10 m). Die Route, die in zwei SL im Riss durch die plattige S-Wand zum Gipfel führt, ist klar erkennbar (H).

613a *Vom Verbindungsgrat zur Fiamma*

V–. ½ Std.

Route der Erstbegeher, die das Seil über den Gipfelzacken warfen und so gesichert die steile Gipfelwand erstiegen.
Hans Rütter mit Philipp Wieland, 21. August 1944.

Von der Fiamma seilt man sich auf den Verbindungsgrat ab oder umgeht die Fiamma auf der N-Seite und erreicht den Verbindungsgrat über den steilen Nordabfall. Nun quert man heikel und exponiert zum Riss in der plattigen S-Wand und in diesem zum höchsten Punkt (H).

Passo Val della Neve, 2365 m

Ohne Namen auf der LK. Übergang zwischen Roda Val della Neve und Spazzacaldeira. Wird hauptsächlich als Zugang zum W-Grat des Al Gal und zu den N- und W-Anstiegen des Roda Val della Neve benützt.

614   *Von der Capanna da l'Albigna*

EB. 1 Std.

Von der Capanna da l'Albigna zur Staumauer. Vom Wärterhaus auf gutem Pfad auf der S-Seite des Spazzacaldeira aufwärts zum Pass.

615   *Von Borgonovo*

EB. 5 Std.

Ziemlich beschwerlich, selten begangen.

Von Borgonovo in südöstlicher Richtung über Wiesen zum Wasserreservoir, dann in gleicher Richtung auf Pfadspuren aufwärts bis auf ca. 1250 m. Nun überschreitet man das Bachbett in östlicher Richtung und folgt dem orographisch rechten Rand bis auf die Höhe von P. 1351. Auf Pfadspuren gelangt man auf die E-Seite des P. 1588. Nun steigt man weiter über steile Grashalden östlich Drögh zu einem Rücken an der Waldgrenze (ca. 1950 m, schöner Blick ins Bergell). Von diesem Rücken aus quert man die breite Runse im obersten Teil des Val Torta gegen P. 2060. Ein steiles Couloir führt nun zum Übergang.

La Fiamma

Dente di Spazzacaldeira

612

613

612

613

La Fiamma und Dente di Spazzacaldeira

Roda Val della Neve, 2626 m

Langestreckter, massiger Granitklotz, der in mächtigen Plattenschüssen ins Val della Neve abfällt. Über diese grossartigen Plattenschüsse führen schwierige, interessante Kletterrouten in ausgezeichnetem Fels.

616 *SE-Wand*

II. 2 Std.

Normalroute.

Von der Capanna da l'Albigna auf R. 614 zum Passo Val della Neve (1 Std.) und dem Fuss der E-Wand entlang aufwärts bis etwas südlich der Fallinie des Gipfels. Über gutgestuften Fels gewinnt man einige Grasbänder, gelangt dann unschwierig zu der sich oberhalb der SE-Abstürze hinziehenden Terrasse. Nun in westlicher Richtung zu den Gipfelfelsen.

617 *SSE-Grat*

III. 2 Std.

Etwas schwieriger und interessanter als die Normalroute.
A. H. Sommer, 3. August 1924.

Von der Capanna da l'Albigna auf R. 614 zum Passo Val della Neve (1 Std.) und dem Fuss der E-Wand entlang in die Scharte zwischen Vergine und Roda Val della Neve. Von da über den SW-Grat aufwärts, bis in halber Höhe ein Überhang den Weiterweg versperrt. Nun auf schmalen Bändchen nach links in die W-Wand hinaus bis in die Fallinie des Gipfels. Durch eine Art Kamin steigt man gegen den Grat auf, quert dann an Rissen nach links in eine Verschneidung und gelangt durch diese auf den Grat und zum Gipfel.

618 *NW-Wand und NE-Grat (Via Canali)*

V. 4–5 Std. Abb. S. 273, technische Skizze S. 272.

Schöne und interessante Kletterei in augezeichnetem Fels. Wandhöhe: 550 m.
E. Bozzi, J. Canali und R. Merendi, 26. Juli 1959.

Zugang und Einstieg: Siehe R. 620.

Routenverlauf: In der linken Verschneidung klettert man 3 SL hinauf gegen eine Kamin-Verschneidung, die im oberen Teil in zwei kleine Überhänge übergeht. In interessanter Kletterei steigt man durch die Kamin-Verschneidung aufwärts, überwindet die beiden Überhänge (V, A0) und erreicht einen guten Stand (man lasse sich nicht durch leichtere Risse auf der linken Seite verleiten!). Nun beginnt eine lange, aufsteigende Querung (ca. 300 m, III) nach links zu einer charakteristischen Verschneidung in der Mitte der Wand. In dieser Verschneidung empor (30 m, IV, 2 H) zu weiter aufwärts führenden Verschneidungen und Rissen, die in schöner Kletterei auf den NE-Grat und über diesen leicht zum Gipfel führen.

619 *NW-Wand (Via Nigg)*

V – VI+, A2. 8–9 Std. Abb. S. 273, technische Skizze S. 274.

Die Route führt durch den rechten, westlichen Teil der NW-Wand, die als 300 m hohe, ungegliederte Plattenflucht im WNW-Grat kulminiert. Der Grat führt über weitere 350 Höhenmeter auf den nördlichen Vorgipfel. Die Erstbegeher haben etwa 200 H und 17 Bh geschlagen und belassen. Sehr guter Fels, kein Steinschlag.
Leo Blättler, Ernst Neeracher und Paul Nigg, 29. Juli bis 1. August 1968.
1. Winterbegehung: L. Caminada, T. Holdener, T. Lampert und G. Luck, 28.–31. Dezember 1969.

Zugang: Von der Albigna-Staumauer auf dem Pfad am Fuss des Spazzacaldeira zum Passo Val della Neve (2365 m). Von dort durch das steile Couloir hinunter bis an sein unteres Ende und unter den Wandabstürzen hinüber zum Einstieg (1 Std.).

Einstieg: Vom zentralen Teil des Wandfusses führen zwei auffällige, 150 m hohe Schrägrampen links aufwärts (Einstieg R. 621). Der Einstieg befindet sich nun etwas rechts davon, unter der linken von zwei Verschneidungen im mittleren Bereich des rechten Wandteils.

Routenverlauf: Die Route führt mit kleinen Abweichungen über eine fortlaufende Hakenreihe ziemlich gerade durch die Wand aufwärts (80 m V; 180 m VI, A2). Von der Platte über dem Ausstieg folgt man 20 m direkt dem Grat, traversiert 10 m nach links und erreicht nach weiteren 40 m, schräg rechts ansteigend, den höchsten Punkt der senkrechten Wand. Weiter in schöner Freikletterei (IV), immer auf dem Grat, zum Nordgipfel und in ¼ Std. zum Hauptgipfel.

620 *Nordverschneidung (Via Niedermann)*

V+, mit Stellen VI, A1 und A2. 7–8 Std. Abb. S. 273, technische Skizze S. 275.

Schöne, anspruchsvolle Tour in ausgezeichnetem Granit. Die Route führt durch die Plattenschüsse der NW-Wand auf den WNW-Grat (400 m) und über diesen zum nördlichen Vorgipfel (150–200 m). Klemmkeile kleinerer und mittlerer Grösse sind vorteilhaft.
Peter Frei, Ueli Hürlimann, Eugen Näf und Max Niedermann, 26./27. Juli 1975.
1. Winterbegehung: Graziano Alberti und Siffredo Negrini, 7.–9. Februar 1987.

Zugang und Einstieg: Von der Albigna-Staumauer zum Passo Val della Neve (2365 m). Abstieg durch das westseitige steile Couloir. An seinem Ende (P. 2060) den Nordabstürzen des Roda Val della Neve entlang etwa 80 m aufwärts zu einer Wandeinbuchtung, aus deren Bereich drei gut erkennbare Verschneidungen hochführen. Durch die linke Verschneidung führt die Route 618 weit links in die Flanke des Berges hinaus. Der Einstieg der Via Niedermann befindet sich in der Fallinie der gewaltigen, mittleren Verschneidung, durch welche denn auch die Route führt.

Routenverlauf: Zuerst etwa 40 m über die Plattenstufen der Einbuchtung zu Stand (III). Nun in die Verschneidung, welche man in 7 SL durchsteigt (V+, VI–, A1 – A2). Die Routenführung ist gegeben und anhand der Haken ersichtlich. Aus der Verschneidung gelangt man in etwa 250 m Wandhöhe zum Biwakplatz der Erstbegeher. Vom Biwakplatz aus nur etwa 10–12 m aufwärts (nicht in das mit losen Blöcken belegte Kamin, das in grasdurchsetzten Felsen endet), nach rechts auf ein Band und weiter zum Fuss einer Rinne (insgesamt etwa 20–25 m rechts und rund 20 m höher als der Biwakplatz). Nun 3 SL durch eine Folge von teils offeneren und teils engeren Rissen (IV und V) bis zu einem Grasplatz. Von hier in etwa 1½ SL über Felsstufen auf den WNW-Grat und über diesen (IV) zum Nordgipfel. In ¼ Std. auf den Hauptgipfel.

621 *NW-Wand («Tschechoslowakische Route»)*

V+, A2. 5 Std. Abb. S. 273, technische Skizze S. 276.

Von der Linienführung her sehr schöne Route, die aber durch viele Stellen mit nassem Moos beeinträchtigt wird. Eher nicht zu empfehlen (Information durch die Zweitbegeher der Route: G. Lisignoli, C. Romano und R. Rossi, 4. Oktober 1986).
P. Bednařík und J. Beneš, 1.–3. Februar 1978.

Zugang und Einstieg: Zugang wie R. 620, Einstieg wenige Meter rechts.

Routenverlauf: Technische Skizze S. 276.

622 *NW-Wand («Via dei Gufi»)*

IV+, je eine SL V– und V. 5 Std. Abb. S. 273, technische Skizze S. 277.

Interessante und lohnende Wandroute zum höchsten Punkt der NW-Wand in gutem Fels. Die «Via dei Gufi» ist eine dankbare, einsame Alternative zu den stark begangenen Kletterrouten im Albignabecken. Höhendifferenz ca. 600 m. Einige H und eine Serie Kk nötig.
Franco Giacomelli und Renata Rossi, 15. Juli 1978.

Zugang und Einstieg: Von der Albigna-Staumauer zum Passo Val della Neve, 2365 m. Abstieg durch das westseitige Couloir. Etwa 50 m oberhalb der Couloir-Ausmündung gelangt man an den Fuss einer durch einen gelblichen Überhang charakterisierten Kaminverschneidung. Man erreicht deren Fuss von einem bequemen Band aus, das sich links des Kamins befindet (H). Einstieg.

Routenverlauf:

1. SL: 25 m schräg rechts in Richtung Kamin aufsteigen. Bequemer Standplatz auf Terrasse. Steinmann.
2. SL: Das Kamin erklettern. An seinem Ende über einen kleinen Überhang. 25 m, 1 Stelle mühsam, 1 H. Weiter durch eine Verschneidung bis zur Stelle, wo sie sich verbreitert und nach links abzuzweigen beginnt. Einige Meter nach rechts queren.
3./4. SL: Dann gerade aufwärts und weiter durch einen Riss schräg rechts aufwärts auf ein bequemes Band.
5. SL: Über leichte Felsen in eine Einbuchtung. Hier kreuzt sich die Route mit der Route Bozzi/Canali/Merendi. H.

6. SL: Etwa 50 m über kleinere, von Schuppen gebildete Verschneidung aufwärts zu Standplatz wenig oberhalb einer grossen, abstehenden Platte.

7. SL: Eine steile, 15 m hohe Platte mit heiklen Stellen hinauf; weiter über senkrechte Schuppen bis zu Standplatz unter grosser Felsschwarte. Wenige Meter links davon über zerborstene Platten bis an die Mündung eines Trichters aufsteigen. Steinmann, Standhaken.

8. SL: In einer 20-m-Seillänge rechts haltend an den Fuss eines kleinen Pfeilers. H.

9. SL: Durch die vom linken Teil des Pfeilers gebildete schöne, geschlossene Verschneidung 25 m aufwärts. 2 H.

10. SL: In anregender Kletterei in der Rissverschneidung weiter.

11. SL: Einige Meter nach links queren und ein System von senkrechten Schuppen verfolgen bis zu einer charakteristischen, von verkeilten Blöcken gebildeten Terrasse.

12. SL: Links durch ein auffälliges Kamin mit grossen Felsschwarten in einen Einschnitt auf dem Grat.

13./14. SL: Über eine zerborstene Platte zu bequemem Standplatz wenig unterhalb eines rötlichen Felszackens.

Ausstieg: Einige Meter nach rechts auf eine geneigte Platte, über einen kurzen Aufschwung und zurück auf den Grat, den man über lose Felsen bis zum Vorgipfel verfolgt. Weiter in leichter Kletterei über den gezackten Grat auf den Hauptgipfel.

623 *NW-Grat*

IV, eine Stelle IV+. 5 Std.

Die Route führt parallel zum Vergine-NW-Grat auf den Südgipfel. Auch wenn die Tour vom Tal aus verlockend erscheint, muss sie wegen ihrer Zusammenhangslosigkeit und der grossen Schwierigkeitsunterschiede als wenig lohnend bezeichnet werden.

D. Erba, G. Maresi und D. Strambini, 13. Juli 1976.

Zugang und Einstieg: Von der Albigna-Staumauer auf dem Pfad am Fuss des Spazzacaldeira zum Passo Val della Neve (2365 m). Abstieg durch das steile Couloir zu P. 2060, Wiederaufstieg südwärts zum Einstieg, der sich im Couloir zwischen den Gräten des Roda Val della Neve und der Vergine befindet (1½ Std.).

Routenverlauf: Über die Einstiegswand (2 SL IV, 1 Stelle IV+) auf den Grat. Auf der von Grasbändern durchsetzten Schneide zum Gipfel (II und III).

624 *Über den NE-Grat*

III–. 2 Std.
Leichter, landschaftlich schöner Anstieg.
Walter Risch, allein, 1921.

Von der Capanna da l'Albigna auf R. 614 zum Passo Val della Neve (1 Std.). Man steigt am NE-Fuss über Grasbänder ein und erreicht über Bänder und Felsstufen den Rücken des Felsgrates und über diesen den Gipfel.

624a *Einstieg auf der SE-Seite*

III. 2 Std.

H. Rütter und A. Zuan, 10. August 1919.

Vom Passo Val della Neve 20–30 m dem Fuss der SE-Wand entlang aufwärts, bis man in eine von S nach N schräg aufwärts verlaufende, begraste Rinne einsteigen kann. Man verfolgt diese bis an ihr oberes Ende. Von da in gleicher Richtung aufwärts, die Wandstufe von links nach rechts hinauf querend, gelangt man zur oben beschriebenen Route und zum Gipfel.

Vergine, 2708 m

Interessanter Klettergipfel. Die Vergine besteht aus drei kleinen Gipfeln; der westlichste ist der höchste.

625 *NE-Grat*

IV. 3 Std.

Schönste und übliche Route, vor allem mit Überschreitung bis zum Einstieg am Al Gal.
H. Rütter mit Ph. Wieland, 6. Juli 1947.

Roda Val della Neve
R. 618 NW-Wand und
NE-Grat (Via Canali)

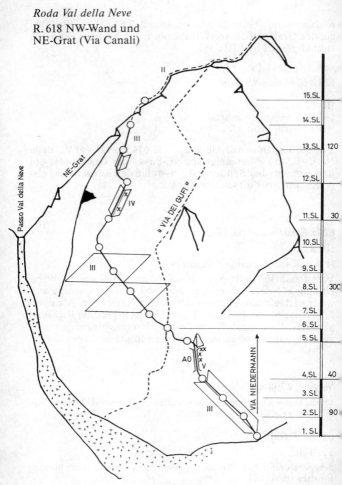

Roda Val della Neve NW-Wand

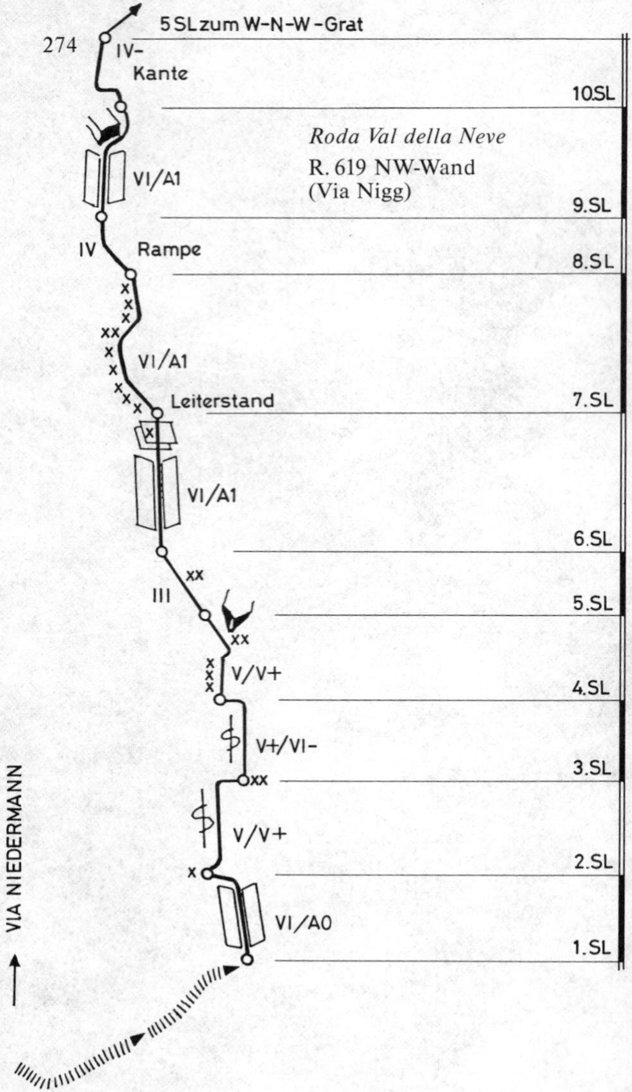

274

5 SL zum W-N-W-Grat

IV−
Kante

10 SL

Roda Val della Neve
R. 619 NW-Wand
(Via Nigg)

VI/A1

9. SL

IV   Rampe

8. SL

VI/A1

Leiterstand

7. SL

VI/A1

6. SL

III   xx

5. SL

xx

V/V+

4. SL

V+/VI−

xx

3. SL

V/V+

x

2. SL

VI/A0

1. SL

VIA NIEDERMANN

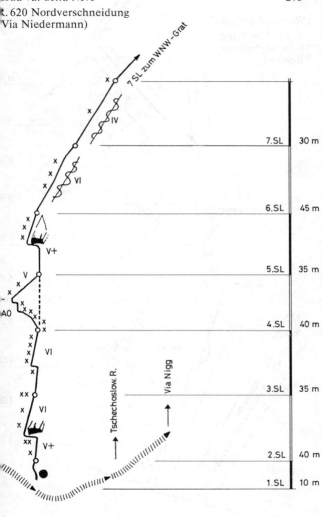

7 SL zum WNW-Grat

7.SL	30 m
6.SL	45 m
5.SL	35 m
4.SL	40 m
3.SL	35 m
2.SL	40 m
1.SL	10 m

IV

VI

V+

V

A0

VI

VI

V+

Tschechoslow. R.

Via Nigg

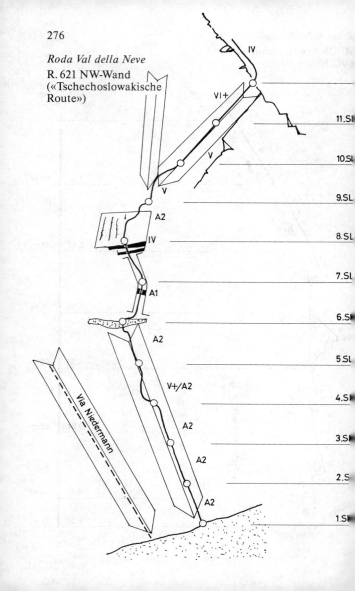

276

Roda Val della Neve
R. 621 NW-Wand
(«Tschechoslowakische Route»)

IV

VI+

V

V

V

A2

IV

A1

A2

A2

V+/A2

A2

A2

A2

Via Niedermann

11.Sl

10.Sl

9.Sl

8.Sl

7.Sl

6.Sl

5.Sl

4.Sl

3.Sl

2.Sl

1.Sl

R. 622 NW-Wand
(«Via dei Gufi»)

III

IV+

IV

IV−

III

V−

II x

V−

IV+

x IV

IV

III+

III

IV−/V

x III

Kl. Pfeiler

Grosse abstehende Platte

R. 618 Via Canali

R. 618

R. 620

14. SL

13. SL

12. SL

11. SL

10. SL

9. SL   25 m

8. SL   20 m

7. SL

6. SL   50 m

5. SL

4. SL

3. SL

2. SL

1. SL   25 m

Von der Capanna da l'Albigna auf R. 614 zum Passo Val della
Neve und der E-Seite des Roda Val della Neve entlang zum
Sattel zwischen Vergine und Roda Val della Neve. Ganz aussen
an der Kante von einem guten Stand unter einem Wändchen
zwei Tritte hinauf auf einen kleinen Absatz. Von diesem gerade
hoch oder 2 m nach rechts, dann an einem Riss aufwärts auf
die Kante (H). Auf dieser weiter zu einem Kamin und zu einem
guten Stand darüber. Nun weiter über ein Bändchen nach links
zu einer Plattenverschneidung. In dieser an einem Riss aufwärts und nach rechts auf die Kante zu einem guten Stand.
Von hier an einem Riss eine SL empor auf die Gipfelkante
und auf den Gipfel.
Von diesem ersten Gipfel steigt man über eine Platte, zuletzt
mit einem grossen Schritt, auf die geneigten Platten des nächsten Zackens ab. Diesen kann man in schöner Reibungskletterei (15 m) «mitnehmen», oder ihn auf seiner SE-Seite horizontal umgehen. Man zwängt sich hinter einem kleinen Felszacken durch zu einem Stand bei einem Zacken (Schlingen).
Weiter an breiten Rissen ca. 8 m gegen E absteigen, dann eine
glatte Platte, leicht ansteigend, queren bis zum markanten
Spalt (H). Mit einem Spreizschritt auf schmaler Kante auf den
Grat des zweiten Turmes und über diesen zum zweiten Gipfel.
Von diesem klettert man über die Kante und durch ein Kamin
in die nächste Scharte hinab. Über einen kurzen Grat erreicht
man den dritten Gipfel.
Vom dritten Gipfel seilt man in die Scharte am oberen Ende
der Vergine ab. Dann über gut gestuften Fels etwas mehr als
eine SL aufwärts zum Einstieg zum Al Gal.

626   *Von SE*

IV+. 3 Std.

Route der Erstbesteiger der Vergine, kaum mehr begangen.
A. Albertini, L. Binaghi und G. Brogi, 7. September 1913.

Von der Capanna da l'Albigna auf R. 614 zum Passo Val della
Neve und der E-Seite des Roda Val della Neve und der Vergine
entlang auf eine Schneezunge am SE-Fuss der Vergine. Von
der Schneezunge auf einem nach rechts ziehenden Band mit
Absätzen zu einem engen Kamin. Grifflos durch dieses
aufwärts zu einem kleinen Absatz, bei dem das Kamin in einer
senkrechten und sehr exponierten Riss übergeht. Im Riss

mit Klimmzügen empor auf ein Grasband. Auf diesem nach rechts zu einem kurzen Kamin, das man erklettert. Nun auf einem Band schwierig nach links, dann über leichte Absätze auf den aus enormen Blöcken geformten Gipfel.

626a *Von S*

IV. 3 Std.

Etwas leichter als die oben beschriebene Route.
O. Fiedler und C. Jucker, 29. Juli 1921.

Man steigt auf der E-Seite der Vergine auf zur Schulter, die dem Al Gal östlich vorgelagert ist, und von dort leicht zur Scharte zwischen dem Al Gal und dem ersten Zacken des Vergine S-Grates (die Scharte kann auch direkt durch ein Couloir erreicht werden). Der Überhang des ersten Zackens wird links umgangen (Abseilstelle der R. 625). Von der Scharte 8 m leicht links haltend hinauf. Nun auf einem schmalen Gesimse exponiert ca. 6 m nach links, dann gerade aufwärts in die Scharte zwischen dem zweiten und dritten Gipfel. Weiter über einen kurzen Grat zum höchsten Gipfel.

627 *NW-Grat*

IV+, einige kurze Stellen V–.

Abwechslungsreiche und interessante Gratkletterei. Die Begehung des 20 m hohen Schlusswändchens mit riesigen, abgespaltenen Felsblöcken ist äusserst heikel und verlangt grosse Vorsicht.
Erstbegeher unbekannt.

Zugang: Von der Albigna-Staumauer auf dem Pfad am Fuss des Spazzacaldeira zum Passo Val della Neve, P. 2365. Abstieg nach W durch das steile Couloir zu P. 2060. Wiederaufstieg, südwärts, zum Ansatzpunkt und Einstieg des Grates (1½ Std.).

Routenverlauf:
1. SL: Vom Einstieg rechts aufwärts über einen 15 m hohen Felsaufschwung und über leichte Felsen zum Stand.
2. SL: Ohne Schwierigkeiten auf dem Grat aufwärts.
3./4. SL: Über einen unschwierigen Felsrücken mit Grasbüscheln auf das breite Band, das links an den Fuss der grossen Verschneidung führt.

5. SL: In griffigem Fels ca. 20 m links aufwärts. In der sich ve
engenden Verschneidung ziemlich schwierig zu bequemen
Standplatz unterhalb von Klemmblöcken, welche die Ver
schneidung abschliessen.
6./7. SL: Nun links aufwärts. Nach einigen Metern Klettere
folgt eine weitere schwierige und athletische Stelle. Recht
haltend zwei Seillängen in leichtem Fels hinauf.
8./9. SL: Die Rinne erklettern, welche in den Einschnitt hinte
dem ersten Turm führt.
10./11. SL: Über leichte Platten auf einen Gratzacken und jen
seits in schöner, luftiger Kletterei zu bequemem Standplatz.
12./13. SL: Schräg links einem leichten Band folgen und zurücl
auf den Grat und diesen bis zum Sattel vor einem Plattenauf
schwung verfolgen. Den Hauptriss gegenüber des Sattels bi
an die Basis einer darüberliegenden Verschneidung erkletter
(ziemlich schwierig). Die geneigte Platte an ihrem Anfan
bietet kleinste, aber gute Griffe. Die Verschneidung erklettern
nach rechts ausholen und zum Grat zurückkehren.
14. SL: Schräg links über Plattenstufen aufwärts (eine Stell
ziemlich schwierig) und wieder auf die Gratschneide hinauf.
15. SL: Direkt über einen steilen Zacken (schwierige Stelle)
dann in leichter Kletterei über die Gratschneide bis zum Gip
felaufschwung, der aus sehr brüchigem, weisslichem Fels be
steht.
16./17. SL: Das letzte Teilstück auf der rechten Seite anpacken
dort leitet eine kleine Verschneidung zu einem guten Stand
platz. Einer steilen Verschneidung entlang über das 20 m hoh
Schlusswändchen direkt auf den Gipfel. Wenn auch nich
schwierig, so ist diese letzte Seillänge wegen der unstabiler
Felsblöcke sehr heikel.

Al Gal, 2774 m

Schöner, kühner, nach allen Seiten in steilen Plattenfluchten abfal
lender Berg. Der Gipfel ragte früher etwa 10 m nach Westen in di
Schlucht des Frachiccio hinaus und gewährte einen wunderbare
Tiefblick. Dieser Gipfelkopf ist im August 1923 abgestürzt, und dami
änderte sich das Erscheinungsbild des Gipfels, der wegen seiner hah
nenkammähnlichen Gipfelform mit Al Gal (der Hahn) bezeichne
wurde. Der Berg wird häufig zusammen mit der Vergine bestieger
und bietet vor allem bei der Besteigung über den langen und schwie
rigen NW-Grat auch dem anspruchsvollen Kletterer viel Befriedigung

628 *NE-Grat*

III, eine Stelle IV–. 2½ Std.

Normalroute von der Capanna da l'Albigna, kurz und interessant.
N. Rodio und K. Steiner, 25. September 1909. W. Gyger erstieg mit
W. Risch am 5. September 1923 erstmals den Al Gal nach dem Ab-
sturz des Gipfelkopfes.

Zugang und Einstieg: Von der Albigna-Staumauer steigt man
auf dem Pfad am Fuss des Spazzacaldeira gegen den Passo
Val della Neve auf und biegt wenig unterhalb der Passeinsat-
telung nach SW ab, und gelangt, den Wegspuren des Roda
Val della Neve folgend, zum kleinen Gletscher nördlich
des Piz Frachiccio. Man quert nun oberhalb der dem Al Gal
vorgelagerten Felsen nach rechts an den Anfang des NE-Grates
(1½ Std.).

Routenverlauf: Die schwierigste Stelle kommt gleich am Anfang: Man muss das griffarme Wändchen auf der S-Seite erklettern, um zum parallel zum Grat verlaufenden Band zu
gelangen (IV–). Das nur einige Meter lange Band wird nach W
verfolgt, bis es an die E-Wand stösst. Hierauf kurze, leichte
Traverse nach rechts (N) und über leichte Felsen gerade hinauf an den Fuss einer durch glatte, schiefe Platten begrenzten
Rinne. In dieser unschwierig zu einem breiten, plattigen Ka-
nin, das den Zugang zur Schulter nördlich des Gipfelblocks
vermittelt. Nun kriecht man unter dem Gipfelblock durch zu
einem Platz auf der W-Seite. Von diesem über ein Wändchen
auf der Albignaseite an den Anfang der exponierten, glatten
Gipfelplatte. Auf ihr quert man ca. 3 m bis in die Mitte. Nun
schräg aufwärts an die Kante und an dieser auf den Gipfelblock.

629 *S-Grat*

V–. 3 Std.

Kurzer Anstieg, etwas schwieriger als die Normalroute. Der S-Grat
wird bei der Überschreitung des Al Gal oft im Abstieg benützt.
T. Stonborough, J. Döpfner mit Alois Biner, Adolf Schaller und Ber-
hard Biner, 14. August 1923 im Abstieg. L. E. Bray, E. S. Mann und
W. C. Standring mit Georges le Skieur, 22. Juli 1930 im Aufstige.

Auf R. 628 auf den kleinen Gletscher nördlich des P. Frachiccio und an den Fuss des S-Grates (Einschnitt zwischen Al Gal
und Al Balcun). Den ersten Grataufschwung erklettert man

durch eine recht schwierige Verschneidung auf der W-Seite
(IV-). Weiter über Blöcke und Kamine über den Grat (III
zum Platz beim Gipfelblock und auf R. 628 zum höchster
Punkt.

Abstieg: Im Abstieg benützt man den S-Grat bis zu einer stei
len Platte, und über zwei kurze Abseilstellen gelangt man ar
den Fuss des Grates.

630 *NW-Couloir*

Steileiskletterei –80°, Fels V–, letzte 10 m A1 und A2.
6–7 Std.

Steiles Couloir zwischen dem NW-Grat des Al Gal und dem NW-Grat
des Al Balcun. Mittlere Neigung 60°, steilstes Stück 80°. Höhendif
ferenz ca. 500 m. Günstigste Zeit: März bis Mai.
M. Ballerini, F. Castelnuovo und G. Rusconi, 30. Dezember 1982.

Zugang: Von der Albigna-Staumauer auf dem Pfad am Fuss
des Spazzacaldeira zum Passo Val della Neve (2365 m). Von
dort durch das steile Couloir hinunter bis an sein unteres Ende.
Nun quert man unter dem Roda Val della Neve und der Vergine
durch zum untersten Gratrücken des Al Gal-NW-Grates und
gelangt über diesen zum Beginn des Couloirs.

Routenverlauf: Der erste Teil des Couloirs ist nicht sehr steil,
aber sehr stark eingeschnitten. Der zweite Teil ist durch eine
ca. 100 m lange Verschneidung gekennzeichnet, in der sich in
der Regel eine schmale Eiszunge bildet (30–40 cm breit, Neigung 80°). Dann folgt ein offener und weniger steiler Teil des
Couloirs (40–50°). Der letzte Teil ist charakterisiert durch eine
grosse Höhle, die den direkten Ausgang versperrt. In künstlicher Kletterei überwindet man die Höhle rechts längs einer
leicht überhängenden Wand (10 m, A1/A2, 2 H). Über leichtere
Felsen erreicht man die schmale Gabel zwischen dem Al Gal
und dem Al Balcun.

631 *NW-Grat*

V. 6–7 Std.

Langer, sehr schwieriger Anstieg über die Kante. Durch Felsausbrüche
ist die Route stark beeinträchtigt worden; nach wie vor sind Abbrüche
möglich, und deshalb bleibt der Anstieg heikel und gefährlich. Höhendifferenz ca. 600 m.

Karl Simon und Willi Weippert, 22./23. September 1936.
1. Winterbegehung: M. und S. Negrini, 26. Dezember 1988.

Zugang: Von der Albigna-Staumauer auf dem Pfad am Fuss des Spazzacaldeira zum Passo Val della Neve (2365 m). Von dort durch das steile Couloir hinunter bis an sein unteres Ende, dann quert man unter dem Roda Val della Neve und am Fuss des Vergine NW-Grates vorbei zum Beginn des NW-Grates.

Routenverlauf: Man gewinnt die Gratkante von links her und verfolgt sie ein Stück, dann nach rechts und wieder zum Grat zurück. Die folgenden Aufschwünge werden links durch Risse und Stemmkamine in brüchigem Gestein umgangen. Der etwa in der Hälfte des Grates steil sich aufschwingende Gratzacken wird in seiner gegen das Tal gerichteten Plattenwand von einem Risskamin durchzogen. Von der Gratkante her erreicht man das erwähnte Kamin durch einen heiklen Quergang. Im Kamin steigt man zuerst auf, dann hindurch auf die hintere Seite des Turmes. Eine steile, etwas brüchige Verschneidung führt zu einer Scharte hinauf (Biwakplatz der Erstbegeher). Die nun steil sich aufschwingende Gratkante wird auf der linken Seite überwunden, zuerst 15 m an der Kante, dann nach links über abgesprengte Plattenpanzer auf eine Steilrampe, welche 30 m sehr schwierig bis zu einem Überhang verfolgt wird. Nun nach links etwas absteigen zu einem guten Stand. Hierauf durch Risse zur sehr scharfen Gratkante, die teils hangelnd überwunden wird (sehr luftig). Die folgenden, glatten Grattürme werden zum Teil durch Risse und Leisten an der linken Seite umgangen. Der Gipfelaufbau bietet noch schwierige Kletterei. Vom Grat nach links über Leisten und mächtige Platten zu einem sehr schmalen Riss einige Meter hinauf, dann nach links hinaus in einen zweiten Riss, in dem zwei Blöcke hängen. Über sie in gefährlicher Kletterei hinweg, einige Meter sehr schwierig zum Grat und in einer Seillänge zum Gipfel.

Al Balcun, ca. 2760 m

Ohne Namen und Höhenangabe auf der LK. Balkon südlich des Al Gal, der von NW als selbständiger Gipfel erscheint.

632 *Von E*

L. 2 Std.

Bergsteigerisch nicht interessant.
N. Rodio und K. Steiner, 25. September 1909, vermutlich aber scho
früher von Jägern bestiegen.

Von der Capanna da l'Albigna auf R. 628 auf den kleinen Gle
scher nördlich des Piz Frachiccio. Über den Gletscher leich
zum höchsten Punkt.

Ski. Kurze, lohnende Skitour.

633 *NW-Grat*

IV+. 6 Std.

Selten begangener, schwieriger Grat.
Ugo Bivetti, Conradin Meuli und Toni Spinas, Ende Juni 1963.

Zugang und Einstieg: Von der Albigna-Staumauer auf R. 63
in die Rinne zwischen dem NW-Grat des Al Gal und dem NW
Grat des Al Balcun.

Routenverlauf: Man folgt dem Couloir bis zu den unterste
Gratfelsen. Aufstieg über weissliche Felsen (III) bis zum Fus
eines Aufschwungs. Dieser wird durch eine grasbewachsen
Spalte (Kk, H, IV+) bis zu einer Nische überwunden. Weite
auf der linken Seite über Platten (III) bis zum Beginn eine
leichten Sporns. Man folgt diesem über einige SL (II und III
und erreicht die Basis des letzten Aufschwungs. Kurzer, leichte
Aufstieg rechts der Schneide, dann senkrecht aufwärts übe
eine kleine Wand (IV+, H), dann nochmals leicht nach recht
zum Beginn eines Risses. Aufstieg im Riss (30 m, IV, H), dan
nach rechts an die Kante und senkrecht zu einem Aufschwung
Nun quert man unterhalb des Aufschwungs 15 m horizonta
nach rechts. Weiter über eine Wandstufe zu einer schrägen Ver
schneidung. Durch diese (IV, H) erreicht man die gegliederte
Felsen des Gipfels.

Piz Frachiccio, 2905 m

Der Piz Frachiccio entsteigt dem vom Piz Cacciabella Nord nach N
streichenden Grat, und von ihm zweigt nach N der Grat ab mit Al Ga
Vergine und Roda Val della Neve. Markant sind die grossen Platte
schüsse gegen den Lägh da l'Albigna.

634 *NE-Grat*

III. 4 Std. Abb. S. 295.

Normalroute.
August Gysi und H. König im Abstieg, 27. August 1915.

Von der Capanna da l'Albigna auf R. 628 zum Einstieg beim Al Gal. Von dort quert man über den kleinen Gletscher zur Flanke des NE-Grates. Über mittelschwierige Platten, anfänglich in brüchigem Fels, auf den NE-Grat, den man über leichte Gendarmen bis zum Gipfel verfolgt.

635 *Nordpfeiler und NE-Grat (Via Kasper)*

V–V+ und A0 (af VI+). 3–4 Std. für den Pfeiler, 6–7 Std. bis zum Gipfel. Abb. S. 287, technische Skizze S. 289.

Der N-Pfeiler zeigt sich von der Albigna-Staumauer aus als wuchtiger, 350 m hoher Kegel, von dessen Spitze ein reich gezackter Grat auf den Gipfel führt. Die Kletterei verlangt im untersten wie auch zum Teil im oberen Aufschwung künstliche Hilfsmittel.
Arno Cajöri, Hanspeter Kasper, Flury Koch und Gottlieb Zryd, 6. Oktober 1963. 1. Winterbegehung: A. Giovanoli und S. Negrini, 28./29. Februar 1980.

Zugang und Einstieg: Von der Capanna da l'Albigna zur Staumauer und auf dem Weg zum Pass Cacciabella Sud zum Fuss des Pfeilers (¾ Std.).

Routenverlauf: Die Kletterroute beginnt ca. 50 m rechts des tiefsten Punktes des Pfeilers bei den abwärtsgeschichteten, hellen Platten (Steinmann). Eine SL gerade empor, zuletzt 5 m Quergang nach links auf ein abschüssiges Band (Stand). Über einen Aufschwung, schwach rechts, und über zerfurchte Platten auf ein markantes, von unten unsichtbares Grasband (Stand). Diesen Stand kann man auch in direktem Anstieg (1 SL, V+) erreichen. Über ein schmales, ausgesetztes Band, das 4 m über dem Stand beginnt, zuerst steil, nach einem kurzen Überhang weniger steil nach rechts aufwärts führt. Am Ende des Bandes Stand. Schuppenähnliche Platten leiten steil nach rechts hinauf, bis ein gerader Ausstieg nach oben möglich wird (guter Stand). Über ein breites Band und durch eine Verschneidung, dann über Schrofen zum Beginn des zweiten Aufschwungs. Eine SL in einem Riss einer hohen, losge-

sprengten Platte zu schlechtem Stand hinauf (ca. 20 m). De
weitere Anstieg führt nach kurzem Quergang rechts um die
Kante zu einem vorzüglichen Standplatz. Nun in freier Klet
terei unter das rechte der beiden von unten gut sichtbarer
Dächer. Die Originalroute führt durch ein moosiges Kamin
welches den linken Rand des Daches bildet, empor zu Stan
(25 m). Besser folgt man der von Erwin Kilchör erschlossener
Route: Vom Stand unter dem Dach bis zum Dach aufsteige
und an einer Hangelleiste nach rechts hinaus auf die grosse
Platte und nach 15 m zu gutem Stand. Von da in freier Klet
terei über gutgriffige Platten über den Pfeiler auf dessen Spitze
(P. 2624). Nun weiter in schöner Kletterei, mit einigen Um
gehungen, auf dem NE-Grat zum Gipfel.

Abstieg: Will man von P. 2624 absteigen, so benützt man eine
breite, markante Rampe, die vom horizontalen Gratstück nord
östlich P. 2624 nach Westen abfällt (zuerst abklettern, dann
2 SL abseilen).

636 *Nordpfeiler («Via Wasserpulver»)*

VI. 3 Std. für den Pfeiler. Abb. S. 287, technische Skizze S. 289

Schwierige Freikletterei, die auch als Zustieg zur Via Kasper diener
kann.
Erwin Kilchör und Siffredo Negrini, Sommer 1986.

Zugang und Einstieg wie R. 635.

Routenverlauf: Vom 2. Stand der Via Kasper (R. 635) über das
Grasband nach links, dann über steilen Fels links neben dem
grossen Dach zu Stand. Nun gerade über schwierige Platter
empor und zuletzt über einen Überhang in eine kleine Ver
schneidung in leichteres Gelände. (Von hier kann man nach
rechts zur Via Kasper und nach links zur Via Sognadoro queren.) Vom grossen Gras-Geröllband leicht links empor zu
Plattenwand. Nun, leicht rechts haltend, durch die Platten
wand zum Grat, den man wenig unter dem höchsten Punkt des
Nordpfeilers erreicht. Die Platten kann man an mehreren
Orten überwinden (IV–V); stellenweise ist der Fels nicht sehr
zuverlässig.
Der Einstieg kann auch über die auf der technischen Skizze
vermerkte Variante (V+) erfolgen und führt in einer SL zum
2. Stand der Via Kasper.

Roda Val della Neve

Vergine

Al Gai

Al Balcun

2624

635

636

637

637 *Nordpfeiler-E-Wand («Via Sognadoro»)*

VI, zwei Stellen A0. 3 Std. bis zu P. 2624, 6 Std. zum Gipfel.
Abb. S. 287, techische Skizze S. 290.

Interessante Route, die der Originalroute (R. 637a) vorzuziehen ist.
F. Giacomelli und R. Rossi, 11. Oktober 1985, wobei im unteren Teil die
Originalroute benützt wurde.

Zugang und Einstieg: Von der Capanna da l'Albigna zur Staumauer und auf dem Weg zum Pass Cacciabella Sud zum Fuss
der E-Wand des Nordpfeilers. Der Einstieg befindet sich unterhalb des gelben Überhangs (¾ Std.).

Routenverlauf: Technische Skizze S. 290.

637a *Nordpfeiler-E-Wand (Originalroute)*

VI, zwei Stellen A0. 3 Std. bis P. 2624, 6 Std. zum Gipfel.

Der obere Teil der Route ist oft nass, aber etwas leichter als die «Via
Sognadoro».
M. Negrini und S. Negrini, 29. Juni 1980.

Zugang und Einstieg: Wie R. 637.

Routenverlauf: Technische Skizze S. 290.

638 *Nordpfeiler («Via Diedro senza Sole»)*

VI/VI+, eine Stelle VII. 3–4 Std. Technische Skizze S. 291.

Sehr schöne und schwere Kletterei (8 SL) in gutem Fels.
Marcello und Siffredo Negrini, 2. August 1987.

Zugang und Einstieg: Von der Capanna da l'Albigna zur Staumauer und auf dem Weg zum Pass Cacciabella Sud zum Fuss
des Pfeilers. Der Einstieg befindet sich ca. 80 m rechts des
Einstieges der Via Kasper (R. 635) bei einem grossen Felsblock.

Routenverlauf: Technische Skizze S. 291.

639 *E-Grat*

III. 4 Std. Abb. S. 295.

Abwechslungsreicher, schöner Anstieg.
Alfred Zürcher mit Walter Risch, 28. Juli 1923.

289

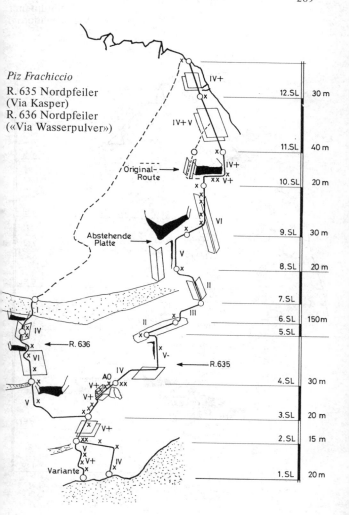

Piz Frachiccio
R. 635 Nordpfeiler
(Via Kasper)
R. 636 Nordpfeiler
(«Via Wasserpulver»)

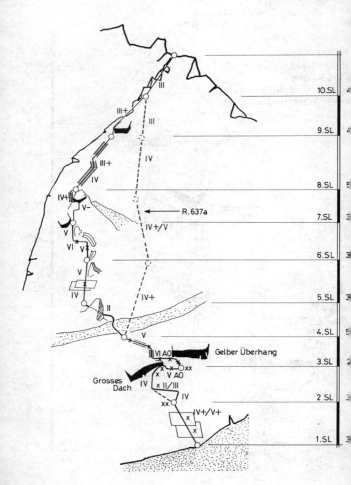

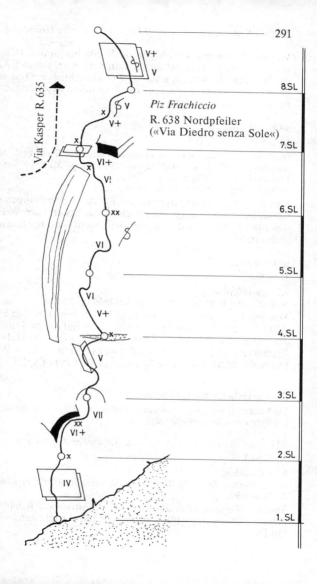

Piz Frachiccio
R. 638 Nordpfeiler
(«Via Diedro senza Sole»)

Via Kasper R. 635

8.SL
7.SL
6.SL
5.SL
4.SL
3.SL
2.SL
1.SL

V+
V
x V
V+
x
VI+
x
V!
xx
VI
VI
V+
x
V
VII
xx
VI+
x
IV

Von der Capanna da l'Albigna auf R. 706 bis zu den Hängen von Cacciabella. Nun schwenkt man nach rechts zum E-Grat ab, den man in seinem unteren Teil erreicht. Der Grat wird über Platten und Gratzacken ohne besondere Schwierigkeiten bis zum Gipfel verfolgt.

640 *SW-Grat*

II. 3 Std. Abb. S. 295.

Nur lohnend, wenn vom Piz Frachiccio zum Piz Cacciabella Nord traversiert wird, da der Aufstieg zur Scharte am Westfuss des Piz Frachiccio steinschlägig ist.
N. Rodio und K. Steiner, 25. September 1909.

Von der Capanna da l'Albigna auf R. 706 zu den Hängen von Cacciabella. Nun steigt man nach W zur Scharte am W-Fuss des Piz Frachiccio auf. Von der Scharte in schöner Kletterei zum Gipfel.

641 *N-Grat*

II. 3 Std.

Anstieg steinschlägig.
N. Rodio und K. Steiner, 25. September 1909 im Abstieg.

Von der Capanna da l'Albigna auf R. 628 zum Einstieg beim Al Gal. Nun über den kleinen Gletscher auf der N-Seite des Piz Frachiccio aufwärts auf den Verbindungsgrat Al Gal – Piz Frachiccio. Über den N-Grat, der weiter oben in die N-Wand übergeht, ohne besondere Schwierigkeiten zum Gipfel.

Piz Cacciabella Nord, 2980 m

Lohnender Gipfel, der imposante Tiefblicke in die Valli Bondasca, d'Albigna und Bregaglia ermöglicht.

642 *Von der Forcola Cacciabella Nord über den S-Grat*

II. ¼ Std.

Normalanstieg.
A. von Rydzewsky mit M. Barbaria, A. Dandrea und Christian Klucker, 28. Juni 1897.

Von der Forcola Cacciabella Nord, die man auf R. 646/647 erreicht, über gut gestufte Felsen ohne Schwierigkeiten auf den Gipfel.

643 *Von der Capanna di Sciora über den NW-Grat*

III. 4 Std. Abb. S. 303.

Sehr schöner Anstieg mit prächtigem Tiefblick ins Bergell.
Walter Risch, allein, 1928.

Von der Capanna di Sciora steigt man in nordöstlicher Richtung auf dem Weg zum Pass Cacciabella Sud bis auf ca. 2400 m. Nun hält man in nördlicher Richtung auf den Sattel zwischen Piz Cacciabella Nord und P. 2769 des Lan Furcelina-Grates zu. Vom Sattel über lose Blöcke hinauf an den Fuss einer gut sichtbaren Verschneidung hart rechts des Grates. Durch die Verschneidung und über eine Platte hinauf auf den Grat. Weiter auf der Kante in sehr schöner, stark ausgesetzter Kletterei zum nächsten Grataufschwung. Dieser wird an einem Riss über einen kurzen Überhang und anschliessend über eine Plattenverschneidung wenig links des Grates überklettert. Nun rechts haltend und zwischen Blöcken durch hinauf auf den Grat. Das oberste Gratstück wird leicht auf der rechten Seite überklettert und bietet bis zum Gipfel eine anregende Kletterei.

644 *NE-Grat*

IV–. 3½ Std. Abb. S. 295.

Schöne Kletterei; empfehlenswert ist die Traversierung Piz Frachiccio-Piz Cacciabella Nord.
Hans Rütter mit Christian Klucker, 20. Juni 1922 im Abstieg.
Alfred Zürcher mit Walter Risch, 25. August 1922 im Aufstieg.

Zugang: Ausgangspunkt ist die Scharte zwischen Piz Frachiccio und NE-Grat des Piz Cacciabella Nord. Am besten erreicht man die Scharte, indem man vom Piz Frachiccio über dessen leichten Westgrat absteigt. Man kann auch auf R. 640 zu dieser Scharte gelangen (steinschlägig).

Routenverlauf: Von der Scharte quert man auf der Nordseite des Grataufschwungs und klettert nachher über Platten und ein Wändchen zum Grat hinauf. Über den Grat bis zu einer tiefen Scharte, in die man ca. 20 m abseilt. Weiter über den Grat zu einem markanten Gratturm, den man durch eine breite Spalte auf der linken Seite bezwingt. Dem Grat folgend zum Gipfel.

645 *SE-Wand*

II. 3½ Std.

Hübsche, unschwierige Kletterei in gutem Fels.
N. Rodio und Salvadori, 7. September 1909.

Von der Capanna da l'Albigna auf R. 646 zu den oberen Cacciabellahängen. Hier hält man etwas mehr nach rechts, nordwestlich, und gelangt an den Fuss der SE-Wand. Zuerst etwa 50 m gerade aufwärts, dann rechts abbiegen in ein tiefes, von unten unsichtbares Kamin. In dieses hinein und darin aufwärts, bis grosse, eingeklemmte Blöcke ein Ausweichen nach links nötig machen. Von hier in kurzer Kletterei zum Gipfel.

Forcola Cacciabella Nord, ca. 2920 m

Ohne Namen und Höhenangabe auf der LK. Übergang zwischen dem Piz Cacciabella Nord und dem Piz Cacciabella Sud. (Wird auch mit Bocchetta tra i Pizzi di Cacciabella bezeichnet.)

646 *Von der Capanna da l'Albigna (E)*

EB. 3 Std. Abb. S. 295.

Von der Capanna da l'Albigna auf R. 701 bis etwa ½ Std. östlich unterhalb der Forcola Cacciabella Sud, dann nach rechts, NW, halten zu einem breiten Geröllcouloir, das unschwierig zur Forcola Cacciabella Nord hinaufleitet.

647 *Von der Capanna di Sciora (W)*

EB. 2½ Std. Abb. S. 303.

Von der Capanna di Sciora auf R. 643 an den W-Fuss des Piz Cacciabella Nord. Nun in östlicher Richtung durch das steile Fels- und Schneecouloir aufwärts zur Forcola zwischen den Pizzi di Cacciabella.

Piz Cacciabella Sud, 2969.4 m

Gipfel ohne touristische Bedeutung.

Cacciabellakette von E

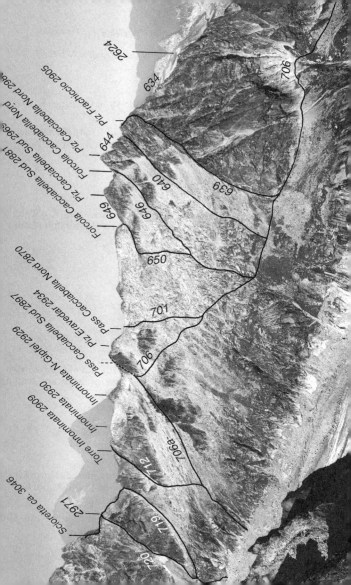

2624

706

634

Piz Frachiccio 2905

644

Piz Cacciabella Nord 2960

649

Forcola Cacciabella Sud 2965

640

Piz Cacciabella Sud 2881

639

646

Forcola Cacciabella Sud 2887

650

Pass Cacciabella Nord 2870

701

Piz Elavedar 2934

706

Pass Cacciabella Sud 2897

Pass N-Gipfel 2929

(inominata 2930)

7064

(inominata 2909)

Torre Innominata 2909

712

2971

Sciottela ca. 3046

719

720

648 *Von der Forcola Cacciabella Nord über den N-Grat*

II. ¼ Std.

Kurzer, steiler Anstieg.
A. von Rydzewsky mit M. Barbaria, A. Dandrea und Christian Klucker,
5. Juni 1897.

Von der Forcola Cacciabella Nord, die auf R. 646/647 erreicht
wird, über den steilen, gut gestuften Grat zum Gipfel.

649 *Von der Forcola Cacciabella Sud über den S-Grat*

II. ¼ Std. Abb. S. 295.

Von der Forcola Cacciabella Sud, die man auf R. 650/651
erreicht, ohne Schwierigkeiten über den Schrofengrat zum
Gipfel.

Forcola Cacciabella Sud, 2881 m

Ohne Namen auf der LK. Übergang südlich des Piz Cacciabella Sud.

650 *Von der Capanna da l'Albigna (E-Flanke)*

EB. 3 Std. Abb. S. 295.

Von der Capanna da l'Albigna auf R. 701 aufwärts, bis man
direkt in westlicher Richtung zum Passeinschnitt aufsteigen
kann.

651 *Von der Capanna di Sciora (W)*

EB. 2½ Std.

Nicht empfehlenswert, viel lose Steine.

Von der Capanna di Sciora auf R. 702, bis man das zum Grat
führende Couloir einsehen kann. Im langen Couloir über Gras,
Geröll und Schnee mühsam zur Forcola.

Ski. Bei sicheren Verhältnissen kann dieses Couloir mit Ski
befahren werden.

Lan Furcelina

Langer, mit vielen Türmchen und Zacken gespickter Grat zwischen dem Piz Grand und dem Piz Cacciabella Nord. Die Grattürme können auf verschiedenen kurzen Routen erklettert werden und eignen sich für Kletterübungen. Am 18. und 19. August 1924 wurde der Grat in seiner ganzen Länge von F. K. Drescher und M. Storz überklettert. Früher wurde der breite Sattel (P. 2544) als Lan Furcelina bezeichnet und von Vicosoprano bzw. Borgonovo als direkter Zugang zur Capanna di Sciora benützt; heute kaum mehr begangen.

652 *Von Borgonovo zum Sattel P. 2544*

EB. 5 Std.

Durch Steinschlag gefährdete Route.

Von Borgonovo auf R. 615 bis zum Rücken an der Waldgrenze (ca. 1950 m). Nun quert man in SW-Richtung über Gras und Schutt zum vom Übergang herabkommenden Couloir. In diesem steil empor, zuletzt über einige Felsen zum breiten Joch.

652a *Variante*

Empfehlenswert.

Am westlichen Rand des Couloirs leicht hinauf zu einer Rippe, die man unschwierig verfolgt, und über Schutt und loses Gestein zum begrasten Übergang, der sich etwas westlich des Turms befindet, der das weiter östlich gelegene, breitere Joch des eigentlichen Passes im Westen flankiert.

653 *Von der Capanna di Sciora*

EB. 1 Std.

Auf R. 707 steigt man bis auf ca. 2300 m auf und quert dann in nördlicher Richtung über Geröll und Schutt zum Übergang.

654 *S-Wand des P. 2662*

VI+, eine Stelle A1e und VII+. 2 Std.

Höhendifferenz 120 m, 4 SL. Kurz und schwierig.
R. Kälin, P. Pfund und R. Sunitsch, 1. August 1982.

Von der Capanna di Sciora auf R. 707 bis auf ca. 2300 m aufsteigen und dann über Schutt und Geröll nach N und an den Wandfuss.
1. SL: Über Platten zu markantem Querband (V, VI−).

2. SL: Aufwärts zu Schlingenstand (VI, A1e, VI+).
3. SL: Faustriss (VII+).
4. SL: Über Verschneidung und Platten zum höchsten Punkt (VI–, VI, IV).

Torri di Piz Grand

Ohne Namen und Höhenangabe auf der LK. Dem Piz Grand sind auf der E-Seite drei schöne Türme vorgelagert. Der Turm östlich der Scharte P. 2345 wird mit Torre del Passo di Grand, die beiden Türme zwischen der Scharte und dem Gipfel des Piz Grand werden mit Torre Grande und Torre Piccola bezeichnet.

655

IV. 2 Std. für alle drei Türme.

Torre del Passo di Grand

H. Burggasser, R. Leiss, A. von Martin und K. Noë, 4. September 1934.

Von der Capanna di Sciora in den tiefen Einschnitt, P. 2345, östlich der Torre Grande und Torre Piccola. Über die SW-Kante gelangt man auf den Turm.

Torre Grande und Torre Piccola

H. Burggasser und R. Leiss, 20. August 1934.

Von der Scharte, P. 2345, steigt man etwas nach N ab umgeht die Torre Piccola und klettert in brüchigem Fels zur Scharte zwischen der Torre Grande und dem Piz Grand hinauf (von dieser Scharte aus kann man ohne Schwierigkeiten über den gut gestuften E-Grat den Piz Grand erreichen). Wenig unter der Scharte beginnt eine schwierige Rinne, die zur Scharte zwischen der Torre Piccola und der Torre Grande führt. Von N her erreicht man die Torre Piccola; die Torre Grande gewinnt man über Risse und eine glatte Platte von S. Eine kurze Traverse nach S führt zu einer weiteren Scharte, und über eine überhängende Stufe (H) gewinnt man den südlichen Gipfel der Torre Grande.

Piz Grand, 2459 m

Bergsteigerisch uninteressanter Gipfel, der aber einen prächtigen Blick in die Bondasca ermöglicht.

656 *Von der Capanna di Sciora*

II. 1¼ Std.

Normalroute; brüchiger Fels.
W. Risch, allein, 1924.

Von der Capanna di Sciora in den tiefen Einschnitt, P. 2345, östlich der beiden E-Grat-Türme (Torre Grande und Torre Piccola). Nun auf die N-Seite des Piz Grand und nach W aufwärts querend, erreicht man über schlechten Fels den Gipfel von N. Statt nach W aufwärts zu queren, kann man auch über den E-Grat zum Gipfel gelangen.

657 *SSW-Flanke*

II. 2 Std.

Nicht empfehlenswert.
A. von Rydzewsky mit Ch. Klucker, im Abstieg, 6. Juni 1891.

Man steigt von der Capanna di Sciora auf dem Hüttenweg in nordwestlicher Richtung abwärts, bis man den Moränenrükken verlässt und den von der Alp Sciora kommenden Bach überschritten hat. Nun traversiert man über Grashalden mit Stauden und Legföhren gegen P. 1950 am Fuss des Piz Grand. Weiter nach W unter der vom Piz Grand kommenden Felsrippe durch, dann über steile Felsabsätze und Grasbänder durch die SSW-Flanke aufwärts. Man erreicht so den W-Grat in der Nähe des Gipfels.

658 *Von Promontogno über I Mot und den W-Grat*

II. 5 Std.

A. von Rydzewsky mit Christian Klucker, 6. Juni 1891.

Von Promontogno auf R. 660 zum I Mot (1973 m). Nun ohne Schwierigkeit über den W-Grat, sich teilweise auf seiner S-Seite haltend, zuletzt steil zum Gipfel.

I Mot, 1973.3 m

Unbedeutende Graterhebung westlich des Piz Grand.

659   *Von Laret über die S-Flanke*

EB. 1½ Std.

Mühsam, Abstiegsroute.

Von Laret (1377 m) im Val Bondasca auf schlechtem Weg steil durch den Wald in der S-Flanke aufwärts. Zuletzt über mit Schrofen durchsetzte Grashänge zum Gipfel.

660   *Von Promontogno*

EB. 3 Std.

Von Promontogno auf gutem Pfad zur Alp Truscela (1224 m), dann steil durch den Wald hinauf (zum Teil Pfadspuren) zu P. 1647.6. Weiter über den bewaldeten Rücken von Mungac und von Westen her auf den höchsten Punkt.

7. Scioragruppe

Piz Eravedar – Innominata – Scioretta – Sciora Dafora – Punta Pioda – Ago di Sciora – Sciora Dadent.

Pass Cacciabella Nord, 2870 m

Selten begangener Übergang zwischen Val d'Albigna und Val Bondasca. Der Pass Cacciabella Nord ist schwieriger als der Pass Cacciabella Sud und nicht markiert. Das Couloir auf der W-Seite ist steinschlägig.

701 *Von der Capanna da l'Albigna*

BG. 3½ Std. Abb. S. 295.

Von der Capanna da l'Albigna auf R. 706 gegen den Pass Cacciabella Sud bis zur grossen Gras- und Geröllhalde Cacciabella. Über deren Hänge in südwestlicher Richtung weglos über Grashalden, Geröll und Schnee zum Pass.

701a *Von der Capanna da l'Albigna über den Vadrec da l'Albigna*

BG. 3½ Std.

Von der Capanna da l'Albigna auf R. 501 auf den Vadrec da l'Albigna. Auf der W-Seite des Gletschers über Blöcke, Gras und Fels gegen P. 2535 aufsteigend, erreicht man die Hänge der Cacciabella. Nun weglos in der Mulde nördlich P. 2767 über Grashalden, Geröll und Schnee zum Pass.
Abstieg zur Capanna di Sciora: Auf der W-Seite durch ein steiles Schnee- und Schuttcouloir (oft schwierig) hinab. Dann über einen Schneehang, Blöcke und Gras in westlicher, dann südwestlicher Richtung (Markierung des vom Pass Cacciabella Sud kommenden Pfades beachten) absteigend, zur Hütte (1 Std.).

702 *Von der Capanna di Sciora*

BG. 2 Std. Abb. S. 303.

Von der Capanna di Sciora auf Pfadspuren in nordöstlicher-östlicher Richtung, wie zum Pass Cacciabella Sud, aufwärts bis auf ca. 2600 m. Nun über das Schneefeld an den Fuss des steilen Couloirs nördlich des Piz Eravedar. Im Couloir über Schnee und Schutt zum Pass.

Piz Eravedar, 2934 m

Kleiner Gipfel zwischen den beiden Passi di Cacciabella, der in Verbindung mit einer Überschreitung der Pässe bestiegen werden kann.

703 *Vom Pass Cacciabella Nord über den NE-Hang*

II. ¼ Std. Abb. S. 295.

Einfache Abstiegsroute.

Von etwas östlich unterhalb des Pass Cacciabella Nord leicht über den NE-Hang zum Gipfel.

704 *Vom Pass Cacciabella Sud über den S-Grat*

IV–. ¼ Std.

Kurze, steile Kletterei.
Fritz Baumann, Hans Rütter mit Christian Klucker, 27. Juni 1925.

Vom Pass Cacciabella Sud über die steilen Platten direkt zum Gipfel.

Abstieg: Abseilen oder über den NE-Hang.

705 *E-Grat*

III. ½ Std.

Sehr loser Aufbau, gefährlich.
Alfred H. Sommer, 4. August 1925.

Von der Capanna da l'Albigna auf R. 706 zum Pass Cacciabella Sud aufsteigend, gelangt man auf eine breite Einsattelung im E-Grat. Von hier steigt man direkt über den steilen Blockgrat aufwärts. Hie und da zwingen einige grosse Blöcke zum Ausweichen in die S-Wand.

Cacciabellakette von W

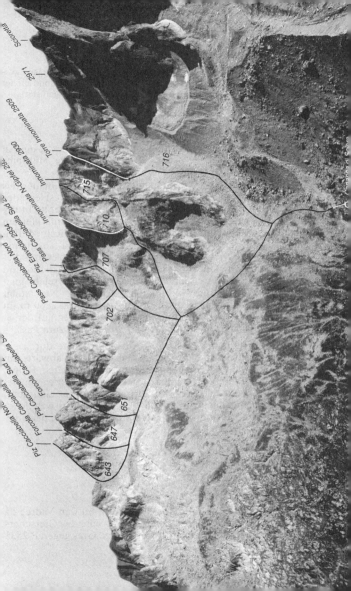

Scorette — 2971 — Torre Innominata 2909 — Innominata 2930 — Innominata N.Gipfel 2934. — Pass Cacciabella Sud 2834. — Piz Cacciabella Nord — Pass Cacciabella — Forcola Cacciabella Sud. — Piz Cacciabella Sud — Forcola Cacciabella Nord — Piz Cacciabella Nord

716 — 715 — 710 — 707 — 702 — 651 — 647 — 643

Pass Cacciabella Sud, 2897 m

Landschaftlich ausserordentlich schöner, viel benützter Übergang zwischen Capanna da l'Albigna und Capanna di Sciora (markiert und auf der W-Seite stellenweise mit Drahtseilen und Abseilstellen ausgerüstet).

706 *Von der Capanna da l'Albigna*

EB. 3 Std. Abb. 295.

Bester Übergang von der Capanna da l'Albigna zur Capanna di Sciora. Wenn Schnee in den Couloirs liegt, ist die Mitnahme von Pickel und Seil zweckmässig.

Von der Capanna da l'Albigna steigt man zur Staumauer des Lägh da l'Albigna ab. Beim Wärterhaus auf der Westseite des Staudammes beginnt der Weg und führt, in südlicher Richtung ansteigend, gegen P. 2297. Nun quert man auf gut markiertem Pfad unter den Plattenschüssen des Piz Frachiccio durch. Dabei muss die steil zum Lägh da l'Albigna abfallende Schlucht traversiert werden, was heikel sein kann, wenn diese mit Schnee gefüllt ist. Sich möglichst hoch haltend und dann weiter am Fuss der Felswände folgend, erreicht man die grosse Gras- und Geröllhalde Cacciabella. Nun steigt man in südwestlicher Richtung zur Lücke auf ca. 2800 m im E-Grat des Piz Eravedar auf. Dort führt der Weg auf der S-Seite des E-Grates über Bänder und Stufen steil zum Pass.

Abstieg zur Capanna di Sciora: Auf der W-Seite durch ein steiles Couloir, das in einen Schneehang ausläuft, abwärts. Im oberen Teil benützt man die Felsen der südlichen Rippe. (Wenn im Couloir noch Schnee liegt, kann der Abstieg schwierig sein; im Herbst können lose Blöcke die Route gefährden). Auf dem Schneehang unterhalb des Couloirs in westlicher Richtung abwärts und später, Markierung beachten, nach SW zur Hütte (1½ Std.).

706 a *Von der Capanna da l'Albigna über den Vadrec da l'Albigna*

EB. 4 Std. Abb. S. 295.

Mühsam, weitgehend ohne Wegspuren.

Von der Capanna da l'Albigna auf R. 501 auf den Vadrec da l'Albigna. Nun traversiert man auf die W-Seite des Gletschers und steigt über Moränengeröll, Felsen und Gras gegen P. 2535 zur Cacciabella auf. Weiter auf der S-Seite des E-Grates des Piz Eravedar, meistens am Gratfuss aufsteigend, gelangt man in der Nähe der Gratlücke auf 2800 m auf den von der Staumauer kommenden Weg und über Bänder und Stufen steil zum Pass.

Ski. Mit Ski benützt man diese Route; für das letzte Stück des Aufstiegs sowie für den ersten Teil des Abstiegs auf der Bondascaseite sind die Ski zu tragen.

707 *Von der Capanna di Sciora*

EB. 2 Std. Abb. S. 303.

Von der Capanna di Sciora auf Pfadspuren in nordöstlicher Richtung aufwärts bis auf ca. 2400 m, dann nach E über das Schneefeld an den Fuss des steilen Couloirs südlich des Piz Eravedar. Im Couloir über Schnee und Schutt, oben über die Felsen der südlichen Rippe kletternd, zum Pass.

Ski. Für den Abstieg auf der Albignaseite benützt man R. 706 a. Für den letzten Teil des Aufstiegs sowie für den ersten Teil des Abstiegs auf der Albignaseite sind die Ski zu tragen.

Innominata-Nordgipfel, 2926 m

Ohne Namen auf der LK. Graterhebung zwischen dem Innominata-Hauptgipfel (2930 m) und Piz Eravedar.

708 *Von der Capanna da l'Albigna*

II. 3½ Std.

Nicht lohnend.

Von der Capanna da l'Albigna auf R. 706 bis zur Lücke auf ca. 2800 m im E-Grat des Piz Eravedar. Auf der S-Seite quert man, zuerst absteigend, unter den Felsen des N-Grates über Geröll und Schnee, bis man über gut gestuften Fels direkt zum höchsten Punkt aufsteigen kann.

708 a *Variante*

Auf R. 706 a steigt man auf der S-Seite des E-Grates des Piz Eravedar auf, quert auf ca. 2750 nach S und gelangt auf R. 708 zum Gipfel.

709 *Vom Nordgipfel zum Hauptgipfel*

II. ½ Std.

Nicht interessant.

Vom Nordgipfel steigt man in südlicher Richtung in eine kleine
Einsattelung ab und verfolgt über Blöcke und Absätze den
Grat zum Hauptgipfel.

710 *W-Grat*

III. 3 Std. Abb. S. 303.

Schöne Kletterei in gutem Granit.
Erstbegeher unbekannt.

Von der Capanna di Sciora auf Pfadspuren in nordöstlicher
Richtung gegen den Pass Cacciabella-Sud aufsteigen. Auf ungefähr 2500 m quert man in südöstlicher Richtung zum Felsvorbau der Innominata (Fort da Sciora), den man über Felsstufen ersteigt und zu einem breiten Sattel gelangt. Leicht über
den Rücken aufwärts und nach links hinaus an den gut sichtbaren Gratfuss (2 Std.). Von diesem 20 m über gut gestuften
Fels hinauf. Links des Grates über eine schöne Platte zu einem
Gratzacken, der direkt überklettert (IV) oder auf einem unschwierigen Band rechts umgangen werden kann. Nun in
schöner Kletterei, immer auf dem Grat bleibend, zum Gipfel.

Abstieg: Vom Gipfel steigt man über gut gestuften Fels auf
der Albigna-Seite ab und traversiert über Schnee und Geröll
zum Pass Cacciabella Sud und von dort auf R. 707 zur Capanna
di Sciora.

Innominata-Hauptgipfel, 2930 m

Höchste Graterhebung der Innominata.

711 *N-Grat*

II. 4 Std.

Nicht interessant.
A. Bonacossa und R. Giacometti, 13. Juni 1911.

Von der Capanna da l'Albigna auf R. 706 a steigt man auf der
S-Seite des E-Grates des Piz Eravedar auf, dann, auf ca. 2750 m,
traversiert man in südlicher Richtung über Geröll und Schnee
unter dem Innominata-N-Gipfel zu den Felsstufen, über die
der Hauptgipfel erreicht wird.

712 *ESE-Grat*

IV, eine Stelle V. 5½ Std. Abb. S. 295.

Abwechslungsreiche Kletterei in gutem Fels. Höhendifferenz ca. 280 m.

I. Mozzanica, A. Redaelli und A. Tagliabue, August 1980.

Zugang und Einstieg: Von der Capanna da l'Albigna auf R. 706 a auf die Terrasse von Cacciabella. Von dort traversiert man zu P. 2646 und zum Einstieg.

Routenverlauf: Der Anstieg beginnt links eines roten, versehentlich gesetzten H. Man steigt gerade aufwärts, biegt dann leicht nach links ab und kommt wieder nach rechts zurück. Stand auf einem auffälligen Zacken (III, mit 3 Stellen IV, 60 m). Fortsetzung über leichte Verschneidungen, leicht nach links haltend, zum Fuss einer kleinen, senkrechten, von einem abgerundeten Riss durchzogenen Wand (II, 30 m). Nach Überwindung des Risses durch parallele Risse (V und IV, 50 m) weiter. Nun überklettert man einen markanten Aufschwung, dann weiter aufwärts zum jetzt ausgeprägten Grat, dem man auf der Schneide folgt (III und III+, 50 m). Nun weitere 40 m (II und III) über den Grat. Über eine kurze Platte, dann über ein horizontales Gratstück an den Fuss von Platten mit abgerundeten Rissen und einem angelehnten Block. Von einem Felsband (Steinmann) folgt man dem Grat bis zum Gipfel (II, 50 m).

713 *SSW-Grat*

III. 1 Std.

Gratstück zwischen Torre Innominata (2909 m) und Hauptgipfel (2930 m).

Vom Torre Innominata etwa 50 m auf der Albignaseite nach N zu gut sichtbarer Abseilstelle absteigen. Man seilt 30 m in den mit 2865 m kotierten Sattel ab. Vom Sattel über den SSW-Grat, eher auf der Albignaseite, zum Hauptgipfel.

714 *SW-Wand*

V-VI, A2. 6 Std.

Technische Kletterei. Die Erstbegeher benötigen 60 H und 9 Kk; 5 H belassen. Wandhöhe ca. 250 m.

C. Casati, V. Taldo, N. Nusdeo und A. Pizzocolo, Juni 1962.

Zugang und Einstieg: Von der Capanna di Sciora ein kurzes
Stück auf dem Weg zum Pass Cacciabella Sud aufsteigen und
dann in südlicher Richtung unter dem Fort da Sciora zur
Schnee- und Schutthalde queren, die sich gegen die Innominata hinaufzieht. Durch das anschliessende Couloir steigt man
bis zur Mitte der Wand auf (1½ Std.).

Routenverlauf: Man beginnt den Anstieg etwas rechts über
glatte und überhängende Platten und erreicht nach einer SL
einen guten Standplatz (IV) am Beginn des schwierigsten Teils.
Man quert sorgfältig nach links (H) und über eine abstehende
Schuppe und eine überhängende Verschneidung (V und VI)
aufwärts bis zum Punkt, wo es möglich ist, wieder nach links
zu traversieren und einen Absatz zu erreichen. Nun weiter, entschieden schräg nach rechts zu einer glatten Platte, die überwunden werden muss. Dann klettert man direkt zum Fuss
einer glatten Verschneidung, deren linke Wand von einem Riss
durchzogen ist. Durch diesen (H, Kk, VI und A2) empor bis
zum Ende der Verschneidung. Man folgt nun (rechts) den
Rissen, die eine schräge Platte durchfurchen, überwindet
einen kleinen Überhang (H und Kk) und erreicht durch ein
kleines Couloir auf der linken Seite einen guten Stand. Nun
überwindet man schräg nach links einen kurzen Grataufschwung, und in schöner Kletterei gelangt man unter markante
Überhänge. Über eingeklemmte Blöcke steigt man nach links
auf den Grat und über diesen zum Gipfel.

715 *W-Grat («Via Jacqueline»)*

IV. 3 Std. Abb. S. 303.

Dankbare, interessante Plattenkletterei.
(Die Erstbegeher erkletterten auch den untersten Teil des W-Grates
bis zum heute üblichen Einstieg).
Jacqueline Paul mit Gottlieb Zryd, 26. Juli 1965.

Zugang: Von der Capanna di Sciora steigt man in nordöstlicher
Richtung gegen den Pass Cacciabella Sud. Auf ungefähr 2500
m quert man in südöstlicher Richtung zum Felsvorbau der
Innominata (Fort da Sciora), den man über Felsstufen ersteigt
und einen breiten Sattel erreicht. Von diesem quert man weiter
nach SE zum Einstieg am Fuss des W-Grates.

Routenverlauf: Man folgt dem Grat, bis man an die Plattenwand, die das Kernstück des Aufstiegs bildet, gelangt. Nur

klettert man ca. 2 SL gerade aufwärts, hält dann etwas nach
links, und über leichtere Platten kommt man zum Gipfelgrat.

Torre Innominata, 2909 m

Mit Torre auf der LK bezeichneter, markanter Turm südlich des
Innominata-Hauptgipfels (2930 m).

716 *W-Kante*

V—. 3—3½ Std. Abb. S. 303.

Sehr schöner Anstieg in ausgezeichnetem Fels.
Uoli Gantenbein mit Mitgliedern der SAC Sektion Rhein, 8. August
1949.

Zugang: Von der Capanna di Sciora ein kurzes Stück auf dem
Weg zum Pass Cacciabella Sud aufsteigen und dann in südli-
cher Richtung unter dem Fort da Sciora zur Schnee- und
Schutthalde queren, die sich gegen die Innominata hinauf-
zieht. Über die Schnee- und Schutthalde nach E zum Fuss der
W-Kante (1 Std.).

Routenverlauf: Auf der linken Seite des markanten Grates
steigt man etwa 2 Seillängen aufwärts (2 H). Dann folgt man
dem Grat bis zu einem horizontalen Stück, das zu einem Überhang führt. Dieser wird von rechts nach links (3 H) überklettert, und man gelangt zu einem guten Standplatz. Anschliessend wird die Kletterei über den sehr ausgeprägten
Grat (mit wenigen Ausnahmen, wo man rechts ausweicht) bis
zum Gipfel fortgesetzt.

Abstieg: Vom Gipfel etwa 50 m auf der Albignaseite nach N
zu gut sichtbarer Abseilstelle absteigen. Man seilt 30 m in den
mit 2865 kotierten Sattel ab. Von diesem, sich im Couloir
meist rechts (im Sinne des Abstiegs) haltend, zur Capanna di
Sciora absteigen. Im unteren Teil des Couloirs bleibt man meistens besser in den Felsen, da der Abstieg im steilen Couloir
über Schnee und Eis sehr heikel sein kann. Vom Sattel P. 2865
kann man auch zum Hauptgipfel aufsteigen und auf R. 711
absteigen und zum Pass Cacciabella Sud traversieren. Von dort
zur Capanna di Sciora oder Capanna da l'Albigna absteigen.

716 a *Über das Band auf der S-Seite der W-Kante*

II. 3 Std.

Leichtere, wenig interessante Variante.
A. Dubois, P. Koenig mit H. Zuber, 1. Oktober 1958.

Zugang wie bei R. 716. Statt auf der Kante selbst, steigt man auf der S-Seite auf einem Band aufwärts, das zum Grat zwischen Scioretta und Torre Innominata führt. Über den S-Grat ohne Schwierigkeiten zum Gipfel.

717 *W-Wand*

V. 6–8 Std.
Steiler und schwieriger Anstieg, mit Bh erschlossen. Die H stecken.
Höhendifferenz ca. 300 m.
C. Calderoni und E. Fontana, 4./5. August 1970.

Zugang und Einstieg: Von der Capanna di Sciora auf R. 716 an den Fuss des W-Grates. Weiter nach rechts zum Einstieg in die Felsen des Sockels. Der Einstieg befindet sich in der Fallinie des obersten Endes der grossen, schrägen Verschneidung links, die von unten gut sichtbar ist (1¼ Std.).

Routenverlauf: Über Risse 2 SL aufwärts bis zu einem kleinen, schrägen, moosbedeckten Absatz. Dann 10 m schräg nach links, weiter 4 m senkrecht empor, nachher biegt man leicht nach rechts ab (10 m) und hält auf ein kleines Dach zu. Darüber (4 Bh) erreicht man, schräg rechts haltend, den Beginn einer grossen Verschneidung. Man steigt jedoch nicht in dieser auf, sondern in einer kleineren Verschneidung am oberen Rand und erreicht einen winzigen Absatz. Weiter 5 m durch eine Rinne, dann nach rechts an den Rand der grossen Verschneidung. Über ein horizontales Band in die Verschneidung (Biwak der Erstbegeher). Nun 7–8 m in der Verschneidung aufwärts, dann erreicht man über die linke Wand den oberen Rand. Ein Riss von 7–8 m führt unter einen kleinen Überhang. Man überwindet diesen und klettert einige Meter in der folgenden kleinen Verschneidung aufwärts. Nach Überwindung eines zweiten Überhanges kommt man in eine glitschige Verschneidung. Über deren rechte Wand, eine schräge Platte und Rippen gelangt man zu einem Standplatz und zum Ende des ersten Teils der Kletterei. Weiter oben folgen 120 m, zum Teil grasbewachsene Risse, die man zuerst leicht rechts angeht und dann nach links hält. 10 m senkrecht empor kletternd, erreicht man ein Felsband, dem man nach rechts folgt bis zu einem Kamin/Rinne. Durch das teilweise überhängende Kamin aufwärts bis zu einer grossen, schrägen, von weither gut sichtbaren Platte. Über diese hinauf, dann begibt man sich nach links und erreicht Risse, durch die man, schräg nach links ansteigend, die Kante und über diese den Gipfel gewinnt.

718 *Von der Capanna da l'Albigna über den S-Grat*

II+. 4½ Std.

Langer, hübscher Grat, von den Erstbegehern mit Cresta Lunga bezeichnet.

Hans Rütter mit Philipp Wieland, 18. August 1943.

Von der Capanna da l'Albigna auf R. 719 zum Sattel am Fuss des N-Grates der Scioretta. Nun in nördlicher Richtung in hübscher, abwechslungsreicher Kletterei zum Gipfel.

Scioretta, ca. 3046 m

Ohne Namen und Höhenangabe auf der LK. P. 2971 ist der Vorgipfel im N-Grat. Der Felsturm erhebt sich aus dem Sciorakamm nordöstlich der Sciora Dafora und des Colle della Scioretta.

719 *Von der Capanna da l'Albigna über den N-Grat*

III. 4½ Std. Abb. S. 295, 323.

Dankbare Kletterei.

Hans Rütter und Andrea Zuan, 13. August 1919.

Von der Capanna da l'Albigna auf R. 501 auf den Vadrec da l'Albigna. Auf der W-Seite des Gletschers auf ca. 2400 m den Schneehang empor, um den E-Ausläufer des nördlichen Scioretta-Vorgipfels (P. 2971) nach N herum und zuerst in nordwestlicher, dann westlicher Richtung über Geröll und Schnee zum Sattel am Beginn des N-Grates. Man verfolgt den plattigen Grat unschwierig bis zu P. 2971. Von diesem über einen senkrechten Absatz auf das letzte Gratstück hinab, das keine Schwierigkeiten aufweist. Nun weiter über den Grat zum Gipfel.

719 a *Über den oberen Teil des E-Grates von P. 2971*

Statt zum Sattel am Beginn des N-Grates aufzusteigen, kann man auf halber Höhe von N den E-Grat, der sich zum P. 2971 hinaufzieht, erklettern und über den plattigen E-Grat den Vorgipfel P. 2971 erreichen (ganzer E-Grat zu P. 2971 siehe R. 720).

720　*E-Grat des Vorgipfels P. 2971*

IV, eine Stelle V−. 5½ Std. Abb. S. 295.

Stellenweise unzuverlässiger Fels.
F. Ceppi, I. Mozzanica und A. Redaelli, 16. August 1981.

Zugang und Einstieg: Von der Capanna da l'Albigna auf R. 706 a auf die Terrasse von Cacciabella; von dort traversiert man an den Fuss des E-Grates zum Einstieg auf ca. 2580 m.

Routenverlauf: Die Kletterei beginnt 40 m rechts des tiefsten Punktes des Grates. Man steigt, leicht links haltend, ca. 40 m (II, eine Stelle III) auf. Weiter nach links zu drei kurzen Verschneidungen, die die Gratkante unterbrechen. Man benützt die linke Verschneidung (V−, dann III, 30 m). Nun 50 m (II) über unzuverlässige Schuppen zur Gratschneide. An feinen Schuppen (H) aufwärts zu unsicheren Felsen (IV und III, 50 m). Nun 50 m weiter über den nun leichten Grat (II). Dann nach links in eine Verschneidung/Rinne (H rechts) und 50 m (II, III+, II) aufwärts. Die nächsten 12 SL führen meistens über lose Felsen zum letzten, (II, mit Stellen III) von unten gut sichtbaren Gendarm. Diesen erklettert man über grosse Schuppen auf der linken Seite (III, 30 m). Mit einer letzten, leichten SL erreicht man den Vorgipfel.

721　*Von der Capanna di Sciora über den NW-Grat*

III+. 4½ Std.

Kurze, schöne Kletterei.
H. Burgasser, H. Hunziker, R. Leiss und K. Noë, 18. August 1934.

Von der Capanna di Sciora auf R. 724 bis auf den Westabsenker, der die beiden Couloirs trennt (3 Std.). Schräg links haltend, gewinnt man ein Rinnensystem, das einige Seillängen unter zunehmenden Schwierigkeiten verfolgt wird, bis ein kurzer Quergang nach links an die Kante führt. Diese verfolgt man in schöner Kletterei mit einigen Abweichungen nach rechts weiter oben nach links, bis zum Gipfel.

722 *Vom Colle della Scioretta über den S-Grat*

III. ½ Std.

Interessante, kurze Kletterei.

Hans Frei, Mario Gabriel, Rudolf Honegger und Hans Rütter, 7. Juli 1936.

Vom Colle della Scioretta folgt man dem steilen Grat bis zum Gipfel.

Colle della Scioretta, ca. 3000 m

Ohne Namen und Höhenangabe auf der LK. Sattel nordöstlich der Sciora Dafora, der hauptsächlich bei der Besteigung dieses Gipfels benützt wird.

723 *Von der Capanna da l'Albigna durch das E-Couloir*

ZS. 3½ Std.

Im unteren Teil führt der Anstieg durch eine tiefe Schlucht und im oberen Teil über ein breites, leichtes Couloir zum Pass. Oft steinschlägig.

Vermutlich R. Giacometti, allein, 1911 oder 1912.

Von der Capanna da l'Albigna auf R. 501 auf den Vadrec da l'Albigna, den man auf ungefähr 2400 m verlässt und auf der W-Seite über ein Schnee- und Geröllfeld nach SW an den Fuss der von unten nicht sichtbaren, vom Colle della Scioretta kommenden Schlucht aufsteigt. Auf Firn, dann über eine schwierige Felsstufe, die das Couloir durchzieht, aufwärts. Weiter steigt man etwa 100 m im Couloir auf, hält dann auf die linke Seite und gelangt über gestufte Felsen zu einem Block. Von diesem schräg aufwärts zurück zum Couloir und leichter zum Pass.

724 *Von der Capanna di Sciora durch das NW-Couloir*
   (Scioretta-Couloir)

ZS. 4 Std.

Das Couloir ist steinschlaggefährlich.

A. von Rydzewsky mit M. Barbaria und Christian Klucker, 6. Juli 1892.

Von der Capanna di Sciora verfolgt man ein kurzes Stück des Weges zum Pass Cacciabella Sud, biegt dann in östlicher Richtung ab und steigt über Geröll- und Schneefelder zur Mündung des vom Sattel nördlich der Scioretta kommenden

Couloirs auf. In diesem empor, bis man in ungefähr ²/₃ der Höhe
den Westabsenker der Scioretta nach S schräg aufwärts zu dem
vom Colle della Scioretta herunterkommenden Couloir queren
kann. Im Couloir zum Pass.

Sciora Dafora (Sciora di Fuori), 3169 m

Nördlichster der vier Hauptgipfel der Scioragruppe. Die Nordwestkante
der Sciora Dafora gehört zu den schönsten und eindrücklichsten Routen
im Bergell. Der Nordgipfel ist wenig höher als der Südgipfel.

725 *Von der Capanna da l'Albigna über den E-Grat*

III. 5 Std. Abb. S. 323.

Normalanstieg von der Capanna da l'Albigna; der E-Grat bietet schöne
Kletterei in gutem Fels. Kann für den Abstieg vor allem bei ungünstigen
Verhältnissen im Scioretta-Couloir empfohlen werden.
Hans Rütter und Andrea Zuan, 20. August 1915. Wahrscheinlich ist diese
Route am 4. August 1907 von A. Huber, E. Huber, H. Huber und
K. Meyer im Abstieg begangen worden.

Von der Capanna da l'Albigna auf R. 501 auf den Vadrec da l'Albigna, den man auf ungefähr 2400 m verlässt und auf der W-Seite über ein Schnee- und Geröllfeld nach SW an den Fuss der
von unten nicht sichtbaren, vom Colle della Scioretta kommenden Schlucht aufsteigt. Über gut gestufte Felsen quert man nach
links (S) zum E-Grat. Dieser wird in schöner Kletterei bis zum
Gipfel begangen.

725 a *Variante*

Man kann den E-Grat in seiner ganzen Länge begehen. Dabei
sind im untersten Teil plattige, grasdurchsetzte Felsen zu überwinden (Abb. S. 323).

Einige Mitglieder der Sektion Basel SAC mit W. Risch, Juli 1928.

725 b *Variante*

Im Vorsommer ist es zu empfehlen, über Schnee und Geröll auf
der S-Seite des E-Grates so hoch aufzusteigen, bis ein leichtes
Band nach rechts zum E-Grat hinüberleitet. Die Schwierigkeiten
im untersten Teil des E-Grates sind damit umgangen; die Steinschlaggefahr muss aber beachtet werden (Abb. S. 323).

726 *Von der Capanna di Sciora über den Colle della Scioretta und den E-Grat*

ZS. 5 Std.

Normalroute von der Capanna di Sciora; stark von den Verhältnissen im Scioretta-Couloir abhängig.

A. von Rydzewsky mit M. Barbaria und Christian Klucker, 6. Juli 1892.

Auf R. 724 durch das Scioretta-Couloir zum Colle della Scioretta. Von dort quert man auf einem Band unschwierig zum E-Grat. Über diesen auf leichten, plattigen Felsen (II) zum Gipfel.

726 a *Variante*

Man kann auch, wesentlich schwieriger (III+) und exponiert, den vom Colle della Scioretta zum Gipfel führenden Grat erklettern.

727 *W-Wand und S-Grat («Tschechoslowakische Route»)*

VI, A3. 17 Std. (Zeit der Erstbegeher). Abb. S. 327.

Abwechslungsreiche, extreme Kletterei. Die Erstbegeher benötigten 50 H. Wandhöhe ca. 500 m.

A. Belica und I. Koller, 5. August 1975.

Zugang und Einstieg: Von der Capanna di Sciora steigt man in südöstlicher Richtung gegen P. 2356 und von dort zum Gletscher auf der W-Seite der Sciora Dafora auf. Der Einstieg in die Wand befindet sich in der Fallinie des Sattels zwischen Punta Pioda und Sciora Dafora.

Routenverlauf: Die Route folgt der rechten Wandseite (S) und endet im Sattel zwischen der Punta Pioda und der Sciora Dafora und ist im letzten Teil mit der R. 728 (Via Livanos) identisch.

728 *W-Wand und S-Grat (Via Livanos)*

VI, A2 und A3, 12–14 Std. Abb. S. 319.

Die Route führt zum Sattel zwischen der Sciora Dafora und der Punta Pioda. Die Erstbegeher mussten wegen des schlechten Wetters unter der Gipfelwand zum Sattel ausweichen. In der Route liegt ziemlich viel loses Gestein.

L. Alippi, J. Canali, R. Lepage, G. Livanos, R. Merendi, L. Tenderini und M. Vaucher, 14.–16. Juli 1960.

Zugang und Einstieg: Wie R. 729 (Via diretta).

Routenverlauf: Die ersten 3 SL wie bei R. 729. Dann quert
man fast horizontal nach rechts (IV-) und erreicht das äusserste
linke Ende des langen, von weitem sichtbaren Felsbandes. Von
hier eine SL über kleine Überhänge (V und A2) aufwärts, dann
Traverse (IV und IV+) nach links zu einer Rinne. In dieser gerade aufwärts (V und A1). Am Ende der Rinne nach links und
über eine grosse Platte (V+, A2 und A3, 2H) aufwärts. Dann
über Platten, auf und ab (IV und IV+), nach rechts an den Fuss
einer grossen Verschneidung. Eine SL in der Verschneidung
aufwärts (V, A1 und A2), Ausstieg nach rechts, dann über Rinnen und eine weitere kleine Verschneidung (2 SL, V+, A1 und
A2, dann V- und A1) erreicht man die Zone schräger Felsen, die
sich über die ganze Wand ausdehnt. Die Route führt nun nach
rechts, und über ein Schneecouloir und Platten wird der Sattel
zwischen der Punta Pioda und der Sciora Dafora erreicht.

729　*W-Wand (Via diretta)*

VI-, A2–A3. 12–14 Std. Abb. S. 319.

Sehr schwierige, anspruchsvolle und schöne Route in gutem Fels.
Höhendifferenz 500 m. Die wichtigsten H stecken.
H. P. Kasper, G. Marini und T. Nardella, 28. Juni – 2. Juli 1970.
2. Begehung: R. Homberger und H. Wellenzohn, 21. Juli 1970.
1. Winterbegehung: T. Fullin und M. Indergand, 28. Dezember 1971.

Zugang und Einstieg: Von der Capanna di Sciora in südöstlicher
Richtung auf den kleinen Gletscher am Fuss der Sciora Dafora-
W-Wand. Man steigt südlich der NW-Kante auf und gelangt
über leichte Platten zum Einstieg bei der grossen Platte am
Wandfuss (ungefähr in der Gipfelfallinie).

Routenverlauf: Der Einstieg erfolgt 4–5 m links der Fall-
linie der grossen, von unten gut sichtbaren Verschneidung.
Man steigt fast gerade über einen kleinen Überhang, eine grosse Platte und überhängende Schuppen auf und erreicht einen
bequemen Standplatz am Fuss der Verschneidung (2 SL
mit Stellen A3 und V+). Über die Verschneidung (A1), dann
über gut gegliederte Felsen (III) zu einem Standplatz. Nun 3 m
nach rechts und über einen kleinen Gendarm zu einer Scharte
von der man 3 m zum Beginn eines Risses absteigt. Im Riss
von links nach rechts aufwärts (A3) bis zum Stand am Ende des
Risses. Nun 5 m nach links zu einer abstehenden Schuppe
über die man bis zu ihrem Ende aufsteigt. Dann quert man 3 m

nach links bis zu einer kleinen, schrägen, von unten nicht sichtbaren Kanzel (A1 und A3). Nun direkter Aufstieg zu einem Standplatz auf schräger Platte (40 m, A2). Nach rechts über grosse Schuppen (15 m) und weiter direkt durch einen Riss (6 m) und dann nach links über einen Überhang aufwärts. Nun folgt man einem Riss, der durch einen abgetrennten Pfeiler begrenzt ist (V und A3). Über kleine Risse erreicht man ein Felsband (Wandbuch; V und A3). Nun 5 m nach rechts und dann schräg nach links durch eine deutliche Verschneidung (V und A2) empor. Man gelangt jenseits der Verschneidung zum grossen, schrägen Felsband, das den mittleren Teil der Wand abschliesst. Nun traversiert man horizontal nach rechts, übersteigt eine Platte und kommt zu einer Verschneidung am Anfang der Kante, die man von diesem Punkt aus überklettert. 15 m aufwärts (V und A3). Weiter durch eine sehr schöne Verschneidung hinauf, dann direkt in der Wand bis zu 3 H (V und A1). Weiter durch die Verschneidung empor zu einem grossen, nach rechts führenden Riss. Man folgt ihm und verlässt so die verschiedenen Verschneidungen (V+ und A1). Über den Grat mit kleinen Aufschwüngen gelangt man zum Gipfel (3 SL, III und IV).

730 *Über die NW-Kante (Fuori-Kante)*

VI. 8 Std. Abb. S. 319.

Sehr schwieriger, grossartiger Anstieg. Zwei grosse Felsabbrüche auf der rechten Kantenseite haben die Route wesentlich verändert. Mit weiteren Abbrüchen muss gerechnet werden; man meide die rechte Kantenseite.

K. Simon und W. Weippert, 17. September 1933. Wiederbegehung nach dem ersten Abbruch: H. Bernhard, P. Condrau, H. Grimm und W. Mani, 26. August 1951. Wiederbegehung nach dem zweiten Abbruch: H. P. Kasper, F. Koch und G. Zryd, 26. Juni 1965. 1. Winterbegehung: E. Neeracher und P. Nigg, 8. – 10. März 1969.

Zugang und Einstieg: Von der Capanna di Sciora in südöstlicher Richtung auf den kleinen Gletscher am Fuss der Sciora Dafora-W-Wand. Man steigt südlich der Kante über leichte Platten ca. 30 m schräg links hinauf, bis man, leicht absteigend, in eine grosse Scharte in der Kante queren kann (II–III).

Routenverlauf: Das folgende Kantenstück wird links umgangen. Zuerst führt ein Band ungefähr 10 m schräg links abwärts

in eine schluchtartige Verschneidung, durch die man zwei SL
zu einem geräumigen Kantenabsatz aufsteigt (III). Über gut
gestuften Fels an den Fuss eines grossen, dunklen Pfeilers. Hier
endet R. 731.

Auf der N-Seite durch eine Verschneidung mit breiten Rissen
zur Kante. Zuerst an Rissen 40 m auf der Kante zu einem Band
(IV). Auf diesem 7 - 8 m nach rechts in die Wand. Dann 7 - 8 m
schwierig durch eine Verschneidung gerade hoch. Nun über
einige Absätze, leichter, aufwärts bis die Wand sehr steil wird.
Zuerst leicht rechts haltend, gelangt man zu H, die gerade aufwärts führen. Nach ca. 12 m führt ein stufenartiges Band nach
links zu Stand hinter einem Felszacken. Zuerst an Rissen gerade aufwärts, dann nach links um die Kante herum zu einem
Kamin. Auf der linken Kante des Kamins ca. 15 m aufwärts bis
zum Beginn einer Bohrhakenreihe.

An den H 20 m aufwärts zu Stand, dann weitere 20 m an H und
Rissen zu einem Stand auf der Kante. Nun 5 m über eine glatte
Platte nach links in eine überhängende Verschneidung. Durch
diese (VI) empor und rechts über einen kurzen Überhang zu
einem Stand 10 m oberhalb der Verschneidung. Ein Riss führt
schräg links aufwärts zu einer Platte, über die man das oberste
Kantendach des Pfeilers und die Scharte dahinter erreicht.

Nun von der Scharte zuerst 10 m direkt aufwärts, dann über
Platten und Stufen zu einem guten Stand bei einer Verschneidung (mehrere H). Durch diese schräg rechts aufwärts, dann
über die obere Wandstufe der Verschneidung (V, H) über eine
glatte Platte zu einem Standplatz auf der Kante. Über einen
Riss und eine Platte gelangt man auf den zweiten Aufschwung.
Eine horizontale Kante führt zum Gipfelgrat. Den Gipfel selbst
erreicht man über leichte Felsen.

730 a *Einstiegs-Variante*

Das erste Stück des Anstieges kann man direkter, schwieriger
begehen: Zuerst, statt auf dem Band links abwärts, einige Meter empor zu einer kurzen, senkrechten Wandstufe (V). Weiter
auf einem schmalen, abdrängenden Band schräg rechts aufwärts zu einem Stand am Fuss einer Verschneidung (V+). In
schöner Kletterei durch die Verschneidung (IV+) zu einem guten Stand. Weiter in einem leichten Couloir aufwärts zu grossen, labilen Blöcken und an Platten und Rissen nach links auf
die Kante und den Pfeiler.

Sciora Dafora – Punta Pioda von NW

731 *NW-Kante (Fuori-Kante mit direktem Einstieg)*

VI. 10—11 Std. Abb. S. 319.

Der Aufstieg über diese Route, die im unteren Teil zusätzlich, herrliche Kletterei in bestem Granit bietet, kann sehr empfohlen werden. H stecken zum grossen Teil.
Heinz Amacher und Urs Sägesser bis zum Beginn der grossen Verschneidung, 10. Juli 1969. Ganzer Durchstieg durch Felici Gadola und Urs Sägesser, 23. Juli 1969.

Zugang und Einstieg: Von der Capanna di Sciora in ¾ Std. zum Fuss des Kantenvorbaus. Der Einstieg befindet sich 30 m rechts des tiefsten Pfeilerfusses, wenige Meter rechts der markanten, schwarzen Verschneidung.

Routenverlauf: 35 Meter gerade hoch zu gutem Stand. 30 Meter gerade empor zu gutem Stand an Bohrhaken. Leicht rechts halten, dann 15 Meter empor zu Stand auf Grasband. 5 Meter leicht links, dann 30 Meter gerade aufwärts zu Stand. Nur 30 Meter aufwärts (gut sichtbarer Haken in einer Platte), 3 Meter links auf die Kante und auf ihr 3 Meter weiter zu Stand Schräg rechts haltend bis unter den kleinen Felsriegel, der etwa 5 Meter rechts der Pfeilerkante überklettert wird. 15 Meter hinauf zu Stand in einer kleinen Felshöhle mit losen Platten Der folgende Überhang wird 2 Meter rechts der Kante überklettert, weiter auf dieser und nach 35 Meter zu Stand. Eine weitere Seillänge über die Kante auf Geröllterrasse, Stand Man befindet sich nun direkt unter der 90 Meter hohen Verschneidung, welche von der Hütte aus gut sichtbar ist. 30 Meter leicht über lose Blöcke bis zu einem feinen Riss, der den Zugang zur Verschneidung ermöglicht. An diesem Riss leicht rechts haltend in die Verschneidung und darin noch 10 Meter aufwärts zu gutem Stand. In 2 Seillängen zu 35 Meter durch die Verschneidung empor auf eine Blockterrasse, wo von links her R. 730 einmündet.

732 *N-Wand*

IV. 6 Std.

G. Lafranconi und R. Merendi, 21. September 1961.

Zugang und Einstieg: wie R. 733.

Routenverlauf: Der erste Teil des Anstiegs ist identisch mit R. 733. Man erklettert nachher aber nicht den grossen Riss sondern folgt schräg nach links aufwärts den natürlichen Gegebenheiten (Rinnen und Risse) und erreicht den oberen Teil des vom Colle della Scioretta zum Gipfel führenden Grates.

733 *NNE-Wand*

IV – V-. 8 Std.

Im ersten Teil teilweise schlechter Fels, im zweiten Teil schöne, interessante Kletterei. Wandhöhe 600 m, 5 H stecken.
D. Erba, G. Maresi und F. Pirola, 3. August 1974.

Zugang und Einstieg: Von der Capanna di Sciora folgt man ein kurzes Stück dem Weg zum Passo Cacciabella Sud, biegt dann in östlicher Richtung ab und steigt über Geröll- und Schneefelder zum Fuss des Scioretta-Couloirs auf, das die NNE-Wand auf der linken Seite begrenzt (2 Std.).

Routenverlauf: Man überwindet den Bergschrund und hält nach rechts zu den Felsen der NNE-Wand. Einige SL durch eine Rinne (die Schwierigkeiten sind stark von den Schnee- und Eisverhältnissen abhängig) aufwärts bis zur auffälligen Verschneidung auf der rechten Seite. Durch die Verschneidung (schlechter Fels, IV) erreicht man ein grosses Band, das durch die ganze Wand zur NW-Kante führt. Vom Band nach links zu einer Verschneidung (IV+). In sehr schöner Kletterei durch die Verschneidung (IV+) empor. Dann erreicht man eine Zone mit brüchigem Fels, und über diese (II) gelangt man zum Anfang eines grossen Risses. Immer durch den Riss (IV und V, H), der manchmal zum Kamin/Verschneidung wird, aufwärts zur Scharte hinter dem charakteristischen Felsfinger der NW-Kante. Über die Kante gelangt man zum Gipfelgrat. Der Gipfel selbst wird über leichte Felsen erreicht.

734 *Übergang von der Sciora Dafora zur Punta Pioda*

III. 1½ Std.

Interessanter Übergang, siehe auch die umgekehrte Richtung, R. 740.
H. Rütter und A. Zuan, 20. August 1915.

Vom Gipfel der Sciora Dafora zum südlichen Vorgipfel. Man seilt über dessen SE-Wand ab, überklettert dann einen plattigen, pyramidenförmigen Felsturm und erreicht die Scharte zwischen der Sciora Dafora und der Punta Pioda. Von der Scharte verfolgt man ein in südlicher Richtung verlaufendes, horizontales Band, bis dieses in ein Kamin-Couloir übergeht. Durch dieses aufwärts, bis man auf der linken Seite über eine Platte und ein kurzes Band zu einem Stand auf grossen Blöcken auf dem E-Grat gelangt. Nun an Platten 4 m aufwärts, dann auf einen Block nach links (S.) Von dort um die Ecke und durch ein enges Kamin zum Gipfelgrat.

Punta Pioda, 3238 m

Die vom Ago die Sciora und der Sciora Dafora eingerahmte Punta Pioda ist zweifellos eine der eigenwilligsten und mächtigsten Berggestalten des Bergells. Besonders eindrucksvoll wirkt sie aus dem Val Bondasca, das sie mit einer bis zu 550 m hohen, von der Pioda-Kante gesäumten NW-Wand beherrscht.

735 *Von der Capanna da l'Albigna über die S-Wand und den E-Grat*

III. 5 Std. Abb. S. 323.

Leichtester und sicherer Aufstieg (Normalroute); auch für den Abstieg geeignet.
A. von Rydzewsky mit M. Barbaria und Christian Klucker, 12. Juli 1891.
1. Winterbegehung: W. Risch mit einem Begleiter, 8. März 1929.

Von der Capanna da l'Albigna gelangt man auf R. 501 auf den Vadrec da l'Albigna. Auf dem Gletscher südwärts, bis man am E-Ausläufer der Punta Pioda vorbei ist. Nun in westlicher Richtung (P. 2659) über Platten und Moränenrücken zum Gletscher am E-Fuss des Ago di Sciora und auf diesem aufwärts gegen das Couloir, das von der Forcola di Sciora kommt. Unterhalb der Ago-Felsen quert man nach rechts (NE) zum Band, das die S-Wand der Punta Pioda schräg aufwärts durchzieht. Auf diesem Band unschwierig zum E-Grat, den man in einer Scharte bei der in der Nordabdachung des E-Grates eingebetteten und bis auf dessen Kammhöhe reichenden grossen Schneemulde (im Spätsommer Geröllmulde) betritt. Von der Scharte etwas absteigen auf ein Band, das wenig oberhalb der Mulde die E-Wand durchzieht. Man begeht das Band in seiner ganzen Länge (ca. 50 m) bis zu einem vorspringenden Felsblock. Vor diesem klettert man über die plattige Wand hinauf, dann über leichtere, weiter oben plattige Felsen direkt empor bis zur Schulter südöstlich des Gipfels. Von hier wendet man

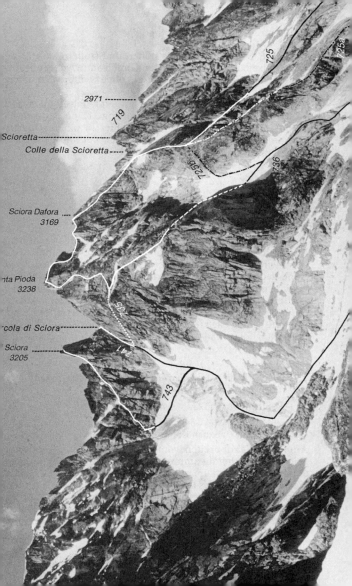

2971
719
Scioretta
Colle della Scioretta
Sciora Dafora
3169
nta Pioda
3238
cola di Sciora
Sciora
3205
725
25a
739b
736
743

sich nach N und ersteigt die hohen und steilen Absätze der Gipfelfelsen. Man erreicht so den Gipfelkamm wenig nördlich des höchsten Punktes und diesen ohne weitere Schwierigkeiten.

Man kann sich am Fusse der steilen Gipfelfelsen auch nach rechts gegen einen Felszacken wenden. Dann kurz direkt empor in eine kleine Scharte. Von hier in einem Querriss in eine zweite Scharte zwischen dem Gipfel und dem vorerwähnten Zacken und leicht zum höchsten Punkt.

735 a *Direkter E-Grat*

IV.

Schöne, schwierige Variante
Ruth Steinmann und Erich Vanis, 19. Juli 1969.

Am Beginn des 50 m-Bandes gerade an der Kante in schönem, kleingriffigem Fels 40 m empor (III+). In der folgenden Seillänge wird man bei wachsender Schwierigkeit etwas in die Südwand gedrängt. Durch diese klettert man in einer Z-Schleife, beginnend mit einem Hangelquergang an schuppenartigen Griffen (IV) zu einer geräumigen Nische (guter Stand). Aus der Nische 50 m durch ein Kamin, das sich bald zu einer Rampe wandelt, schräg nach rechts zur Schulter südöstlich des Gipfels (III). Nun folgt man der letzten Seillänge des Normalweges zum Gipfel.

736 *Über die Firn- und Geröllmulde auf der E-Seite und über den E-Grat*

III+. 4 Std. Abb. S. 323.

Steinschlaggefährliche, wenig begangene Route.
Hans Rütter mit Christian Klucker, 3. Juli 1927.

Auf R. 501 bis zur breiten, vom Grat zwischen Punta Pioda und Sciora Dafora herabkommenden Firn- und Geröllmulde. In dieser aufwärts bis zum unteren der zwei Firn- und Felsbänder, die den Nordabfall des E-Grates der Punta Pioda von N (unten) schräg links nach S (oben) durchziehen. Auf dem Band anfänglich über Firn, dann über gestuften Fels auf den breiten E-Grat hinaus. Nun über diesen Grat hinauf zur grossen Schneemulde und auf R. 735 zum Gipfel.

737 *Von der Forcola di Sciora*

III+. 2 Std.

A. Rydzewsky mit M. Barbaria und Christian Klucker, 8. Juni 1897.

Die Forcola di Sciora erreicht man von der Capanna da l'Albigna auf R. 741, von der Capanna di Sciora auf R. 742. Von der Forcola di Sciora steigt man ca. 30 m östlich ab zu einem steilen Plattenhang. Man quert den Hang von links nach rechts aufwärts und erreicht einen plattigen, vom E-Grat nach S abfallenden Grat. Diesen verfolgt man bis zum E-Grat. Nun über den E-Grat weiter bis zur Schulter südöstlich des Gipfels. Auf R. 735 zum Gipfel.

737 a *Variante*

III. 2 Std.

Empfehlenswerte Variante.
Dr. R. Staub mit Christian Klucker, 16. August 1919.

Man quert nicht bis zu dem vom E-Grat nach S abfallenden Grat hinüber, sondern nur bis zum Fuss der Wand, die vom E-Grat ins Firncouloir östlich unterhalb der Forcola di Sciora abstürzt. Nun scharf nach links, N, empor über Risse und wenig gestuften Fels zu einer Geröllrinne, die nach rechts, NE, leicht zur Schulter südöstlich des Gipfels führt.

737 b *Variante*

III+?. 2 Std.

Diese Variante ist nicht zu empfehlen.
J. Heller und G. Miescher, 29. Juli 1909.

Bis zum Fuss der Wand, die vom E-Grat ins Firncouloir östlich unterhalb der Forcola di Sciora abstürzt, gleiche Route wie Variante a. Zunächst über leichte Platten, schwach rechts haltend, auf ein schmales Felsband (zum Teil Riss). Diesem folgend zu einer vom E-Grat herabkommenden Felsrippe. Dann steil und exponiert über schwierige Platten empor zum E-Grat, den man bei seinem Vereinigungspunkt mit der Rippe erreicht, und nun zur Schulter südöstlich des Gipfels.

738 *NW-Kante (Pioda-Kante)*
V. 6–7 Std. Abb. S. 327.

Sehr schöne, schwierige, berühmte Kletterfahrt. Höhenunterschied 700 m.

E. Bozzoli-Parasacchi und Vitale Bramani, 16. August 1935.

1. Winterbegehung: P. Maccarinelli und A. Valsecchi, 25./26. Januar 1974.

Zugang und Einstieg: Von der Capanna di Sciora in südöstlicher Richtung über Gras und Moränenschutt zu P. 2374 und auf den kleinen Gletscher westlich der Sciora Dafora. Der Einstieg befindet sich in der Scharte hinter dem grossen, der Kante vorgelagerten Turm.

Routenverlauf: Von der Scharte möglichst der Kante entlang oder leicht links davon bis in leichtes Gelände am Ende des ersten Aufschwungs. Nun über eine glatte Platte in eine wenig ausgeprägte Verschneidung. Durch diese aufwärts und links haltend an den Fuss einer steilen, glatten Platte unter dem grossen, markanten Dachüberhang. Einige Meter gerade hoch, dann ca. 15 m Quergang (nass und heikel) nach rechts bis zu der Stelle, wo das Dach die geringste Auslage hat, zu einem abschüssigen Stand (V, mehrere H). Siehe auch R. 738 a. Nun 3–4 m links an H über das Dach hinauf, dann über rissdurchzogene Platten in leichteres Gelände. Nun, immer im Bereich der wenig ausgeprägten Kante, 3–4 SL direkt empor. An der wieder steiler werdenden Kante schwierig zu gutem Stand. Weiter durch eine kurze Verschneidung aufwärts und in etwas losem Gestein über Blöcke, Rinnen und Kamine leicht auf den Gipfel.

738 a *Variante*

Den oben erwähnten Stand kann man auch erreichen, indem man von der schwach ausgeprägten Verschneidung rechts haltend gegen eine Kante hochsteigt. Nun auf der rechten Seite in der senkrechten Wand an einem Hangelriss bis unter das Dach und nach links zu dem erwähnten abschüssigen Stand (VI).

739 *NW-Wand*
V+, A2 und A3. 10–16 Std. Abb. S. 327, technische Skizze S. 329.

Punta Pioda und Ago di Sciora von NW

Eine der steilsten und geschlossensten Plattenwände des Bergells Guter Fels. Wandhöhe 550 m.
M. Belica und J. Obuch, 20./21. August 1980.

Zugang und Einstieg: Von der Capanna di Sciora in südöstlicher Richtung über Gras und Moränenschutt zum kleinen, in der LK unbenannten Vadrec di Sciora und zum Einstieg am Fuss eines Felssporns (1½ Std.).

Routenverlauf: Die Route setzt bei einem im Firn des kleinen Vadrec di Sciora verankerten Felssporn an, überwindet die von mehreren Überhängen gekennzeichnete NW-Wand gegen die Pioda-Kante, um parallel zu dieser über eine Plattenrampe den Gipfel zu gewinnen.

740 *Übergang von der Punta Pioda zur Sciora Dafora*

III+. 1½ Std.

Interessanter Übergang, siehe auch die umgekehrte Richtung, R. 734.
In umgekehrter Richtung ist die Traversierung leichter, da man sich über die SE-Wand des südlichen Vorgipfels abseilen kann.
J. Heller und G. Miescher, 29. Juli 1909.

Vom Gipfel der Punta Pioda verfolgt man die Gipfelkante nach N, bis man mittelst eines schmalen Fels- und Grasbandes in die E-Wand einsteigen kann. Man verfolgt das Band von N nach S schräg abwärts und erreicht ein zweites, nach N horizontal verlaufendes Band, das leicht den Zugang zur Scharte zwischen Punta Pioda und Sciora Dafora vermittelt.
Ein plattiger, pyramidenförmiger Felsturm wird leicht überklettert, und es folgt der schwierige Aufstieg auf den südlichen Vorgipfel. Man umgeht den vorgelagerten Felszahn auf der E-Seite und klettert zunächst im Kamin zwischen Felszahn und Vorgipfel, hierauf über die steile, griffarme und exponierte SE-Wand desselben unmittelbar neben deren S-Kante auf den Vorgipfel. Von diesem leicht auf den Hauptgipfel.

740 a *Variante*

Leichterer Aufstieg von der Scharte zwischen Punta Pioda zur Sciora Dafora
W. Schaad mit W. Risch, 29. Juli 1921.

Von der Scharte verfolgt man ein Geröllband auf der W-Seite des erwähnten pyramidenförmigen Felsturms schräg abwärts

III
IV+
25.SL
24.SL
23.SL
22.SL
IV
21.SL
V+
20.SL
IV
19.SL
18.SL
IV
17.SL
IV+
16.SL
IV
15.SL
III
14.SL
A0
13.SL
V
12.SL
V
A0
11.SL
V
10.SL
V/A0
9.SL
V
8.SL
IV
V
A2
7.SL
6.SL
A1
5.SL
V
V
4.SL
V
A1
IV
3.SL
III
2.SL
IV
1.SL

nach N bis fast unter den Gipfel der Sciora Dafora. Nun direk
empor in gutgriffigen, aber losen Felsen, über eine griffarme
Platte (mannshoher Absatz) hinauf und dann leicht zum
Gipfel.

Forcola di Sciora, ca. 3080 m

Ohne Namen und Höhenangabe auf der LK. Tiefster Grateinschnit
zwischen Ago di Sciora und Punta Pioda, der hauptsächlich bei de
Besteigung dieser beiden Gipfel benützt wird.

741 *Von der Capanna da l'Albigna*
WS. 4 Std. Abb. S. 335.

Schneecouloir, im Nachsommer oft vereist.
A. von Rydzewsky mit M. Barbaria und Christian Klucker, 19. Juni
1896.
Auf R. 743 an den Fuss des Ago di Sciora. Nun steigt man übe
die steile Schneeflanke zum Couloir auf. Im Couloir aufwärts
zuletzt über lose Blöcke zur Forcola. Bei schlechten Verhält
nissen im Couloir benützt man die zum Teil brüchigen Fel
sen auf der Ago di Sciora-Seite.

742 *Von der Capanna di Sciora durch das W-Couloir (Sciora*
Couloir)
ZS+. 4 Std. Abb. S. 327.

Schnee- und Eisaufstieg; am günstigsten im Frühsommer, im Nach
sommer ist die Route ausgeapert und sehr steinschlägig.
A. von Rydzewsky mit M. Barbaria und Christian Klucker, 11. Juni 1892
Von der Capanna di Sciora steigt man in südöstlicher Richtung
über Gras und Geröll gegen P. 2356 auf. Dann weiter auf der
zwischen der Sciora Dafora und Punta Pioda eingebetteten
kleinen Gletscher. Oberhalb, östlich des die Ausmündung des
Sciora-Couloirs nördlich flankierenden Felsturmes, gelang
man vom erwähnten kleinen Gletscher aus leicht ins Sciora
Couloir, in dem sich der weitere Aufstieg vollzieht. In unge
fähr 2/3 Höhe biegt das Couloir etwas nach links ab und wird
breiter. Zuletzt steigt man steil zum Sattel auf, den man südlich
eines Felsturmes erreicht.

Ago di Sciora, 3205 m

Ungemein kühne, schwierig zu besteigende Felsnadel. Wohl einer der
schönsten Gipfel im Bergell mit vielen lohnenden Anstiegen.

743 *Von der Capanna da l'Albigna über die E-Flanke und die
S-Wand des Gipfelturmes*

IV-. 5 Std. Abb. S. 323, 333, 335.

Rassige, ausgesetzte Kletterei am Gipfelturm. Übliche Route von der
Capanna da l'Albigna.
A. von Rydzewsky mit Christian Klucker und Emile Rey, 4. Juni 1893.

Zugang und Einstieg: Von der Capanna da l'Albigna auf R. 501
auf den Vadrec da l'Albigna und auf der W-Seite am E-Ausläufer der Punta Pioda vorbei, dann über Platten und einen
Moränengrat in südwestlicher Richtung an den Fuss des Ago di
Sciora (empfehlenswert bei ausgeapertem Gletscher). Im
Frühsommer folgt man etwas weiter dem Vadrec da l'Albigna,
nicht zu nahe den Felsen der Punta Pioda entlang, bis man nach
rechts in das vom Ago di Sciora kommende Couloir queren
kann. Über den Schnee im Couloir aufwärts an den Fuss des
Ago. Man steigt zuerst in westlicher und dann, einige Schründe
links lassend, in südwestlicher Richtung auf. Der Einstieg in
die Felsen befindet sich am Anfang der breiten Schneerinne,
die von der Sciora Dadent herunterkommt. Man betritt die
Rinne nicht, sondern wendet sich nach rechts (N) und überwindet den Bergschrund an der günstigsten Stelle.

Routenverlauf: Nun über einen steilen, schwierigen Absatz
hinauf und, nach rechts aufwärtskletternd, an den Anfang der
Bänderreihe, die den Ostabsturz des Verbindungsgrates Sciora Dadent – Ago nach Norden schräg aufwärts durchzieht und
unschwierig den Zugang zur Bocchetta dell'Ago, der Scharte
am Südfuss des Gipfelturmes, vermittelt.
Von der Bocchetta dell'Ago klettert man am Gipfelturm ziemlich senkrecht und schwierig 6–7 m hinauf. Sodann etwa 3 m
nach rechts querend, erreicht man einen Riss in der Plattenflucht. Diesem folgend, bald in der Felsspalte, bald an der
rechten Kante kletternd, gelangt man zu einem kleinen Absatz.
Von hier links in einem Riss empor zu einem bequemen, auf die
Bondascaseite hinüberleitenden Band. Nun scharf nach rechts
(E) abbiegen und in leichtem Quergang zu einem Kamin (Achtung, lose Blöcke), das sich senkrecht am Gipfelturm
emporzieht. Im Kamin in exponierter Kletterei hinauf an
den Fuss der Gipfelfelsen zu gutem Stand auf schöner Kanzel
auf der Bondascaseite. Nun, leicht links haltend, über ein

steiles Wändchen hinauf auf die scharfe, nach NW abfallende
Gipfelkante. Exponiert auf dieser ein kurzes Stück in die Höhe
bis auf einen kleinen Absatz. Der Weiterweg über die Schneide
ist hier abgeschnitten durch einen an ihrem oberen Ende auf-
liegenden Block. Man quert nun auf schmalen Leistchen einige
Meter rechts nach Süden in die steile und glatte Wand hinaus
zu der zum Gipfel hinaufziehenden Kante und erreicht über
diese den Gipfel.

743 a *Durch die Plattenschlucht*

Wenig lohnende Variante.
H. Rütter und A. Wartmann, 27. August 1911.

Von einer Stelle einige Meter südlich unterhalb der Bocchetta dell'Ago verfolgt man ein breites, horizontales Band nach
Osten bis an sein Ende. Von hier in einem steilen Riss exponiert und zum Teil nicht leicht empor zum oben erwähnten
kleinen Absatz. Im gleichen Riss weiter zum bequemen, auf
die Bondascaseite hinüberleitenden Band. (Die Strecke kleiner
Absatz–Band ist der Variante und der zuerst beschriebenen
Route gemeinsam.) Anstatt scharf nach rechts, Osten, abzubie-
gen, verfolgt man das auf die Bondascaseite führende Band
bis an sein Ende. Nun exponiert an senkrechter Wand mittels
einiger Risse in eine tiefe, die Westseite des Turmes durchreissende Schlucht hinein. In den im Grunde der Schlucht, mehr
auf ihrer Nordseite, aufgehäuften riesigen Blöcken kriecht
man wie durch einen Schacht in die Höhe und gelangt direkt
an den Fuss des Gipfelfelsens. Von hier in leichter Kletterei
auf einen Absatz der unteren Wandpartie und zu dem schmalen, horizontalen Band weiter oben, wo die Variante sich mit
der R. 743 vereinigt.

743 b *Durch die Plattenschlucht*

Nicht zu empfehlen.
A. und R. Balabio, 26. August 1910.

Anstatt durch die im Grunde der Schlucht aufgehäuften
Blöcke durchzukriechen, klettert man in ihr direkt empor,
überwindet zwei Überhänge und gelangt durch einen äusserst
engen Riss, in dem man bloss die Finger einklemmen kann,
an den Fuss der Gipfelfelsen.

Ago di Sciora – Gipfelturm von S

Ago di Sciora

743

743a

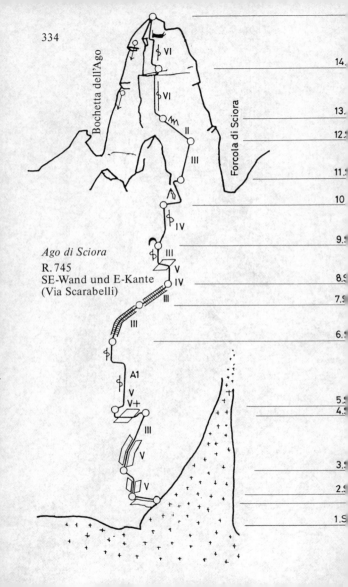

334

Bochetta dell'Ago

Forcola di Sciora

Ago di Sciora

R.745
SE-Wand und E-Kante
(Via Scarabelli)

VI

VI

II

III

IV

III

V

IV

III

III

A1

V

V+

III

V

V

14.

13.

12.

11.

10

9.

8.

7.

6.

5.

4.

3.

2.

1.S

Ago di Sciora

Bocchetta dell'Ago

Forcola di Sciora

3

745

741

Ago di Sciora Albigna-Seite

744 *SE-Pfeiler*

VI+. 3 Std.

Ausgesetzter, sehr schwieriger Gipfelanstieg.
Jürg und Paul von Känel, 26. Juli 1969.

Zugang und Einstieg: Wenige Meter südlich unterhalb der
Bocchetta dell'Ago quert man auf einem Band und seilt dann
40 m ab zum Einstieg rechts des Pfeilerfusses.

Routenverlauf: 1. SL: Zuerst über eine Platte aufwärts zu einem
Ringhaken (V+). Weiter dem Riss entlang (Kk) zu einem guten
Stand (VI-, 35 m).
2. SL: 15 m gerade hinauf (A1), dann, leicht links haltend, über
eine Platte zu Stand hinter Block (IV+, 35 m).
3. SL: Etwas rechts, dann gerade aufwärts auf Standterrasse
(IV+, III, 30 m).
4. SL: 20 m hinauf zu kleiner Terrasse (A2).
5. SL: Sehr schwierig, etwas links haltend, 10 m über Platte
aufwärts (VI+), dann 1 m nach links queren (Kk) und weiter
zum Gipfel (V, IV, 40 m).

745 *SE-Wand und E-Kante (Via Scarabelli)*

VI, eine Stelle A1/A2. 5–6 Std. Abb. S. 335, technische Skizze
S. 334.

Im untersten Teil sind steile, schwierige Platten in sicherem Fels zu
überwinden, im mittleren Teil sind die Felsen teilweise brüchig, und
der abwechslungsreiche Gipfelanstieg bildet den Abschluss dieser interessanten Route.
G. Martinelli und E. Scarabelli, 14./15. Juni 1974.

Zugang und Einstieg: Auf R. 743 auf den Gletscher am E-
Fuss des Ago di Sciora und über diesen an den Wandfuss zum
Einstieg.

Routenverlauf: Technische Skizze S. 334.

746 *Über die Westflanke*

IV. 5 Std.

Normalroute von der Capanna di Sciora, empfehlenswert.
A. von Rydzewsky mit Christian Klucker und Martin Schocher, 9.
Juli 1896.

Von der Capanna di Sciora auf R. 742 im Scioracouloir aufwärts
bis zu dem Punkt, an dem das Couloir breiter wird und man

nach rechts, S, über einen Schnee- und Plattenhang in die Gratschulter hinter dem grossen Gratpfeiler im W-Grat (P. 2821) queren kann. Von der Schulter verfolgt man eine kurze Strecke ein schmales Felsband horizontal in die W-Wand hinaus und erreicht ein durch einen Felsabsatz hinaufziehendes Kamin, durch das man zu dem darüberliegenden, sehr steilen Firnhang gelangt. Man quert diesen nach rechts schräg aufwärts zu den Gratfelsen und erreicht den Grat bei der zweiten Einsattelung südlich des Ago di Sciora (P. 3105, südlich des dem Ago im S vorgelagerten Gratturmes). Auf der E-Seite schräg abwärts auf einem Band nach N, den Gratturm auf seiner E-Seite umgehend, zur Bocchetta dell'Ago und auf R. 743 zum Gipfel.

746 a *Direkt zur Bocchetta dell'Ago*

W. Risch mit einigen Mitgliedern der Sektion Kamor SAC, 1926.

Man verfolgt R. 746 bis oberhalb des Kamins in der W-Flanke. Von hier direkt aufwärts gegen die Bocchetta dell'Ago. Die steile Schlucht zur Bocchetta wird zuerst an ihrem nördlichen Rand erklettert und dann nach S gequert. Am südlichen Rand der Schlucht schwierig zur Bocchetta und auf R. 743 zum Gipfel.

747 *Über den W-Grat*

IV. 5–6 Std. Abb. S. 327.

Langer, interessanter Anstieg.

Walter Risch, allein, 1. Juli 1923. 1. Winterbegehung: D. Chiappa, E. Scarabelli und R. Zocchi, 7. – 9. März 1971.

Von der Capanna di Sciora auf R. 742 im Scioracouloir aufwärts bis zu dem Punkt, an dem das Couloir breiter wird und man rechts, S, über einen Schnee- und Plattenhang in die Gratschulter hinter dem grossen Gratpfeiler im W-Grat queren kann. Von der Schulter verfolgt man eine kurze Strecke ein schmales Felsband horizontal in die W-Wand hinaus und erreicht ein durch einen Felsabsatz hinaufziehendes Kamin, das man erklettert. Nun nach links, N, zum Westgrat, den man bis kurz unter den Nordwestgipfel begeht. Hier stehen zwei Wege zur Verfügung:

1. Man wendet sich nach rechts, S, und erreicht das auf die Bondascaseite hinüberführende bequeme Band der R. 743 a und steigt auf dieser zum Gipfel.

2. Man erklettert einen schwierigen, senkrechten Riss zum Südfuss des Nordwestgipfels und erreicht R. 743 a ganz oben.

747 a *Direkter Grat*

Von der Schulter hinter dem grossen Gratpfeiler 80 m direkt über die Kante hinauf (V+). Weiter folgt man immer dem Grat bis unter den obersten Gipfelaufbau und wie oben zum Gipfel.

748 *Westgrat, unterer Teil*

V. 5 Std. Abb. S. 327.

Die Route führt in herrlicher Freikletterei in durchwegs gutem Fels auf den Pfeilerkopf, bei dem auf R. 747 der Westgrat erreicht wird.
Hanspeter Kasper und Fritz Stüssi, 4. Juli 1969.

Von der Capanna di Sciora auf den Vadrec da la Bondasca zum Beginn des W-Grates. Der Einstieg befindet sich auf der gegen das Sciora-Couloir gerichteten Seite des ersten Aufschwungs. Durch einen Riss hinauf zu Blockstand. Nun rechts, dann hoch zu einem kleinen Quergang nach rechts, nachher in der Fallinie aufwärts. Beim zweiten Aufschwung benützt man den ersten Riss rechts der Kante. Auf der linken Seite empor zu Stand etwas rechts der Kante. Einige Meter nach links und gerade hinauf in einem Riss, den man zuerst etwas nach links, später gerade aufwärts – immer in der Wand links der Kante – verfolgt. Es wird immer schwieriger, die Schuppen feiner. Schliesslich leiten sie etwas nach rechts, und nach kurzem Quergang erreicht man die Kante, über die man nach zwei Seillängen auf den Pfeilerkopf gelangt. Hier trifft man auf R. 747.

749 *Über die N-Wand*

IV. 1½ Std. von der Forcola di Sciora.

Sehr schöne, schwierige und exponierte Kletterei. Wandhöhe 120 m. J. Heller und G. Miescher, 27. Juli 1909 im Abstieg. A. Bonacossa und C. Prochownik, 18. Juli 1920 im Aufstieg.

Von der Forcola di Sciora am Fuss der senkrechten Agowand nach W zu einem Riss mit einer einige Meter weiter oben liegenden losen Platte. Hier beginnt die Kletterei, die in einer Schleife nach rechts zu einem Kamin führt, in dem man emporsteigt und dabei einen eingeklemmten Block schwierig überklettert. Über dem Block ist ein guter Stand. Nun einige Meter leicht aufwärts bis zu den Überhängen. Man verfolgt ein schmales Band horizontal nach W bis zur NW-Kante (8 m) und klettert dann in griffigem Fels direkt empor bis zum westlichen Beginn eines schmalen Bandes. Dieses wird schräg aufwärts nach E verfolgt, wobei ein das Band in der Mitte sperrender Block umklettert werden muss. Man erreicht eine kleine Plattform, dicht darüber eine zweite und gewinnt die Scharte zwischen Haupt- und NW-Gipfel.

749 a *Variante*

E. Bottoni und L. Gasparotto, 12. September 1932.

Dem Fuss der senkrechten Agowand nach W entlang bis zur NW-Rippe. Diese wird bis zum westlichen Beginn des oben erwähnten schmalen Bandes verfolgt. Weiter wie oben zum Gipfel.

750 *NW-Gipfel*

H. Rosenberger mit W. Risch, 3. August 1921.

Von der Scharte zwischen beiden Gipfeln 2 – 3 m empor zu gutem Stand. Nun auf die Kante rechts (im Sinne des Anstiegs) und auf ihr steil und exponiert zum Gipfel.

751 *Von der Forcola di Sciora über die SE-Wand zur Bocchetta dell'Ago.*

III. 1 Std.

Interessante Traverse.

G. Gugelloni mit B. Sertori, Juli 1901.

Von der Forcola di Sciora steigt man etwa 30 m über lose Felsen nach S auf. Hierauf leichte Traverse auf der Albignaseite zur Scharte zwischen der Agowand und dem grossen, östlich vorgelagerten Gratturm. Von der Scharte steigt man etwa 30 m in einem Kamin nach S ab an den Fuss des ersten Kamins, das sich rechts öffnet. Dieses Kamin, das die SE-Wand des Ago di Sciora durchzieht, wird erklettert bis zum breiten, horizontalen Band, auf dem man unschwierig zur Bocchetta dell'Ago gelangen kann.

Bocchetta dell'Ago, ca. 3100 m

Ohne Namen und Höhenangabe auf der LK. Enger Grateinschnitt am Südfuss des Ago di Sciora, der bei der Besteigung dieses Gipfels benützt und bei den Routen zu diesem Gipfel beschrieben wird.

Sciora Dadent (Sciora di dentro), 3275 m

Der höchste und südlichste Gipfel der Scioragruppe.

752 *Über den Vadrec da la Bondasca und die SW-Flanke*

WS. 5 Std.

Gletscheraufstieg, Normalroute von der Capanna di Sciora.
Th. Curtius und R. Wiesner mit Christian Klucker, 14. August 1888.

Von der Capanna di Sciora auf R. 801 zum Passo di Bondo bis
an den Fuss der vom Südgrat nach Südwesten abfallenden
Gletschermulde. In dieser nach Nordosten empor und über
leichte, mit einigen Schneeflecken durchsetzte Felsen zum
obersten kleinen Schneefeld. Über dieses zum Südgrat und
ohne Schwierigkeiten zum höchsten Punkt.
Ski. Alpine Skitour, nur bei sicheren Verhältnissen; letztes
Stück zu Fuss.

753 *W-Wand und SW-Flanke*

III. 5 Std. Abb. S. 349.

Nicht empfehlenswert, steinschlägig.
A. Lenk, J. Oswald und J. Schnirr mit W. Risch, 4. August 1931.

Von der Capanna di Sciora auf R. 801 bis auf ca. 2700 m aufsteigen. Wenig südlich der Fallinie des Gipfels steigt man in
eine breite, nach N orientierte Rinne ein. Zuerst in plattigen
Felsen hinauf, dann weiter in einem wenig ausgeprägten Kamin, dessen rechten Rand man benützt. Man erreicht ein breites Geröllband, das man nach S aufwärts begeht und dann auf
R. 752 trifft und auf dieser, ohne den Gletscher zu betreten,
zum Gipfel.

754 *W-Pfeiler*

V+, eine Stelle A1. 5 – 6 Std. Technische Skizze S. 341.

Die R. folgt dem südlichsten Felspfeiler der Sciora Dadent-W-Wand.
Im unteren Teil schöne Kletterei in gutem Fels.
J. Jániš und J. Novák, 22. August 1978.

Zugang und Einstieg: Von der Capanna di Sciora auf R. 801 bis
auf ca. 2750 m aufsteigen. Einstieg in der Fallinie des Pfeiler-
kopfes.

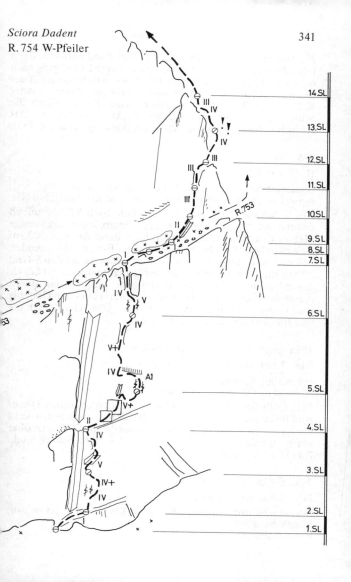

Routenverlauf: Zuerst über ein schräges Band aufwärts, dann folgt eine Plattenzone mit Rissen. Nach zwei SL Quergang nach rechts bis zu einem Überhang. Über diesen links hinauf in das Kamin (1 SL) und weiter über Risse zur riesigen Rampe, auf der R. 753 verläuft. (Die Erstbegeher beabsichtigten durch die Mitte der zweiten Plattenzone direkt aufzusteigen. Das schlechte Wetter zwang sie aber zum Aufstieg auf der R. 753).

755 *S-Grat*
II. 5½ – 6 Std.

Gletscheraufstieg mit schöner Kletterei auf dem S-Grat.
A. von Rydzewsky mit M. Barbaria und Christian Klucker, 17. Juli 1891.

Auf R. 764 zum Colle dell'Albigna. Nun nach NE bis südlich des ersten Gratturmes. Man umgeht diesen, indem man einige Meter auf der E-Seite absteigt zu einem Band, das man ca. 30 m weit nach N verfolgt bis zu einer von der E-Wand abstehenden Schulter, die überschritten wird. Zum Aufstieg auf den S-Grat stehen hier zwei Couloirs zur Verfügung. Man benützt besser das nördliche, schwieriger aussehende und erreicht durch dieses den S-Grat. Nun in schöner Kletterei über den Grat, bis man in die W-Flanke ausweichen kann. Über Geröll, Schnee und Blöcke erreicht man den Gipfel.

755 a *Variante über den ganzen S-Grat*
III+. 2 Std. vom Colle dell'Albigna.

Interessante Kletterei in solidem Fels.
N. Rodio und C. Steiner, 24. September 1909.

Vom Colle dell'Albigna nach NE zum ersten Gratturm. Dieser wird links über ein sehr schmales Bändchen erklettert, worauf immer der Grat verfolgt wird (2 – 3 Abseilstellen). Zuletzt über einen hübschen Grat und dann über Geröll, Schnee und Blöcke zum Gipfel.

756 *E-Wand (Via Nigg)*
IV+. 5 Std. Abb. S. 345.

Interessante, landschaftlich sehr schöne Klettertour in gutem Fels.
Wandhöhe ca. 600 m.
N. Grass und P. Nigg, Oktober 1967.

Zugang und Einstieg: Von der Capanna da l'Albigna auf R. 501 auf den Vadrec da l'Albigna und auf diesem in den hintersten Gletscherkessel. In SW-Richtung steigt man gegen den Colle dell'Albigna auf. Im untersten Drittel der E-Wand befindet sich ein markanter Felskopf. Ein gut erkennbarer Gletscherkeil führt südlich dieses Felskopfes zum Einstieg (2 Std.).

Routenverlauf: Vom Gletscherkeil führen glatte Platten und eine breite Schlucht-Verschneidung gegen den von hier aus als Felsturm erscheinenden Felskopf hinauf. Über Platten auf der rechten Seite der Verschneidung in schöner Kletterei hinauf in die Scharte hinter dem Turm. Von der Scharte direkt über überhängende, eingekeilte Platten hinauf zu grossem Stand (IV+). Nun in sehr schöner, freier Platten- und Verschneidungskletterei in bestem Fels auf dem ausgeprägten Wandpfeiler oder rechts des Pfeilers aufwärts. Zuerst eine SL direkt auf dem Grat bis auf ein schmales Band unter einem Überhang (IV). Über dieses Band 15 m horizontal nach rechts, dann 30 m durch eine Verschneidung gerade hinauf zu einem Plattenstand. Weiter eine SL rechts empor und hinaus auf eine Wandrippe. Von dieser leichter eine SL über Platten gerade aufwärts an den Fuss einer markanten, gegen den Pfeilergrat hinaufführenden Verschneidung. Am linken Rand dieser Verschneidung 30 m hinauf zu sehr gutem Stand unter dem überhängenden Gratturm. Rechts des Überhangs durch eine senkrechte Verschneidung hinauf auf den Grat und weiter über diesen nach rechts und über losen Fels weiter rechts aufwärts zu einem Wandgrat. Von diesem über eine gut gestufte Plattenwand auf den nördlichsten Gratturm des südlichen Vorgipfels. Von hier leicht auf den Gipfel.

757 E-Wand

V+. 7 Std. Abb. S. 345.

Interessanter Anstieg, der im unteren Teil über tiefe Kamine und Verschneidungen aufwärts führt. Höhendifferenz ca. 600 m.
R. Corti und G. M. Mandelli, 27. Juli 1986.

Zugang und Einstieg: Zugang wie bei R. 758, Einstieg beim Beginn der Schneerinne.

Routenverlauf: Durch einen Riss in einer kleinen Verschneidung (A0, V) und eine diagonale Traverse nach rechts erreicht man die Fallinie einer Verschneidung (IV+). Man überwindet diese und erreicht auf der rechten Seite einen Stand auf brüchigen Felsen (V, III und IV). Zurück in die Kamin/Verschneidung, und nach zwei SL erreicht man am Ende des Kamins schräge Platten (III, V+, IV+, III). Man quert diese diagonal nach links gegen ein tiefes Kamin (II, III). Man durchklettert das Kamin und wo sich dieses, nach einer zweiten Verengung, weitet, hält man nach links zu einer mit Flechten bedeckten Platte (zwei SL IV, IV+, eine Stelle V+, dann III). Nun schöne Kletterei über die emporragende Platte zu Stand auf der Höhe des grossen, auch von unten sichtbaren Zackens (IV, V). Nun kurzer Abstieg von 6 m und über ein Felsband zum Fuss der Platte rechts der Gratschneide. Einstieg in die Platte durch die mittlere Rinne. Nach drei SL erreicht man eine Verschneidung, ca. 20 m unterhalb der Gratschneide (IV+, V, eine Stelle V+, IV+, IV und III). Durch die Verschneidung und über den Grat erreicht man ein grosses Felsband (V, IV+, IV). Vom Felsband über leichten Fels und Geröll zum Gipfel.

758 *NE-Sporn (Via Rossi)*

IV. 4 – 5 Std. Abb. S. 345.

Abwechslungsreicher Anstieg über Rinnen, Platten und Felstürme zum Ostgipfel. Höhendifferenz ca. 600 m.

D. Erba, F. Giacomelli, G. Maresi, R. Osio und R. Rossi, 15. Juli 1979.

Zugang und Einstieg: Von der Capanna da l'Albigna auf R. 501 auf den Vadrec da l'Albigna und auf diesem in den hintersten Gletscherkessel und an den Fuss der E-Wand, dort wo eine auffällige Schneerinne zwischen zwei stumpfen Pfeilern aufwärts führt (2½ Std.).

Routenverlauf: Kurzer Aufstieg durch die Schneerinne, dann rechts auf den Pfeiler, der den ersten Teil des NE-Sporns bildet. Man erklettert diesen in seiner ganzen Länge, sich immer auf der Schneide haltend. Über Platten, die von kleinen Aufschwüngen unterbrochen sind, gelangt man an den Fuss eines grossen, gelblichen Turms. Aufstieg in der Verschneidung, die den Turm bis zu einem bequemen Absatz auf der linken Seite durchzieht. Weiter über den Sporn, der jetzt stark zerrissen ist, zu einer Anzahl kleiner Türme auf der rechten Seite. Dann führen schöne Platten zum E-Gipfel, und über den leichten Grat gelangt man zur Sciora Dadent.

Sciora Dadent von SE

Punta Pioda

Ago di Sciora

758

757

756

759 *ENE-Wand*

III-. 5 – 6 Std.

Steinschlaggefährliche, nicht empfehlenswerte Route.
A. Bonacossa, A. Polvara und Maria Sbrojavacca, 20. September 1921.

Von der Capanna da l'Albigna auf R. 743 zum Gletscher am E-Fuss des Ago di Sciora. Man betritt den Gletscher an seiner nordöstlichen Ecke, steigt dann in westlicher, dann südwestlicher Richtung an den Fuss der NE-Wand der Sciora Dadent. Man klettert in einem vom N-Grat der Sciora Dadent kommenden Couloir empor (steinschlägig) und erreicht nach wenigen Metern ein breites Band, das man bis an sein Ende nach SE aufwärts verfolgt. Nun klettert man ca. 20 m abwärts auf ein zweites Band. Dieses begeht man nach S (einige Platten) bis zu einem breiten Geröll- und Schneecouloir. Auf der linken Seite, im Sinne des Aufstiegs, leicht empor zu einer Rippe westlich eines grossen Turmes. In wenigen Minuten erreicht man den S-Grat der Sciora Dadent, über den man in einer Viertelstunde zum Gipfel aufsteigt.

760 *Von der Bocchetta dell'Ago über den N-Grat*

III-. 2 Std.

Diese Route wird bei der Überschreitung der Sciora-Gruppe begangen; stellenweise steinschlägig.
G. Gugelloni mit B. Sertori, Juli 1901.

Von der Bocchetta dell'Ago (R. 743 Ago di Sciora) quert man auf Bändern auf der E-Seite zum N-Grat (P. 3105). Man verfolgt den Grat bis zum grossen Gratturm, der auf einem Band anfänglich horizontal, dann schräg nach S aufwärts umgangen wird. In der gleichen Richtung weiter direkt zum Gipfel.

761 *NW-Wand (Burgasser-Route)*

IV+. 10–12 Std. Abb. S. 349.

Kombinierter Anstieg in einer wilden Umgebung. Wandhöhe ca. 700 m. Bei günstigen Verhältnissen, d. h. bei geringer Steinschlaggefahr, interessante Route.
H. Burgasser, R. Leiss und K. Noë, 5. September 1934.
1. Winterbegehung: R. Chiappa und G. Maresi, 23./24. Dezember 1972.

Zugang und Einstieg: Von der Capanna di Sciora auf R. 801 an den Fuss der NW-Wand (1 Std.). Der Einstieg erfolgt im untersten Couloir in der Fallinie der tiefsten Scharte zwischen dem Ago di Sciora und der Sciora Dadent.

Routenverlauf: Man steigt im Couloir aufwärts bis zu einer schwach ausgeprägten Gabelung. Nun über das steile Schneefeld rechts aufwärts zur Rippe links des Felspfeilers. Man verfolgt die Rippe über schwierige Platten bis knapp unter die überhängende Schlusswand. Nun folgt ein schwieriger Felsquergang etwa 30 m nach rechts ins obere Couloir knapp über dessen Abbruch. Ein Stück im Couloir aufwärts, dann rechts haltend zum Gipfel.

762 *Direkte West-Wand (Via Fritz)*

V+, A2e. 8–10 Std. Abb. S. 349.

Schwere Route durch die ca. 630 m hohe Wand. Die Erstbegeher haben 45 H und 120 Bh belassen. Routenbezeichnung zum Andenken an Bergführer Fritz Stüssi.
Toni Holdener und Hanspeter Kasper, 6.–9. September 1971. 1. Winterbegehung: Toni Holdener und Hanspeter Kasper, 23./24. Januar 1972.

Zugang und Einstieg: Von der Capanna di Sciora auf den Vadrec da la Bondasca. Auf dem Gletscher steigt man bis auf ca. 2640 m auf. Der Einstieg befindet sich ziemlich genau in der Fallinie des Gipfels bei einem markanten Felssporn (1½ Std.).

Routenverlauf: Der leicht vorspringende Felssporn wird zuerst mittels eines Risses von rechts nach links, dann gerade hinauf über die Felsnase (V+, A2) und über eine Platte (V, A1) erklettert. Nun 30 m nach rechts und über Schuttbänder in die rechte obere Ecke der grossen Terrasse. 50 m über eine Rampe nach links hoch unter eine glatte, abweisende Platte. Hier quert man einige Meter nach links hinaus und gewinnt, wieder nach rechts steigend, einen Sporn, den man kurz 30 m etwas absteigend nach rechts verlässt. Über gut gestuftes Gelände gerade empor, dann, leicht links haltend, zum Biwakplatz der Erstbegeher. 40 m Quergang nach links. Schräg links über eine Platte weiter, bis man sie über eine 10 m hohe Steilstufe nach rechts verlassen kann. Nach rechts über das Band zum ersten Bohrhaken. Der nun folgende 100 m hohe, überhängende, risslose Wandteil wird in gerade Linie in einem schon von unten gut sichtbaren, schmalen, hellen Streifen aus-

schliesslich mit Bohrhaken erklettert. Die dritte und letzte Seillänge dieser Steilstufe beträgt 43 m. Nun gerade hinauf über
den Überhang (A2) und nach rechts zu gutem Stand bei Felsblöcken auf dem obersten Band. Über dieses nach rechts
empor und an Rissen 10 m hinauf, dann nach rechts zu Stand
(Wandbuch). Nun steigt man über eine Platte einige Meter
nach rechts ab und erreicht einen Riss. An diesem hinauf (V+)
und über eine Platte nach links zu Stand. Von diesem 30 m
an H (V+, A1) links hinauf, dann 2 m rechts empor zu gutem
Block. Einem Band nach rechts folgend, gelangt man rechts
um ein Felsköpfchen herum zu einer grossen Platte, auf der
Risse in die rechte obere Ecke führen. Über einige Felsblöcke
nach rechts hinauf auf den Gipfelgrat.

Überschreitung der Sciora-Gruppe

Die Überschreitung der vier Hauptgipfel der Sciora-Gruppe
(Sciora Dafora, Punta Pioda, Ago di Sciora, Sciora Dadent) ist
eine landschaftlich eindrückliche, interessante und lange Berg-
fahrt.

1. Überschreitung von S nach N: Alfred Zürcher mit Walter
    Risch, 2. August 1923.
2. Überschreitung von N nach S: H. Burgasser, H. Hunziker,
    R. Leiss und K. Noë, 18./19. August 1934.

Colle dell'Albigna, 3160 m

Ohne Namen auf der LK. Breiter Schneesattel zwischen der
Cima della Bondasca und der Sciora Dadent. Übergang vom
Vadrec da l'Albigna zum Vadrec da la Bondasca.

763 *Von der Capanna da l'Albigna durch das E-Couloir*
S. 5 Std.

Schnee- und Eisaufstieg, der sehr schwierig sein kann. Relativ günstig
und sicher im Vorsommer.
F. Allievi mit Giovanni und Giulio Fiorelli, 27. August 1897.

Von der Capanna da l'Albigna auf R. 501 auf dem Vadrec da
l'Albigna und, auf der W-Seite aufsteigend, in den obersten
Gletscherkessel am Fuss des Colle dell'Albigna (3 Std.). Nun
durch das Schnee- und Eiscouloir zwischen Sciora Dadent und

Sciora Dadent von NV

Cima della Bondasca steil aufwärts.

Der Einstieg ins Couloir kann bei ausgeaperten Verhältnissen sehr schwierig sein.

(Die Erstbegeher stiegen über die Felsen der SE-Seite der Sciora Dadent zum Pass auf. Sehr steinschlaggefährlich und nicht mehr begangen).

764 *Von der Capanna di Sciora*

WS. 4 – 4½ Std. Abb. S. 313.

Gletscheraufstieg, der bei starker Verschrundung des Vadrec da la Bondasca schwierig sein kann.

L. Held, 1876.

Von der Capanna di Sciora steigt man auf R. 801 auf dem Vadrec da la Bondasca bis unterhalb des Passo di Bondo auf und hält dann in nordöstlicher Richtung auf die Passhöhe zu.

8. Pizzi Gemelli – Pizzo Cengalo – Pizzo Badile

Pizzi Gemelli – Pizzo Cengalo – Punta Sertori – Pizzo Badile.

Passo di Bondo, 3169 m

Wichtiger, Val Bondasca mit Valle Porcellizzo verbindender Übergang. Die Schwierigkeiten wechseln mit dem Zustand des Vadrec da la Bondasca. Dieser Gletscher und auch der Bergschrund auf der Nordseite des Passes können in heissen Sommern nahezu unpassierbar sein. Auf der Südseite des Passes, wenige Meter unterhalb der Passhöhe, befindet sich das Bivacco Titta Ronconi.

801 *Von der Capanna di Sciora*

ZS. 3–4 Std.

Gletscheraufstieg, der bei starker Verschrundung des Vadrec da la Bondasca sehr schwierig sein kann.

H. E. Buxton, D. W. Freshfield und F. F. Tuckett mit François Dévouassoud, Peter Michel, J. B. Walther und einem Träger, 8. Juli 1865.

Von der Capanna di Sciora steigt man in südöstlicher Richtung über Gras- und Schutthänge zur rechten Randmoräne des Vadrec da la Bondasca empor. Oben auf der Moräne, ungefähr auf 2340 m, traversiert man zum Gletscher, hält zuerst die südöstliche Richtung ein und steigt dem Westfuss der Sciorafelsen entlang aufwärts (Steinschlag!). Weiter oben, ungefähr bei der Kote 2640, zwingen die Schründe zum Ausweichen nach Südwesten. Man quert gegen die Mitte des Gletschers und laviert zwischen zahlreichen Spalten durch, um die obersten, besser begehbaren Firnhänge zu erreichen. Über diese nach Südosten empor. Die felsige Passlücke befindet sich unmittelbar am Fusse des Nordwestgrates des P. 3267.2 (Pizzo Ferro Occidentale). Den Bergschrund am Nordfuss des Passes überschreitet man in der Regel auf seiner Westseite, worauf der Pass über einen Firnhang, gegen eine markante Scharte aufsteigend, erreicht wird.

Abstieg zur Capanna Gianetti: Von der Passhöhe steigt man auf der Südseite steil über leichte Felsen nach Westen auf den Gletscher am Südwestfuss des Pizzo Ferro Occidentale (P. 3267.2) ab. Auf dem Gletscher abwärts und nach rechts (W) an den Fuss des SW-Grates des P. 3220 (Cima del Passo di Bondo). Weiter westlich absteigend, gegen P. 2705 am SW-Grat der Pizzi Gemelli haltend, erreicht man ein Moränentälchen, das über Schutt und Geröll zum Sentiero Roma führt.

Ski: Rassige, hochalpine Skitour.

802   *Von der Capanna Gianetti*

WS. 3 Std.

Die Passhöhe, bezw. das wenig südlich der Passhöhe stehende Bivacco Titta Ronconi ist von der Capanna Gianetti sichtbar.

Von der Capanna Gianetti auf dem Sentiero Roma bis in das Moränentälchen bei P. 2571. Durch dieses Tälchen in NNE Richtung aufwärts gegen P. 2705 am Fuss des SW-Grates der Pizzi Gemelli. Von dort rechts, nordöstlich, aufsteigend, gelangt man an den Fuss des SW-Grates des P. 3220 (Cima del Passo di Bondo). Anfänglich über Felsen und Geröll, dann auf dem Gletscher dem Grat entlang aufwärts. Im oberen Teil des Gletschers in nordöstlicher Richtung zu den Felsen, die zum Pass hinaufführen.

Ski. Bei sicheren Verhältnissen dankbare Skitour.

Punta 3220 m (Cima del Passo di Bondo)

Ohne Namen auf der LK.
Dieser unbedeutende Gipfel erhebt sich zwischen dem Passo di Bondo und den Pizzi Gemelli.

803   *SE-Grat*

II. ½ Std.

Von der Lücke westlich des Gratzackens, der den Passo di Bondo im W begrenzt, über den Grat unschwierig zum höchsten Punkt.

804　*Von S*

II. 3½ Std.

E. Bontadini mit G. Fiorelli, 11. August 1908.

Von der Capanna Gianetti auf R. 806 auf den Gletscher südlich
des P. 3220. Man steigt nun von W her zum WSW-Grat auf, den
man bei einem Schneesattel erreicht. Man verfolgt den WSW-
Grat bis er an die SW-Wand stösst und gewinnt über diese den
Gipfel.

805　*NW-Grat*

III. 1 Std.

Route der Erstbesteiger.
D. W. Freshfield, F. F. Tucket, H. E. Buxton mit François Dévouassoud,
Peter Michel, J. B. Walther und einem Träger, 8. Juli 1865.

Vom Falso Passo di Bondo klettert man über unterschiedlich
solide Felsen, zum Teil auf der Seite des Valle Porcellizzo ausweichend, über den Grat zum Gipfel.

Falso Passo di Bondo, 3129 m

Ohne Namen auf der LK. Einsattelung zwischen P. 3220 und Pizzi
Gemelli Punta Sud-Est. Der breite Schneesattel ist schon verschiedent-
lich mit dem weiter östlich liegenden Passo di Bondo, 3169 m, ver-
wechselt worden.

806　*Von S*

L. 2½ Std.

Vermittelt Zugang zum SE-Grat der Punta Sud-Est der Pizzi Gemelli.
H. E. Buxton, D. W. Freshfield und F. Tuckett mit F. Dévouassoud, P.
Michel, J. B. Walther und einem Träger, 8. Juli 1865.

Von der Capanna Gianetti auf dem Sentiero Roma in nordöstlicher Richtung bis auf die Höhe des SW-Grates der Punta SE
der Pizzi Gemelli. Bei P. 2571 steigt man über Schutt und Geröll
im Tälchen gegen den Fuss des SW-Grates der Punta SE der
Pizzi Gemelli aufwärts, hält auf das Schneefeld zwischen den
Felsabsätzen zu und gelangt in nordöstlicher Richtung über
Firn und Schnee an den Fuss des Übergangs. Eine kurze Kletterei führt zum Grateinschnitt.

807 *Von N*

ZS. 4–5 Std.

Steiler Anstieg, der nur bei guten Schneeverhältnissen empfohlen werden kann. Ist die Rinne ausgeapert, so ist auf den Aufstieg wegen Steinschlaggefahr zu verzichten.
A. Lenk, J. Oswald, J. Schnirr und ein weiterer Bergsteiger mit W. Risch, 6. August 1930.

Von der Capanna di Sciora auf R. 801 bis auf ungefähr 2900 m aufwärts, dann zur breiten Rinne, die zum Joch östlich der Pizzi Gemelli hinaufführt. Man steigt, nach Überwindung des Bergschrundes, in der sehr steilen Rinne über Firn und Eis aufwärts und verlässt sie dann nach links, um über die Felsen den Falso Passo di Bondo zu gewinnen.

Pizzi Gemelli, Punta Sud-Est, 3262 m

P. 3262 und P. 3225 werden als Pizzi Gemelli bezeichnet; für jeden Gipfel werden die Routen separat beschrieben.

808 *SW-Grat*

II. 3 Std.

Normalroute von der Capanna Gianetti.
M. Della Porta und Riva mit Giacomo Fiorelli, 9. Oktober 1904.

Von der Capanna Gianetti auf dem Sentiero Roma in nordöstlicher Richtung zum Tal zwischen dem S-Grat des Pizzo Cengalo und dem SW-Grat Pizzi Gemelli Punta Sud-Est. Man steigt über Gras, Geröll und später über den Gletscher auf, bis man nördlich der dem Torrione Porro folgenden Türme durch ein kurzes Schnee- und Geröllcouloir gegen einen kleinen Sattel im SW-Grat aufsteigen kann. Man hält sich auf der W-Seite des Grates und gelangt über Blöcke und Schutt zum südöstlichen Ende des horizontalen Gipfelgrates. Diesen verfolgt man ohne Schwierigkeit zum wenig höheren, nordwestlichen Ende.

808 a *Über den ganzen SW-Grat*

IV. 5½ Std.

Langer Anstieg, wobei vor allem die Kletterei am Torrione Porro interessant ist. D. Contini und P. Marimonti, 8. August 1923.

Von der Capanna Gianetti auf R. 808 zum Beginn des Grates.
Vom oberen Ende der östlichen Moräne (NW P. 2705) führt eine Schuttrinne zum Grat. Man folgt dem zuerst SSW-Richtung
aufweisenden Grat auf gutem Fels bis zum einem ersten, grossen Gendarm, dessen Überwindung nicht leicht ist. Weiter
über die oft schmale Gratschneide aus gutem Fels an den Fuss
des Torrione Porro (3124 m), den man auf der E-Seite auf einem schmalen Felsband umgeht. (Den Torrione Porro, der sich
ca. 50 m vom Grat erhebt, erklettert man über die senkrechte
NNE-Kante, indem man zuerst einen Überhang und hernach
durch einen sehr engen Riss die darüberliegende Wandstufe
überwindet. Nach einem kleinen schrägen Absatz links aufwärts (H) zum Gipfel.) Das folgende Gratstück weist bis zum
markanten Sattel (Beginn der R. 808) zahlreiche Zacken aus
schlechtem Fels auf.

809 *W-Wand*

II+. 3 Std.

Route der Erstersteiger der Punta SE, kaum mehr begangen, R. 808
über den SW-Grat ist vorzuziehen.
A. von Rydzewsky mit M. Barbaria und Christian Klucker, 9. Juni 1892
(Aufstieg durch das Gemelli-Couloir (R. 821) zum Colle dei Gemelli
und von dort zum Fuss der W-Wand).

Von der Capanna Gianetti auf R. 822 aufwärts an den Fuss der
W-Wand. Man steigt etwas südlich der Fallinie des Gipfels ein,
erreicht, direkt emporsteigend, den SW-Grat im obersten Teil.
Über diesen in kurzem Anstieg zum südöstlichen Ende des
horizontalen Gipfelgrates. Weiter ohne Schwierigkeiten zum
wenig höheren, nordwestlichen Ende des Gipfelgrates.

810 *Von der Capanna Gianetti über den NW-Grat*

IV. 4–5 Std.

Kurze, exponierte Kletterei.
A. und R. Balabio und G. Scotti, 12. August 1909.

Von der Capanna Gianetti auf R. 822 zum Colle dei Gemelli.
Ein Kamin führt zum tiefsten Einschnitt zwischen dem SE- und
NW-Gipfel. Von der Scharte verfolgt man ein kleines Band in
die SW-Wand hinaus, worauf über ein Kamin der NW-Grat
wenig oberhalb der Scharte erreicht wird. Der scharfe Grat
wird über einen engen Riss erklettert. Den Gipfel erreicht man,

indem man ihn auf einem Band auf der Bondascaseite umgeht
und dann zum höchsten Punkt aufsteigt.

810 a *Variante*

A. Scarpelli mit G. Morè, 21. August 1909.

Man kann vom tiefsten Einschnitt zwischen SE- und NW-
Gipfel direkt in den Felsen der W-Wand bis zum obenerwähn-
ten Band auf der Bondascaseite aufsteigen (weniger interessant als der NW-Grat.)

811   *Direkte NE-Wand («Via centrale»)*

V+. 9–10 Std. Abb. S. 359, technische Skizze S. 358.

Route in gutem Fels, die dem mit Eis und Fels vertrauten, einsame
Wege suchenden Bergsteiger ein lohnendes und anspruchsvolles Ziel
bietet.
Zuzanna Hofmannová, J. Šimon, J. Škalda, 19./20. August 1980 (Biwak
wegen schlechten Wetters).

Zugang und Einstieg wie bei R. 812.

Routenverlauf: Technische Skizze S. 358.

812   *NE-Wand («Via 75»)*

VI, A2. 10–15 Std. Abb. S. 359, technische Skizze S. 358.

Die R. führt durch den östlichen Teil der NE-Wand zu einer Schulter
im E-Grat. Abgesehen von einigen Stellen guter Fels. Wandhöhe
400 m. M. Marek, P. Mižičko und M. Ondráš, 31. Juli bis 2. August 1975.

Zugang und Einstieg: Auf R. 801 über den oft stark zerrissenen
Vadrec da la Bondasca zur Wand. Einstieg in der Gipfelfallinie
(2½ Std.).

Routenverlauf: Zuerst über Bänder und Risse, dann über Verschneidungen in der linken Wandseite aufwärts. Die letzten SL
über den SE-Grat zum Gipfel bringen Schwierigkeiten im III.
und IV. Grad. Technische Skizze S. 358.

813   *NE-Wand*

IV–V? Abb. S. 359.

Genaue Angaben über die Route fehlen.
C. Corti, Giulio Fiorelli und C. Mauri, 1. August 1953.

Zugang wie bei R. 812.

Routenverlauf: Die Route führt im östlichen Teil der NE-Wand zum SE-Grat, der bei einer Scharte westlich der zwei nadel-förmigen Gendarmen erreicht wird.

814　*E-Kante und SE-Grat*

V-. 7 Std. Abb. S. 359.

Verhältnismässig kurzer, interessanter Anstieg.
Karl Simon und Willi Weippert, 24. September 1934.

Zugang und Einstieg: Von der Capanna di Sciora auf R. 801 auf dem Vadrec da la Bondasca aufwärts bis ca. 2880 m an den Fuss der mächtigen NE-Wand (2½ Std.). Die Wand wird links (S) durch die E-Kante, die auch mit NE-Sporn bezeichnet wird, begrenzt. Über den Bergschrund und ein sehr steiles Firnfeld erreicht man den Fuss der Kante.

Routenverlauf: Man klettert etwas links der Kante an Platten, Rissen und Verschneidungen aufwärts zur schwierigsten Stel-le, einem gut sichtbaren, senkrechten Riss von 10 m Höhe. Nachdem man ihn überwunden hat (V-) erreicht man, etwa 200 m über dem Einstieg, die Kante. Nun weiter auf dem Grat, weniger steil und leichter, empor bis zu den zwei nadelförmi-gen Gendarmen. Der erste wird bis auf 6 m direkt erklettert, zuletzt links umgangen, und man erreicht so die Scharte zwi-schen beiden Nadeln. Der zweite Gendarm wird, zu einer Scharte rechts absteigend, umgangen. Von hier mit Hangel-traverse in einen 15 m hohen Kamin mit Überhang (H). Nach dessen Überwindung wird der Grat in schöner Kletterei zum Gipfel verfolgt.

815　*Vom Falso Passo di Bondo über den SE-Grat*

III. 2 Std.

Anfänglich zum Teil brüchige Felsen, im letzten und interessantesten Teil werden sie besser.
L. Binaghi, E. Peluzzi und A. Vigano, 1922.

Vom Falso Passo di Bondo (P. 3129) über eine Rinne/Riss auf den Grat und zum Teil über schlechte Felsen aufwärts. Die beiden Nadeln, die den Abschluss der E-Kante bilden, werden auf der S-Seite über Platten und Bänder umgangen. Nun in interessanter Kletterei in solidem Fels auf dem Grat zum Gipfel.

Pizzi Gemelli,
Punta SE

R. 812 («Via 75»)
R. 811 («Via Centrale»)

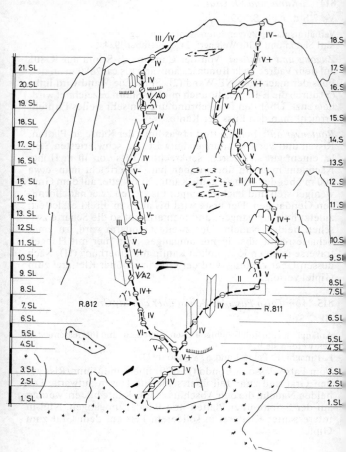

Pizzi Gemelli von NE

816 *S-Wand*

IV. 4 Std.

Interessante Wandkletterei. Höhendifferenz ca. 200 m.

L. Binaghi, F. Maccagno, A. Malinverno, Minola und M. Molteni, 17. August 1934.

Von der Capanna Gianetti steigt man auf R. 806 aufwärts, hält dann unterhalb der Scharte nach links (W) zum Wandfuss (2 Std.). Man steigt in der Mitte der Wand unterhalb eines Kamins ein. An Vertikalrissen (IV–) links des Kamins 30 m aufwärts (Stand auf Platte). Weiter nach rechts, durch das Kamin und über Plattenüberhänge zu einem guten Stand und über gutgestuften Fels gerade aufwärts zum Gipfel.

Torrione Porro, 3124 m

Markanter Turm im untersten Teil des SSW-Grates der Punta Sud-Est der Pizzi Gemelli. Siehe R. 808 a.

Pizzi Gemelli, Punta Nord-Ovest, 3225 m

P. 3225 und P. 3262 werden als Pizzi Gemelli bezeichnet, und für jeden Gipfel werden die Routen separat beschrieben. Zur Punta Nord-Ovest führt die klassische Route über die «Bügeleisen-Kante» und die sich darüber aufbauende Gemelli-Kante.

817 *NNW-Grat («Bügeleisen-Ferro da Stiro» – Gemelli-Kante)*

V. 3–4 Std. für das «Bügeleisen», 7–8 Std. bis zum NW-Gipfel. Abb. S. 361.

Herrliche Gratroute in grossartiger Landschaft. Häufig wird nur das «Bügeleisen» bestiegen.

H. Frei und J. Weiss, 28./29. Juli 1935.

Die Erstbegeher umgingen den obersten Aufschwung. Der letzte Kantenaufschwung wurde im Juni 1950 von N. Bartesaghi, L. Castagna und E. Ratti erschlossen.

1. Winterbegehung: Arturo und Guido Giovanoli, 30. Dezember 1975 – 1. Januar 1976, das «Bügeleisen» haben die beiden Bergeller bereits am 6. Dezember 1971 bestiegen.

Zugang und Einstieg: Von der Capanna di Sciora quert man ungefähr in Hütten-Höhe auf Pfadspuren (Viäl) in SSW-Richtung durch die von P. 2394/2356 herabkommende Geröll- und Moränenhalde auf den Vadrec da la Bondasca und über den Gletscher aufwärts an den Fuss der Kante.

Pizzi Gemelli

Sud-Est 3262

Pta. Nord-Ovest 3225

Colle dei Gemelli
3101

Pta. 3308

83

823

817

817.1

817

Routenverlauf: Zuerst auf der linken Seite der Kante auf den
Vorbau bis zu einem bequemen, horizontalen Band, dem man
nach rechts bis zu seinem Ende folgt (Einstieg). Über Platten
aufwärts und schräg nach links über eine Wandstufe hinauf zu
einer breiten Terrasse am Fuss einer Verschneidung (III–IV,
H). Über die rechte Verschneidungswand hinauf (IV und IV+,
H) zum Beginn eines kurzen Kamins (V), das zu leichterem
Gelände führt. Nun durch eine rinnenartige Verschneidung
und über gutgriffigen Fels zur Kante (III). Zwei SL über
Platten aufwärts (III). Nun folgen vier SL über ausserordentlich
schöne, glatte Platten. Zuerst zwei SL leicht links der Kante,
dann zwei SL schräg nach rechts zu der Stelle, wo die Platte
ihre Steilheit verliert (IV und V, wenig H). Von hier etwa 100 m
weiter (III), wobei man den gespaltenen Gendarm, der das
«Bügeleisen» abschliesst, links umgeht.
(Wenn nur bis zum Ende des «Bügeleisens» aufgestiegen wird,
so seilt man auf der Aufstiegsroute ab).
Nach dem «Bügeleisen» folgt die Gemelli-Kante. Zuerst erklettert man die Schulter oberhalb des gespaltenen Gendarmen.
Weiter über den stellenweise brüchigen Grat bis zu einem Aufschwung, den man in der E-Flanke umgeht. Auf den Grat zurück und auf diesem (III, mit Stellen IV) zu einem weiteren
Aufschwung, der direkt erklettert wird (IV+, V). Nun in
schöner Kletterei auf dem Grat aufwärts bis zum letzten
Kantenaufschwung (ca. 50 m unter dem NW-Gipfel). Mit
einem Spreizschritt in eine senkrechte Verschneidung (V, H)
und in dieser 5 m gerade aufwärts, dann etwas nach rechts und
hart an einem Überhang wieder auf die Kante und über diese
zum Gipfel (Umgehung des letzten Kantenaufschwunges siehe
R. 818).

817.1 *NE-Wand des «Bügeleisens» (Extratour)*

VI-. 5½ Std. Abb. S. 361.

Ausgesetzte Kletterei; stellenweise hohle Plattenschuppen, insgesamt
aber solider Granit. Grosse H-Abstände; die Route ist deshalb für den
Vorausgehenden sehr anspruchsvoll. H für Standplätze, Kk und
Friends mittlerer Grösse nötig.
B. Geffken und M. Supplie, 27. Juli 1986.

Zugang und Einstieg: Auf R. 817 an den Kantenfuss und zum
Einstieg auf der NE-Seite.

Routenverlauf: 1. SL: Über eine Platte zum Beginn eines Hand-risses (V+) und durch diesen (mit Gras) zu gutem Standplatz (45 m, V+).

2. SL: Durch einen leichten Riss zum Standplatz am Fuss einer senkrechten Verschneidung (30 m, III).

3. SL: Durch die Verschneidung bis zu einem Standplatz auf einem Band (30 m, VI- und V). Von hier kann man zum NNW-Grat aussteigen (20 m).

4. SL: Kurzer Quergang nach links (IV-) und über leichtes Ge-lände zur obersten Ecke der geneigten Platte (40 m).

5. SL: Durch ein hier beginnendes Riss-System an hohlen Plat-tenschuppen zu Standplatz (30 m, V-).

6. SL: Rechts des Standplatzes über eine Platte mit feinem Riss (VI-) zu H und gerade aufwärts über die kompakte Platte zum Standplatz (25 m, VI- und V).

7. SL: Weiter über teilweise geschlossene Platten zu sehr schlechtem Standplatz (45 m, VI und V+, durchwegs schlechte Sicherungsmöglichkeiten).

8. SL: Auf Platten schräg aufwärts zum NNW-Grat und über diesen zu Standplatz (30 m, V und IV).

Zwei SL über den Grat zum Ende des «Bügeleisens».

818 N-Grat

V-. 10–12 Std.

Wenig begangener, sehr interessanter Anstieg. Der Übergang vom Gletscher an die Felsen kann sehr schwierig sein.
G. Hentschel und H. Mathies, 12. August 1934.

Zugang und Einstieg: Von der Capanna di Sciora auf R. 801 auf dem Vadrec da la Bondasca aufwärts bis zu den oberen, gut begehbaren Firnhängen. Nun nach W zum Ein-stieg, der sich ungefähr in der Fallinie der Punta Nord-Ovest befindet (ca. 2680 m).

Routenverlauf: Über den Bergschrund, dann über ein steiles Firnfeld zu den Platten unter dem markanten, senkrechten Plattenpfeiler. Nun weiter horizontal nach rechts und über die grosse Verschneidung hinüber auf den kleinen Platten-pfeiler. Über steile Platten vier SL aufwärts auf den eigentli-chen N-Grat, den man bis an den grossen Plattenpfeiler ver-folgt. Diesen umgeht man durch eine Schlucht auf der rechten (W) Seite durch eine Verschneidung und erreicht den Grat wieder dort, wo er in eine Plattenflanke übergeht. Über diese hinauf und dem Grat folgend, der sich nunmehr mit dem NNW-Grat vereinigt, zu einer Scharte. Um den letzten Kantenaufschwung ca. 50 m unter dem NW-Gipfel zu umgehen, steigt man von der Scharte etwa 60 m schräg in die E-Flanke ab. Man gelangt über Bänder, leicht fallend, in die Wandmitte. Durch eine Rinne aus nicht sehr solidem Fels gewinnt man die Scharte zwischen NW- und SE-Gipfel. Auf R. 819 zum NW-oder auf R. 810 zum SE-Gipfel.

818 a *Variante*
Schöner, aber wesentlich schwieriger ist es, den NW-Gipfel, ohne in die E-Wand auszuweichen, direkt über die Gemelli-Kante zu erklettern. Siehe R. 817.

819   *SE-Grat*
III. 4 Std.
Diese R. wird beim Übergang vom SE- zum NW-Gipfel benützt.
Prof. Lüscher mit W. Risch, 1932.
Von der Capanna Gianetti auf R. 810 in die Scharte zwischen Punta SE und Punta NW der Pizzi Gemelli. Von der Scharte klettert man auf der E-Seite unter den Türmen durch, ersteigt ein Kamin, quert dann etwa 10 m unter dem Gipfel auf der E-Seite und erreicht den höchsten Punkt über den N-Grat.

820   *Vom Colle dei Gemelli, WSW-Wand*
III+. 1 Std.
Kurze, interessante Route.
Fritz Baumann, Hans Rütter mit Christian Klucker, 21. Juni 1925.
Vom Colle dei Gemelli durch das steile Couloir (zeitweise schneebedeckt) zwischen dem NW-Gipfel und dem Gratturm südöstlich davon aufwärts bis auf ungefähr halbe Höhe. Dann nach links und auf einem schmalen Band in die NW-Wand hinaus. In dieser über einige Risse steil und exponiert direkt empor zum Gipfel.

Colle dei Gemelli, 3101 m
Ohne Namen in der LK. Schwieriger Übergang zwischen P. 3225 (Punta Nord-Ovest der Pizzi Gemelli) und P. 3308 (Anticima orientale del Pizzo Cengalo). Das von NW zum Übergang führende Eiscouloir wird mit Gemellicouloir bezeichnet.

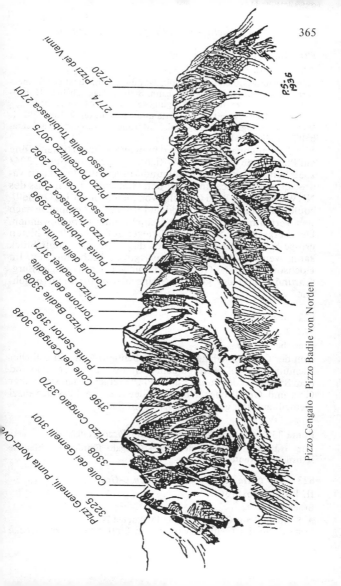

Pizzl del Vanni
2720

2774

passo della Trubinasca 2701

pizzo porcellizzo 2962
pizzo Trubinasca 2918
passo Trubinasca 2998
punta della Punta
Forcola della Punta 3171

torrione del Badile
pizzo Badile 3308

punta Sertori 3195
Colle del Cengalo 3048

3196

pizzo Cengalo 3370

Colle dei Gemelli 3101
3308

Pizzl Gemelli; punta Nord-Ove
3225

P.S.-G.
1936

Pizzo Cengalo – Pizzo Badile von Norden

821   *Von N (Gemelli-Couloir)*
AS. 5–7 Std.

Sehr schwieriges, steiles Eiscouloir, das nur bei sehr günstigen Schnee-verhältnissen begangen werden kann. Steinschlaggefährlich. Höhendifferenz ca. 700 m, mittlere Neigung 45°, oberstes Stück 55°.
A. von Rydzewsky, mit M. Barbaria und Ch. Klucker, 9. Juni 1892. 1. Winterbegehung: R. Compagnoni, V. Meroni, G. Noseda und E. Scarabelli, 12. März 1961.

Von der Capanna di Sciora quert man ungefähr in Hütten-Höhe auf Pfadspuren (Viäl) in SSW-Richtung durch die von P. 2394/2356 herabkommende Geröll- und Moränenhalde auf den Vadrec da la Bondasca und über den Gletscher an den Fuss des NNW-Grates der Pizzi Gemelli. Von hier nach SW ins Gemelli-couloir und in diesem auf steilem Firn oder Eis empor, je nach den Verhältnissen näher den Gemelli- oder Cengalowänden. Der Bergschrund und der Felsriegel auf ca. 2700 m bieten grosse Schwierigkeiten und auch das letzte, sehr steile Stück kann, wenn es Blankeis aufweist, grosse Mühe machen. Im Hochsommer ist das Gemelli-Couloir wegen des riesigen Bergschrundes und der grossen Steinschlaggefahr nicht begehbar.

822   *Von SW*
WS. 2 Std.

Gletscheraufstieg.

Von der Capanna Gianetti auf dem Sentiero Roma in östlicher Richtung zum Tal zwischen dem S-Grat des Pizzo Cengalo und dem SSW-Grat der Punta Est der Pizzi Gemelli. Man steigt über Gras und Geröll nach NE zum Gletscher am Fuss der Pizzi Gemelli auf und gelangt bequem zum Sattel.

Punta 3308 m *(Anticima orientale del Pizzo Cengalo)*
Zum östlichen Vorgipfel des Pizzo Cengalo führen verschiedene selbständige Routen.

823   *Vom Colle dei Gemelli über den E-Grat*
II. 1 Std. Abb. S. 361.

Brüchig.

A. Scarpellini mit Giacomo Morè, 19. August 1909.

Vom Colle dei Gemelli wird der E-Grat eine kurze Strecke

verfolgt, worauf wegen brüchigen Felsen nach S ausgewichen wird. Weiter oben wieder auf den brüchigen Grat und über diesen zum Gipfel.

823 a *Variante*

A. und R. Balabio stiegen am 22. August 1909 vom Gletscher auf der SE-Seite des Pizzo Cengalo in der S-Flanke zu einer Art SE-Grat auf und erreichten den Gipfel ohne Schwierigkeit in gutem Fels.

824 *S-Flanke und W-Grat*
IV. 4 Std.

Der Aufstieg durch das S-Couloir ist steinschlaggefährlich und kann nicht empfohlen werden. E. Fasana, allein, 2. September 1914.

Von der Capanna Gianetti auf dem Sentiero Roma in östlicher Richtung zum Tal zwischen dem S-Grat des Pizzo Cengalo und dem SSW-Grat der Punta Est der Pizzi Gemelli. Man steigt über Gras und Geröll auf zum kleinen Gletscher südöstlich des Pizzo Cengalo und an den Fuss des Couloirs, das zum Sattel zwischen dem Pizzo Cengalo und P. 3308 hinaufführt.

Über einen steilen Firnhang zum Couloir, das stellenweise mit Schnee und Eis bedeckt ist. Anfänglich im Couloir, dann über die Felsen auf der rechten (E) Seite und zuletzt über Schnee und brüchige Felsen aufsteigend zum Sattel. Der W-Grat bietet ansprechende Kletterei über enorme Platten und eine schöne Gratschneide. (Vergl. R. 834, die von P. 3308 zum E-Grat des Pizzo Cengalo führt).

825 *N-Wand («Via Canpes»)*
VI-, A1. 8–12 Std. Abb. S. 381.

Die R. folgt der markanten Pfeilerreihe in der Fallinie des E-Gipfels des Pizzo Cengalo. Die grossen, losen Blöcke im unteren Teil lassen eine Wiederholung dieser R. nur im Winter zu. Im oberen Teil guter Fels.

F. Bauer, J. Ďoubal und J. Novák, 1.–4. Februar 1982.

Zugang und Einstieg: Von der Capanna di Sciora auf R. 821 ins Gemelli-Couloir. Im Couloir, meistens auf der Cengalo-Seite, aufwärts bis zum Pfeiler.

Routenverlauf: Leicht links haltend, 50 m aufwärts und schräg nach rechts in die Felsen. Über Platten und Verschneidungen zum ersten Schneefeld (4 SL, IV+ – V+). Nun leicht nach rechts bis zu einem Kamin (2 SL, V, AO). Durch dieses empor

(1 SL, V-) und längs einer Verschneidung (1 SL, V-) zum zweiten Schneefeld. Vom höchsten Punkt des Schneefeldes durch das Kamin zum Pfeilerkopf (2 SL, V+, A1). Rechts sieht man einen riesigen, eingeklemmten Block. Nun etwa 8 SL in leichterem Gelände (II--IV) bis zur Plattenzone unter der steilen Gipfelwand des E-Gipfels. 2 SL über Platten schräg nach rechts (IV-), dann folgt ein Quergang nach rechts (3 SL, IV, III) zu einer Reihe von Verschneidungen rechts des riesigen Kamins, das direkt zum E-Gipfel führt. In herrlicher Kletterei durch die Verschneidungen und Risse zum Gipfel (6 SL, V- – VI-).

Pizzo Cengalo, 3370 m

Imponierende und höchste Berggestalt der Gruppe. Die Aussicht ist umfassend. Der Blick schweift von der Bernina bis zum Monte Rosa. Die riesigen Wände gegen das Bondascal bieten grossartige, sehr schwere Anstiege und von der Südseite führen sehr schöne, anspruchsvolle Routen zum Gipfel.

826   *Von der Capanna Gianetti über den W-Grat*

WS. Fels II+. 3½ Std.

Lohnende, hochalpine Tour. Normalroute von der Capanna Gianetti. D. W. Freshfield und C. C. Tucket mit François Dévouassoud, 25. Juli 1866.

Von der Capanna Gianetti auf R. 843 zum Colle Cengalo. Nun folgt man dem brüchigen Grat, umgeht die erste Graterhebung auf der N-Seite und gelangt zu einem kleinen Sattel, der auch direkt vom Gletscher über die R. 826 a erreicht werden kann. Weiter über Schnee und Geröll zu einem Steinmann, dann traversiert man auf einem bequemen Band auf die S-Seite und umgeht einen zweiten, markanten Gratturm (P. 3196). Zuerst auf dem Grat, dann in der S-Flanke über Felsen und Blöcke zum Grat zurück, wo die Schneehaube beginnt.
Nach einem steilen Firnaufschwung, oft vereist, legt sich der Grat zurück, und man erreicht leicht den Gipfel (überhängende Wächte beachten).

826 a *Variante*

Man kann auch, vor allem wenn Schnee liegt, durch das kleine Couloir östlich der ersten Graterhebung zum W-Grat aufsteigen. Dieses Couloir wird oft für den Abstieg benützt, wobei zuletzt etwa 20 m über die Felsen abgeseilt werden muss.

827 *NW-Pfeiler (Cengalopfeiler)*

V+. 6–8 Std. Abb. S. 371.

Grossartiger, schwieriger Aufstieg. Die Routenfindung ist nicht immer ganz einfach.
F. Gaiser und B. Lehmann, 15. Juli 1937.
1. Winterbegehung: E. und F. Gugiatti, 23.–26. Dezember 1972.

Zugang und Einstieg: Von der Capanna di Sciora oder der Capanna Sasc Furä auf dem Weg zwischen den beiden Hütten (R. 879/880) zum Vadrec dal Cengal. Auf diesem, westlich P. 2087 aufsteigend, an den Pfeilerfuss. Einstieg einige Meter rechts beim Beginn eines Couloirs, wenn möglich oberhalb des Bergschrundes.

Routenverlauf: Über die Randkluft und dann über brüchigen Fels eine SL durch das Couloir aufwärts, bis man nach links auf einen markanten Absatz am Fuss eines Steilaufschwungs queren kann (ca. 4 SL). Durch Kamine und kurze Verschneidungen zwei SL aufwärts bis zu einer grossen Platte. Über diese horizontal nach links zur Kante und zu Stand hinter einem markanten Block am Beginn einer grasigen Verschneidung. Eine SL durch diese aufwärts (V). Eine weitere SL direkt an der Kante zu einer kleinen Terrasse (V+). Nun eine SL (III) hinauf auf ein Geröllband. Eine Reihe von Rissen und Verschneidungen führt zuerst schräg links, dann rechts hinauf in die Nähe eines engen, von einer abgespaltenen Platte gebildeten Kamins. Schwierig über eine Platte zum Kamin, durch das man zum Beginn einer Plattenzone gelangt (V+). Nun etwa 80 m über schöne Platten und Schuppen aufwärts (IV, V). Dann eine SL, leicht links haltend, zum Anfang einer langen Verschneidung, der man zwei SL folgt (IV und V, H). Über der Verschneidung beginnt der grosse Plattenschild, den man in anspruchsvoller Reibungskletterei (einige SL), leicht links haltend, überwindet. Man gelangt so zur Pfeilerkante, der man in schöner Kletterei bis zum Gipfel, zuletzt über Schnee, folgt.

827.1 *Rinnen rechts (W) des NW-Pfeilers*

Die beiden Rinnen unmittelbar rechts des Cengalopfeilers wurden am 14. Februar 1989 begangen. 1. Rinne (80°) durch J. Jakubčik und

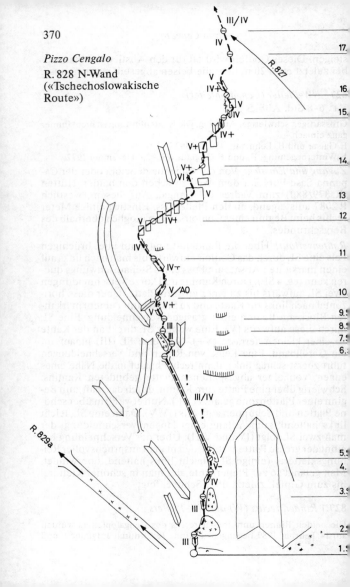

Pizzo Cengalo
R. 828 N-Wand
(«Tschechoslowakische Route»)

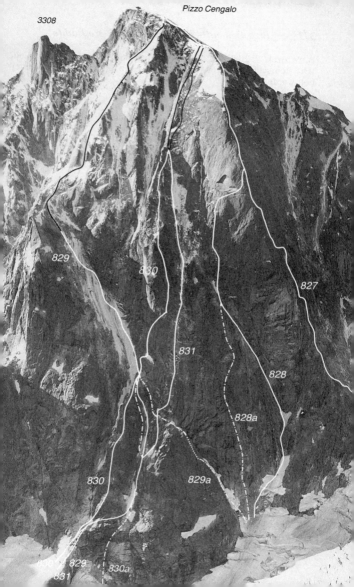

Pizzo Cengalo

3308

829

830

827

831

828

828a

830

829a

830

829

831

830a

B. Mrózek. – 2. Rinne (60°, V+) durch S. Martinka und E. Velič
(Die steinschlaggefährlichen Aufstiege können nur im Winter wiederholt werden).

828   *N-Wand («Tschechoslowakische Route»)*

VI. 12 Std. Abb. S. 371, technische Skizze S. 370.

Wandroute, die im oberen Teil zum Cengalopfeiler führt. Wandhöhe
ca. 1000 m.
I. Koller und St. Šilhán, 29. August 1978.
Zugang und Einstieg: wie R. 829.

Routenverlauf: Die Route erschliesst den westlichsten Teil
der N-Wand und bewegt sich vorwiegend in der linken (östlichen) Wand des Cengalopfeilers. Technische Skizze S. 370.

828 a *Variante*

P. Crippa und D. Spreafico erschlossen am 11. Juli 1987 einen
neuen Anstieg zur R. 828. Die beiden erkletterten den Pfeiler
links (E) des von den Tschechoslowaken benützten Couloirs
(III, IV, V-) und erreichten die R. 828 dort, wo das Couloir verlassen wird. Der Einstieg erfolgt rechts (W) der R. 829 a. Abb.
S. 371.

829   *Über die N-Wand (Klassische Route)*

S+, Fels IV. 8–10 Std. Abb. S. 371.

Langer, schwieriger Aufstieg in Fels und Eis, stark von den Verhältnissen abhängig. Die Möglichkeit des Abbruchs der Gipfelwächte
muss beachtet werden. Wandhöhe ca. 1200 m. Neigung ca. 50°.
Scipione Borghese mit Christian Schnitzler und Martin Schocher, 29.
Juni 1897. 1. Winterbegehung: H. Steinkötter und E. Stiebritz, 29. Dezember 1975 – 1. Januar 1976. 1. Abfahrt mit Ski: Stefano De Bene-
detti, 6. Juli 1984.
Zugang und Einstieg: Von der Capanna di Sciora oder der Capanna Sasc Furä auf R. 879 bzw. 880 zum Vadrec dal Cengal.
Über den Gletscher aufwärts zum Fuss der Wand. Der Einstieg befindet sich auf dem etwa 100 m hohen, würfelförmigen
Wandvorbau oberhalb P. 2087, den man über ein Firnfeld auf
der E-Seite erreicht (1¼ Std. von der Capanna di Sciora, 2 Std.
von der Capanna Sasc Furä).

Routenverlauf: Über einen kurzen Schneegrat gelangt man an die Wand und zum Beginn der von der Rampe herunterziehenden Rinne. Über glatte, nasse Platten schräg nach rechts aufwärts auf den Pfeiler rechts der Rinne, wobei der Pfeilerrücken über einen 4–5 m hohen Riss (IV) erklettert wird. Über Schuppen, Risse und Bänder quert man etwa 70 m nach rechts und gelangt in eine parallele Rinne (III, III+). Durch diese etwa 5 SL empor, dann über gut gestufte Felsen links der Rinne aufwärts bis zur Spitze des Pfeilers, der die beiden Rinnen trennt. Nun quert man nach links gegen die Rampe, die von W nach E zur N-Kante (P. 2904) führt. Über die Rampe etwa 500 m empor, wobei die Wand darüber vor Steinschlag schützt, zur Schulter im N-Grat. Nun führt die Route über Couloirs und Felsstufen aufwärts. Ein markanter Grataufschwung wird auf der W-Seite umgangen und dann weiter über leichtere Felsen auf dem Grat aufwärts. Unter dem Gipfelaufbau holt man nach rechts aus, und über den obersten Teil des W-Grates kommt man zu den Gipfelfelsen. Durch eine Rissverschneidung quert man nach rechts zu einem Felszacken und gelangt an diesem vorbei zum Gipfel.

829 a *Variante Risch*

H. Knecht, E. Schläpfer, W. Streiff und H. Winkler mit Walter Risch, 4. Juli 1928.
Dieser Anstieg ist nicht zu empfehlen, da er stark dem Steinschlag ausgesetzt ist.

Auf R. 842 auf dem Vadrec dal Cengal aufwärts. Südlich P. 2312 (Fort da Cengal) quert man in östlicher Richtung zum Wandfuss. Ein firngefülltes, von unten nicht sichtbares Couloir führt schief aufwärts von W nach E in die Cengalo-N-Wand hinein zu einer Schulter. Von hier kurzer Quergang nach E auf einem Band zu einer etwa 20 m hohen Rinne, die man erklettert (schwierig, nass). Es folgt ein zweiter, sehr ausgesetzter Quergang zur R. 829. Abb. S. 371.

829.1 *Nordwand (Variante für Renata Rossi)*

Steileiskletterei 60–80°, eine Stelle 90°. Fels IV+. 12–15 Std.

Die Erstbegeher bezeichnen den Aufstieg als Traumroute für Steileiskletterer. Wandhöhe ca. 1200 m.
M. Klinovský und St. Šilhán, 17./18. Februar 1989.

Zugang und Einstieg: Wie bei R. 829.

Routenverlauf: Vom Einstieg direkt aufwärts über einen Eisfall (70–80°) bis zur riesigen Rampe, die von W nach E zur N-Kante (P. 2904) führt. Durch die Rampe etwa 300 m hinauf bis zur grossen weissen Platte mit einem Überhang im linken Teil. Von der Rampe quert man nach rechts (65°) und im Eis 2 SL (80°, 90°) aufwärts bis an die Kante des Überhangs. Dann 3 SL durch zwei Plattenzonen (80°) bis zu einem weiteren Überhang. Unter diesem nach rechts (2 SL, 60°) in die lange, zum Gipfel führende Eisrinne (14 SL, 60–70°, IV+).

829.2 *Nordwand («Via Kačaba»)*

Steileiskletterei mit Stellen –90°, Fels VI. Zeitbedarf sehr von den Verhältnissen abhängig.

Extremer Anstieg, der nur bei besonderen Verhältnissen möglich ist und der enorme Anforderungen für die Kletterei in Eis und Fels stellt. Z. Patzelt und J. Polák, 11.–13. Februar 1989.

Zugang und Einstieg: Zugang wie bei R. 830, Einstieg 50 m rechts der Einstiegsverschneidung der Via Attilio Piacco.

Routenverlauf: Zuerst 4 SL über Überhänge mit Verschneidungen (VI) zur Rinne der Klassischen Route (829). 4 SL (40–50°) in der Rinne aufwärts, dann rechts haltend bis zur Variante Risch (R. 829 a), dann 2 SL über mit Eis bedeckte Platten (65–70°) bis zum grossen Band. Quergang 30 m nach links und durch Verschneidungen (75°) etwa 100 m empor bis zum Schneefeld unter den riesigen Platten. Vom höchsten Punkt des Schneefeldes über einen Überhang und eine Platte (90°, VI) zu schmalen Rissen und durch diese (VI, Schlüsselstelle) 50 m aufwärts und über eine Platte (75°) zu einer Kamin/Verschneidung. Durch ein erstes Kamin, dann rechts durch ein zweites (70°) weiter. Über Eis und Fels (V) erreicht man leichteres Terrain. Zuerst links hinauf, dann durch eine Rinne und über Schneefelder 8 SL bis zu einer Verschneidung im oberen Teil der Felswand. Über einen kleinen Pfeiler (75–80°) und mit Eis bedeckte Platten (70°) 2 SL in der Verschneidung empor, dann 3 SL bis zu einem Kamin. Durch dieses (90°) zum nächsten Kamin hinter dem riesigen, angelehnten Felsblock (weitere Schlüsselstelle). Nun 3 m nach rechts (V+) zum Kamin, dann über nach links führende Bänder (60°) bis zum

Pfeilerkopf. Nun folgt ein Quergang schräg nach rechts (3 SL, 60–70°) zu Schneefeldern. Von hier ca. 200 m (40°) aufwärts zum Gipfelgrat.

830 *NNW-Wand (Via Attilio Piacco)*
VI, A2. 14–16 Std. Abb. S. 371.

Extrem lange und schwierige Route. Wandhöhe ca. 1300 m.
G. Fabbrica, A. und G. Rusconi, H. Steinkötter und G. Tessari, 4.–15. Februar 1971. Bei der Besteigung vom 22./23. Juli 1984 erkletterten G. und M. Rusconi die unterste Wandpartie über den Pfeiler, der die beiden Rinnen trennt (6 SL) und haben eine Gesamt-Beschreibung der Via Attilio Piacco verfasst. Da mit diesem neuen, empfehlenswerten Anstieg die steinschlägige Rinne vermieden werden kann, erwähnen wir den untersten Teil der Originalroute als Variante.

Zugang und Einstieg: Zugang wie R. 829; der Einstieg befindet sich wenige Meter rechts der von der Rampe herunterziehenden Rinne.

Routenverlauf:

1. SL: Durch die kleine Verschneidung mit Rissen über dunklen, oft nassen Fels aufwärts (40 m, IV, V, 1 H).

2. SL: Weiter auf der linken Seite der Verschneidung empor bis zu einer Terrasse (20 m, IV).

3. SL: Ungefähr 10 m über eine Platte nach rechts zu einem kleinen Riss, in dem man ca. 8 m emporklettert (35 m, III, IV, V+, 1 H).

4. SL: Weiter nach rechts über eine abstehende Schuppe bis zum kleinen Dach. Nun nach links ausholen und durch einen Riss zu einem kleinen Band am Anfang einer Platte (25 m, IV, VI, IV).

5. SL: Nun nach links und durch breite Risse aufwärts (40 m, III, IV, V).

6. SL: Über brüchige Felsen gelangt man zur Spitze des Pfeilers, der die beiden Rinnen trennt, und folgt nun der Originalroute.

7. SL: Man quert, wenig abwärts, nach links bis zur kleinen Verschneidung (20 m).

8. SL: Zwei Meter abwärts, dann nach links unter überhängendem Felsen bis zu einem Riss queren. Im Riss H, mit dem der Wulst überwunden werden kann (VI). Über eine heikle Platte rechts weiter zu einem Stand am Beginn eines kleinen Überhangs unter einer Verschneidung (25 m, II, VI, V).

9. SL: Man erklettert den kleinen Überhang und die Verschneidung. Am Ende der Verschneidung hält man nach rechts, und über ausgesetzte, aber gutgriffige Stellen erreicht man den Anfang eines grossen, schrägen Bandes mit Stand (40 m, V, V+, A2).

10. SL: Eine kompakte, ca. 10 m hohe Platte ohne Risse verhindert den Zugang zu den Überhängen. Man umgeht die Platte links über einen schwierigen Riss, der zu einem kleinen Band oberhalb der Platte führt. Auf dem Band, das kleiner und griffarm wird, nach rechts (heikle Stelle bei der Umgehung einer Kante) traversieren. Dann wird das Band wieder breiter und führt abwärts. Man folgt ihm bis ungefähr zur Hälfte, d. h. bis zur Stelle, an der ein Riss direkt mitten in die Überhänge führt (50 m, IV, V+, II).

11. SL: Durch den Riss in gutem Fels mit vielen Griffen aufwärtsklettern, wobei im oberen Teil eine kleine Verschneidung/Riss mühsam ist. Stand bei einer kleinen Terrasse (V, VI, A1).

12. SL: Direkt aufwärts, dann eine grosse, dachförmige Platte nach rechts überwinden. Wiederum direkt aufwärts bis zu einer weiteren, grossen Platte. Diese wird auf der rechten Seite (grosse Kk, oder Bongs/Friends) überwunden. Stand auf dem oberen Rücken in Trittleiter (35 m, V, VI, A3).

13. SL: Man folgt einem Riss, überwindet kleine Überhänge und Platten in ausgesetzter Freikletterei (25 m, VI, V+).

14. SL: Weitere 15 m durch den breiter werdenden Riss, bis er durch Blöcke und Platten gesperrt ist. Heikler Quergang (ca. 10 m) über kompakten und griffarmen Fels zu einem kleinen Riss. Nach 8–10 m Risskletterei erreicht man einen Stand bei einer kleinen Terrasse (45 m, IV, VI, VI).

15. SL: Über brüchige Felsen gerade aufwärts zu einer bequemen Terrasse (40 m, IV).

16. SL: Nach rechts, wenig aufwärts, zu einer Rinne (40 m, IV)

17.–19. SL: In der Rinne aufwärts bis an deren Ende und höchsten Punkt der überhängenden Zone (II, III, IV).

20.–23. SL: Hier beginnt eine grosse Rippe, die auch von unter gut sichtbar ist. Über die Rippe bis zur kleinen Scharte zwischen dem Gipfel der Rampe und der Wand (150–200 m II, III, IV).

24. SL: Man überwindet auf der rechten Seite eine Platte und gelangt zu einem guten Stand (20 m, IV).

25. SL: Eine andere Platte wird ebenfalls auf der rechten Seite überwunden (1 H), dann direkt aufwärts zu einem weiteren guten Stand (30 m, V, III).

26. SL: Nun nach rechts und über eine weisse, glatte Platte zu einer überhängenden Zone mit einer sehr schwierigen Verschneidung. Rechts aufwärts, dann nach links zurück in die Verschneidung/Rinne (50 m, V, VI, IV).

27. SL: Über brüchige Felsen erreicht man auf der linken Seite grosse Blöcke auf der Kante und auf der rechten Seite eine Serie von Bändern. Über diese quert man nach rechts (50 m, IV, III).

28. SL: Weiter nach rechts über kleine Bänder traversieren (25 m, II, III).

29. SL: Über eine Platte, die immer schwieriger und griffarmer wird, zur Kante queren, die die Wand von der vom Gipfel kommenden Schneezunge trennt (40 m, IV, V+).

30. SL: Über die Felsen links des Schnees aufwärtsklettern (50 m, III).

31. SL: Diagonal nach rechts über den Schneehang zur Felszone im obersten Teil des Cengalo-NW-Pfeilers. Über meistens schneebedeckte Felsen zum Gipfel.

830 a *Variante (unterster Teil der Originalroute)*

Zugang und Einstieg: Auf R. 829 bis unter den charakteristischen würfelförmigen Wandvorbau. Auf der W-Seite aufwärts zum Einstieg, der bei einer Verschneidung, die auf der rechten Seite von Überhängen begrenzt ist, erfolgt.

Routenverlauf: Durch die Verschneidung aufwärts bis zum Beginn eines breiten, 5 m langen und stark überhängenden Risses. Man überwindet ihn und erreicht einen Stand unter dem grossen horizontalen Dach (V, VI, A2). Schräg nach rechts unter das Dach bis zur kleinen Verschneidung am Fuss der Rinne, durch die R. 829 aufwärts führt (V, VI, A2). Durch die Rinne etwa 5 SL empor, dann über gut gestufte Felsen links der Rinne aufwärts bis zur Spitze des Pfeilers, der die beiden Rinnen trennt. Weiter auf R. 830, ab 7. SL.

831 *NNW-Pfeiler*

V+, eine Stelle VI, einige Stellen V und V+, grösstenteils III und IV. 12–14 Std. Abb. S. 371.

Lohnende, hochalpine Freikletterei in kombiniertem Gelände, in meist gutem Fels. Die Steinschlaggefahr ist gering, da die Route immer

in Pfeilernähe oder auf ihm selbst verläuft, doch ist in der Einstiegs-
rinne Vorsicht geboten. Im obersten Wandbereich muss im Frühsommer die Möglichkeit eines Wächtenabbruchs beachtet werden.
Wandhöhe ca. 1100 m. Die Erstbegeher benötigten 13 H, die alle entfernt wurden.
Die R. führt über einen nur schwach ausgeprägten, aber von der Capanna di Sciora aus gut sichtbaren Felssporn, zum Teil in der Nähe,
zum Teil identisch mit der Via Attilio Piacco (R. 830).
Josef Gwerder und Karl Schuler, 14. Juli 1975.

Zugang und Einstieg: Von der Capanna di Sciora oder der
Capanna Sasc Furä auf dem Weg zwischen den beiden Hütten
(Viäl, R. 879/880) zum Vadrec dal Cengal. Nun gerade aufwärts
zum Fuss der Wand. (1¼ Std. von der Capanna di Sciora, 2
Std. von der Capanna Sasc Furä). Der Einstieg befindet sich auf
dem etwa 100 m hohen, würfelförmigen Wandvorbau, oberhalb P. 2087. Man ersteigt ihn über ein Firnfeld auf der E-Seite.

Routenverlauf: Das nun folgende Couloir 20 m verfolgen.
Dann 50 m nach rechts auf ein Schneefeld queren. Darüber
empor in eine Rinne (etwa 100 m gemeinsam mit der Via Attilio
Piacco). Wo sich die Rinne wieder erweitert über Felsen rechts
aufwärts auf ein weiteres Schneefeld. An seinem Ende über
leichte Felsen zum Beginn eines Plattengürtels. Über einen
kleinen Überhang rechts, dann gerade aufwärts, bis die Schwierigkeiten zu gross werden (1 H). Quergang 3 m nach links, mit
Gegenzug, dann wieder gerade aufwärts (1 H, V). Stand unter
senkrechter Stufe. 5 m nach links und über eine kurze, schwierige Stufe hinauf (1 H). 2 SL rechts ansteigen bis unter eine
kompakte Plattenwand, die in der Senkrechten von zwei Rissen
durchzogen wird. Stand unter der Platte. Am Beginn des linken
Risses (Schuppensicherung) Quergang 5 m nach rechts (VI) in
einen schuhbreiten Riss und darin aufwärts (1 H, V bis VI-)
zu Stand. Quergang nach rechts und 10 m durch eine Verschneidung (1 H, V+) zu Stand. Ende des Plattengürtels.
Ungefähr 6 SL, immer leicht links haltend, aufwärts (III und
IV) an den Beginn einer markanten Rinne, die auf den «Eselsrücken» leitet. Ab hier wieder gemeinsam mit der Via Attilio
Piacco. Die Rinne aufwärts – im oberen Teil brüchiger Fels –
bis auf einen Absatz am Pfeiler. Guter Rast- event. Biwakplatz
Nun etwa 300 m knapp rechts des Pfeilers («Eselsrücken») in
kombiniertem Gelände aufwärts (II, III, einige Stellen IV) und

dann auf den Pfeiler zum Plattenaufschwung. Die Via Attilio
Piacco verläuft hier rechts.
30 m gerade aufwärts (IV), dann nach rechts zu Stand 10 m
unterhalb einer Felsbarriere. Vom Stand etwa 10 m aufwärts
und über Fels- oder Eisplatte äusserst heikel nach rechts queren (1 H). Am Ende des Quergangs über Eis gerade aufwärts
und über eine kleine Felsstufe zu Stand. Mehrere SL über den
plattigen Pfeiler aufwärts (IV) bis etwa 80 m unter das Gipfelschneefeld. 3 SL, leicht rechts haltend, aufwärts (1 H, IV) bis
auf das Schneefeld. Unter der Wächte 20 m nach rechts queren,
auf den Grat hinauf und ohne weitere Schwierigkeiten auf den
Gipfel.

832 *Nordwand-Pfeiler (Kasperpfeiler)*

Unterer Pfeiler V+, oberer Pfeiler VI. 11–13 Std.; Zeitbedarf
stark von den Verhältnissen abhängig. Für die beiden Pfeiler
braucht man 7 bis 9 Std. Abb. S. 381.

Schöne, abwechslungsreiche Route in gutem Fels. Die Möglichkeit
des Abbruches der grossen Gipfelwächte muss beachtet werden.
Wandhöhe 1100 m. Der obere Teil und eventuell der Gletscher beim
Einstieg bedingen eine Eisausrüstung.
Hanspeter Kasper und Fluri Koch, 6./7. August 1966.
. Winterbegehung: G. Kronthaler und E. Obojes, 28./29. Dez. 1988.

Zugang und Einstieg: Von der Capanna di Sciora auf R. 821
ins Gemellicouloir und ein Stück darin hinauf, dann nach
rechts und über ein Schuttband auf den Pfeiler.

Routenverlauf: Über leichte Felsen und etwas schwierigere
Stellen erreicht man, immer auf der Kante bleibend, einen
grossen Aufschwung. Man erklettert ihn, indem man in die
linke Flanke traversiert, wo man ein Kamin erreicht, das sich
teil nach rechts hinaufzieht. Dann wieder auf dem Pfeiler
weiter, bis man zum obersten Teil, der sich steil und, von unten
gesehen, aalglatt, ohne einen Absatz zu zeigen, hinaufzieht
und wie sein Nachbar, das «Bügeleisen», aussieht, nur mit dem
Unterschied, dass er viel steiler ist. Einige Meter rechts von
einem linken Rand ist der Einstieg. In schwieriger Kletterei
einige Meter steil nach rechts hinauf. Wieder etwas links haltend, klettert man an Schuppen in der Fallinie immer einige
Meter vom linken Absturz hoch. Nach 40 m erreicht man einen
Stand ganz am linken Rand des Pfeilers. Etwa 15 m höher wird

der Fels einige Meter etwas steiler. Man überwindet diese Stel
le auf der linken Seite; nach 3–4 m gelangt man wieder au
die Kante und klettert direkt über den Pfeiler weiter, dan
nach links hinaus, wo man auf ein Rasenplätzchen gelangt
Von da direkt wieder auf die Kante, leicht nach rechts hinau
und in der Fallinie auf die Spitze des Pfeilers.
Über leichten Fels erreicht man den Sattel zwischen ersten
und zweitem Pfeiler. Der Einstieg zum zweiten Pfeiler lieg
etwas tiefer. Man steigt nach rechts ab und durchquert da
Couloir. Eine Platte wird nach rechts traversiert, weiter i
schwieriger Kletterei in der Fallinie hoch und leicht nach recht
zu Standplatz. Wieder einige Meter nach links zurück, eine
Riss etwa 15 m hinauf, dann leicht nach rechts abwärts au
eine Leiste spreizen. Von dieser erreicht man rechts eine Ver
schneidung, darin etwa 10 m hinauf zu Standhaken. Weite
in diesem Riss hinauf. Oben zieht sich dieser etwas nach rechts
und nach einem kleinen Überhang erreicht man den nächste
Stand. In der Fallinie etwa 3 m hoch, dann nach links zu eine
breiten Riss (Kk). Etwa 10 m hinauf (Kk), darauf nach link
zum benachbarten Spalt. Man verfolgt diesen weiter; er ve
breitet sich zum Kamin. In freier Kletterei durch das imme
schwieriger werdende Kamin aufwärts bis zu einem einge
klemmten Stein. Hier verlässt man das Kamin nach links un
erklettert einen Riss in der Fallinie, bis man nach rechts z
der grossen Platte queren kann. Man traversiert diese nac
rechts und erreicht dann ein Kamin auf der rechten Seite de
Pfeilers. Oben leicht links haltend, stösst man bei P. 2904 au
die N-Wandroute (Biwak der Erstbegeher). Auf R. 829 zur
Gipfel.

832.1 *Nordwand-Pfeiler-Verschneidungen*

VI, A1. Steileiskletterei –70°. 12–14 Std. Abb. S. 381.

Die R. führt durch die riesigen Verschneidungen auf der E-Seite de
Nordwand-Pfeilers aufwärts und vereinigt sich nach 20 SL bei P. 290
mit der R. 829. Im Sommer steinschlägig.
M. Klinovský und St. Šilhán, 20.–22. Februar 1989.

Zugang und Einstieg: Von der Capanna di Sciora auf R. 82
ins Gemelli-Couloir. Einstieg auf der E-Seite des Pfeilers.

Routenverlauf: Durch die markante, 250 m hohe Verschne
dung empor (9 SL, IV–V+). Dann 2 SL über Schnee und Schu

Pizzo Cengalo Nordwand-Pfeiler

zu einem Kamin. Nun verläuft die R. in der Wand links der zweiten, riesigen Verschneidung. Zuerst durch ein schräges Kamin (1 SL, 60 – 70°), dann 2 SL in der Wand (V, IV+, 60°) und durch zwei Verschneidungen (2 SL, V, V+, Al) empor. Nachher folgt ein Quergang nach rechts (V), dann eine Verschneidung (1 SL, VI–, AO). Nach einer weiteren SL in der Wand und 2 SL im Eis (60°) erreicht man die Kante des Nord-Pfeilers und auf R. 829 den Gipfel.

833 *NE-Wand*

Steileiskletterei 50 – 85°, Fels Al. 13 – 15 Std. Abb. S. 381.
Ausserordentlich steile R. Eine Wiederholung dieses Aufstieges dürfte nur im Winter möglich sein, da dann die Steinschlaggefahr herabgesetzt ist. Höhendifferenz ca. 800 m. Mit der Ersteigung der NE-Wand wurde die letzte noch unberührte Wand in der Bondasca begangen.
T. Fazzini, G. Miotti und C. Selvetti, 26. Dezember 1987.

Zugang und Einstieg: Von der Capanna di Sciora auf R. 821 ins Gemelli-Couloir und darin aufwärts, bis ein Gletscherband den Einstieg in die NE-Wand ermöglicht.

Routenverlauf: Vom Einstiegs-Gletscherband steil aufwärts zum ersten Schneefeld (75°, 50°). Direkt weiter aufwärts zum zweiten Schneefeld (60°, 85°, Felspartien Al). Nun quert man über ein sehr steiles Schneeband nach rechts, zuletzt leicht fallend, und kann dann über ein Schneeband (50°) zum obersten Wandteil aufsteigen. Über Firnfelder (60°, 50°) nach rechts, W, zum obersten Teilstück der R. 829 und zum Gipfel.

834 *Verbindungsgrat Punta 3308 – E-Grat*

IV. 2 ½ Std. Abb. S.361.
Sehr schöne und empfehlenswerte Kletterei mit guten Sicherungsmöglichkeiten.
A. Bonacossa und C. Prochownik, 8. August 1920.
Von P. 3308 steigt man zuerst etwa 20 m nach SE ab und erreicht dann, über leichte Bänder nach W absteigend, den Sattel zwischen P. 3308 und Pizzo Cengalo (½ Std.). (Dieser Sattel kann auch über die wenig empfehlenswerte R. 824 gewonnen werden).
Vom Sattel über gute Felsen mit Rissen aufwärts zu einer Platte, die man mit Hilfe eines engen Risses erklettert. Auf einem

schmalen, glatten und exponierten Band, das schräg aufwärts nach S zieht, gewinnt man leichtere Felsen, die gestatten, den E-Grat zu überschreiten. Man hält sich nun auf seiner S-Seite und klettert in guten Felsen direkt zum Gipfel (2 Std.).

835 *ESE-Wand*

Angaben über die Route fehlen. Sie verläuft rechts (E) der R. 836.
C. Corti und C. Mauri, August 1953.

835.1 *ESE-Pfeiler («Il Camino degli Inca»)*
VI, mit Stellen Al–A3. 7–8 Std.
Technische Skizze S. 385.
Extrem schwieriger, aber sehr interessanter Anstieg.
S. Brambati, T. Gianola und P. Vitali, 13. September 1987. 1. Winterbegehung: P. Crippa und M. Rusconi, 3. Januar 1988.
Zugang und Einstieg: Auf R. 824 an den Fuss des Couloirs, das zum Sattel zwischen dem Pizzo Cengalo und P. 3308 hinaufführt. Über den Bergschrund und über das steile Firnfeld (50°), allenfalls Felsen (III), zu einer kleinen Verschneidung links des Couloirs, bzw. des auffälligen, dreieckigen Pfeilers (1½ Std.).
Routenverlauf: Technische Skizze S. 385.
Abstieg: Abseilen längs der Aufstiegsroute. Will man zum Gipfel des Pizzo Cengalo aufsteigen, so seilt man vom Pfeilerkopf ab und erreicht den Gipfel über Geröll und Schnee.

836 *SSE-Wand*
V. 4 Std.
Nicht sehr lohnend; Steinschlaggefahr im unteren Teil der Wand, wenn weiter oben Schnee liegt.
A. Bonacossa und A. Polvara, 17. Oktober 1921.
Auf R. 838 an den S-Fuss des Sattels zwischen P. 3308 und Pizzo Cengalo. Die SSE-Wand des Pizzo Cengalo wird von einem gut sichtbaren, im Sinne des Anstieges schräg nach links aufwärts ziehenden Kamin durchzogen. Infolge fauler, gefährlicher und schwieriger Felsen im unteren Teil des Kamins klettert man rechts, nordöstlich, davon etwa 30 m in einem nicht stark ausgeprägten, nassen Felscouloir empor, quert dann nach links (Südwesten) in glatten Platten in das Kamin hinüber (Haken), das man oberhalb des untersten, senkrechten Absatzes erreicht. Man erklettert das Kamin unschwierig, benützt weiter

oben eine breite Rinne nach rechts und steigt in dieser direkt
zum Gipfel auf.

837 SE-Wand, südlicher Pfeiler

V+. 8 Std.

Interessante Kletterei in gutem Fels.
E. und F. Gugiatti, 27. August 1976.

Von der Capanna Gianetti auf R. 838 zur Mündung des Couloirs, das vom S-Grat, etwas nördlich P. 3215, herunterkommt.
Man beginnt den Anstieg beim deutlichen Riss, der den Sockel
des Pfeilers durchfurcht (1½ Std.). Man folgt diesem Riss, der
zeitweise zum Kamin bzw. zur Verschneidung wird, bis in die
Nähe eines gelben Überhangs auf der rechten Seite (5 SL, IV
und V, in der letzten SL ein Stück künstlicher Kletterei und
eine Stelle V+–VI). Dann quert man oberhalb des Überhangs,
sehr ausgesetzt, nach rechts (V, V+). Direkt weiter, zuerst in
einer Verschneidung (IV, V+), dann auf Platten (III, IV) bis
unterhalb des gelben Turmes, der den oberen Teil des Pfeilers kennzeichnet. Dann rechts der Kante und weiter oben
rechts des Turmes aufwärts (III, IV) zum SSW-Grat, den man
zuletzt durch ein Kamin mit Überhang (V+) erreicht. Über
den schneebedeckten Grat zum Gipfel.

838 Über das ESE-Couloir und den S-Grat

IV. 5 Std.

Steinschlägige, nicht empfehlenswerte Route.
B. Minnigerode mit A. Pinggera, 13. September 1879 im Abstieg. Aldo
Bonacossa und Pasquale Frencesco, 15. September 1919 im Aufstieg.

Von der Capanna Gianetti auf dem Sentiero Roma in östlicher
Richtung zum Tal zwischen dem S-Grat des Pizzo Cengalo und
dem SSW-Grat der Punta Est der Pizzi Gemelli. Man steigt
über Gras und Geröll auf zum kleinen Gletscher südöstlich des
Pizzo Cengalo bis an den Beginn des grossen, in der Hauptsache felsigen Couloirs, das vom S-Grat etwas nördlich P. 3215,
einem markanten Felszahn, herunterzieht. Nach Überwindung des zeitweise schwierigen Bergschrundes steigt man in
dem unten schneegefüllten Couloir auf (Steinschlaggefahr).
Über brüchige Platten, einen Überhang in ungefähr halber
Höhe und einen grossen, schwierigen Überhang ganz oben ge

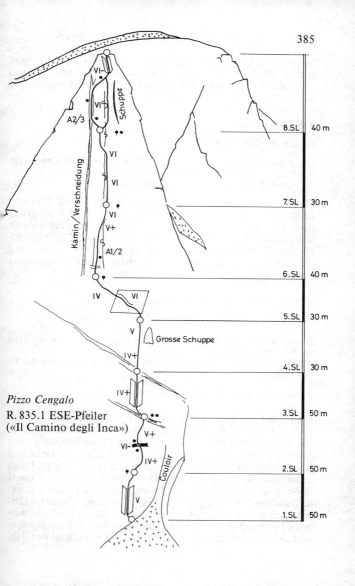

Pizzo Cengalo
R. 835.1 ESE-Pfeiler
(«Il Camino degli Inca»)

langt man zur Einsattelung nördlich P. 3215 (3½ Std.). Vom
Sattel, auf der W-Seite des Grates, zuerst noch plattig, dann
über Blöcke, Absätze und Schnee zum Pizzo Cengalo (1½
Std.).

838 a *SE-Wand des P. 3215*

IV, mit Stellen V?. 6 Std.

Die R. führt durch die SE-Wand des P. 3215 und endet im Sattel nördlich P. 3215. Wandhöhe ca. 400 m.
A. Airoldi, D. Fiorelli, R. Gallieni und D. Piazza, 1958.

Der Aufstieg beginnt ungefähr in der Fallinie des P. 3215 und
führt zuerst über meistens nasse und brüchige Felsen etwas
nach links aufwärts und dann nach rechts in die Felsen zwischen dem Pfeiler im oberen Wandteil und P. 3215. Man erklettert diese Felsen und zuletzt die Spitze des Pfeilers und
quert dann unter den grossen Überhängen zur Einsattelung
nördlich P. 3215.

839 *Über den S-Grat (Via Bonacossa)*

IV+. 6 Std.

Lange und interessante Kletterei. Wenig begangen, da nun meistens
die Via Vinci (R. 840) benützt wird.
A. Bonacossa und P. Orio, 18. Oktober 1925. 1. Winterbegehung: D.
und G. Fiorelli, 18. März 1957.

Zugang und Einstieg: wie bei R. 840.

Routenverlauf: Nach der Scharte erklettert man einen kompakten Aufschwung (1 SL, IV, H). Dann zwei weitere SL über
die Kante bis zum Fuss eines glatten Felsaufschwungs aus
gelbem Fels. Nun verfolgt man ein teilweise mit Gras und
Blumen bedecktes Felsband in der W-Flanke (ca. 50 m). Dann
steigt man wieder gegen den Grat zurück (ca. 30 m), quert
(IV+) gegen den S-Grat und gelangt in die Nähe der charakteristischen Nase aus gelbem Fels, die von der Capanna Gianetti aus gut sichtbar ist. Nun führt die Route über ein weiteres Felsband in die W-Wand, das man bis zu einer Schnee-
und Felsrinne begeht. Am besten klettert man längs der Rin-

ne (N-Rand) direkt über solide und exponierte Felsen zum Grat, den man wenig nördlich P. 3215 erreicht. Nun zum Sattel, bei dem das ESE-Couloir endet, und auf der W-Seite des Grates, zuerst noch plattig, dann über Blöcke, Absätze und Schnee zum Pizzo Cengalo.

839a *Über die W-Wand des P. 3215*

V, VI, Ae. 10 Std.?

Extremroute. Die Erstbegeher benötigten über 80 H, davon 32 Bh. G. Bertarelli, G. Dell'Oca und G. Mossini, 18. Juli 1962.

Zugang wie R. 840, *Einstieg* in der Nähe des charakteristischen grossen, vorstehenden Blockes unter der grossen, glatten Platte.

Routenverlauf: Durch einen Riss 50 m aufwärts bis zu einem bequemen kleinen Absatz (IV), dann nach links gegen eine überhängende Verschneidung mit Klemmblöcken (Ae, 26 Bh). Man erklettert die Verschneidung (V+, 4 H) und erreicht einen guten Stand am Anfang eines Bandes. 20 m über das Band, dann gerade aufwärts gegen das obere Band und R. 839 (40 m, IV+). Schräg nach links (brüchig) gegen die Rinne, die von der Einsattelung nördlich P. 3215 herunterkommt (40 m, III). Nun steigt man gegen einen abstehenden Felsen auf (40 m, V), erklettert ihn, hält dann 3 m nach rechts. Mit einem Pendel nach rechts gelangt man zur Kante, die die Gipfelwand durchzieht. Über die Kante empor (50 m, V), dann weicht man einem überhängenden Kantenstück nach rechts aus und erreicht durch eine Verschneidung wieder die Kante. Über diese (2 SL, V, VI, dann IV) zum Gipfel des P. 3215.

840 *Über den S-Grat (Via Vinci)*

V+. 6–7 Std.

Herrliche, ausgesetzte Kletterei über einen sehr schönen Grat. E. Bernasconi, P. Riva und A. Vinci, 16. August 1939. . Winterbegehung: M. Bisaccia und P. Pozzi, 7. Januar 1956.

Zugang und Einstieg: Von der Capanna Gianetti etwa 500 m auf dem Sentiero Roma in nordöstlicher Richtung und dann nach N aufwärts über Gras und Moränengeröll auf die oberste Schutterrasse westlich des Pizzo Cengalo S-Grates. Durch ein Kamin mit eingeklemmten Block gelangt man in die Scharte oberhalb des zweiten Gratturms und damit zum Beginn der eigentlichen Gratroute.

Routenverlauf: Nach der Scharte erklettert man einen kompakten Aufschwung (1 SL, IV, H). Dann zwei weitere SL über die Kante bis zum Fuss eines glatten, gelben Felsaufschwungs. Der Aufschwung wird von einem Riss durchzogen, der erklettert wird. Ausstieg nach rechts zu Sicherungsplatz (V und A0, af VI+). Nun nach links, um einen überhängenden Aufschwung der Kante zu umgehen; der Aufschwung wird dann durch eine Verschneidung auf der W-Seite erklettert (V, H, Stand auf dem Grataufschwung). Nun leicht nach links abwärts zu einer grauen Verschneidung (III). Durch diese sogenannte schwarze Verschneidung über wenig feste Schuppen auf die Kante (V und A0, af V und VI). Man befindet sich nun auf der Spitze der typischen Nase aus gelbem Fels, die von der Capanna Gianetti aus gut sichtbar ist. Über einen Grat (III) an den Fuss des zweiten Aufschwungs aus gelbem Fels, der in der E-Flanke von einem ausgesetzten Riss durchzogen ist. In diesem (V und V+, H) zu einem Stand am Fuss eines weiteren Aufschwungs aus grauen Felsschuppen. Dieser Aufschwung, 1 SL, wird, leicht links haltend, überwunden (IV+). Nun über eine Reihe schöner Platten, immer in der W-Flanke, auf den südlichen Vorgipfel (P. 3215, Punta Angela).

Vom südlichen Vorgipfel steigt man, links der Schneide, über den Grat nach N ab. Zum Schluss schwierig über einen Absatz hinunter in einen Sattel. Von hier, auf der W-Seite des Grates, zuerst noch plattig, dann über Blöcke, Absätze und Schnee zum Pizzo Cengalo (1½ Std.).

841 *Über den ganzen S-Grat*

V. 2 Std.

Empfehlenswert, eine Bereicherung der Via Vinci.
A. Bonacossa und A. Sarfatti, Juli 1922.

Die Kletterei beginnt am Fuss des ersten, grossen Gratturms. Zuerst eine SL an der Kante aufwärts (IV). Nun zwei SL schräg durch die W-Wand über Schuppen und kleine Verschneidungen bis zum Beginn zweier paralleler Verschneidungen, die zur Kante führen (II und III, mit Stellen IV). Man durchsteigt die nördliche Verschneidung und gewinnt den Grat und einen Stand (IV, V–). Nun erklettert man einen Riss schräg nach rechts und gelangt zu einem engen Risskamin auf der E-Seite. Durch dieses aufwärts (V) zu einem Stand am Grat kurz vor dem Gipfel des Turms. Leicht auf den Turm, dann ohne Schwierigkeiten über den Grat abwärts zu einer kleinen Scharte, bei der leichte Bänder, die die W-Flanke durchziehen, enden. Nun 60 m aufwärts bis zu einem Gendarm. Den folgenden Aufschwung überwindet man rechts der Gratkante (IV+ und V). Nun weiter über die Kante mit einigen Abweichungen auf die W-Seite (6 SL, mit Stellen IV+) zur Scharte, bei der R. 840 beginnt.

Punta 3215 (Punta Angela)

Südlicher Vorgipfel des Pizzo Cengalo, dessen Besteigung bei den S-Anstiegen beschrieben wird.

Colle del Cengalo, 3048 m

Ohne Namen auf der LK. Einsattelung zwischen dem Pizzo Cengalo und der Punta Sertori. Als Übergang zwischen der Capanna di Sciora und der Capanna Gianetti ungebräuchlich. Der Colle del Cengalo wird bei folgenden Besteigungen benützt: Pizzo Cengalo über den W-Grat, Punta Sertori und Pizzo Badile über den E-Grat.

842 *Von der Capanna di Sciora (Cengalo-Couloir)*

S. 5–6 Std.

Steiles (stellenweise bis 55°) Schnee- und Eiscouloir. Höhendifferenz ca. 400 m.
Dieser Anstieg wird von Jahr zu Jahr gefährlicher, weil der Gletscher absinkt und der Bergschrund meistens doppelstöckig offen ist. Man muss den Weg links (Cengalo-Seite) in den Felsen suchen. Eine Ge-

fährdung kann auch entstehen, wenn Kletterer von oben zu den Einstiegen der Pizzo Badile E-Wand abseilen.
A. von Rydzewsky mit M. Barbaria und Ch. Klucker, 9. Juli 1892.
1. Winterbegehung: P. L. Bernasconi, F. Masciadari und V. Meroni, 18. März 1957.

Zugang: Von der Capanna di Sciora auf R. 879 zum westlichsten Teil des Vadrec dal Cengal. Von der Capanna Sasc Furä auf R. 880 zum Viäl und, auf R. 879 absteigend, zum Vadrec dal Cengal.

Routenverlauf: In südsüdöstlicher Richtung aufsteigend, gelangt man zum Bergschrund am Nordfuss des Colle del Cengalo. Nach der Überwindung des Bergschrundes über Eis und Schnee, sich eher näher den Cengalowänden haltend, im Couloir aufwärts. Ausgeaperte Stellen und grosse Schründe verunmöglichen im Hochsommer oft ein Durchkommen; dazu kommt eine erhebliche Steinschlaggefahr.

843   *Von der Capanna Gianetti*

WS. 2 Std.
Von der Capanna Gianetti verfolgt man den Sentiero Roma etwa 500 m in nordöstlicher Richtung. Dann steigt man nach N, östlich P. 2869 aufwärts über Gras und Moränengeröll zum Gletscher südwestlich des Pizzo Cengalo. Nun der E-Wand der Punta Sertori entlang aufwärts zu einer Felsrinne, die zum Pass führt.

Punta Sertori, 3195 m

Scharfe Felsnadel östlich des Pizzo Badile, deren Erkletterung schwierig und interessant ist. Von S erscheint die Punta Sertori als selbständiger Gipfel; von N wirkt sie eher als Absatz im Verbindungsgrat Pizzo Badile–Pizzo Cengalo.

844   *Von der Capanna Gianetti über die SW-Wand*

IV-. 3½ Std.
Sehr schöne Kletterei in gutem Fels. Normalroute.
G. Gugelloni und U. Monti mit B. Sertori, 17. September 1900 (Die Erstersteiger erreichten den Sattel zwischen der Punta Sertori und dem Pizzo Badile über die SE-Wand des Pizzo Badile und querten über lange Bänder, nach NE leicht ansteigend, zum Verbindungsgrat).

Von der Capanna Gianetti steigt man in nordöstlicher Richtung, westlich an P. 2869 vorbei, zum kleinen Gletscher zwischen Pizzo Badile und Punta Sertori auf. Über die oberste Firnzunge steigt man in die Felsen ein und erreicht ein senkrecht aufsteigendes, enges Kamin von etwa 20 m Höhe, das man erklettert. Oberhalb des Kamins auf Bändern hin und her zum Sattel zwischen Pizzo Badile und Punta Sertori. Über den Grat in östlicher Richtung an den Fuss des Gipfelturms. Man klettert zuerst etwa 3 m gerade aufwärts, biegt dann auf einem schmalen Band in die SW-Wand ein und erreicht ein steiles Kamin mit glatten Wänden. Darin klettert man an kleinen Griffen und Tritten empor zum W-Gipfel. Von dort auf R. 845 zum E-Gipfel.

844a *Variante*

Vom Westfuss des Gipfelaufbaus kann man über Schnee zu einem Riss in der N-Wand traversieren. Im Riss steil und schwierig in die Scharte zwischen E- und W-Gipfel.

845 *Vom W-Gipfel zum wenig höheren E-Gipfel*

IV–. ¼ Std.

A. Bonacossa und C. Prochownick, 18. Juli 1913.

Vom W-Gipfel leicht in die Scharte zwischen E- und W-Gipfel. Nun in einem gewundenen Riss einige Meter auf der S-Seite abwärts. Dann nach E, um eine Rippe herum und auf einem Band auf die E-Seite des Gipfels und über die steile Gipfelplatte zum höchsten Punkt.

846 *ENE-Kante und N-Wand*

IV+, mit einer Stelle V. 4 Std.

Steile und exponierte Kletterei.

G. Molinato, M. Pinardi und C. Riva, 31. Juli 1932.

Vom Colle del Cengalo (3048 m) klettert man im markanten Kamin, das gegen die Bondasca abbiegt und eine Verengung aufweist, empor. Im oberen Teil, leicht nach rechts haltend, gelangt man zu einer grossen, abgeschliffenen Platte (oft schneebedeckt), über die man an die Kante zurück und zu einem kleinen Absatz kommt (IV). Nach der Überwindung einer kleinen Platte links quert man einen weiteren Meter nach links und steigt dann zu einem bequemen Absatz auf (IV+). Nun zuerst durch den Riss links aufwärts, dann nach rechts queren zu einem weiteren Riss, den man mit Reibungskletterei überwindet. Nun einen Meter auf der Bondascaseite abwärts und dann 3 m über einen Überhang (H) empor. Dann biegt man nochmals nach rechts ab zu einer Platte/Kamin und klettert durch eine offene Verschneidung mit guten Griffen weiter. Nun in einer weiteren schrägen Verschneidung aufwärts, dann quert man über eine Platte nach links (IV) bis zu einem eckigen Kamin/Höhle. Nachher führt ein Überhang (V) zu einem Riss/Band, über den man zum charakteristischen Schneefleck unterhalb des Gipfelturms auf der Bondascaseite kommt. Von dort kann man durch den Riss in der N-Wand (R. 844a) aufsteigen oder den Gipfelturm bis zur Normalroute (R. 844) umgehen.

847 *E-Wand*

V+ und Al. 8 Std.

Kletterei mit unterschiedlichen Schwierigkeiten und vielen Traversen.
E. Bernasconi, P. Riva und A. Vinci, 14. August 1939.

Von der Capanna Gianetti auf R. 843 bis kurz unterhalb den Colle del Cengalo. Man steigt bei einem rötlichen Felsband, das fast die ganze E-Wand durchschneidet, ein und folgt dem Band bis ungefähr in die Wandmitte. Dort über eine Platte (H) aufwärts bis zu abgetrennten Blöcken, die man links überwindet, um zu einem luftigen Absätzchen unter einem Dach zu gelangen. Man umgeht eine Kante und erreicht, weiter nach links querend, ein gutes Felsband (V+, H). Von hier klettert man senkrecht, dann nach links aufwärts zu einem Aufschwung aus rötlichen Platten. Nun traversiert man auf sehr steilen Platten, ohne Griffe (V+, H), ganz nach rechts. Am Ende der Traverse erreicht man einen markanten Riss, der sich weiter oben verzweigt. Man folgt dem mittleren Riss bis unter die von schwarzen Platten gebildeten Überhänge. Nun nach rechts über eine glatte Platte zu einer kleinen abgeschliffenen Verschneidung, die man weiter oben nach rechts verlässt und (H) ein Band weisslicher und brüchiger Felsen erreicht, das den gelblichen Schlussturm von der darunterliegenden Wand trennt. Nun aufwärts zur kleinen Schulter im S-Grat und auf diesem zum Gipfel.

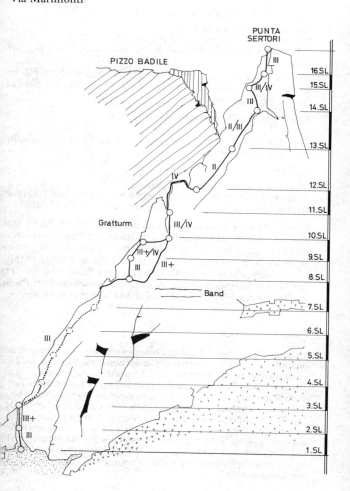

848   *S-Grat (Via Marimonti)*

IV. 4½ Std. Technische Skizze S. 393.

Schöne, stark begangene Route.
D. Contini und P. Marimonti, 12. August 1923.
1. Winterbegehung: M. Bisaccia, E. Peyronel und P. Pozzi, 18. März 1956.

Zugang und Einstieg: Von der Capanna Gianetti nach NE an den Fuss des S-Grates. Einstieg durch das grosse Kamin auf der SE-Seite des S-Grates.

Routenverlauf: Technische Skizze S. 393.

849   *Vom Colle del Cengalo zum Sattel zwischen Pizzo Badile und Punta Sertori*

IV-? 1½ Std.?

Diese Route wird nicht mehr begangen.
A. von Rydzeswky mit Ch. Klucker und Emile Rey, 19. Juni 1893 (Nur bis zum Sattel zwischen dem Pizzo Badile und der Punta Sertori).

Vom Colle del Cengalo quert man die SE-Wand der Punte Sertori auf einem horizontalen Band. Im ersten begehbaren Kamin hinauf auf den S-Grat. Von hier horizontal über eine grosse, etwa 30 m breite Platte zu einem kleinen Absatz (exponiert). Nun schräg nach SW aufwärts über Risse und Bänder, die immer leichter werden, zum Sattel zwischen dem Pizzo Badile und der Punta Sertori. Auf R. 844 weiter zum Gipfel.

Pizzo Badile, 3308 m

Der nach allen Seiten mit steilen Plattenwänden umgürtete Berg ist der dominierende und bekannteste Gipfel der Bondascagruppe. Besonders eindrucksvoll ist die Nordostwand, die praktisch in einem einzigen äusserst steilen Plattenschuss von über 800 m zur Tiefe stürzt. Durch diese Wand führen eine ganze Reihe grossartiger Routen. Zu den klassischen und schönsten Aufstiegen in den Alpen gehört die Nordkante. Der Gipfel des Pizzo Badile besteht aus einem ca. 280 m langen, schmalen und ziemlich ebenen Grat. Der höchste Punkt (Steinmann) befindet sich ungefähr in der Mitte des Gipfelgrates; ein Steinmann erhebt sich auch auf dem Westgipfel. Auf der östlichsten Gipfelerhebung (metallenes Gipfelsignal) steht das Bivacco Alfredo Redaelli der Sektion Lecco des CAI.

850 *Über die Nord-Kante*

IV, zwei Stellen IV+. 5–6 Std. Abb. S. 397, 399.

Klassische, eindrucksvolle Kletterei in ausgezeichnetem Gestein. Eine der schönsten Kletterrouten in den Alpen.
Alfred Zürcher mit Walter Risch, 4. August 1923.
1. Winterbegehung: A. Anghileri, C. Ferrari und G. Negri, 20./21. Februar 1965.

Zugang: Von der Capanna Sasc Furä steigt man auf Pfadspuren im lichten Lärchenwald in südlicher Richtung aufwärts. Weiter über die Weiden von La Plotta, die im oberen Teil von grösseren Platten unterbrochen sind, an den Fuss der Kante. Der unterste Kantenaufschwung wird auf der W-Seite über ein Schneefeld umgangen, und man gelangt zu einer kleinen Scharte am Beginn der Kante (P. 2590), 2 Std. Von der Capanna di Sciora auf R. 879 (Viäl) zum Rücken von La Plotta und wie oben zum Einstieg, 2½ Std.

Routenverlauf: Von der kleinen Scharte folgt man der Kante über leichte Platten. Dann steil direkt aufwärts und über eine Nase zu einem kleinen Sattel dahinter (er kann auch durch eine Schleife, zuerst nach links, dann nach rechts, in der NE-Wand erreicht werden). Nun ca. 3 SL über steiler werdende Platten, möglichst der Kante folgend, aufwärts bis zu einer markanten, steilen Platte, die in halber Höhe von einem ca. 1 m hohen Absatz unterbrochen ist (Risch-Platte). Zuerst an guten Rissen gerade aufwärts, dann, leicht links haltend, an den Rand der Platte und in exponierter Kletterei bis zum Absatz (IV+, H). Unter diesem quert man einige Meter nach rechts, bis er weniger steil wird. Leicht rechts haltend steil über einen kleinen Wulst aufwärts, dann an Rissen zur Kante empor, die leichter und bis zu einem flachen Platz verfolgt wird. Nun schwingt sich die Kante steiler auf und wird schärfer. Man folgt ihr 3–4 SL bis zu einem weissen Kopf, wobei eine abstehende Platte auf ihrer linken Seite erklettert wird (IV). Nun auf der Westseite durch einen Spalt zu einem guten Standplatz. Durch eine plattige Verschneidung, ca. 35 m, zu einem unbequemen Stand. An kleingriffigen Leisten quert man dann nach links an die scharfe Kante und auf dieser weiter bis zu einem Stand vor einem steilen Aufschwung (zu dieser Stelle kann man vom unbequemen Stand aus, rechts der Kante bleibend, über Platten, Verschneidungen und einen kleinen Überhang direkt aufsteigen, IV+).

Steil über die Kante aufwärts, bis sie horizontal zu einer Rinne mit losem Gestein ausläuft (kleiner Geröllplatz). Nun durch die Rinne empor bis zum Fuss einer wenig geneigten, sehr glatten Platte (Sicherere und empfehlenswerte Variante: Vom kleinen Geröllplatz aus erklettert man die rechte Begrenzungswand, IV+, H, und erreicht dann über eine scharfe Sekundärkante den Fuss der glatten Platte). An Rissen über die Platte aufwärts bis an deren oberen linken Rand zu gutem Stand. Dann rechts durch eine steile Verschneidung mit Blöcken auf die Kante hinauf. Nun, immer möglichst auf der Kante, über mehrere steile, zum Teil ausgesetzte Aufschwünge ohne besondere Schwierigkeiten zum Gipfel.

Abstieg: Auf der Aufstiegsroute mit mehreren Abseilstellen oder über die S-Wand, R. 869.

851 *NE-Wand («Via Peter Pan»)*

VI+, Al. 9 Std. Abb. S. 399, technische Skizze S. 402.

Plattenkletterei auf der NE-Seite der N-Kante. Die Route führt auf die N-Kante (Ende des ersten Drittels des Kantenaufstieges). Höhendifferenz ca. 400 m.
S. Brambati, A. Carnati und P. Vitali, 2. August 1986.

Zugang und Einstieg: Auf R. 850 zur kleinen Scharte am Beginn der N-Kante (P. 2590). In der E-Flanke absteigend, gelangt man zu einem Schneefeld. Der Einstieg erfolgt ungefähr in der Mitte des oberen Randes dieses Schneefeldes.

Routenverlauf: Technische Skizze S. 402.

852 *NE-Wand («Via Neverland»)*

VI–. 7 Std. Abb. S. 399, technische Skizze S. 403.

Plattenkletterei auf der NE-Seite der N-Kante. Die Route endet auf der N-Kante (Ende des ersten Drittels des Kantenaufstieges). Höhendifferenz ca. 400m.
S. Brambati, A. Carnati und P. Vitali, 16. August 1986.

Zugang und Einstieg: Auf R. 850 zur kleinen Scharte am Beginn der N-Kante (P. 2590). In der E-Flanke absteigend, gelangt man zu einem Schneefeld, an dessen oberen Ende man zu einem Schnee- und Felsband quert. Auf diesem Band, ungefähr auf dem höchsten Punkt, erfolgt der Einstieg.

Routenverlauf: Technische Skizze S. 403.

Pizzo Badile

Pizzo Badilet

874
873
875
876
877
878
907
907

853   *NE-Wand («Via diritto d'autore»)*

VI. 7—8 Std. Abb. S. 399, technische Skizze S. 404.

Plattenkletterei auf der NE-Seite der N-Kante. Die Route verläuft parallel
zur «Via Neverland» und endet etwa 100 m höher auf der N-Kante.
Sonja Brambati, Adriano Carnati und Paolo Vitali, 11. Juli 1987.
Zugang und Einstieg: Wie R. 852.
Routenverlauf: Technische Skizze S. 404.

853.1   *NE-Wand («Another day in paradise»),* Nachtrag S. 501.

854   *NE-Wand («Via linea bianca — weisse Linie»)*

VI. 8—10 Std. Abb. S. 399, 400, technische Skizze S. 405/406.

Sehr schöner Aufstieg, der, einer gut sichtbaren weissen Linie folgend,
zur N-Kante führt. Platten mit wenig Sicherungsmöglichkeiten.
I. Koller und St. Šilhán, 22. August 1978.
1. Winterbegehung: M. Clerici, 20.—23. Dezember 1986, allein.
Zugang und Einstieg: Auf R. 855 ans obere Ende des vom Vadrec
dal Cengal kommenden Bandes. Dies ist der heute übliche
Einstieg, und man folgt zuerst ungefähr drei SL der Via Cassin.
Die Erstbegeher begannen den Anstieg auf dem Gletscher und
kletterten direkt zum heute üblichen Beginn der Route hinauf.
Routenverlauf: Technische Skizze S. 405/406.

854a   *NE-Wand (Variante «Mosca cieca»)*

VII—. Abb. S. 399, 400.

Die Variante (5 SL) bietet schwierige Plattenkletterei.
A. Carnati und P. Vitali, 3. August 1986.

Die «Via linea bianca — weisse Linie» wird im obersten Drittel
der Wand, am Ende der Platten und unterhalb der Verschneidungen, verlassen. Die Route führt dann etwa 50 m rechts, unter
Abweichung von der Ideallinie, zur N-Kante.

854b   *NE-Wand (Variante «Favola Ribelle»)*

V—VI+, eine Stelle VII—. 7—9 Std. Extreme Plattenkletterei.

S. Brambati, A. Carnati, P. Vitali, 23. Juli 1988.
Zugang und Einstieg: Wie bei R. 855.
Routenverlauf: Dort wo R. 854 («Via linea bianca — weisse Linie») von R. 855 (Via Cassin) abzweigt, beginnt der Anstieg.
Man folgt eine SL R. 854 und klettert dann über die steilen Platten zwischen der «Via linea bianca — weisse Linie» und der «Via
dei fiori» zur N-Kante.

Pizzo Badile NE-Wand (nördlicher Teil)
Doppelseite 400/401: Pizzo Badile NE- und ENE-Wand

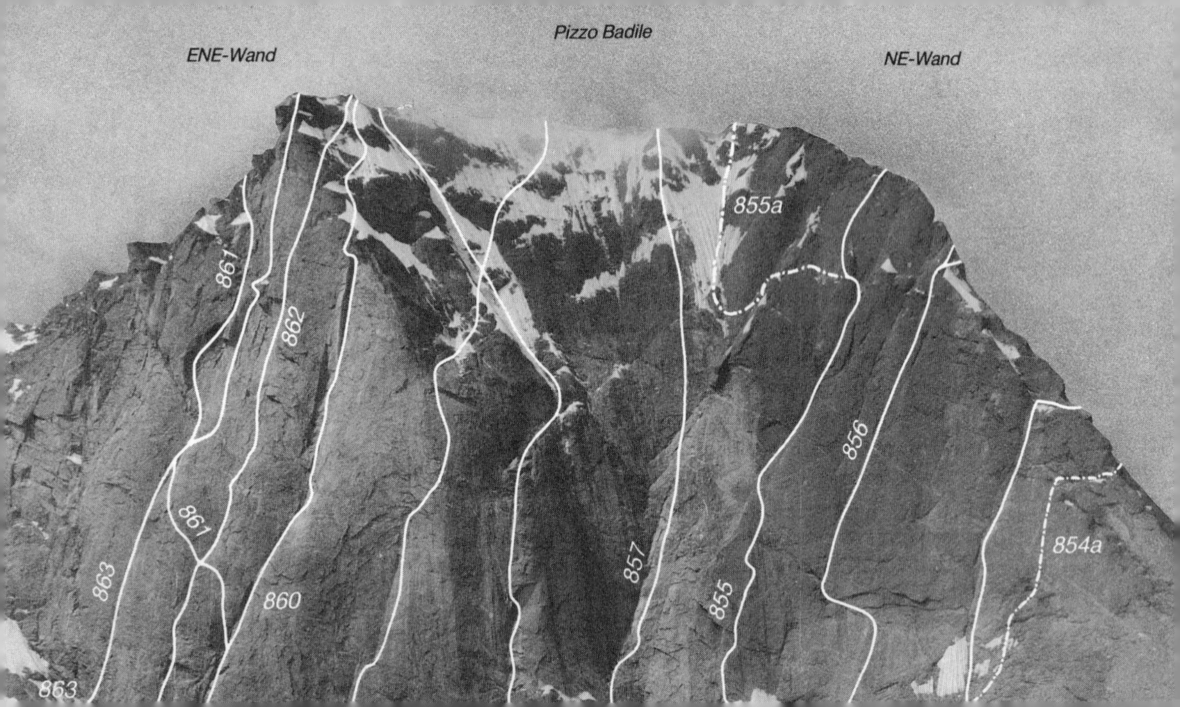

Pizzo Badile

NE-Wand

ENE-Wand

854a

856

855a

855

857

862

861

861

860

863

863

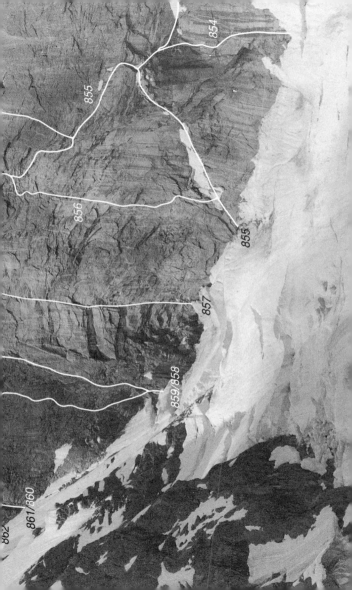

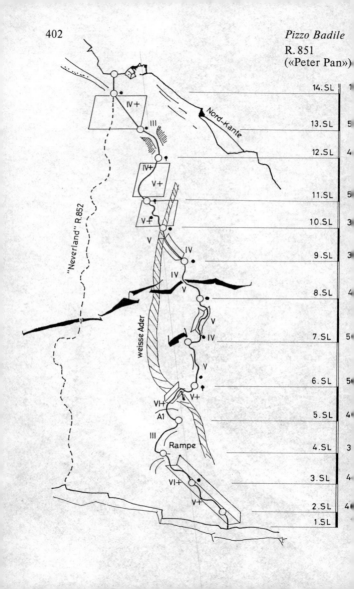

R. 852
(«Neverland»)

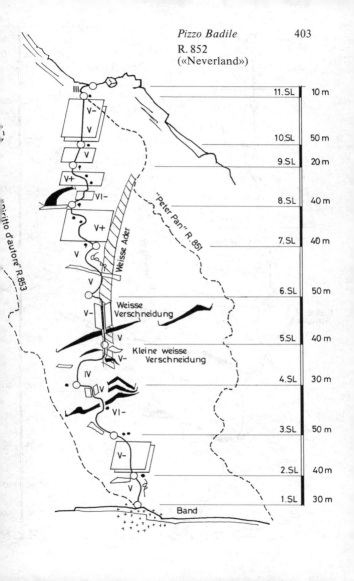

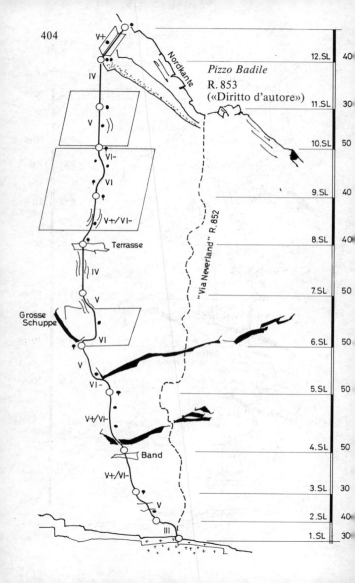

404

Pizzo Badile
R. 853
(«Diritto d'autore»)

Nordkante

"Via Neverland" R. 852

V+
IV

V

VI–
VI
V+/VI–

Terrasse
IV
V

Grosse
Schuppe
VI
V
VI–
V+/VI–

Band
V+/VI–
V
III

12.SL 40
11.SL 30
10.SL 50
9.SL 40
8.SL 40
7.SL 50
6.SL 50
5.SL 50
4.SL 50
3.SL 30
2.SL 40
1.SL 30

Pizzo Badile

R. 854 unterer Teil
(«Via linea bianca –
weisse Linie»)

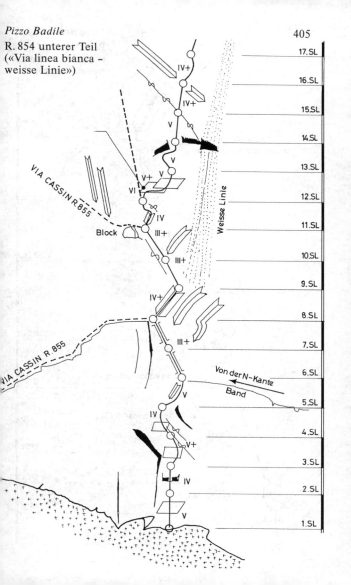

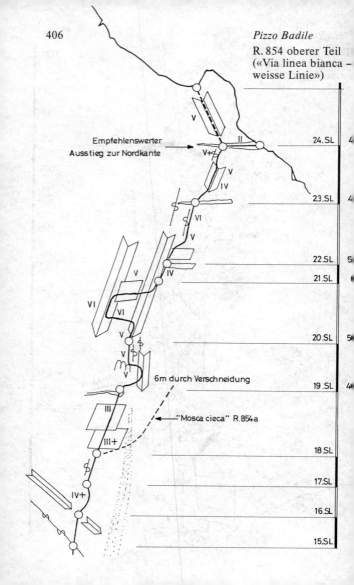

Empfehlenswerter
Ausstieg zur Nordkante

6m durch Verschneidung

"Mosca cieca" R.854a

855 *NE-Wand (Via Cassin)*

V+, A0. 8–12 Std. Abb. S. 399, 400, technische Skizze S. 409/
410.

Die grossartige, 800 m hohe Granitwand gehört zu den berühmtesten
Wänden der Alpen.
R. Cassin, G. Esposito, V. Ratti; M. Molteni, G. Valsecchi, 14.–16. Juli
1937. Die Erstbegehung ist überschattet durch den Tod von M. Molteni
und G. Valsecchi, die beim Abstieg im Sturm ums Leben kamen.
1. Winterbegehung: P. Armando, G. Calcagno, A. Gogna; C. Bournis-
sen, M. Darbellay und D. Troillet, 21. Dezember 1967–2. Januar 1968.
Die italienischen und schweizerischen Bergsteiger schlossen sich im
Aufstieg zusammen; zeitweise stiegen die Bergsteiger in drei Seilschaf-
ten, je aus einem Schweizer und Italiener bestehend, aufwärts.
50 Jahre später, am 29. Juli 1987, wiederholte Riccardo Cassin gemeinsam mit Freunden aus Lecco im Alter von 78 Jahren seine eigene Route
in 10 Stunden!

Zugang und Einstieg: Von der Capanna di Sciora auf R. 879
(Viäl) auf den westlichsten Teil des Vadrec dal Cengal, auf dem
man am Fusse der NE-Wand des Pizzo Badile bis auf ca. 2500 m
aufsteigt. Der Einstieg in die Wand befindet sich etwa 100 m
rechts des vom grossen Trichter in der Wand kommenden Couloirs (2½ Std.).
Von der Capanna Sasc Furä kann man die R. 880 zum Viäl benützen und auf der E-Seite des Viäl zum westlichsten Teil des
Vadrec dal Cengal absteigen. Meistens steigt man heute auf R.
850 zur kleinen Scharte am Beginn der N-Kante (P. 2590) auf.
Dann gelangt man, in der E-Flanke absteigend, zu einem
Schneefeld, an dessen oberen Ende man zu einem Schnee- und
Felsband quert. Am Ende dieses Schnee- und Felsbandes führen Stufen und Rinnen aufwärts zum vom Vadrec dal Cengal
kommenden Band.

Routenverlauf: Nach der Überschreitung des Bergschrundes
gelangt man auf ein nach rechts hinaufführendes Band, dem
man bis zu seinem Ende am Fuss einer Verschneidung folgt
(markanter Pfeilerkopf). Durch die Plattenverschneidung gerade hinauf (IV+) und am Ende der Verschneidung an Rissen
zu Stand. Nun zwei SL nach links über Platten und Risse schräg
aufwärts zu gutem Stand hinter abstehendem Block. Vom

Stand quert man unter einem Überhang etwa 8 m nach links, dann über den Überhang (V,H) und über Platten aufwärts zu Stand hinter einem Block (1. Biwak der Erstbegeher). 2 m unterhalb des Standplatzes ca. 8 m nach links, dann ca. 30 m, leicht links haltend, zu Stand empor. Nun über Platten und Verschneidungen aufwärts, bis leichtere Platten mit guten Griffen den Anstieg zum grossen Schneefleck in der Mitte der Wand vermitteln. Für den weiteren Anstieg benützt man die linke der beiden Verschneidungen, links des grossen Schneeflecks, wobei die ersten 10 m über Schuppen aufwärts führen und erst dann die eigentliche Verschneidung beginnt. Man klettert 30 m steil und mühsam (V+ und A0, mehrere H) aufwärts, bis man sehr ausgesetzt nach rechts in eine parallele Verschneidung queren kann. Nun eine SL über ein schmales Plattenbändchen schräg rechts hinauf zu schlechtem Stand. Weiter eine SL an fast senkrechten Platten-Schuppen aufwärts zu einem Stand unter einem Überhang. Diesen umgeht man auf der linken Seite (H) durch eine Verschneidung. Nun folgen leichtere Platten (zum Teil etwas brüchig), über die man anfänglich links, dann gerade aufwärts haltend, zur hellen Ausbruchstelle gelangt (2. Biwak der Erstbegeher). Nun eine SL aufwärts nach rechts zum Beginn des grossen Kamins. Im Kamin etwa 120 m empor (schwierig bei Schnee und Nässe!).

Nach zwei schwierigen Absätzen im Kamin (V+) quert man auf einem leichten Band etwa 25 m nach links. Nun eine SL in einer Rinne aufwärts, dann über eine Rippe gerade hinauf auf die N-Kante (IV) und über diese zum Gipfel.

Man kann vom leichten Band auch weiter nach links über eine glatte Platte queren (exponiert, V–). Nachher über ein Couloir und sehr feingriffig zu einem Plattenabsatz hinauf (Abzweigung von R. 855a). Von hier an feinen Griffen, leicht rechts haltend, zur N-Kante empor (V–, IV).

855a *Originalroute*

Heute nicht mehr üblich, steinschlägig.

Vom Plattenabsatz seilt man 15 m ab, klettert eine SL aufwärts, seilt nochmals 15 m ab und gelangt so nach links in den grossen Trichter. Durch diesen ohne grosse Schwierigkeiten zum Gipfel, wobei man mit Vorteil einem Rücken folgt, der direkt zum Gipfel führt.

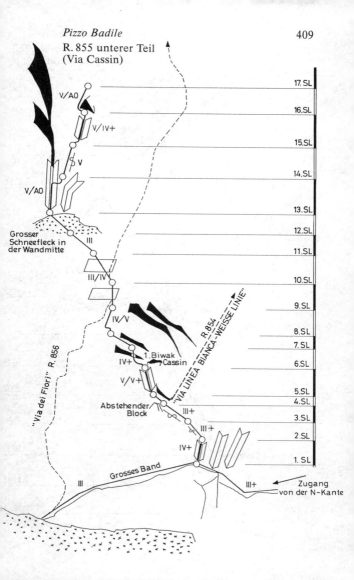

Pizzo Badile
R. 855 unterer Teil
(Via Cassin)

17. SL
16. SL
15. SL
14. SL
13. SL
12. SL
11. SL
10. SL
9. SL
8. SL
7. SL
6. SL
5. SL
4. SL
3. SL
2. SL
1. SL

V/A0
V/IV+
V
V/A0
Grosser
Schneefleck in
der Wandmitte
III
III/IV
IV/V
1. Biwak
Cassin
IV+
V/V+
Abstehender
Block
III+
IV+
Grosses Band
III
Zugang
von der N-Kante
III+
III+

"Via dei Fiori" R. 856

R. 854
"VIA LINEA BIANCA-WEISSE LINIE"

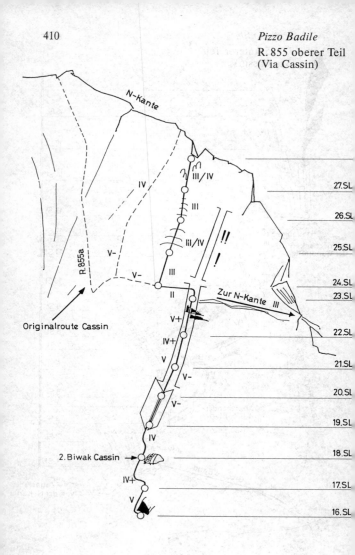

856 *NE-Wand («Via dei fiori»)*

VI, A0 und Al. 10–15 Std. Abb. S. 400, technische Skizze S. 412/413.

Sehr schöne Route in gutem Fels.
I. Koller und St. Šilhán, 20. August 1978.

Zugang und Einstieg Wie R. 855.

Routenverlauf: Technische Skizze S. 412/413.

857 *NE-Wand («Via Memento mori»)*

V+, zwei Stellen VI+, A 3. 14–20 Std. Abb. S. 400.
Im unteren Teil H-Kletterei, im oberen Teil Freikletterei. Objektiv gefährliche Route. Wandhöhe ca. 800m.
J. Rybička, J. Šimon und L. Škalda, 24.–26. August 1980.
1. Winterbegehung: F. Bauer und J. Doubal, 11.–14. Februar 1982. František Bauer stürzte beim Abstieg in der Gipfelzone ab.

Der Einstieg erfolgt auf dem Vadrec dal Cengalo, wenig südlich des Einstieges der Cassinroute (R. 855). Die Route verläuft durch die markante Hauptrinne, die den Gipfeltrichter entwässert, dann, parallel zur Cassinroute, dem rechten Rand des Trichters entlang.

858 *ENE-Sporn («Via del Fratello»)*

V+, A0 und Al. 10–15 Std. Abb. S. 400, 417, technische Skizze S. 414.

Schwieriger Anstieg, der nur bei sehr günstigen Verhältnissen im grossen Trichter in Frage kommen kann. Wandhöhe ca. 700 m. Ausrüstung: H und Kk, Eisausrüstung für den Einstieg. Die Erstbegeher benötigten 130 H und liessen alle stecken.
A. und G. Rusconi, 14.–19. März 1970.

Zugang und Einstieg: Auf R. 842 zum Cengalo-Couloir. Man überwindet den Bergschrund meistens auf der Cengalo-Seite; etwa 30 m über dem Bergschrund traversiert man das Couloir zu den Felsen des ENE-Sporns.

Routenverlauf: Der Aufstieg kann in drei Teile gegliedert werden.
1. unterer Wandteil (IV-V, 260 m). Zuerst eine SL über gestuf-

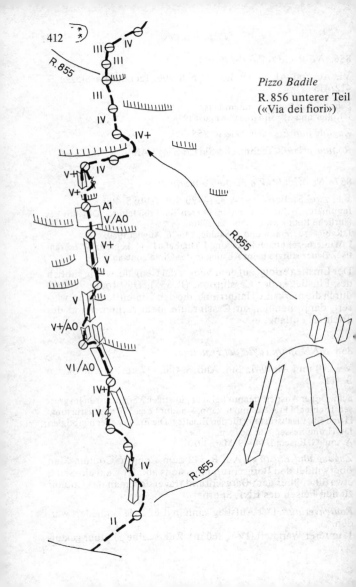

412

R. 855

III   IV
III
III
IV
IV+

Pizzo Badile
R. 856 unterer Teil
(«Via dei fiori»)

IV
V+
V+
A1
V/AO
V+
V

R. 855

V
V+/AO
VI/AO
IV+
IV

R. 855

IV

R. 855

II

Pizzo Badile
R. 856 oberer Teil
(«Via dei fiori»)

Nordkante

V
V
IV
V
IV
IV
IV
V
V+
IV
III
III
V
IV+
IV+
III
III

R. 855

414

Pizzo Badile
«Via del fratello»

III/IV

III

IV

III/IV

V · 16.SL · 50
IV · 15.SL · 45
A1/V · 14.SL · 45
A1/V · 13.SL · 35
· 12.SL · 20
V · 11.SL · 40
V+ / A0 · V+ · 10.SL · 40
V · 9.SL · 40
IV · 8.SL · 30
IV / IV+ · 7.SL · 40
V · 6.SL · 40
· 5.SL · 40
IV+ / V · 4.SL · 40
V− · 3.SL · 40
IV · 2.SL · 40
III / IV · 1.SL · 15
IV

"Engländer-Route" R.860
"Nordpfeiler" R.859

9 SL

ten Fels zum Anfang des markanten Riss-Systems. Über feine Risse und Platten in freier Kletterei gerade aufwärts bis zu einer grossen Terrasse.

2. mittlerer Wandteil (V+, A1 und A2, 180 m). Auf der Terrasse 10 m nach links, dann senkrecht aufwärts bis 15 m unter das grosse Dach (Stand). An Kk schräg links aufwärts und nachher 10 m senkrecht empor zum Beginn einer Rissverschneidung. Man folgt dieser 100 m mit künstlichen Hilfsmitteln. Unter dem Abschlussdach verlässt man die Verschneidung und gelangt, leicht rechts haltend, auf eine Platte und zur Rampe, die zum Trichter führt.

3. oberer Wandteil (III und IV, 260 m). Auf der Rampe aufwärts, bis sie im Trichter endet, dann 40 m gerade empor. Nun, links haltend, zur Rinne und in dieser aufwärts zu einer Scharte am östlichen Ende des Gipfelgrates.

859 *ENE-Wand (Nordpfeiler)*

V, A1–A3, Ae. 12–14 Std. Abb. S. 400, 417.

Die Route bietet vor allem im mittleren Teil extreme Kletterei (350 m ununterbrochen A1 und A2, stellenweise A3 und V). Höhendifferenz ca. 750 m.

T. Nardella, E. Scarabelli, D. Chiappa und G. Martinelli, 9.–13. September 1973. 2. Begehung (ohne Biwak): T. Holdener und R. Homberger, 11. August 1974.

1. Winterbegehung: A. Cardinale und D. Valsecchi, 30. Dezember 1983 bis 4. Januar 1984.

Zugang und Einstieg: Wie bei R. 858.

Routenverlauf:

1. Teil: Schräg nach links über eine Zone brüchiger Felsen aufwärts, die nach Überwindung einer Verschneidung zu einer Höhle am Fuss des Pfeilers führen (IV, V).

2. Teil: Man verlässt die Höhle und begibt sich 10 m nach rechts. Zuerst in einem Riss, dann über eine Platte (Bh) aufwärts bis zu einer Zone mit kleinen Bändern (III – V+, dann A1, A3, Ae, IV).

3. Teil: Immer links haltend, überwindet man einen abstehenden Pfeiler. An seinem Ende traversiert man 3–4 m nach links, und über eine Platte gelangt man zu einem Band kompakter Felsen. Hier 12 m abwärts und weiter nach links queren und durch eine senkrechte Verschneidung aufwärts (IV, V). Jenseits

der Verschneidung durch einen Riss empor bis zu einer viereckigen, auch von unten sichtbaren Platte. Diese umgeht man
rechts und gelangt über Risse zu einem bequemen Band (IV, V,
A1).
4. Teil: Dieser Teil, charakterisiert durch Dächer und überhängende Schuppen, ist recht kompliziert. Längs eines Risses
rechts erreicht und überwindet man ein Dach (V, A1 und A2).
Man folgt dem Riss weiter bis ans Ende unter einer Zone unsicherer Schuppen. Nun traversiert man 10 m (A2, V) nach
rechts und weiter durch einen Riss (A1, A2, Ae) aufwärts und
rechts über ein zweites Dach empor (A2).
5. Teil: Typisch für diesen Teil sind die grossen, kompakten,
fast senkrechten Platten, die man zum grossen Teil mit künstlichen Hilfsmitteln überwindet. (A1, A2, Ae). Dann folgen weniger steile Platten, die nach rechts zum Gipfel des Pfeilers führen (IV, V).
6. Teil: Immer leicht schräg nach rechts haltend, übersteigt
man einige kleine, oft mit Schnee und Eis gefüllte Rinnen und
erreicht über schiefe, von Platten unterbrochene Rampen den
Gipfel (III, V, IV).

860 *ENE-Wand («Engländerroute»)*
V+, A1 und A2. 14–16 Std. Abb. S. 400, 417, technische Skizze
S. 421.

Aussergewöhnliche, grossartige Tour mit extremen Schwierigkeiten.
Wandhöhe ca. 600 m.
R. J. Isherwood und J. M. Kosterlitz, 8./9. Juli 1968. 2. Begehung (ohne Biwak): R. Homberger und H. Wellenzohn, September 1972.
1. Winterbegehung: Zuzanna Hofmannová und Alena Stehlikova, 11.–
15. Februar 1982.
Zugang und Einstieg: Auf R. 842 zum Cengalo-Couloir. Im
Couloir (45°), meistens auf der Cengalo-Seite, aufwärts bis zu
einer markanten Verschneidung ca. 200 m über dem Bergschrund. Die Erstbegeher seilten sich vom Colle del Cengalo
ins Couloir ab; diese Zustiegsmöglichkeit muss eventuell benützt werden, wenn der Bergschrund im Cengalo-Couloir nicht
überwunden werden kann.
Routenverlauf: Zuerst folgt man vier SL der Verschneidung mit
zwei Parallelrissen (IV und V, V+ und A1 in der zweiten SL).
Nun dem markanten Riss nach aufwärts zu einem kleinen Couloir, das zum Beginn des senkrechten Wandteils führt (IV

Pizzo Badile
ENE-Wand

und V, eine Stelle A1).

Von den drei Rissen, die dieses Wandstück durchziehen, wählt man den rechten und klettert drei SL aufwärts (Schlingenstand, V und A1). Zum Schluss in der Verschneidung empor bis etwa 15 m unter das grosse Dach. Ein kleiner Riss ermöglicht ein Ausweichen in die linke Wand der Verschneidung und führt zu einer Nische (V und A1).

Über der Nische hält man nach links zu einem breiten Riss, dem man etwa 45 m folgt, dann nach rechts zu Stand bei Blökken verlässt (V und A1). Die letzte SL führt zum grossen Trichter der NE-Wand. Über den Rand des Trichters, einem Sporn aus brüchigem Fels folgend, hinauf, dann nach rechts in die NE-Wand und über leichteres, oft vereistes Gelände zum Gipfel (vier SL, anfänglich IV und IV+, dann III).

861 *ENE-Wand (Via Felice Battaglia)*

V, mit Stellen VI–, A0 und A1. 10–12 Std. Abb. S. 400, 417.

Älteste, sehr schöne Route in der ENE-Wand mit anhaltenden Schwierigkeiten. Etwas weniger anspruchsvoll als die «Engländerroute» (R. 860). Guter Fels und gute Standplätze. Wandhöhe ca. 550 m.
F. Battaglia und C. Corti, 17./18. August 1953.

Zugang und Einstieg: Wie bei R. 860.

Routenverlauf:

1.–3. SL: Aufstieg in der Verschneidung mit zwei Parallel-Rissen. Nach 35 m ist ein markanter Überhang und die nachfolgende Verschneidung zu überwinden (V+ und A1). Dann weiter bis zu einem grossen Absatz (110 m, IV, V). Bis hierher ist die Route identisch mit der «Engländerroute», die dem markanten Riss in der Verschneidung folgt.

4. SL: Vom Absatz durch den Riss in der senkrechten, linken Seite der Verschneidung aufwärts. Dann durch ein enges Kamin zu einem Stand (40 m, V, V+).

5. SL: Horizontale Querung nach links über ein abfallendes Felsband und eine kurze Platte (12 m, V+, VI–) bis zu einer grossen Verschneidung. Aufstieg in der Verschneidung, zuerst senkrecht, dann bequemer (45 m). Hier kreuzt man die R. 862 («Via Belica-Koller-Tschechoslowakische Route»).

6. SL: In der Verschneidung weiter zu einem eingerichteten Standplatz (40 m, IV, V).

7. SL: Noch einige Meter in der Verschneidung aufwärts, die

man dann nach links verlässt, um eine Rampe zu erreichen, die zu einem breiten Felsband führt (45 m, IV, IV+, grosser H).

8. SL: Man quert bis zum linken Ende des Bandes, quert dann die glatte Platte (VI) und erreicht die Verschneidungen links. Aufwärts zu Stand (50 m, IV, V−).

9. SL: Weiter in der Verschneidung empor und zuletzt schräg nach links (V+) zur auffälligen, halbmondförmigen Verschneidung mit der überhängenden Wand links (50 m).

10. SL: Man erklettert die Verschneidung bis zum Anfang eines Kamins mit Wasserstrahl (55 m, diverse H).

11. SL: Man folgt dem Kamin unter dem Wasserstrahl einige Meter (A0, 2H). Dann umgeht man die Kante rechts so bald als möglich (VI−), steigt in eine kleine Verschneidung auf (V+) und gelangt zum oberen Ende des Kamins. Leichte Traversierung auf einem Band nach links (45 m).

12. SL: Schräg nach links über Bänder und kleine Platten aufsteigend, gelangt man zum ESE-Grat (60 m, III und II), über den man den Gipfel leicht erreicht.

862   ENE-Wand («Via Belica-Koller-Tschechoslowakische Route»)

VI, A0, eine Stelle VII−. 8–12 Std. Abb. S. 400, 417, technische Skizze S. 422.

Die Route folgt einem System von Riss-Verschneidungen durch die Wandmitte. Sehr schöne Kletterei in bestem Fels. Wandhöhe ca. 600 m.
A. Belica und I. Koller, 31. Juli–2. August 1975.

Zugang und Einstieg: Zugang wie bei R. 861; der Einstieg erfolgt etwas höher, oberhalb der markanten Verschneidung.

Routenverlauf: Technische Skizze S. 422.
Die Skizze entspricht den Aufzeichnungen der Erstbegeher im Hüttenbuch der Capanna di Sciora. Im Bereich der SL 12 und 13 erfolgte vor kurzem ein Felsabbruch, so dass die R. verändert und eventuell schwieriger geworden ist.

863   ENE-Wand («Via diretta del popolo»)

VI+. A0, A1. 7 Std. Abb. S. 400, 417, technische Skizze S. 423.
Sehr schöne Kletterei über Risse und Verschneidungen zum höchsten Punkt der ENE-Wand. Höhendifferenz ca. 600 m. Die Erstbegeher haben die H an den Standplätzen belassen.
O. und T. Fazzini und L. Gianola, 11. Juli 1987.

Zugang und Einstieg: Auf R. 842 zum Cengalo-Couloir. Im Couloir aufwärts zum Einstieg etwa 250 m über dem Bergschrund (45°).

Routenverlauf:

1. SL: Über Schuppen und kleine, senkrechte Risse zu einer dreieckigen Nische (50 m, VI+ und VI−).
2. SL: Senkrecht längs einem System von Rissen an den Fuss einer kompakten Platte (40 m, V, V+).
3. SL: Durch einen Riss mit begeisternder Kletterei gelangt man zu Stand, links einer senkrechten Wand (50 m, V+).
4. SL: Die Route wird etwas leichter, und man erreicht die Via Felice Battaglia (R. 861), die von rechts kommt (45 m, V, IV+).
5. SL: 20 m durch den «Battaglia-Riss» aufwärts, diesen dann nach rechts verlassen und längs kleiner Bänder mit unstabilen Felsen zu einer Nische mit H (40 m, IV+, IV).
6. SL: Von der Nische senkrecht aufwärts längs eines kleinen, kaum angedeuteten Risses. An dessen Ende nach rechts zu Stand (35 m, V, VI).
7. SL: Direkt über dem Stand in der Platte 3 m nach links traversieren. In der Verschneidung mit Schuppen aufwärts bis unter ein Dach (50 m, V, VI, V−, VI+).
8. SL: In der Platte unter dem Dach Traverse nach links bis zu einer abgerundeten Rippe. Über diese bis zu einem ausgezeichneten Absatz. Stand auf der rechten Seite des Absatzes am Fuss einer Verschneidung (40 m, V, VI−, IV+).
9. SL: In schwieriger Kletterei in der Verschneidung aufwärts (50 m, VI+, A0, VI).
10. SL: Weiter längs der Verschneidung mit parallelen Rissen abwechslungsweise in freier und künstlicher Kletterei zu Stand im Innern eines weiten Kamins (35 m, VI+, A1, A0).
11. SL: Aufwärts durch das weite Kamin und an seinem Ende nach links abbiegen. Nach rechts zurück und längs eines Risses auf den Grat (40 m, V+, A0, VI).

Mit zwei weiteren SL über Geröll erreicht man den Gipfelgrat und den Gipfel des Pizzo Badile.

863.1 *ENE-Wand («Via Est .. Asi»)*, Nachtrag S. 502.

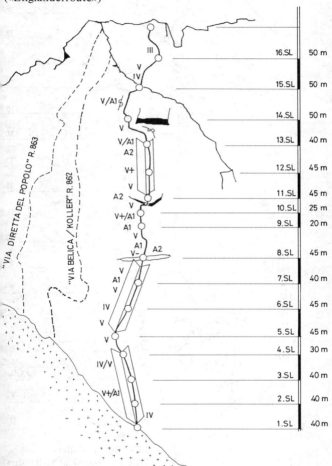

"VIA DIRETTA DEL POPOLO" R. 863

"VIA BELICA / KOLLER' R. 862

III	
V	
IV	16.SL 50 m
	15.SL 50 m
V/A1	14.SL 50 m
V	
V/A1	13.SL 40 m
A2	
V+	12.SL 45 m
V	
A2	11.SL 45 m
V	10.SL 25 m
V+/A1	9.SL 20 m
A1	
A1 A2	8.SL 45 m
V−	
V	
A1	7.SL 40 m
V	
IV	6.SL 45 m
V	
V	5.SL 45 m
	4.SL 30 m
IV/V	
	3.SL 40 m
	2.SL 40 m
V+/A1	
IV	1.SL 40 m

Pizzo Badile

R. 862
(«Via Belica-Koller-
Tschechoslowakische Route»)

R. 863
(«Via diretta
del popolo»)

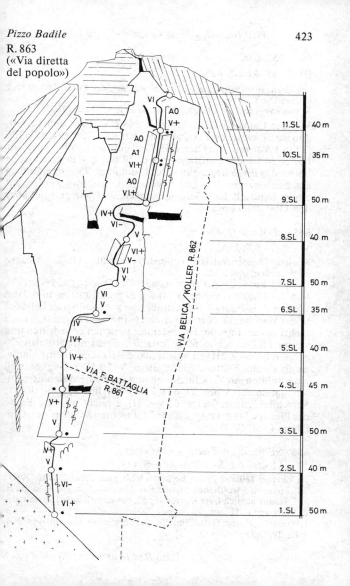

864 *ESE-Grat*

III. 4 Std. Abb. S. 425.

Vor allem in Verbindung mit der Besteigung der Punta Sertori sehr lohnend.

A. von Rydzewsky mit Ch. Klucker und E. Rey, 19. Juni 1895.

Von der Capanna Gianetti auf R. 844 (IV−) auf den Verbindungsgrat zwischen der Punta Sertori und dem Pizzo Badile (3 Std.). Von dort über den ESE-Grat aufwärts, wobei ungefähr in der Mitte des Aufstiegs ein Band auf der Bondascaseite bis an das Ende begangen wird. Dann über Verschneidungen auf den Grat zurück. Die folgenden Gratürme werden auf einem Band auf der S-Seite umgangen, und man gewinnt über den Grat den Gipfel.

865 *SE-Wand (E-Pfeiler)*

V−VI. 7−8 Std. Abb. S. 425.

Meistens Freikletterei. Die Erstbegeher benötigten 13 H (davon liessen sie 7 stecken) und 2 Kk.

F. und M. Bottani, P. A. Ciapponi und P. Dell'Oca, 29. Juli 1973.

Von der Capanna Gianetti auf R. 867 zum Einstieg und dann wie bei R. 867 aufwärts bis unter den gut sichtbaren Felskopf in der Wandmitte. Nun traversiert man über Platten (IV) nach rechts an den Fuss der Einsattelung zwischen dem dritten und vierten Pfeiler (Schneefeld). Jetzt 20 m direkt aufwärts, dann 20 m nach links (V, 2H) zu einem Standplatz. Durch eine kleine, wenig eingeschnittene Rinne (30 m, V+, 3 H) gelangt man zu einer sehr engen Verschneidung und durch diese zu einem guten Standplatz (V und VI, 6 H, 2 Kk). Von hier aus, durch eine Verschneidung aufsteigend (V−, H), erreicht man die Kante des Pfeilers. Dieser folgt man auf der rechten Seite bis zum Gipfelgrat (1 SL IV, H).

866 *SE-Wand (W-Pfeiler – «Via vera»)*

V+, A1 und A2. 8−9 Std. Abb. S. 425.

Im oberen Teil der Wand befinden sich zwei Pfeiler. Diese Route führt über den westlichen Pfeiler. Für den östlichen Pfeiler siehe R. 865. Hauptsächlich freie Kletterei, 1 SL mit künstlichen Hilfsmitteln.

C. Corti und C. Gilardi, 26. August 1972.

1. Winterbegehung: G. B. Crimella, G. Fabbrica, G. Rusconi und G. B. Villa, 19. Dezember 1972.

Punta Sertori

Pizzo Badile
SW- und SE-Wand

864

867

863

866 865

867a

869

871

870

872

Von der Capanna Gianetti auf R. 867 zum Einstieg und dann
wie bei R. 867 aufwärts bis zum gut sichtbaren Felskopf in der
Wandmitte. Am Fuss des Felskopfs traversiert man auf einem
kleinen Band nach rechts und kommt zu einem Kamin, in dem
man 25 m (IV) emporsteigt. Dann 10 m nach rechts an den Fuss
einer Verschneidung, die den darüberliegenden Felssporn
durchschneidet. Man folgt drei SL der Verschneidung (2. SL in
künstlicher Kletterei). Am Schluss über Platten zu einem guten Standplatz (V, V+, A1 und A2). Über Platten (3 SL) zum
Gipfelgrat (IV).

867 *SE-Wand (Via Molteni)*

V, IV, mit zwei Ver Stellen. 6 Std. Abb. S. 425, technische Skizze
S. 429.

Schöne, abwechslungsreiche Kletterei.

Gehört zu den schönsten und interessantesten Aufstiegen im Gebiet
der Capanna Gianetti.
M. Camporini und M. Molteni, 16./17. August 1935.
1. Winterbegehung: Dino und Giulio Fiorelli, 14./15. März 1956.

Zugang und Einstieg: Von der Capanna Gianetti steigt man in
NE-Richtung, westlich an P. 2869 vorbei, zum kleinen Gletscher zwischen Pizzo Badile und Punta Sertori auf. Auf dem
Gletscher aufwärts zum Einstieg. Dieser liegt etwas tiefer, links
des am weitesten hinaufreichenden Gletscherarms.

Routenverlauf: Links sieht man nun zwei Steilstufen, die ram-
penartig nach links geneigte Verschneidungen bilden. Über
glattgeschliffene Platten gewinnt man diese Verschneidungen.
Man klettert bis zur oberen Verschneidung und durchsteigt
diese in ihrer ganzen Länge (35 m, III, IV, H). Man erreicht
nun eine kurze Verschneidung, die von zwei kleinen Aufschwüngen, der erste ist leicht überhängend, gebildet wird. Am
Ende der Verschneidung kommt man zu Grasbändern im mittleren Wandabschnitt (30 m, IV+ und V). Man steigt im Zick-
Zack über Bänder und kleine Platten bis zu einem kleinen
Band links des gut sichtbaren Felskopfs in der Wandmitte auf
(ca. 80 m, III). Nun eine SL in einer rissdurchzogenen Verschneidung aufwärts und dann auf den Gipfel des Pfeilers (IV).
Weiter an Rissen empor bis zu einem H, an dem meistens ein
Fixseil angebracht ist (IV+). Vom H steigt man etwas ab, bis
man an kleinsten Griffen zu einer Verschneidung queren und

zu einem grossen H hinaufklettern kann. Über eine kurze, enge Verschneidung gelangt man zu einer sehr steilen Platte (V). Links der Platte überwindet man an guten Griffen eine überhängende Wandstufe (H) und kommt zum Gipfelpfeiler. Über kleine Verschneidungen zu einer Scharte (IV, IV+). Weiter an Rissen und über kleine Platten in herrlicher Kletterei auf dem Pfeiler (3 SL, IV+/IV) zum Gipfel.

867a SE-Wand (Variante zur Via Molteni)

IV, eine Stelle V−. 2½ Std. vom Beginn der Variante. Abb. S. 425.

P. Mattalia und E. Piccinini, 1951.

Im obersten Drittel der Wand, dort wo die R. 867 schräg nach links führt, klettert man, leicht rechts haltend, zum Fuss eines Kamins/Verschneidung mit glatten und abgerundeten Rändern. Man folgt dem Kamin ca. 15 m aufwärts, verlässt es dann nach rechts und erklimmt eine senkrechte, etwa 10 m hohe Verschneidung, die von einem tiefen Riss durchfurcht ist. Am Ende der Verschneidung überwindet man eine Platte schräg nach rechts (V−) und erreicht eine Rinne am Fuss des grauen, von unten gut sichtbaren Aufschwungs. Man ersteigt diesen über eine Rampe schräg nach rechts (ca. 50 m), bis dort, wo steile, griffige Platten und später brüchige Felsen zum Gipfelgrat führen. Man erreicht den Gipfel wenige Meter östlich des höchsten Punkts.

868 Direkte SE-Wand

VI, A2. 6 Std. Abb. S. 425.

Direttissima.
C. Pedroni, A. Rossi und C. Selvetti, August 1982.

Die Route beginnt bei der überhängenden Wand links des Einstiegs zur Via Molteni, kreuzt diese weiter oben und führt direkt zum Gipfel.

869 Über die S-Wand

III−. 3 Std. Abb. S. 425.

Normalroute und übliche Abstiegsroute zur Capanna Gianetti.
W. A. B. Coolidge mit François und Henri Dévouassoud, 26. Juli 1867.

Von der Capanna Gianetti nach N an den Fuss des SW-Felssporns, den der Pizzo Badile weit nach S hinab entsendet. Dieser Felssporn ist die südliche Fortsetzung der gegen die Gipfel-
wände auslaufenden S-Kante. Der Rücken des Sporns wird an
seinem südlichen Ende von W her über ein Fels- und Rasenband erreicht, das von N nach S schräg aufwärts zieht. Zuerst eine kurze Strecke auf dem Kamm, dann auf einem breiten Band
östlich des Kamms nach N. Hinter einem Felsvorsprung findet man ein Kamin, das zum Grat zurückführt (Eisenkreuz).
Man folgt dem Grat etwa 40 m, wendet sich dann nach rechts,
steigt über ein schmales Band (Steinmännchen) schräg abwärts
zu einem breiten horizontalen Band und traversiert ca. 60 m in
die SE-Wand. Zuerst rechts der Wandschlucht durch ein Kamin
und über Absätze aufwärts. Nachher nach links hinauf und auf
der Westseite der vom Gipfelgrat herabkommenden breiten
Mulde über einige Kamine und Wändchen ziemlich direkt zum
Gipfelgrat und zum höchsten Punkt.
(Bei der Erkletterung der SE-Wand sind verschiedene Varianten möglich, die alle zum Gipfelgrat hinaufführen. Die Kletterei ist anregend und nirgends besonders schwierig.)

Abstieg: Von der östlichsten Gipfelerhebung (metallenes Gipfelsignal, Biwakschachtel) 40 m in westlicher Richtung über
den Gipfelfirst. Nun steigt man durch die breite Geröllmulde
unter dem Grat, später auf einem Band im Couloir abwärts. Bevor man den Grat erreicht, zuerst links durch ein Kamin, dann
ziemlich gerade hinunter auf ein breites Band. Auf diesem
nach rechts (im Sinne des Abstiegs) auf den Grat. Nach einigen
Metern auf dem scharfen Grat hält man nach links und folgt einem abwärts leitenden Band in ein Couloir. Durch dieses absteigend, gelangt man auf das breite Band über den untersten
Abstürzen. Auf dem Band traversiert man etwa 60 m nach
rechts, dann folgt man einem schmalen Band schräg aufwärts
(Steinmännchen), bis man leicht gerade hinunter steigen kann
(Eisenkreuz). Nun durch ein enges Kamin abwärts (eventuell
abseilen), dann über ein Band nach rechts bis auf den Kamm
des SW-Felssporns, dem man eine kurze Strecke folgt, bis man
auf seiner W-Seite über ein Rasen- und Felsband in die Schnee-
und Geröllhalde aussteigen kann.

Pizzo Badile
R. 867
(Via Molteni)

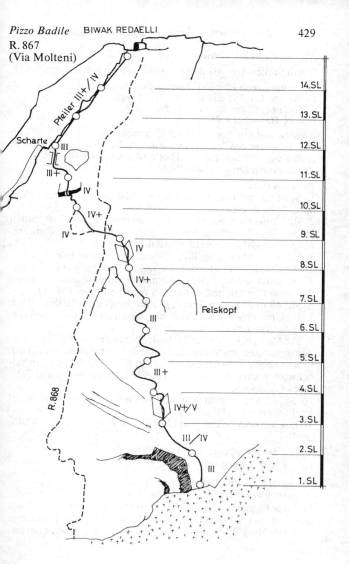

BIWAK REDAELLI

Pfeiler III+/IV

Scharte

III

III+

IV

IV+

IV

V

IV

IV+

III

III+

IV+/V

III/IV

III

R.868

Felskopf

1. SL
2. SL
3. SL
4. SL
5. SL
6. SL
7. SL
8. SL
9. SL
10. SL
11. SL
12. SL
13. SL
14. SL

870 *SW-Wand (S-Pfeiler)*

V, mit Stellen V+. 6 Std. Abb. S. 425, technische Skizze S. 431.

Sehr interessante Kletterei in gutem Fels. Wandhöhe ca. 300 m.
G. Fiorelli, E. Frisia und R. Merendi, 13. September 1957.
1. Winterbegehung: B., F. und M. Bottani, P. A. Ciapponi und V. Spreafico, 24. Dezember 1974.

Zugang und Einstieg: Von der Capanna Gianetti auf R. 871 an
den Fuss der SW-Wand. Der Einstieg befindet sich ca. 20 m
rechts des tiefsten Felspunktes und rechts des die SW-Wand
durchreissenden Couloirs (links hat es gelbe Risse).

Routenverlauf:
1. SL: Durch einen gut sichtbaren Riss aufwärts, dann 10 m
nach links zu einem Felsblock (15 m).
2. SL: Über eine steile Platte unter der grossen, überhängenden
gelben Verschneidung erreicht man eine Serie von Bändern,
die nach rechts zu einem Stand führen (40 m).
3. SL: 40 m über gutgriffige Platten aus bestem Fels.
4. SL: Durch eine gut sichtbare Verschneidung/Kamin (40 m).
5. SL: Über leichte Felsen bis zum «Amphitheater» zwischen
den zwei Pfeilern und dann zum rechten Pfeiler (35 m).
6. SL: 40 m über den Sporn, der die Basis des Pfeilers bildet.
7. SL: Über eine schöne Platte mit Rissen erreicht man den Anfang des Pfeilers (40 m).
8. SL: Man packt den Pfeiler in der Mitte an und gelangt zu einem unbequemen Stand bei zwei sicheren Felsblöcken (25 m).
9. SL: Gerade aufwärts unter einen gelben Überhang, dann heikel nach rechts und aufwärts zu einem Stand bei einem Felsblock (ca. 35 m).
10. SL: Über eine sehr schöne Wand mit Rissen bis zum Sattel
am Pfeilergipfel (35 m).
Weiter bis zum S-Grat und über diesen zum Gipfel (ca. 3 SL).

871 *Über die Südwestwand*

IV+. 6 Std. Abb. S. 425.

Nicht empfehlenswert, stellenweise steinschlägig.
A. Redaelli mit B. Sertori, 30. August 1904.

Von der Capanna Gianetti in nördlicher Richtung zum Gletscher auf der SW-Seite des Pizzo Badile. Über die Firnzunge
zwischen dem WSW-Grat und der SW-Wand gewinnt man das

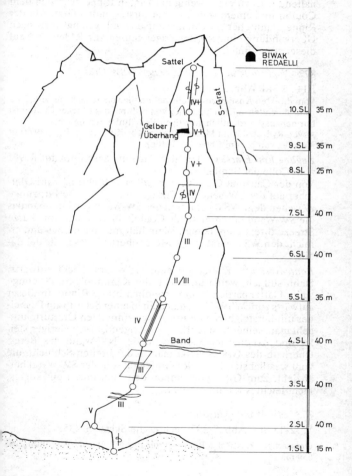

die SW-Wand durchreissende Couloir. Zuerst in diesem, dann
über glatte Felsen und einen steilen Riss aufwärts. Nun rechts
haltend (SE) zu einer wenig markanten Rippe zwischen dem
Couloir und einem weiter rechts aufsteigenden Grat. Auf der
Rippe, dann eher im Couloir aufsteigend, gelangt man nach
Überwindung einiger schwieriger Stufen zur R. 869 und auf
dieser zum Gipfel.

872   *Vom Colle del Badile über den WSW-Grat*

III+. 5 Std. Abb. S. 425.

Vom direkten Anstieg zum Colle del Badile von der S-Seite wird dringend abgeraten, auch der Anstieg von N durch das Klucker-Couloir ist
nur bei ausserordentlich günstigen Verhältnissen möglich.
A. von Rydzewsky mit M. Barbaria und Ch. Klucker, 14. Juni 1897 (mit
Aufstieg von N zum Colle del Badile).

Zugang und Einstieg: Von der Capanna Sasc Furä auf R. 901
zum Colle del Badile.
Von der Capanna Gianetti in nördlicher Richtung zum Gletscher auf der SW-Seite des Pizzo Badile. Über die Firnzunge
zwischen dem WSW-Grat und der SW-Wand gewinnt man das
die SW-Wand durchreissende Couloir, in dem man eine kurze
Strecke direkt emporsteigt. Dann hält man nach links und erreicht den WSW-Grat einige Meter oberhalb des Colle del Badile.

Routenverlauf: Zuerst auf dem WSW-Grat leicht aufwärts.
Dann südlich, wenig unterhalb der Kammhöhe, über einige
steile Plattenpartien in eine ziemlich breite Rinne. In dieser
aufwärts zum WSW-Grat, den man in einer Scharte am Fuss eines unübersteigbaren Gratturms gewinnt. Den Gratturm umgeht man, seiner Basis entlang aufsteigend, in schwieriger, steiler und exponierter Kletterei in der NW-Wand des Bergs.
Oberhalb des Grates steigt man in der breiten Schlucht, die
vom westlichsten Ende des Gipfelgrates in der SW-Wand herabzieht, zum Gipfelgrat empor, den man durch ein kurzes,
nicht leichtes Kamin erreicht.

873   *NW-Wand (Via Bramani)*

V. 12–15 Std. Abb. S. 397, technische Skizze S. 435.

Grossartige, klassische Route durch die NW-Wand. Wandhöhe ca.
650 m.

V. Bramani und E. Castiglioni, 27./28. Juli 1937.

1. Winterbegehung: E. und F. Gugiatti und C. Pedroni, 22.–24. Dezember 1974.

Zugang und Einstieg: Von der Capanna Sasc Furä auf R. 901 an den Fuss des Kluckercouloirs.

Routenverlauf: Im Couloir aufwärts zum Bergschrund, dessen Überwindung sehr schwierig sein kann (eventuell auf den schwierigen Felsen der linken, Pizzo Badile-Seite). Über dem Schrund noch eine SL im Couloir aufwärts, dann nach links zu den von Rissen durchzogenen Plattenschüssen. In diesen einige Meter gerade hinauf, dann folgt ein heikler Quergang nach links auf ein Band über einem Überhang. Diesem Band folgt man nach links hinaus bis an sein Ende. Über eine Platte weiter links erreicht man einen Riss, der zu einer weiteren Platte führt. Man überwindet diese nach links oben, überquert eine sehr steile Rinne und gelangt zu einer leichteren Verschneidung. Diese verliert sich bald unter senkrechten Plattenschüssen. An Rissen und Plattenschuppen in schöner Freikletterei auf einen Absatz hinauf. Auf diesem etwas nach rechts zu einer zweiten Serie von Rissen und Schuppen. Über diese in luftiger Kletterei aufwärts zu weniger steilen Felsen über den gewaltigen Plattenschüssen des Wandfusses. Nach links querend, erreicht man eine Serie von Rinnen, die steil zu Bändern und Stufen in der Wandmitte hinaufführen. Nun über die Bänder und Absätze nach rechts an den Fuss eines sehr steilen und nassen Couloirs. Kurz vor dem Couloir klettert man an steilen Rissen längs des Pfeilers, der den linken Rand des Couloirs bildet, aufwärts. Nach zwei SL verlieren sich die Risse in der Wand. Nun quert man über eine sehr steile Platte nach rechts auf den Pfeiler und weiter ins Couloir. In diesem steigt man bis zu einem Geröll- oder Schneefeld auf. Weiter über Rinnen und Bänder nach rechts aufwärts gegen die tiefe Mulde, die vom WSW-Grat des Pizzo Badile herunterzieht. Ein gutes Stück vor der Mulde verlieren sich die Bänder in der Wand. Man klettert nun schwierig und exponiert, rechts haltend, aufwärts zu einem kurzen Kamin, das bei einem kleinen Sattel, der von einem eingeklemmten Gendarmen gebildet wird, endet. Von hier folgt man weiter kleinen Kaminen und Rinnen, die parallel zu einer sehr grossen und sehr steilen Verschneidung nach rechts hinaufführen. Über steile Felsen gegenüber der grossen Verschneidung erreicht man den WSW-Grat und über diesen den Gipfel.

874   *NW-Wand («Via Ringo Star»)*

VI–, eine Stelle VI. 8–10 Std. Abb. S. 397, technische Skizze S. 436.

Direttissima mit Ausstieg über die unmittelbar unter dem Gipfel mündende grosse Verschneidung.
Im Mittelteil nicht sehr schön, im oberen Teil aber sehr eindrücklich. Routenfindung nicht immer sehr einfach. Wandhöhe ca. 650 m.
O. und T. Fazzini und Tita Gianola, 19. August 1985.
1. Winterbegehung: Guido und Massimo Lisignoli, 6./7. Januar 1992.

Zugang und Einstieg: Von der Capanna Sasc Furä auf R. 901 an den Fuss des Klucker-Couloirs. Der Einstieg erfolgt bei den Felsen auf der E-Seite des Couloirs (2½ Std.).

Routenverlauf: Technische Skizze S. 436.

875   *NW-Wand (Via Giulio Fiorelli)*

V+, A1 und A2. 10–12 Std. Abb. S. 397.

Die im Vadrec da la Trubinasca fussende, langgezogene Abdachung der N-Kante wird in ihrem südlichen, leicht abgewinkelten Teil als NW-Wand bezeichnet. Die Route verläuft im linken, nördlichen Teil der N-Kante, 5–6 Seillängen vor dem Gipfel. Vorwiegend freie Kletterei mit vielen Stellen V und V+ sowie einigen technischen Kletterstellen (A1 und A2). Höhendifferenz ca. 600 m. Sowohl die Einstiegsfelsen als auch einige Risse und Verschneidungen in der Wand können während der ganzen Saison Schnee und Eis aufweisen.
Die Erstbegeher widmen die Route dem Hüttenwart der Gianetti-Hütte, Giulio Fiorelli.
B. De Angeli, A. Frigerio und Egidio Redaelli, 14.–16. September 1974.

Zugang: Von der Capanna Sasc Furä auf R. 901 zum Fuss des Klucker-Couloirs.

Einstieg: Die NW-Wand des Pizzo Badile weist eine auffällige Verschneidung auf, die auf ungefähr zwei Drittel Höhe der N-Kante endet. Der Einstieg befindet sich auf dem Sporn, der die

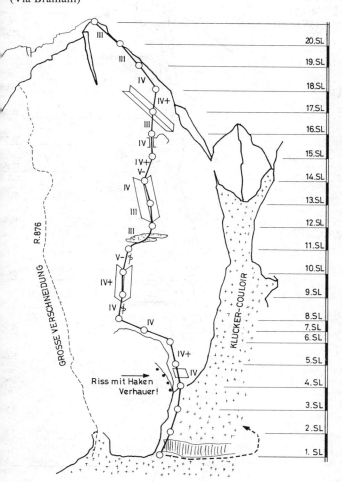

Pizzo Badile
R. 874
(«Via Ringo Star»)

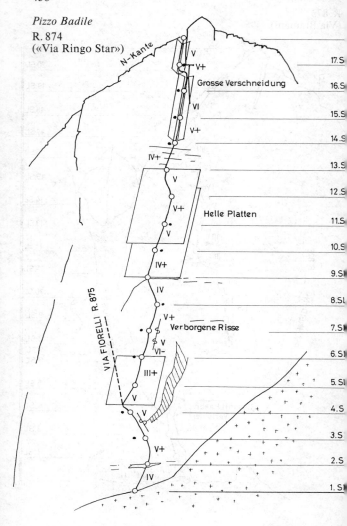

Mündung der Verschneidung rechts (orographisch links) begrenzt.

Routenverlauf: Eine Seillänge über wasserüberronnene oder vereiste Felsen aufsteigen, III (Achtung auf eventuellen Eisschlag).

Nun 4–5 m links abwärts queren bis zu einer Rissverschneidung, die überhängend links aufwärts führt. Durch den Riss auf ein breites Band. 35 m, A1, dann IV+ (1. Biwak der Erstbegeher).

Das Band nach rechts bis an sein Ende verfolgen. Nun schräg links aufwärts (20 m, III), dann wieder nach rechts bis zu einer kleinen Terrasse (20 m, IV, brüchiger Fels). Den Riss über der kleinen Terrasse erklettern (A1) und durch eine Verschneidung von 4–5 m auf ein Band. Ein Wändchen erklimmen (IV), dann in Dülfertechnik über ein System von Felsschwarten (V) zu einem Standplatz. Einem feinen Riss im kompakten Fels folgend, schräg links aufwärts zum Beginn einer wenig ausgeprägten Verschneidung (40 m, A1). Diese erklettern (V, IV), dann, rechts abschwenkend, einen herrlichen Hangelriss hinauf.

Über ein System von Verschneidungen und gespaltenem Fels auf eine geräumige Terrasse (2 SL, IV+ und IV). Eine schwierige, vereiste Verschneidung erklettern. An ihrem Ende befindet man sich am Fuss eines 70 m hohen, zum Teil vereisten Kamins, das vollständig erklettert wird (IV und V). In einer weiteren SL (III) auf ein grosses Band.

Über Platten mit ausgezeichnetem Fels (IV und V) an den Fuss einer Verschneidung, welche überwunden wird (V+). Weiter über eine glatte Platte und über eine abstehende Schuppe (V). An ihrem Ende links abwärts auf eine geneigte Terrasse queren (2. Biwak der Erstbegeher). Weitere 40 m nach links queren, zuletzt über eine Schneezunge. An ihrem Ende über gespaltene Platten in Richtung auffälliger, grünlicher, von einem kleinen Dach überhöhter Platten. Über diese (V) und das Dach (A2) hinauf. Nun schräg links über Platten (III) zu einer Verschneidung empor. Durch diese (V+) und über ein Risskamin (V und IV) einige Seillängen vor dem Gipfel auf die N-Kante.

876 *NW-Wand (Grosse Verschneidung)*

VI+ und A1. 8–10 Std. Abb. S. 397, technische Skizze S. 439.

Überaus schöne Kletterei in ausgezeichnetem Fels. Wandhöhe ca.
500 m.
J. Benes und L. Sulovsky, 21. August 1980.

Zugang und Einstieg: Von der Capanna Sasc Furä auf R. 901 auf
den Vadrec da la Trubinasca. Der Einstieg befindet sich links
(E) des Kluckercouloirs.

Routenverlauf: Über ein steiles (60°) Firncouloir zur markan-
ten, auf der N-Kante auslaufenden grossen Verschneidung. Die
Route verläuft zwischen der Via Giulio Fiorelli (R. 875) und der
Via Chiara (R. 877) und benützt den Grund der Verschneidung.
(Ist der unterste Teil der Verschneidung vereist, kann man links
der Verschneidung über Platten klettern (H).

877 *NW-Wand, nördlicher Pfeiler («Pilastro a goccia - Tropfen-
pfeiler, via Chiara»)*

VI, A1. 10–12 Std. Abb. S. 397.

Die Westabdachung der N-Kante des Pizzo Badile weist in ihrem südlichen Teil einen 450 m hohen Pfeiler auf, der rund 100 m vor dem
Bergschrund des Kluckercouloirs beginnt und auf etwa 3100 m auf der
N-Kante endet. Sehr schwierige und anstrengende Route. Höhendifferenz ca. 450 m.
Die Erstbegeher möchten die neue Route ihrer Kameradin Chiara Giu-
roni gewidmet wissen, die an der Schleierkante der Cima della Ma-
donna verunglückt ist.
F. Boffini, G. Merizzi, G. Miotti und G. Pirana, 1./2. Juli und 6. August
1976. Der Versuch vom 1./2. Juli 1976 musste 180 m unterhalb der N-
Kante wegen eines Wetterumsturzes abgebrochen werden. Für den
zweiten Versuch seilten sich die Erstbegeher viermal 45 m von der N-
Kante zum vorher erreichten Punkt des Pfeilers ab.
1. Winterbegehung: G. Caronti, M. Fasano, A. Prestini, 12.–15. Januar
1989.

Zugang: Von der Capanna Sasc Furä auf R. 901 bis rund 100
m unterhalb des Bergschrundes des Kluckercouloirs (2 ½ Std.).

Einstieg: Der Einstieg befindet sich wenig unterhalb der grossen Couloirverschneidung, die von der N-Kante bis auf den
Gletscher hinabfällt.

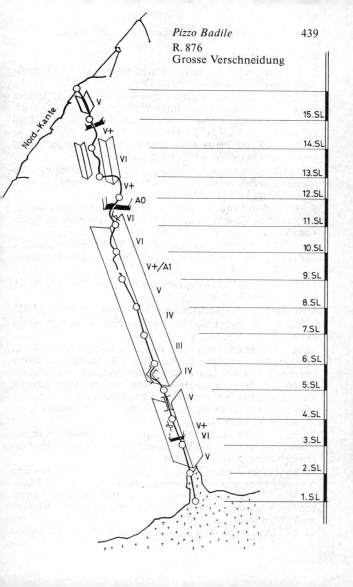

Pizzo Badile   439
R. 876
Grosse Verschneidung

Routenverlauf:

1. SL: Eine auffällige, helle Verschneidung mit vielen senkrechten Rissen erklettern (30 m, IV+, V, 1 H, 2 StH).

2. SL: Nach links, dann gerade aufwärts und über ein kleines Dach, das von einer angelehnten Platte gebildet wird. 3 m gerade weiter, dann schräg links aufwärts auf ein kleines Band (25 m, IV+, V, VI, 1 H, 2 StH).

3. SL: Über eine Platte mit senkrechten Rissen hinauf zu gutem Stand (30 m, VI, A1 und V, 6 H, 1 StH).

4. SL: Über kompakte Platten, eine kleine Verschneidung überwindend, gerade aufwärts, dann schräg links aufwärts zu gutem Stand (30 m, IV+, VI, 1 H, 1 StH).

5. SL: Nach links queren und durch eine von abstehenden Platten gebildete Verschneidung zu Standplatz auf einem Felszacken (V–, V+, zum Teil A1, 5 H).

6. SL: Vom Zacken über eine schräge Rampe rechts aufwärts auf ein System von Bändern unter einem grossen Überhang (40 m, III, III+, 1 StH).

7. SL: Richtung Überhang gerade aufwärts klettern (40 m, III, III+, V+, 1 StH).

8. SL: Unter dem Überhang nach links weiter (40 m, IV, 1 StH).

9. SL: Weiter nach links, zuletzt über eine senkrechte Spalte (35 m, IV, A1, V–, 1 H, 1 StH).

10. SL: Schräg links zu einem Riss, den man bis an sein Ende verfolgt, dann schräg rechts aufwärts in Richtung eines abstehenden Blocks; vor diesem über Platten mit geringen Möglichkeiten zum Hakenschlagen aufwärts klettern. Man befindet sich nun auf einem grossen Band oberhalb des Überhangs, aber unter einem bedeutend grösseren zweiten Überhang (35 m, V und VI, zum Teil A1, 9 H, 1 StH).

11. SL: Vom Band schräg links aufwärts zu einem Haken mit Abseilschlinge. Zu einer Verschneidung mit abstehenden Platten pendeln (35 m, V, V+, 3 H, 2 StH).

12. SL: Leicht abfallende Querung unter einem Dach, das man baldmöglichst in freier Kletterei übersteigt. In einem senkrechten Riss 3 m aufwärts und weiter zu einer Verschneidung queren, die in äusserst schwieriger Kletterei überwunden wird (30 m, V, VI, teilweise A1, 7 H, 2 StH).

13. SL: Die kleine, helle Verschneidung über dem Standplatz

R. 878
(«Pilastro a goccia via
Jumar iscariota»)

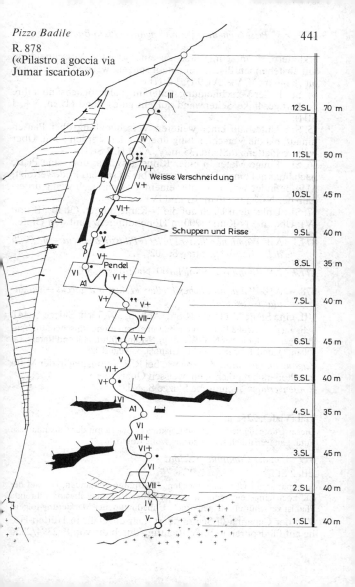

III

12.SL 70 m

IV

11.SL 50 m

IV+

Weisse Verschneidung

V+

10.SL 45 m

VI+

Schuppen und Risse

V

9.SL 40 m

V+

8.SL 35 m

VI   Pendel

VI+

A1

V+   V+

7.SL 40 m

VII−

V+

6.SL 45 m

V

VI+

5.SL 40 m

V+

VI   A1

4.SL 35 m

VI

VII

VII+

VI+

3.SL 45 m

VI

VII−

2.SL 40 m

IV

V−

1.SL 40 m

erklettern, dann schräg links zu einer zweiten Verschneidung mit abstehenden Platten zu einem spitzen, weissen Sicherungsblock (40 m, V, V+, A1, 9 H, 1 StH).

14. SL: In der Verschneidung weiter und baldmöglichst über ihre dachartige, linke Seitenwand auf ein gutes Band (15 m, V+, 1 StH).

15. SL: Unterhalb einer weiteren Verschneidung über Platten hinauf, bis die Verschneidung überwunden werden kann. Über weitere Platten zu Stand (35 m, V, A1, 3 H, 1 StH).

16. SL: Einige Meter in einer Rinne aufwärts; über eine Platte nach links auf einen Grat, den man bis zu seinem Ende verfolgt. Man befindet sich nun unter einem grossen Dach wenig unterhalb der N-Kante (40 m, III und IV).

17. SL: Unter dem Dach auf die N-Kante queren (30 m, III und IV). Über die N-Kante (200 m Höhendifferenz) auf den Gipfel.

877.1 *NW-Wand, nördlicher Pfeiler («Pilastro a goccia — via Galli delle Alpi»),* Nachtrag S. 502.

877.2 *NW-Wand («Via Sinelios»),* Nachtrag S. 503.

878 *NW-Wand, nördlicher Pfeiler («Pilastro a goccia — via Jumar iscariota»)*

VII, eine Stelle VII+, 13–14 Std. Abb. S. 397, tech. Skizze S. 441.

Sehr anspruchsvolle Route, die direkt über den monolithischen, tropfenförmigen Pfeiler in der NW-Wand zur N-Kante führt. Höhendifferenz ca. 450 m. O. und T. Fazzini und L. Gianola, 5. August 1986.

Zugang und Einstieg: Zugang wie bei R. 877. Einstieg in der Mitte des Pfeilers bei prächtigen, weissen Quarzadern.
Routenverlauf: Technische Skizze S. 441.

Viäl (Viale), 2266 m

Dieser Übergang verbindet die Capanna di Sciora mit der Capanna Sasc Furä. Landschaftlich sehr eindrucksvolle Route.

879 *Von der Capanna di Sciora*
EB. 2 Std.

Neu markierter Übergang, meistens Pfadspuren vorhanden. Der auf der LK noch eingezeichnete, in südwestlicher Richtung abwärts führende Pfad ist verschüttet und gefährlich. Unbedingt neuer Markierung folgen!

Von der Capanna di Sciora quert man ungefähr in Hütten-Höhe auf Pfadspuren in SSW-Richtung durch die von P. 2394/2356

herabkommende Geröll- und Moränenhalde auf den Vadrec da
la Bondasca. Über den geröllbedeckten Gletscher traversiert
man gegen die Moräne Cänt la Föia, steigt auf dieser etwas abwärts, bis unterhalb des Vadrec dal Cengal Wegspuren zur Moräne führen, die vom Fort da Cengal kommt. Anfänglich auf
dieser Moräne, später auf deren Westseite aufwärts bis auf die
Höhe von P. 2048. Von dort quert man, leicht ansteigend, zum
Beginn des Viäl (ca. 2140 m), eines Bandes, das den Ostabsturz
des Rückens von La Plota in NNW-Richtung schräg aufwärts
durchzieht. Man verfolgt zuerst das Rasenband etwa 40 m aufwärts, ersteigt nachher ein gut gestuftes, steiles Couloir der
Felswand entlang und gewinnt anschliessend das gut begehbare Rasen- und Geröllband, das auf den Gratrücken hinaufführt.
Der Übergang ist mit einem Steinmann markiert.

Abstieg zur Capanna Sasc Furä: Über Platten und die Weiden
von La Plota auf R. 880 absteigend, gelangt man nach ½ Std.
durch lichten Lärchenwald zur Hütte.

880 *Von der Capanna Sasc Furä*

EB. 1 Std.

Von der Capanna Sasc Furä steigt man auf Pfadspuren im lichten Lärchenwald in südlicher Richtung aufwärts. Weiter gelangt man über die Weiden von La Plota, die im oberen Teil von
grösseren Platten unterbrochen sind, zum Übergang an der
Kante des Rückens von Sasc Furä (Steinmann).

9. Trubinascagruppe und Pizzi dei Vanni

Pizzo Badilet – Punta Torelli – Punta Trubinasca – Pizzo Trubinasca – Pizzi dei Vanni – Denc dal Luf.

Colle del Badile, ca. 3110 m

Ohne Namen und Höhenangabe auf der LK. Sehr schwieriger Übergang zwischen Pizzo Badile und Torrione del Badile.

901 *N-Couloir (Klucker-Couloir)*

SS. 8–10 Std.

Steiles Eiscouloir, das nur bei sehr guten Verhältnissen im Vorsommer begangen werden kann. Steinschlägig. Höhendifferenz ca. 500 m, Neigung bis 60°.

Christian Klucker und Martin Schocher, 6. Juli 1896.

2. Begehung am 14. Juni 1897 durch A. Rydzewsky mit M. Barbaria und Christian Klucker bei der ersten Besteigung des Pizzo Badile über den WSW-Grat.

1. Winterbegehung: G. Bianchi und E. Scarabelli, 18./19. März 1973.

Von der Capanna Sasc Furä in südlicher Richtung durch lichten Lärchenwald dem Westhang von La Plota entlang, zuerst leicht abwärts, dann steigend zu den Moränen des Vadrec da la Trubinasca und weiter in südlicher Richtung auf dem Gletscher an den Fuss des Eiscouloirs zwischen den Wänden des Pizzo Badile und des Pizzo Badilet. Nach Überwindung des Bergschrundes, zeitweise unpassierbar, im Couloir aufwärts bis da, wo es sich in eine östliche und eine westliche Rinne gabelt. Man benützt die östliche, näher dem Pizzo Badile, und steigt bei einer Neigung von 50°–60° zum Colle del Badile auf.

902 *Von Süden*

Vom direkten Aufstieg zum Colle del Badile ist abzusehen, da die Route durch lose Blöcke, die jederzeit abstürzen können, gefährdet ist. Eine Möglichkeit, auch steinschlaggefährdet, um zum Colle del Badile zu gelangen, bietet R. 872 (WSW-Grat des Pizzo Badile).

Torrione del Badile, ca. 3140 m

Ohne Namen und Höhenangabe auf der LK. Felsturm zwischen Pizzo Badile und Pizzo Badilet.

903 *W-Grat*

III—. ¾ Std.

Kletterei in einer wilden, eindrücklichen Umgebung.
A. und R. Balabio, 19. Juli 1909.
1. Winterbegehung: J. Sanseverino, allein, 18. Februar 1965.

Vom Colle Badiletto über den W-Grat steil über stellenweise etwas unsicheren Fels mit zahlreichen Griffen aufwärts zu einem kleinen Absatz. Nun folgt man auf der N-Seite einer Art Rinne/Band, die längs des Grates wenig steil bis unter den Gipfel ansteigt. Den Gipfel, der aus verschiedenen Blöcken besteht, erreicht man durch eine fast senkrechte Kluft in gutem Fels.

904 *ENE-Kante*

IV-V, A1? 1 Std.?

Gefährlicher Zugang.
F. Maccagno, A. Malinverno und M. Molteni, 4. August 1935.

Vom Colle del Badile zur grossen Platte am Anfang des Grates. Die Platte überwindet man mit künstlichen Mitteln und klettert dann über die Kante zum Gipfel.

905 *S-Wand*

IV und V.

Hakenroute.
A. Malinverno und M. Molteni, 16. August 1935.

Von der Capanna Gianetti auf R. 906 an den Fuss der S-Wand. Aufstieg in einem Riss auf der linken Wandseite. Nachdem man 60 m mit künstlichen Mitteln überwunden hat, erreicht man die Kante, die vom Gipfel gegen SW herunterkommt. Über die Kante, die mehrere schwierige und ausgesetzte Stellen aufweist, zum Gipfel.

Colle Badiletto, ca. 3080 m

Ohne Namen und Höhenangabe auf der LK. Tiefster Einschnitt zwischen Pizzo Badilet und Torrione del Badile.

906   *Von S*

ZS. 1¾ Std.

Stellenweise brüchige Felsen.
A. und R. Balabio, 19. Juli 1909.

Von der Capanna Gianetti in nördlicher Richtung über Gras und Geröll zum Gletscher auf der S-Seite des Pizzo Badilet. Über diesen an den Fuss des Couloirs zwischen dem Pizzo Badilet und dem Torrione del Badile. Im Couloir mühsam, im mittleren Teil sehr steil aufwärts; später wird das Couloir breiter und flacher und führt zum Colle Badiletto.

Pizzo Badilet (Punta S. Anna), 3171 m

Dieser schöne Gipfel, der westliche Nachbar des Pizzo Badile, dominiert die drei Talschaften von Trubinasca, Codera und Porcellizzo. Der Aufstieg über die N-Kante gehört zu den eindruchsvollsten Touren im Bergell.

907   *N-Grat (Via Bonatti)*

VI−, grösstenteils IV-V, mit Stellen V+. Hauptschwierigkeiten in den ersten 300 m, z. T. heikel. 2–3 Std. bis zum Einstieg, 7–10 Std. für die Kante. Abb. S. 397, technische Skizze S. 448, 449.

Sehr schwerer, aber schöner Aufstieg in einer einmaligen Landschaft. Höhendifferenz ca. 600 m.
Ein Friends- und Stoppersortiment ist unerlässlich, da nur sehr wenig H stecken. Für Standplatz-Fixierung werden 5-6 H diverser Grössen benötigt. Für den Zustieg über den Vadrec da la Trubinasca sind Pickel und Steigeisen nötig.
W. Bonatti und P. Nava, 6./7. August 1950.
1. Winterbegehung: Arturo und Guido Giovanoli, Ende Dezember 1974.
Zugang und Einstieg: Von der Capanna Sasc Furä zuerst auf dem Pfad zum Passo della Trubinasca, und nachher, über den Vadrec da la Trubinasca aufsteigend, gelangt man zum Einstieg, den man in einem Linksbogen über dem ersten Aufschwung erreicht (ca. 2500 m).
Routenverlauf: Vom Gletscher, links der Kante, über Risse auf

ein Band (2 SL). Über eine steile Rissverschneidung hinauf und nach rechts zum Stand an der Kante. Einer Verschneidung folgend unter einen Wulst und rechts ausholend zu einem Stand. Weiter in der Verschneidung (ca. 10 m) und nach links in eine Rinne zu einem Stand. Links der Kante in weniger schwierigem Gelände bis zur unteren, linken Ecke der Ausbruchstelle (mehrere SL). Nach wenigen Metern Rechtsquerung in der Ausbruchstelle über Platten zu einem Stand unter einer Verschneidung. Durch diese aufwärts und einige SL hinauf bis auf die Kante. Nun links der Kante in leichterem Gelände mehrere SL (III-IV) ansteigen, zuletzt steiler über kleinen Aufschwung und Riss zurück zur Kante (V-V+). Nun leichter nahe der Kante bis unter einen markanten, sehr brüchigen Felskopf. Heikel über diesen hinauf und über schöne Platten unter den Gipfelaufbau. Diesen, von der Kante her rechts umgehend, zu einem Stand bei Beginn einer Rampe. Über diese zum Vorgipfel und nach S zum höchsten Punkt.

Abstieg durch die SE-Flanke: Ungefähr 20 m südlich des Gipfels 20 m-Abseilstelle (Schlinge) auf ein Grasband in der SE-Flanke. Dem Grasband folgend links zur Kante (falsche Abseilstelle!) und an dieser 5 m aufwärts zur richtigen Abseilstelle. In der Schlucht bis zum Gletscher abseilen (mit Vorteil jeweils nur 20 m; eingerichtet).

908 *Vom Colle Badiletto über den E-Grat*

III. 1½ Std.

Wenn die Verhältnisse im Couloir zum Colle Badiletto günstig sind, kann diese Route empfohlen werden. Die Kletterei über den E-Grat ist abwechslungsreich.
A. Bonacossa und A. Polvara, 18. Oktober 1921.
1. Winterbegehung: D. Spazzini und G. C. Verri, 29. Dezember 1955.

Vom Colle Badiletto verfolgt man den E-Grat, zuerst auf der N-Seite bis zu einem markanten viereckigen Felsenfenster, dann über den Grat selbst bis zu einem grossen Gratabbruch. Nun klettert man in einem leichten Kamin auf der S-Seite etwas abwärts und erreicht wieder aufsteigend eine Schulter. Auf einem in die Höhe führenden, leichten Fels- und Rasenband quert man durch die E-Wand zum SW-Grat, den man wenige Meter vom Gipfel entfernt betritt.

Pizzo Badilet

R. 907
(Via Bonatti)
unterer Teil

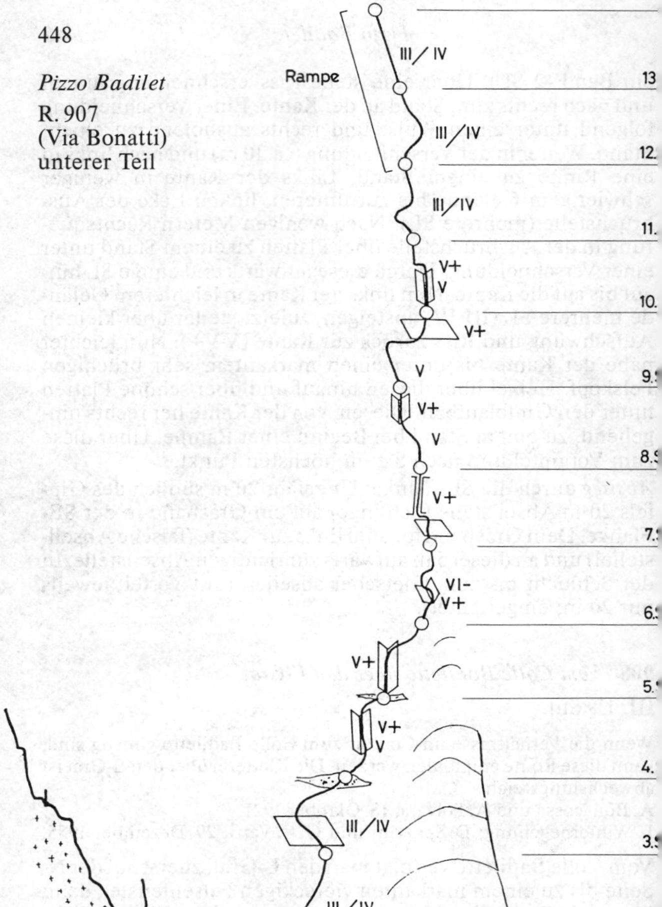

Rampe

III / IV — 13

III /IV — 12

III/IV — 11

V+
V — 10

V+

V — 9.

V+
V — 8.

V+ — 7.

VI–
V+ — 6.

V+ — 5.

V+
V — 4.

III/IV — 3.

III/IV — 2.

IV — 1.

Einstieg auf ca. 2500 m

Vadrec da la
Trubinasca

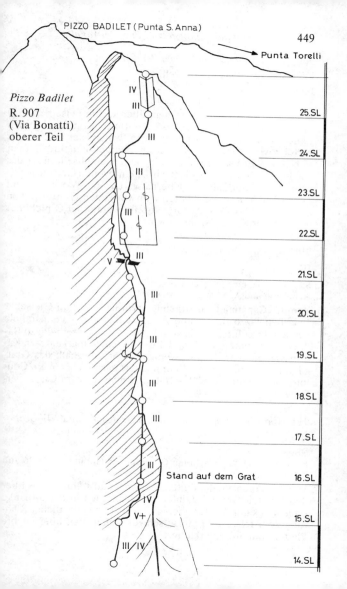

PIZZO BADILET (Punta S. Anna)

449

Punta Torelli

Pizzo Badilet
R. 907
(Via Bonatti)
oberer Teil

IV
III

III

III

III

III

III

V   III

III

III

III

III

III

Stand auf dem Grat

IV

V+

III/IV

25.SL

24.SL

23.SL

22.SL

21.SL

20.SL

19.SL

18.SL

17.SL

16.SL

15.SL

14.SL

909 *Von der Punta Torelli über den SW-Grat*

IV. 3 Std. von der Punta Torelli.

Interessante Gratkletterei.
R. Balabio und G. Scotti, 11. August 1909.

Von der Punta Torelli steigt man über leichte Felsen etwa 30 m in die E-Wand ab. Der erste Gratturm wird durch einen Längsriss an seiner Basis umgangen, worauf der Grat weiter verfolgt wird. Einen Gratabsatz überwindet man, indem man sich in der E-Wand 24 m auf ein Bändchen abseilt, über das wieder die Grathöhe erreicht wird. Den zweiten Gratturm umgeht man unterhalb des Überhangs auf der W-Seite. Dann über Bänder, Kamine, Platten zum vorletzten Gratturm, von dem man sich in eine Scharte abseilt, worauf der Gipfel über den leichten Grat gewonnen wird.

910 *SE-Wand und SW-Grat*

III+. 4 Std.

Steinschlägig, nicht empfehlenswert.
A. Balabio und A. Nava, 3. August 1911.

Von der Capanna Gianetti steigt man nach N zum Gletscher zwischen Pizzo Badile und Pizzo Badilet auf. Zwei parallele Rinnen durchfurchen die vom Kamm Punta Torelli–Pizzo Badilet herabkommende Wand. Im nördlichen, markanteren Kamin klettert man empor. Wenige Meter unterhalb des Gratkamms verlässt man das Kamin, quert nach rechts in ein Couloir und gewinnt den SW-Grat, den man bis zum Gipfel verfolgt.

911 *Von der Forcola della Punta über den W- und NW-Grat*

III−. 1 Std.

Normalroute.
F. Lurani und C. Magnaghi mit Giovanni und Giulio Fiorelli, 26. Juli 1893.

Von der Forcola della Punta steigt man auf solidem Fels über den W-Grat zum NW-Gipfel, den man auch in der S-Flanke umgehen kann. Weiter über ein Firnfeld in südöstlicher Richtung zum felsigen Gipfelaufschwung, den man über leichte Platten und Stufen erklettert.

912 *W-Wand*

IV. 4 Std.

Empfehlenswert, sofern die Felsen nicht vereist sind.

A. Bonacossa und C. Negri, 17. August 1934.

Vom Bivacco Vaninetti auf R. 929 zum Gletscher südlich der Punta Trubinasca (Ghiacciaio di Codera). Auf dem Gletscher zum Fuss der W-Wand (1 Std.). Auf der linken Seite steigt man durch eine Rinne auf das mit Schneeflecken bedeckte Band zwischen dem Gletscher und der eigentlichen W-Wand. Auf dem Band über Schnee und leichte Platten zum grossen Felsaufbau, den man durch eine Rinne (meistens nass) in gutem, glatten Fels (IVer Stellen) erklettert. Die letzten 30 m werden über Platten links über der Rinne erstiegen. Im oberen Teil der Wand führt die Route leichter über Platten, Bänder und unschwierige Stufen zum Gipfel.

913 *NW-Wand*

AS. 10 Std.

Steinschlägiger Aufstieg, der nur bei sehr günstigen Verhältnissen im Winter oder Vorsommer möglich ist. Höhendifferenz ca. 600 m.

A. von Rydzewsky mit A. Dandrea und Ch. Klucker, 12. Juni 1899.

1. Winterbegehung: Franco Giacomelli, Renata Rossi und G. Pietro Scherini, 20./21. Dezember 1980.

Zugang: Von der Capanna Sasc Furä steigt man auf dem Pfad zum Passo della Trubinasca (R. 943) zum Vadrec da la Trubinasca auf. Über den Gletscher aufwärts, am Fuss des Badilet-N-Grates vorbei zum Anfang des von der Forcola della Punta herabkommenden Couloirs.

Routenverlauf: Die zum grossen Teil ausgeaperte Rinne, die die N-Wand des Pizzo Badilet von unten bis oben zu einer Scharte des W-Grates durchzieht, bildet die Anstiegsroute. (Die Erstbegeher hatten Eisüberhänge, die in der östlichen Begrenzungswand in schwieriger Kletterei umgangen wurden, zu überwinden. Die Neigung des damaligen Eiscouloirs wurde mit 55° angegeben.) Von der Scharte im W-Grat zum NW-Gipfel und leicht zum Hauptgipfel.

913a *Variante*

Gefährliche Route mit vielen losen Felsen.

H. A. Tanner mit Ch. Klucker, 22. Juni 1904. Diese Seilschaft erkletterte erstmals den Hauptgipfel, frühere Partien erreichten nur den NW-Gipfel.

Vom Beginn der Rinne weg in der östlichen Begrenzungswand über eine wenig ausgeprägte Rippe mit abwärts geschichteten Platten empor. Etwa 100 m unterhalb der Gratscharte im W-Grat quert man in die Rinne zurück. Weiter in der Rinne aufwärts zur Gratscharte und zum NW- und Hauptgipfel.

Punta Torelli, 3137 m

Hübscher Gipfel, der von der Capanna Gianetti aus häufig besucht wird. Schöne Aussicht.

914   *SW-Grat*

II. 2 Std.

Leichter Anstieg, Normalroute von der Capanna Gianetti.
F. Besta, C. Bonadei, P. Botterini, T. de Cambray-Digny, G. Cetti und C. Gerini, 29. August 1875.
1. Winterbegehung: A. Calegari mit V. Fiorelli, 6. März 1938.
Von der Capanna Gianetti in NW-Richtung, westlich des grossen Felszahnes La Vecchia aufwärts und in einem breiten Schnee- und Geröllcouloir zur Lücke am Fuss des SW-Grates (Bocchetta Torelli). Nun über den leichten Grat, mit einigen Abweichungen, zum Gipfel.
Ski. Bei sehr günstigen Verhältnissen kann mit Ski bis zur Bocchetta Torelli aufgestiegen werden.

915   *WNW-Wand*

III. 3½ Std.

Steinschlägig, nass.
E. Fasana, allein, 5. September 1914.
Vom Bivacco Vaninetti quert man in östlicher Richtung an den Wandfuss. Einstieg auf Schnee, unmittelbar nördlich des von der Bocchetta Torelli kommenden Couloirs. Die R. führt schräg nach rechts aufwärts durch ein Couloir, das bei überhängenden Felsen endet. Nun nach links über ein oft nasses Band zu gelben, zerrissenen Felsen. Ein Stück weit durch diese aufwärts, dann steigt man nach links aus, und über eine Stufe aus unstabilem Fels gelangt man zur grossen Schlussplatte, die im N die gelbliche Felsstufe begrenzt. Steile, gutgriffige Felsen bieten eine schöne Kletterei bis zum Gipfel.

916   *Verbindungsgrat zum Pizzo Badilet siehe R. 909.*

917 *ESE-Wand*

II? 3–4 Std.

Steinschlägig. Nicht mehr begangen.
A. Malinverno und M. Molteni, 17. August 1935.

Von der Capanna Gianetti auf R. 906 an den Fuss der ESE-Wand. Einstieg in der Fallinie des Gipfels. Die Wand in einem Couloir querend, gelangt man zum NE-Grat, den man 30 m unterhalb des Gipfels erreicht.

918 *E-Wand und SSE-Kante*

III? 3½ Std.

Nicht mehr üblich, seit die R. 919 und 920 eröffnet worden sind.
E. L. Strutt mit G. Pollinger, 16. Juni 1908.

Von der Capanna Gianetti in nördlicher Richtung über Gras und Geröll zum Gletscher auf der S-Seite des Pizzo Badilet. Man steigt bis zum höchsten, schneebedeckten Punkt auf, wo eine Rinne/Felsband in die E-Wand führt. Die glatten Felsen machen den Einstieg mühsam. Man folgt dem Band, das für eine kurze Strecke in einen Riss übergeht. Das Band kreuzt später eine Rinne/Band, die zur SE-Kante ansteigt. Durch die Rinne, einmal bequem und breit, aber mit losen Steinen, dann eng und schwierig, aufwärts kletternd, erreicht man eine Nische, von der aus man in exponierter Kletterei zum SSE-Grat gelangt. Einen glatten Zacken umgeht man nach links, indem man einige Meter absteigt, um nachher in einem Kamin wieder aufzusteigen. Dann folgt man dem Grat, zuerst ziemlich exponiert und schwierig, dann leichter bis zum Gipfel.

919 *SSE-Kante*

III-IV, eine Stelle V. 4 Std.

Interessante Kletterei, bei der der schwierigste Teil der Kante (R. 920) rechts umgangen wird.
R. Armelloni, P. Contini und C. Cremonesi, 23. August 1953.

Von der Capanna Gianetti in nördlicher Richtung über Gras und Geröll zum Gletscher auf der S-Seite des Pizzo Badilet. Man lässt die untersten Felsen der SSE-Kante links und steigt bis auf ca. 2800 m zum eigentlichen Kantenbeginn aufwärts (1 Std.). Zuerst über glatte, steile Felsen (III+) empor, dann führt

ein leichtes, schräges Felsband nach links zu einem Absatz auf
der Kante. Nun eine SL auf der Kante über Verschneidungen
(III), dann über eine glatte Platte von links nach rechts an feinen Rissen (IV, H) schräg aufwärts. Schliesslich erreicht man
über eine senkrechte Verschneidung (IV, H) einen grossen Absatz auf der Kante. Über diesem befindet sich ein Aufschwung
mit Überhängen (über den R. 920 aufwärts führt). Nun über
leichte Felsen nach rechts zu einem Kamin, durch das man aufsteigt (III) und bei einer Scharte auf die Kante zurückkommt.
In schöner Kletterei folgt man dieser (III und IV), umgeht einen kleinen «Schnabel» rechts und gelangt zu einer weiteren
Scharte am Fuss einer sehr steilen Platte. Man überwindet sie
(V) und erreicht über die Kante den Gipfel.

920 *SSE-Kante (Via diretta – Mauri-Fiorelli)*

V+. 4–5 Std.

Sehr schöne Kletterei.
C. Mauri, G. Ferrari und Giulio Fiorelli, 11. Juli 1955.
1. Winterbegehung: R. Compagnoni und P. Gilardoni, 18. März 1957.

Zugang und Einstieg: Von der Capanna Gianetti in nördlicher
Richtung östlich des grossen Felszahnes La Vecchia aufwärts
zum Beginn der Kante.

Routenverlauf: Man umgeht die Platte am Kantenfuss auf der
linken Seite und erreicht eine Felsrampe, die von links nach
rechts zur Kante führt. Über die Rampe, wobei ein erster überhängender Absatz umgangen wird, erreicht man den Grat
(Länge der Rampe ca. 80 m, II-III). Nach der Rampe gerade
hoch über den Grat bis zu einem guten Stand unter einem Aufschwung. Über den Überhang aufwärts zu einer sehr steilen,
gelben Platte, die die rechte Flanke der Kante bildet. Man klettert über die Platte (H), eher etwas rechts haltend, bis unter ein
Dach. Nun unter diesem durch nach links zur Kante zu Stand
(30 m, V–V+). Nun direkt aufwärts zu einem Riss, der sich weiter oben in eine enge Kaminverschneidung ausweitet. Stand
auf einem Band am Ende des Risses (H, 20 m, V und V+). Über
die Kante, unter Ausnützung einiger Risse, aufwärts (40 m, IV
und IV+). Nun in die E-Flanke zu einem Stand unter einem
grossen Überhang (40 m, III). Sobald es möglich ist, klettert
man zur Kante zurück, und, dieser folgend, gelangt man über

abgespaltene Platten und kleine Aufschwünge zu einer gelben, kompakten Platte (2 SL, III und IV). Über diese (10 m, V) aufwärts und über die Kante zum nahen Gipfel.

921 *S-Wand*

III? 2 Std.

A. Redaelli mit G. Fiorelli, 30. Juni 1906.

Von der Capanna Gianetti auf R. 914 nicht ganz zur Bocchetta Torelli. Hierauf nach E in die S-Wand, in der man in schwieriger (III?) Kletterei zum Gipfel aufsteigt.

Bocchetta Torelli, ca. 3040 m

Ohne Namen und Höhenangabe auf der LK. Gratlücke am Anfang des SW-Grates der Punta Torelli, die bei der Besteigung dieses Gipfels benützt und beschrieben wird.

La Vecchia, 2913 m

Mächtiger Felszahn am Ende des S-Ausläufers der Punta Torelli.

922 *Von N*

Von der Capanna Gianetti auf R. 914 aufwärts und über eine flache Gratschneide zu einer Scharte und über die N-Kante zum höchsten Punkt.

923 *E-Wand*

V und VI.

G. Micheloni und G. Occhiali, 18. Juli 1965.

924 *SE-Wand*

IV und V.

G. Fiorelli, 1954.

925 *W-Wand*

V und VI.

C. Giudici und L. Prato, 16. Juni 1956.

Passo Porcellizzo, 2962 m

Übergang vom Valle Porcellizzo ins Val Codera nordöstlich des Pizzo Porcellizzo. Er wird häufig auf dem Rückweg von Touren in der Bondascagruppe zur Capanna Sasc Furä (über den Passo della Trubinasca) benützt.

926 *Von der Capanna Gianetti*

EB. 1½ Std.

W. Jacky-Tayler mit Gehilfe Rohrbach, L. Inganni und A. Picenoni,
10. August 1880.

Von der Capanna Gianetti über Gras und Schutt in nordwestlicher Richtung ins Tälchen westlich P. 2688 zwischen dem SW-Grat der Punta Torelli und der von diesem SW-Grat abzweigenden SSE-Rippe mit dem P. 2913. Nun in W-Richtung im (Schnee-) und Geröllcouloir zum Pass.

927 *Vom Bivacco Vaninetti*

EB. 1½ Std.

Der Übergang ins Couloir, bzw. in die Felsen ist manchmal heikel.

Vom Bivacco Vaninetti steigt man etwa 100 m auf und quert dann unter den Felsen des Pizzo Trubinasca-SW-Grates über Geröll und Schutt zum Gletscher nördlich des Pizzo Porcellizzo (Ghiacciaio di Codera). Über den Gletscher steigt man gegen das zum Übergang führende, oft vereiste Schneecouloir auf. Nur bei sehr guten Schneeverhältnissen darf man im Couloir selbst aufsteigen (Steinschlaggefahr); mit Vorteil benützt man die Felsen auf der N-Seite des Couloirs, über die man ohne Schwierigkeiten den Pass erreicht.

Forcola della Punta, ca. 2910 m

Ohne Namen und Höhenangabe auf der LK. Grateinschnitt zwischen Pizzo Badilet und Punta Trubinasca, der bei der Besteigung dieser beiden Gipfel benützt wird.

928 *Von der Capanna Sasc Furä durch das N-Couloir*

AS. 8–10 Std.

Steinschlaggefährlicher Aufstieg, der nur bei sehr günstigen Schneeverhältnissen gewagt werden darf.
D. Dönni und R. Honegger, 17. Mai 1936.

Zugang: Von der Capanna Sasc Furä zuerst auf dem Pfad zum Passo della Trubinasca und nachher, über den Vadrec da la Trubinasca aufsteigend, am westlichen Fuss des Badilet-N-Grates vorbei zum Beginn des Couloirs.

Routenverlauf: Glatte, steile Felsen und der grosse Bergschrund sind die Hauptschwierigkeiten dieses Anstiegs, der wohl nur im Frühsommer möglich ist, wenn die Felsen mit verfirntem Schnee bedeckt sind, so dass der ganze Aufstieg mit Steigeisen ausgeführt werden kann.

929 *Vom Bivacco Vaninetti durch das SW-Couloir*

WS. 1½ Std.

J. M. Caviezel, J. Pontz und J. J. Weilenmann, 1871.

Vom Bivacco Vaninetti steigt man etwa 100 m auf und quert dann unter den Felsen des Pizzo Trubinasca-SW-Grates über Geröll und Schutt zum Gletscher südlich der Punta Trubinasca (Ghiacciaio di Codera) und über die Moräne zum unteren Ende der zur Forcola führenden Rinne. Weiter über die Rippe auf der rechten Seite (SE) auf glatten, aber leichten Felsen und dann über Schnee zur Forcola.

Punta Trubinasca, 2998 m

Schlanke, ebenmässige Felspyramide zwischen Pizzo Badilet und Pizzo Trubinasca. Der Gipfel ist von St. Moritz aus gut sichtbar und bietet eine Reihe schöner und interessanter Anstiege.

930 *Von der Forcola della Punta über den E-Grat*

III−, eine Stelle III+. 2 Std.

Kurze, im letzten Teil exponierte Kletterei. Diese R. wird oft für den Abstieg benützt.

J. Heller und G. Miescher, 8. August 1909.

Von der Forcola della Punta steigt man wenige Meter nach S ab, worauf man über eine steile Platte mit Längs- und Querrissen zum E-Grat hinaufklettert, den man oberhalb des ersten Absatzes erreicht. Die stufenförmigen Absätze des Grates überwindet man unschwierig durch Kamine und Risse. Der Gipfel hängt nach E über. Einige Meter unter dem höchsten Punkt traversiert man unter dem Überhang durch nach Süden, indem man oben eine scharfe Kante packt und sich an ihr sehr exponiert hinüberhangelt. Nach dieser Stelle steil, aber unschwierig zum Gipfel.

931 *SE-Wand (Via diretta)*

V, mit Stellen V+. 6–8 Std.

G. Buscaini und Silvia Metzeltin Buscaini, 8. August 1975.

Vom Bivacco Vaninetti auf R. 929 in die zur Forcola della Punta
hinaufführende Rinne. Nach ungefähr zwei Dritteln quert
man über einer Felsstufe nach links zum Wandfuss. Die Kletterei folgt Rissen und Verschneidungen in der Mitte der Wand
und wurde wenig unter dem Gipfel abgebrochen.

932 *S-Wand (Via Renata)*

V, A1 und A2. 6–7 Std.

Schwierige Wandroute. Die Erstbegeher benötigten 30 H, von denen
sie 6 stecken liessen. Wandhöhe 150 m, teilweise kein guter Fels. Zum
Andenken an die liebenswürdige Hüttenwartin der Capanna Sasc Furä,
Renata Pool, wird die Route mit Via Renata bezeichnet.
B. De Angeli, L. Chessa und E. Redaelli, 8./9. September 1975.

Vom Bivacco Vaninetti auf R. 929 in die Rinne, die zur Forcola
della Punta führt. 30 m in der Rinne aufwärts zum Einstieg.
Man erreicht eine Plattform am Fuss einer überhängenden,
schräg nach rechts führenden Verschneidung. Man überwindet
diese in künstlicher Kletterei (A1 und A2, Stand auf Steigbügel
in der Mitte) bis zu einem kleinen Absatz unter dem Dach,
das die Verschneidung abschliesst. Über das Dach (A2) aufwärts und weiter durch Risse (IV+) bis zu einem Absatz am
Fuss eines Kamins. Über unsichere Schuppen steigt man in das
Kamin ein, erklettert es bis ans Ende (IV, V). Weiter über etwas
unstabile Felsen bis zum weniger steilen Mittelstück der W-
Kante (II, III) und auf R. 933 oder 934 zum Gipfel.

933 *W-Kante*

V. 3½ Std.

Sehr schöne, ausgesetzte Kletterei in bestem Granit. Der schwierigste
Grataufstieg zur Punta Trubinasca. Da die Route teilweise starken
Flechtenbewuchs aufweist, ist sie nur bei trockenem Wetter zu emp-
fehlen. Alle notwendigen H sind vorhanden.
G. Cristofaro, R. Minazzi, M. Pinardi und C. Riva, 7. Juli 1935.

Zugang und Einstieg: Vom Bivacco Vaninetti steigt man etwa
100 m auf, quert dann unter den Felsen des Pizzo Trubinasca-

SW-Grates zum Kantenfuss. Der Einstieg befindet sich auf der linken Kantenseite unter einem auffälligen, dreieckigen Dach (½ Std.).

Routenverlauf: Die Route führt über Verschneidungen und Risse über dem Dach nach links in ein Parallelkamin (IV+) und nach einem Stand (H) bei einem Klemmblock wieder rechts und gerade hoch zur Kante. Die nun folgenden Grattürme im Mittelteil der Kante werden meistens überklettert und führen zum Gipfelaufschwung. Auf der linken (W) Seite wird dieser durch eine markante 60-Meter-Verschneidung durchzogen. Der Einstieg in die Verschneidung bei einem riesigen, eingeklemmten Block ist die Schlüsselstelle des Anstiegs (V, A0). Durch die Verschneidung aufwärts und über das letzte Gratstück in schöner Kletterei zum Gipfel.

934 W-Wand (Via Giovanni Noseda Pedraglio)

VI, A1. Dieser Schwierigkeitsgrad gilt für die ersten 80 m der 250 m hohen Wand, nachher V, V+. 7 Std.

Sehr schöner Anstieg in ausgezeichnetem Fels. Die Erstbegeher benötigten 47 H, 5 H wurden belassen.
M. Zappa und R. Zocchi, 10. Juli 1966.

Zugang und Einstieg: Vom Bivacco Vaninetti auf R. 933 zum Einstieg in der Wandmitte, links einer schwarzen Wasserrinne, die vom Schneefeld in der Wandmitte kommt.

Routenverlauf: In einem Riss 15 m und in der nachfolgenden Verschneidung aufwärts, bis ein Dach den Weiterweg verunmöglicht. Unter dem Dach an einem horizontalen Riss 6–7 m zu einem guten Stand (80 m vom Einstieg, VI, A1, 25 H, 2 belassen). Nun in freier Kletterei über Schuppen und Platten aus dem untersten, senkrechten Wandteil heraus und durch eine sehr glatte Verschneidung nach links empor zum Schneefeld in der Wandmitte (IV+, 4 H, 1 belassen). Über dem Schneefeld gelangt man durch eine senkrechten Riss mit guten Griffen in freier Kletterei an den Fuss einer leicht überhängenden Verschneidung (V). 5 m aufwärts und über einen kleinen Überhang (2 H) zu einem Stand auf Platten. Über diese gelangt man rechts aufwärts unter den senkrechten Abbruch des Gipfels. Der Weiterweg führt links einer wenig markanten Kante an senkrechten Rissen 7 m aufwärts in einen breiten Riss. Am oberen Ende des Risses beginnt ein sehr ausgesetzter kurzer Quergang nach links (V+, 10 H, 2 belassen), und über etwas lose Felsen kommt man zu einem guten Stand und über weniger schwierige Platten und Schuppen zum Gipfel.

935 *Vom Bivacco Vaninetti über den NW-Grat*

IV+. 3½ Std.

Sehr schöne, empfehlenswerte Gratkletterei.
M. Barbaria und Ch. Klucker, 20. Juni 1900.

Zugang und Einstieg: Vom Bivacco Vaninetti steigt man etwas aufwärts und verlässt den SW-Rücken des Pizzo Trubinasca in ENE-Richtung, und über Geröll und Schnee gelangt man zum felsigen Einschnitt zwischen Pizzo Trubinasca und Punta Trubinasca, der mit Passo tra le Trubinasca (ca. 2840 m) bezeichnet wird (1 Std.).

Routenverlauf: Nun zum Fuss des NW-Grates, zuerst wenig unterhalb des Grates auf der S-Seite über steile kurze Verschneidungen zwischen grossen Blöcken aufwärts bis zu einem grossen Aufschwung. Nach einer kurzen Traverse auf der Bondascaseite wird der Überhang in schwieriger Kletterei (H) überwunden, und man gelangt auf den Grat zurück. Dieser ist zuerst scharf und exponiert, legt sich dann zurück, und man verfolgt ihn mit einigen Abweichungen nach links und rechts bis zum Gipfel.

Passo tra le Trubinasca, ca. 2840 m

Ohne Namen und Höhenangabe auf der LK. Einschnitt zwischen der Punta Trubinasca und dem Pizzo Trubinasca. Zugang zum NW-Grat der Punta Trubinasca und zum SE-Grat des Pizzo Trubinasca und dort beschrieben.

Pizzo Trubinasca (Altare), 2918 m

Das Kennzeichen dieses Berges ist der lange, fast horizontale Gipfelgrat, daher wird der Gipfel auf der italienischen Seite auch mit Altare bezeichnet. Der Einblick in die Nordabstürze des Pizzo Badile und Pizzo Badilet ist sehr eindrucksvoll.

936 *Von SW und über den NW-Grat*
II. 1 Std.

Leichter Anstieg.

A. von Rydzewsky mit A. Dandrea, Christian Klucker und Martin Schocher, 29. Juni 1896.

Vom Bivacco Vaninetti auf dem breiten SW-Rücken über Gras, Schutt und leichte Felsstufen zur Lücke am Beginn des NW-Grates. Über den Grat ohne Schwierigkeiten zum Gipfel, dessen höchster Punkt sich am östlichen Ende des fast horizontalen Gipfelgrates befindet.

936a *Variante*

Vom Passo Porcellizzo (Capanna Gianetti) kommend, quert man den Gletscher nördlich des Pizzo Porcellizzo und erreicht den SW-Rücken etwa 100 m oberhalb des Bivacco Vaninetti. Dann steigt man auf dem SW-Grat aufwärts und gewinnt zuletzt über die guten Felsen der S-Seite den Gipfel.

937 *NNW-Wand*

IV+, zwei SL V und eine SL VI. 9 Std.

Nicht sehr lohnende R., stellenweise mit schlechtem Fels. Höhendifferenz ca. 500 m.

M. Bisaccia und G. Broggi, 9. September 1956.

Zugang und Einstieg: Von der Capanna Sasc Furä auf R. 943 auf den westlichsten Teil des Vadrec da la Trubinasca. Über den Gletscher aufwärts an den Wandfuss. Der Einstieg befindet sich ca. 40 m rechts (W) des mittleren Wandcouloirs (2 Std.).

Routenverlauf: Man überwindet den ersten senkrechten Aufschwung (IV+) und erreicht den Fuss eines Firnes, den man links umgeht. Mit 2 SL (III) gelangt man auf die Rippe, die das mittlere Couloir rechts (W) begrenzt. Man quert nun heikel auf brüchigem Fels (40 m, IV) ins Couloir und steigt in diesem oder auf der linken Seite bis zu einem Absatz (40 m, III, eine Stelle IV) auf. Weitere 50 m im Couloir aufwärts, dann steigt man auf der rechten Seite aus (IV) und gelangt nach 40 m (IV+, H) auf eine Geröllterrasse. Hier beginnt eine Kluft von ca. 300 m, die die ganz Wand durchreisst und von unten gut sichtbar ist. Man erklettert die ganze Kluft, die zeitweise zum Kamin wird oder sich zu einem Riss verengt (IV+, 2 SL V und eine SL VI, 2 H, unsichere Griffe), bis zum Gipfelgrat, den man wenige Meter vor dem Gipfel erreicht.

938 *N-Sporn (Via Burgasser)*

V+. 8–10 Std.

Ausserordentlich reizvolle Kletterfahrt in fast durchwegs festem Fels.
Höhendifferenz ca. 500 m.
H. Burgasser und H. Uibrig, 22./23. August 1935.
1. Winterbegehung: A. Giovanoli und F. Lenatti, 3.–5. Januar 1989.

Zugang und Einstieg: Von der Capanna Sasc Furä auf R. 943
(Passo della Trubinasca) zu P. 2228 und auf dem westlichen Teil
des Vadrec da la Trubinasca aufwärts zum Schuttsattel zwischen dem der Wand vorgelagerten Sporn und der N-Wand.
Vom Schuttsattel aufwärts und dann über die Randkluft. Etwas
rechts haltend, erreicht man den Einstieg 60 m rechts der
schwach ausgeprägten N-Kante (2 Std.).

Routenverlauf: Einige Meter gerade durch einen Riss hinauf
und rechts über eine steile Platte in einen Winkel. Scharf links
durch eine verborgene, kleine Verschneidung zu Standplatz direkt über dem Einstieg. 5 m waagrecht nach links und durch
Hangelriss sehr schwierig gerade hinauf zu Stand. Hinter einem abgesprengten Block durch und steil links empor eine
Seillänge zu gutem Stand. (Die Steilschlucht, die hier die Nordkante begleitet, bleibt links.) Wenige Schritte waagrecht nach
links und äusserst schwierig (2 H, V und A1) über den glatten,
moosigen Überhang hinauf schräg links zu geräumigem Standplatz. Von hier aus gelingt es, nach rechts hinauf die grosse
Steilrampe, die schräg links gegen die Nordkante emporzieht,
zu erreichen. Auf der Rampe mehrere Seillängen hinauf, bis sie
zur blockigen Rinne wird. Noch eine Seillänge hoch bis unter
die abgesprengten Platten, die von der riesigen Felsnase herabziehen, die den unteren Teil der Nordkante abschliesst. Dann
scharf rechts abbiegen, 40 m Quergang, in ein neues Rinnensystem, das ganz an den riesigen Nasenüberhang heranführt.
In dem glatten Verschneidungssystem rechts der Nase hält
man sich möglichst rechts (nicht über die abgesprengten Blökke links) und gelangt nach etwa 40 m an den glatten Überhang,
der die Verschneidung abschliesst. Über ihn empor (H) und
nach wenigen Metern zu Stand. Nach einem sehr schwierigen
Überhang und kurzem Wandstück gewinnt man nach links den
geräumigen Schuttplatz, der den obersten Nasenrücken bildet
(Steinmann mit Begeherbuch). Eine Schuttrampe, die schliesslich zum engen Kamin wird, führt auf einen kleinen Absatz

in der Nordostwand. Unter Überhang südöstlich durch und auf kleinen Bändern schräg links empor auf ein Köpfchen. Nach rechts zurück und im Bogen durch flache Rinne schliesslich von links her auf grossen Block (30 m über dem Köpfchen). Auf abstehender Platte schräg rechts hinauf zum Beginn einer überhängenden, kurzen Verschneidung mit Doppelriss (äusserst schwierig, H). Durch sie empor auf ein Band. Auf ihm 12 m hinter dem Köpfchen durch nach rechts um die Ecke zum Beginn eines sich gabelnden Risses. Durch den rechten Ast schräg rechts empor und gerade hinauf auf kleines Schuttplätzchen (Biwak der Erstbegeher). Da der Aufstieg zum Gipfel auf der Nordseite durch riesige Überhänge gesperrt wird, muss man die obere Nordkante erreichen, die sich vom Nordwestgipfel senkrecht herabzieht. In einer Schleife nach links (kurzer Stemmkamin) erreicht man nach 40 m bei einer abgesprengten Riesenplatte den höchsten bandartigen Absatz der Nordostwand. 15 m sehr schwieriger Quergang nach rechts führt zum ersten Abseilhaken. 10 m abseilen auf ein schwaches, abschüssiges Band, das äusserst schwierig an die Kante zu kleiner Kanzel leitet. Jenseits 5 m absteigen. Nach kurzer Querung rechts durch Riss auf ein Moosband. Nach rechts bis an sein Ende und schräg hinauf zum zweiten Abseilhaken. Von hier bei trockenem Fels unter Umständen unmittelbarer Durchstieg zum Gipfel möglich. Sonst seilt man sich möglichst rechts in die Steilrinne 15 m ab, um, nach rechts aufwärts querend, ein Band zu gewinnen. 20 m Quergang, zuletzt 3 m absteigen, um eine Kante herum in eine Einbuchtung, bis eine kurze, aber schwierige Stufe nach rechts in eine sandige Rinne führt, die zu einem Vorsprung dicht unter dem Westgrat leitet. Nach links aufwärts um eine Kante herum auf eine breite Rampe, die unmittelbar zum flachen Gipfel führt.

938.1 *N-Sporn (direkt)*

V, VI. 8–10 Std. Technische Skizze S. 465.

Die R. beginnt links (E) der Via Burgasser und führt in direkter Linie über die Kante zum Gipfel. Anspruchsvolle, interessante Kletterei, schwieriger als R. 938.
B. Černik und F. Piaček, 22. August 1980.

Zugang: wie bei R. 938.

Routenverlauf: Technische Skizze S. 465.

939   *NE-Wand*

V+, zwei Stellen VI, A1 und A2. 14–16 Std.

Sehr schwierige Kletterei, sehr viel mit künstlichen Hilfsmitteln (die
Erstbegeher benötigten über 100 Haken, von denen sie etwa 25 stecken
liessen). Guter Fels. Wandhöhe ca. 500 m.
M. Bisaccia, P. Gilardoni und P. Signini, 18./19. August 1969.

Zugang und Einstieg: Von der Capanna Sasc Furä auf R. 943 auf
den östlichen Teil des Vadrec da la Trubinasca. Über den Gletscher aufwärts an den Wandfuss (ca. 2400 m). Der Einstieg befindet sich rechts der überhängenden Felsen unterhalb der
schrägen Rinne, die den unteren Teil der Wand kennzeichnet
(2½ Std.).

Routenverlauf: Man steigt 30 m längs einer Platte (III) aufwärts,
dann 20 m schräg nach rechts bis zum Anfang einer Rinne/Ver-
schneidung (IV–). Durch diese (40 m, IV, III) empor bis zu einem grossen Absatz. Nun einige Meter nach links, dann erklettert man eine Verschneidung (ca. 10 m), überwindet anschliessend ziegelartige Platten mit Überhängen bis zu einem unbequemen Stand am Fuss einer überhängenden Verschneidung
(H, Kk, IV, A1). Über deren ersten Überhang (A2) hinauf und
weiter bis zu einem Stand oberhalb einer enormen senkrechten
Platte (V+). Mit einer ausgesetzten Traverse nach rechts erreicht man eine Nische (20 m, V), überwindet eine überhängende Schuppe (VI) und gelangt (immer noch V+) zu weniger
steilen Felsen oberhalb des ersten Wandteils. Nun einige SL
schräg nach rechts in Richtung N-Kante bis zu einer grossen
rötlichen Nische. Links der Nische überwindet man ein senkrechtes Stück durch einen Riss/Verschneidung (A1), gelangt
dann, nach links haltend, auf leichteres Gelände (2 SL, bis zu
III) und zum oberen Teil des Couloirs, das den mittleren Teil
der Wand durchfurcht. Man erreicht den oberen Teil der Wand,
indem man eine Art überhängender Nische überwindet (V, A1
und A2), der eine Rampe schräg nach links folgt (2 SL, III und
IV) und über die man zu breiten Felsbändern unter grossen
Überhängen gelangt (Biwak der Erstbegeher). Hier befindet
man sich am Fuss der grossen Verschneidungen des oberen
Wandteils. Man erklettert die erste Verschneidung (80 m, V,
A1), dann die zweite (80 m, V, A2) und schliesslich die dritte
(20 m VI und 30 m A2). Mit 3 SL (IV und V) erreicht man eine
Scharte im Gipfelgrat.

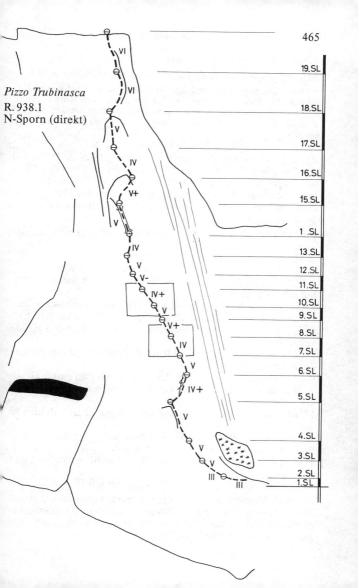

465

Pizzo Trubinasca
R. 938.1
N-Sporn (direkt)

19.SL
18.SL
17.SL
16.SL
15.SL
1 .SL
13.SL
12.SL
11.SL
10.SL
9.SL
8.SL
7.SL
6.SL
5.SL
4.SL
3.SL
2.SL
1.SL

VI
VI
V
IV
V+
V
IV
V
V−
IV+
V
V+
IV
V
IV+
V
V
III   III

939.1   *NE-Wand («Via Dixan»)*

VII, mit Stellen VII+. 13–15 Std. Technische Skizze S. 467.

Ausserordentlich schwierige Kletterei über steile Platten und Verschneidungen aus gutem Fels. Die Erstbegeher verwendeten 40 H und 15 Bh und liessen sie stecken. Für eine Wiederholung müssen einige H und Bh, Friends 2, 2½ und 3 mitgenommen werden. Wandhöhe ca. 500 m.

Paolo Crippa und Dario Spreafico, 24./25. Juni 1989.

Zugang und Einstieg: Von der Capanna Sasc Furä auf R. 943 auf den östlichen Teil des Vadrec da la Trubinasca. Über den Gletscher aufwärts zum Einstieg ca. 50 m links der Fallinie des charakteristischen, hammerförmigen Gratzackens. Der genaue Einstieg hängt stark von den Gletscherverhältnissen ab.

Routenverlauf:
1. SL: Über Felsstufen schräg nach links aufwärts bis unter das waagrechte «Dächerband».
2. SL: Auf Platten nach rechts queren.
3. SL: Aufwärts auf ein Band, dann weiter nach rechts.
4. SL: Nach rechts bis ans Ende des Grasbandes, dann auf Platten schräg nach links.
5. SL: Zuerst nach rechts, dann durch zwei senkrechte Verschneidungen empor und über eine glatte Platte zu Stand.
6. SL: Auf Platten schräg nach links unter ein Dach und gerade aufwärts zu Stand.
7. SL: Man überwindet eine kleine Verschneidung und klettert dann direkt empor zu Stand.
8. SL: Gerade aufwärts über Plattenstufen bis zu einem Band.
9. SL: Auf einer Platte (1 Bh) aufwärts, dann nach links bis zu einer Verschneidung mit Rissen.
10. SL: Über Platten nach rechts aufsteigen (2 Bh), dann 3 m nach rechts zu Stand queren.
11. SL: Nach links in eine Verschneidung, dann auf eine Platte und nach rechts aufwärts bis zum Stand.
12. SL: Eine Verschneidung mit Rissen wird bis an ihr Ende verfolgt.
13./14. SL: Verschneidungen führen zum Gipfel.

Abstieg: Abseilen auf der Aufstiegsroute, wobei die untersten zwei Abseilstellen ohne die Traverse unter dem «Dächerband» direkt zum Gletscher führen. Man kann auch, leicht, auf R. 936 zum Bivacco Vaninetti absteigen.

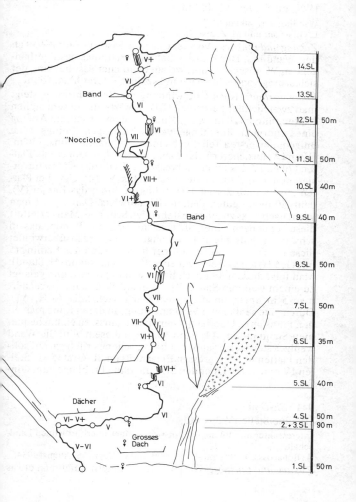

940 *NE-Wand und SE-Grat*

IV-V, mit Stellen A1. 10 Std.

Wandhöhe ca. 400 m.
L. Gilardoni und M. Zappa, 26. August 1968.

Zugang und Einstieg: Von der Capanna Sasc Furä auf R. 939 an
den Wandfuss. Der Einstieg befindet sich links des überhängenden Wandsockels, dort wo ein deutlicher Riss beginnt, der
sich schräg von rechts nach links zum SE-Grat hinaufzieht.

Routenverlauf: Nach Überwindung des Bergschrundes steigt
man zwei SL über Felsstufen (III) aufwärts, die zu sehr steilen
Platten führen (20 m, V, H). Nun zu einem Absatz am Anfang
eines enormen, überhängenden, schlüpfrigen Kamins. Man
umgeht den ersten Teil durch eine Verschneidung links (30 m,
IV und V, unsicherer Fels). Dann weiter über sehr solide Platten (70 m, IV) bis unter senkrechte Aufschwünge. Man traversiert nun über glatte Platten nach rechts (V, H), steigt über Platten zum Kamin zurück (H). Mühsam durch das Kamin (V),
dann 40 m auf guten Platten (IV) aufwärts. Dann quert man
leicht nach links zu einer abstehenden Schuppe. Man erklettert
diese, und nach einer SL erreicht man ein Kamin, das in
schwarzen, glitschigen Überhängen endet. Man überwindet
diese (3 H), steigt weiter auf der linken Wand des Kamins (5
m, A1, 5 H) auf und erreicht ein schmales Felsband (H, Stand).
Man folgt diesem 8 m nach links, sehr exponiert, und gelangt
zu einem weiteren Stand (Kk). 3 m aufwärts, dann traversiert
man 5 m unter einem kleinen Dach nach links (6 H, A1).
Durch eine senkrechte Verschneidung, an deren Ende man einen mühsamen Überhang überwinden muss, zu einem bequemen Stand (30 m, A1, dann V). Nach diesem wird die Wand
weniger steil und erlaubt ein freies, schönes Klettern auf soliden Platten bis zum grossen Einschnitt im SE-Grat (5 SL, Stellen IV und V, H). Über den SE-Grat ohne Probleme zum Gipfel.

941 *SE-Grat*

III, eine Stelle IV. 3–4 Std.

Interessanter und lohnender Anstieg in einer unerhört wilden Landschaft.
A. Bonacossa, E. Bozzolo-Parasacchi und C. Negri, 16. August 1934.

Zugang und Einstieg: Vom Bivacco Vaninetti steigt man etwas

aufwärts, verlässt den SW-Rücken des Pizzo Trubinasca in
ENE-Richtung, und über Geröll und Schnee gelangt man zum
felsigen Einschnitt zwischen Pizzo Trubinasca und Punta Trubinasca, der mit Passo tra le Trubinasca (ca. 2840 m) bezeichnet
wird (1 Std.).

Routenverlauf: Von der Scharte über den Grat zu einem messerscharfen Gratturm, der überklettert wird. Vom folgenden,
zweiten Gratturm wird in eine Scharte abgeseilt (H), und man
gelangt an den Fuss eines nach N überhängenden, steilen Grataufschwungs. Zuerst einige Meter aufwärts, dann quert man
die grosse Platte auf der S-Seite leicht abwärts, um in eine neue
Scharte zu gelangen. Nach links aufsteigend, erreicht man ein
Band, und mit einem Spreizschritt über einen tiefen Einschnitt
gewinnt man einen Standplatz auf einem Grasband. Auf dem
breiter werdenden Grat zu den Gipfelfelsen, die in gutem Fels,
leicht nach links ausholend, erklettert werden.

942 *SE-Flanke und S-Wand*
II, eine Stelle III? 1¼ Std.

Mühsam, nicht lohnend.
J. Heller und G. Miescher, 8. August 1909.

In der SE-Flanke über Geröll an die kurze, steile S-Wand. Zuerst ersteigt man ein steiles, nicht leichtes Kamin und erreicht
über gute Felsen den Gipfel.

Passo della Trubinasca, 2701 m

Der einzige direkte Übergang aus dem Val Bondasca ins Val Codera.
Der Pass führt durch eine einsame, eindrückliche Bergwelt. Er wird oft
in Verbindung mit dem Passo Porcellizzo für die Rückkehr von der Südseite zur Capanna Sasc Furä benützt.

943 *Von der Capanna Sasc Furä*
EB. 3 Std.

Teilweise markierter Übergang, meistens Pfadspuren.

Von der Capanna Sasc Furä in südlicher Richtung, durch lichten
Lärchenwald dem Westhang von La Plota entlang, zuerst leicht
abwärts, dann steigend zu den Moränen des Vadrec da la Trubinasca hinauf. Nun steiler ansteigend über Moränenschutt
nach W zu P. 2228.

Nun quert man in W-Richtung zum Fuss eines weiteren, vom Pizzo Trubinasca kommenden N-Sporns. Auf seiner W-Seite steigt man zum Fuss des zum Übergang hinaufführenden Couloirs. In diesem in leichter Kletterei (II)nach S zum Pass empor.

Abstieg zur Capanna Sasc Furä: Vom Passo della Trubinasca kommend, traversiert man nach dem oben erwähnten Sporn möglichst hoch oben nach E gegen die W-Wände von La Plota und lasse sich dabei nicht verleiten, auch nicht durch abgerutschte Wegmarkierungen, zu früh nach N abzusteigen.

944 *Vom Bivacco Vaninetti*

EB. 1 Std.

Vom Bivacco Vaninetti traversiert man anfänglich über Platten, später über Geröll und Gras in nördlicher Richtung an den Fuss des Übergangs. Nun im mittleren der drei nahe beieinanderliegenden Couloirs zuletzt über einige steile Felsstufen (Ketten) zum Pass.

945 *Von der Capanna Luigi Brasca*

EB. 4 Std.

Von der Capanna Luigi Brasca steigt man auf R. 965 über Sivigia bis auf ca. 2200 m. Nun teilweise auf Pfadspuren, unterhalb P. 2214 querend, über Geröll und magere Weiden in nordöstlicher Richtung an den Fuss des Übergangs. Durch das mittlere der drei nahe beieinanderliegenden Couloirs und zuletzt über einige steile Felsstufen (Ketten) kommt man zum Pass.

Il Cantaccio, ca. 2800 m

Ohne Namen und Höhenangabe auf der LK. Grataufschwung zwischen der Vetta Orientale der Pizzi dei Vanni (P. 2774) und dem Passo della Trubinasca. Ohne touristische Bedeutung. Über Geröll und Schutt leicht erreichbar.

Pizzi dei Vanni, 2720 m und 2774 m

Nordöstlich der Bocchetta Tegiola sich erhebender, langgestreckter Bergkamm, dem fünf Gipfel entsteigen, die durch vier Scharten voneinander getrennt sind und die von W nach E numeriert werden. Dem

westlichsten Gipfel (I) folgt die Vetta Occidentale (II, P. 2720). III und
IV sind nicht kotiert. Der östlichste Gipfel (V, P. 2774) wird mit Vetta
Orientale bezeichnet. Der von diesem Gipfel ausgehende NE-Grat be-
grenzt die Trubinasca nordwestlich. Der Aufschwung auf diesem Grat
zwischen der Vetta Orientale und dem Passo della Trubinasca heisst Il
Cantaccio.

Pizzi dei Vanni, westlichster Gipfel (I)

946 *von S*

II. 1¼ Std. von der Bocchetta della Tegiola.

Nur bei der Überschreitung sämtlicher fünf Gipfel interessant.
G. Bernasconi, P. Ferrario und G. Silvestri, 26. Juli 1909.

Von der Bocchetta della Tegiola über Schutt und Geröll an den
S-Fuss von P. 2720 (Vetta Occidentale). Durch ein Geröllcouloir steigt man in eine Lücke des SW-Grates auf und erreicht
über R. 947 den höchsten Punkt.

947 *SW-Grat*

II. 1 Std. von der Bocchetta dei Vanni

Von der Bocchetta dei Vanni, immer direkt dem Grat folgend,
in leichter Kletterei bis zu einer kleinen Scharte. Einige Meter
in diese absteigen und den folgenden, steilen, etwas brüchigen
Aufschwung auf seiner W-Seite erklettern. Weiter in anregender Kletterei zum Gipfel.

Vetta Occidentale, 2720 m (II)

948 *Von S*

II. 1¼ Std.

P. Ferrario und O. Schiavio, 26. Juli 1912.
Von der Bocchetta della Tegiola über Schutt und Geröll an den
S-Fuss. Nun ersteigt man das Geröllcouloir, das zum tiefen Einschnitt südsüdwestlich des Gipfels führt. Der Gipfel selbst
wird durch eine Rinne mit losen Felsen erreicht.

949 *Durchs Westcouloir*

ZS. 7 Std.

Nur bei günstigem Schnee im Couloir empfehlenswert.
L. Binaghi und A. Bonacossa, 5. Juni 1931.

Auf R. 962 oder 963 zur Alp Tegiola (3 Std.). Von der Alp Tegiola an den Westfuss des Berges. Einen Felsvorsprung nach N
umgehend, erreicht man den Fuss des Westcouloirs, das zur
Scharte zwischen der Vetta Occidentale und dem westlichen Gipfel hinaufführt (2 Std.). Wenn in dem etwa 350 m hohen, zum Teil
sehr steilen Couloir guter Schnee liegt, bietet dieses keine besondere Schwierigkeiten. Allenfalls empfiehlt es sich, im obersten Drittel eine Abzweigung nach links zu benützen und auf
den NW–Grat aufzusteigen, den man eine Strecke weit verfolgt. Später steigt man wieder ins Couloir ein und gewinnt in
diesem leicht die Scharte. Nun durch eine Rinne mit losen Felsen zum Gipfel (2 Std.).

950 *NW-Grat*

III? 7 Std.

Auf R. 962 oder 963 zur Alp Tegiola (3 Std.).

Von der Alp Tegiola in nordnordöstlicher Richtung auf den
Rücken von Cäntac und über P. 2234 zu P. 2456. Die charakteristischen Felszähne werden auf der NE- oder SW-Seite umgangen. Von P. 2456 über den Grat bis zum letzten, steilen Aufschwung und über diesen zum Gipfel.

Pizzi dei Vanni, Gipfel III

951 *Von Süden*

II. 1¼ Std. von der Bocchetta della Tegiola.

G. Bernasconi, P. Ferrario und G. Silvestri, 26. Juli 1909.

Von der Bocchetta della Tegiola über Schutt und Geröll an den
S-Fuss. Man steigt im Couloir zwischen zweiter und dritter
Spitze auf und gelangt aus dem Couloir über Bänder und Rin-
nen zum Gipfel.

952 *WNW-Wand («Via Renata»)*

III und IV. 4 Std. vom Einstieg.

Die Route führt durch die ca. 400 m hohe Wand. Der Fels ist im unteren
Teil plattig und gut, im oberen Teil etwas brüchig.
Arturo Giovanoli und Renata Pool, 4. Oktober 1977.

Auf R. 966 nach Lera d'Sura, dann am Denc dal Luf und der E-
Wand des NW-Grates der Pizzi dei Vanni entlang bis auf ca.

2300 m. Hier zieht sich ein breites Couloir nach rechts gegen den NW-Grat hinauf. Ca. 100 m durch das Couloir aufwärts und nach links an den Einstieg (4 Std.).

Eine genaue Routenbeschreibung erübrigt sich, da praktisch überall Durchstiegsmöglichkeiten bestehen. Zuerst über schöne Platten gerade aufwärts, im mittleren Teil links halten, dann direkt auf den Gipfel zu.

Pizzi dei Vanni, Gipfel IV

953 *von Süden*

II+. 1¼ Std. von der Bocchetta della Tegiola.

P. Ferrario und O. Schiavo, 26. Juli 1912.

Von der Bocchetta della Tegiola über Schutt und Geröll an den SE-Fuss des Gipfels IV. Zuerst im Couloir zwischen dem Gipfel IV und V aufwärts, dann auf der SW-Seite über steile Felsen zum Gipfel.

Vetta Orientale, 2774 m (V)

954 *von S*

II. 1½ Std. von der Bocchetta della Tegiola.

P. Ferrario und O. Schiavo, 26. Juli 1912.

Von der Bocchetta della Tegiola über Schutt und Geröll an den Fuss der Pizzi dei Vanni, dann dem Südfuss der Felsen entlang nach E aufwärts zu einem Geröllcouloir, das vom Grat wenig südöstlich des Gipfels herunterkommt. In diesem Couloir eine kurze Strecke empor, darauf verlässt man es nach links und steigt über lose Felsen leicht zum Gipfel auf.

955 *NW-Couloir*

WS. 6 Std.

Nur bei guten Schneeverhältnissen. Steinschlaggefahr muss beachtet werden.

Auf R. 966 nach Lera d'Sura (3 Std.). Von Lera d'Sura auf Pfadspuren leicht abwärts, dann in südlicher Richtung zum Couloir, das durch die NW-Flanke an den Fuss des Gipfelaufbaus führt. Von dort zu einem Sattel im NE-Grat. Über den Grat, sich auf der E-Seite haltend, über gut gestufte, leichte Felsen zum Gipfel.

956 *NE-Grat*

III. 8 Std.

Selten begangener, wenig lohnender Aufstieg.

L. Binaghi und A. Bonacossa, 6. Juni 1931.

Auf R. 966 nach Lera d'Sura (3 Std.). Von Lera d'Sura einer
Pfadspur nach in das Tal zwischen den NE- und NW-Ausläu-
fern der Pizzi dei Vanni in Richtung auf einen breiten Sattel
südlich P. 2342 in der Nordabzweigung des NE-Grates. Der Sattel wird über Geröll und einen mit Gras durchsetzten Felshang
erreicht (1½ Std.). Nun wenige Meter in das Tälchen Salecina
hinunter und durch dieses hinauf zu einem steilen Couloir, das
den Zugang zu P. 2589 (Vereinigungspunkt zwischen dem NE-
Grat und seiner nördlichen Abzweigung) vermittelt. Bei gutem
Schnee im Vorsommer ohne Schwierigkeit, jedoch steil. Von
hier wird der Grat in leichter, aber anregender Kletterei bis zum
Gipfel verfolgt (3½ Std.).

957 *E-Wand*

II. 4½ Std.

Mühsame, wenig interessante Route.

Von der Capanna Sasc Furä auf R. 943 an den N-Fuss des Passo
della Trubinasca. Die 300 m hohe E-Wand wird über Geröll,
Gras und lose Felsen ohne besondere Schwierigkeiten erstiegen.

Überschreitung der fünf Gipfel der Pizzi dei Vanni

Auf R. 947 zum westlichsten Gipfel (I) der Pizzi dei Vanni. Abstieg nach S zum Abbruch ins Couloir zwischen dem westlichsten Gipfel und P. 2720 (II). Man steigt über ein Band ab, bis
man sich oberhalb der Scharte zwischen den beiden Gipfeln
befindet. Von hier wird in die Scharte abgeseilt und auf R. 948
die Vetta Occidentale (II) erklettert. Von diesem Gipfel steigt
man nach SE ab ins Couloir zwischen zweiter und dritter Spitze. Leicht. Aus dem Couloir gelangt man ohne Schwierigkeiten
über Bänder und Rinnen zum dritten Gipfel. Dessen Gipfelgrat begeht man bis nahe ans östliche Ende, dann über Bänder
auf der S-Seite, stellenweise steil zu einem ausgeprägten Einschnitt und von da leicht zur vierten Spitze. Nun zu einer letzten Einsattelung in steilen Felsen, sich südlich haltend. In einem breiten Geröllcouloir steigt man ab, bis es möglich wird,

über Bänder und einige nicht ganz einfache Stellen in der S-Wand von P. 2774 auf ein leichtes Gelände zu kommen und ohne Schwierigkeiten zur Vetta Orientale (V) aufzusteigen. 3–4 Std. von der Bocchetta della Tegiola. Abstieg auf R. 954.

Bocchetta dei Vanni, ca. 2500 m

Ohne Namen und Höhenangabe auf der LK. Lücke zwischen der Cima della Tegiola und den Pizzi dei Vanni. In früheren Ausgaben des Clubführers mit Bocchetta Alta della Tegiola bezeichnet.

958 *Von NW*

Der Übergang wird vom Anstieg zur Bocchetta della Tegiola, R. 962, erreicht, indem man zuoberst etwas mehr südöstlich hält und über steiles Geröll in die Lücke aufsteigt.

959 *Von der Bocchetta della Tegiola*

WS. ½ Std.

Von der Bocchetta della Tegiola steigt man etwas nach S ab und quert dann in östlicher Richtung unterhalb der Cima della Tegiola über Schutt und Geröll, bis man zur tief eingeschnittenen Lücke aufsteigen kann.

960 *Von S*

Von S kommend, zweigt man kurz unterhalb der Bocchetta della Tegiola (R. 965) nach E ab und gelangt wie oben zum Übergang.

Cima della Tegiola, ca. 2600 m

Ohne Namen und Höhenangabe auf der LK. Unbedeutender Felsgipfel zwischen der Bocchetta della Tegiola und der Bocchetta dei Vanni.

961 *Von der Bocchetta della Tegiola*

II. ½ Std.

P. Ferrari und O. Schiavio, 25. Juli 1912.

Einstieg auf der NW-Seite und Aufstieg über Gras und leichte Felsen.

Bocchetta della Tegiola, 2490 m

Leichter, langer, landschaftlich schöner Übergang zwischen dem Val Bregaglia und dem Val Codera. Neben dem Übergang P. 2490 gibt es nordöstlich der Cima della Tegiola eine Lücke, ca. 2500 m, die mit Bocchetta dei Vanni benannt wird.

962 *Von Bondo*

B. 5–5½ Std.

Von Bondo in südwestlicher Richtung auf der Fahrstrasse über Prä Salasc (1112 m) nach Ceresc (1288 m). 1½ Std., Parkplatz. Der Fahrweg von Bondo nach Ceresc darf nur mit Bewilligung der Gemeindebehörde von Bondo befahren werden. Die Bewilligung ist gegen Bezahlung einer Gebühr im Restaurant in Bondo erhältlich.

Auf gutem Weg über Cänt, Vec durch den prächtigen Lärchenwald aufwärts zur Alp Tegiola (1789 m), wobei der Weg wenig unterhalb der Alp schlecht zu finden ist. 1½ Std. Nun ohne Weg über Geröll und magere Weiden und zuletzt über Schnee oder Geröll in der steilen Rinne in südöstlicher Richtung zur Passhöhe (2 Std.).

963 *Von Castasegna*

B. 5½ Std.

In Castasegna beginnt der Weg ca. 100 m vor dem Grenzübergang und führt bei P. 697 über die Merabrücke und weiter auf dem Fahrsträsschen nach Casnac und Motta. Bei P. 882 zweigt rechts ein guter Pfad ab und führt durch den Wald nach Prä Salasc. 1¼ Std. In ¾ Std. gelangt man auf dem Fahrsträsschen nach Ceresc und steigt auf R. 962 zur Bocchetta della Tegiola auf.

964 *Vom Bivacco Vaninetti*

B. 1½ Std.

Vom Bivacco Vaninetti in westlicher Richtung absteigend, gelangt man unterhalb P. 2214 auf den von der Alp Sivigia kommenden Pfad, der in nördlicher Richtung steil zur Bocchetta hinauf führt.

965 *Von der Capanna Luigi Brasca (teilweise markiert)*

B. 4 Std.

Von der Capanna Luigi Brasca auf gutem Weg in nördlicher

Richtung auf der linken Talseite nach Codera, 1480 m. Auf der
E-Seite des Bachs in nordöstlicher Richtung weiter, bis sich
das Tal verengt, und dann auf Pfadspuren aufwärts zur zerfalle-
nen Alp Sivigia, ca. 1940 m (2 Std.). Nun nach NW zwischen
zwei Felsabstürzen aufwärts über Weiden und Schutthalden,
zuletzt nach E ausholend, nach N zur Bocchetta.

Denc dal Luf (Wolfszahn), 2172 m

Kühne, schwierig zu ersteigende, etwa 80 m hohe Felsnadel am Ende
des nach N vorspringenden Sporns des von P. 2720 (Vetta Occidentale
der Pizzi dei Vanni) nach NNW abfallenden Kammes.

966 *Von Bondo*

IV+. 4 Std., davon 3 Std. Anmarsch bis zum Einstieg.

Kurze interessante Kletterei.
A. von Rydzewsky mit M. Barbaria und Christian Klucker, 23. Juni
1894.

Zugang: Von Bondo auf dem Weg zur Capanna di Sciora bis zur
Brücke bei P. 1023. Auf dieser über den Bondascabach, dann
steil zu der nach allen Seiten mit Wald umgebenen Alp Cugian
hinauf und weiter zur Alp Luvartigh. Von hier steil in südwestlicher Richtung zu den Hütten von Lera d'Sura (1894 m).
Lera d'Sura kann auch über R. 962 erreicht werden, indem man
bis Vec aufsteigt. Kurz nach Vec zweigt der Weg nach Lera d'Sura vom zur Alp Tegiola führenden Weg ab.

Routenverlauf: Der Einstieg befindet sich am N-Fuss der Nadel.
Zuerst in einem steilen Riss empor, dann schwierig und steil über
eine glatte Platte nach Osten zur NE-Kante und über diese in
kurzer Kletterei zum kleinen, flachen Gipfel.

Abstieg: Man seilt sich über die NE-Kante ab.

966a *von S.*

IV–V.

Edi Giovanoli, Juni 1980.

Von der Lücke auf der S-Seite des Denc dal Luf führt eine R.
durch die steile S-Wand/Kante. Einige H stecken; für eine Begehung sind jedoch H oder Kk nötig.

Sentiero Roma

Mit Sentiero Roma wird der Bergweg entlang der Südflanke der Bergeller Berge bezeichnet. Es ist ein abwechslungsreicher, meistens markierter Pfad, der von Chiesa im Val Malenco über acht Pässe zum Val Codera und nach Novate Mezzola führt. Der Sentiero Roma bietet dem erfahrenen Bergwanderer herrliche Einblicke in die grossartige Bergeller Bergwelt. Für die Wanderung ist Ausdauer und alpine Erfahrung nötig. Die Übergänge sind stellenweise mit fixen Stellen gesichert, können aber, vor allem wenn sie vereist sind, schwierig sein. Die zahlreichen Hütten und Biwaks ermöglichen eine gute Unterteilung der Strecke und verschiedene Varianten.

Die nachstehende Skizzierung des Wegs von E nach W soll die Auffindung der Routenbeschreibungen der einzelnen Teilstrecken erleichtern.
Von Chiesa auf R. 27 zum Rifugio Bosio. Die R. 185 führt zum Passo di Corna Rossa (Rifugio Desio), und auf R. 184 gelangt man zum Rifugio Ponti.
Vom Rifugio Ponti auf R. 201 zur Bocchetta Roma und über den Passo Cameraccio auf R. 202 zum Bivacco Manzi und von dort über den Passo Val Torrone zur Capanna Allievi (R. 253/254).
Von der Capanna Allievi auf R. 522 zum Passo dell'Averta und R. 532 zum Passo Qualido und R. 533 zum Bivacco Molteni.
Vom Bivacco Molteni zum Passo del Camerozzo und zur Capanna Gianetti (R. 556/557).
Von der Capanna Gianetti auf R. 56 über den Passo del Barbacan zur Capanna Luigi Brasca und auf R. 53 ins Val Codera und nach Novate Mezzola oder auf R. 60 über den Sentiero Risari zum Rifugio Omio und auf R. 58 ins Bagni del Màsino.

ALPINES RETTUNGSWESEN

Der Schweizer Alpen-Club, SAC, und die Schweizerische Rettungsflugwacht, REGA, besorgen gemeinsam den Rettungsdienst. Die rund um die Uhr im Betrieb stehende Alarmzentrale der REGA dient der Koordination und gewährleistet eine rasche und zweckmässige Hilfeleistung.

Alarmstellen in der Schweiz

Schweizerische Rettungsflugwacht REGA
Tel. 01 383 11 11

REGA Funk-Kanal 159 675 kHz

Die Einsatzleiter klären ab, ob der Einsatz eines Helikopters möglich oder notwendig ist, bieten SAC-Rettungskolonnen und SAC-Lawinenhunde-Equipen auf und informieren die zuständige Polizeistelle.

Hilfe kann auch bei der Kantonspolizei Graubünden, *Tel. 117*, angefordert werden.

Alarmstellen in Italien

Stazione Soccorso Alpino Chiesa Valmalenco   0342 45 16 93

Stazione Soccorso Alpino Valmasino   0342 64 08 45
oder (P) 0342 64 08 58
(G) 0342 64 08 73

Stazione Soccorso Alpino Chiavenna   0343   3 32 77

Hilfe kann auch bei der italienischen Polizei, *Tel. 112*, angefordert werden.

Schweizerische Rettungsflugwacht REGA   0041 1 383 11 11

SOS-Telefone

Neben den Telefonstationen der Clubhütten des SAC und des CAI, die für Hilferufe immer zugänglich sind, bestehen folgende SOS-Telefone:

Val Forno
Wärterhaus Plancanin　　　　　　　Koord. 775 000/137 270

Albigna-Staumauer
Unterkunftshaus　　　　　　　　　　Koord. 769 700/134 075

Für die Unfallmeldung sind folgende Anworten vorzubereiten:

Wer meldet?
– Name, Adresse, Ort, Tel. Nr.

Wer ist verunglückt?
– Anzahl, Namen, Adressen

Art der Verletzungen?
Wo?
– Koordinaten, Berg, Route, Seillänge

Was ist geschehen?

Wann? Wann zuletzt gesehen?

Wie ausgerüstet?

Witterung?
– Sichtweite, Niederschläge, Tendenz, Windstärke

Verhältnisse beim Zugang, am Berg

Hindernisse?
– Hochspannungsleitungen, Heuseile, Transportbahnen u. ä.

Wird besonderes Material wie Beleuchtung, Kompressor u. ä, benötigt?

Alpines Notsignal

Optische und/oder akustische Signale:
6× pro Minute, eine Minute Pause, Wiederholung usw. z. B. mit Signalraketen, Pfeifen, Rufen, Lampe o. ä.
Die Antwort wird mit gleichartigem Signal gegeben:
3× pro Minute, eine Minute Pause, Wiederholung usw.

Flugrettung

Zeichengebung:

Hier landen
Wir brauchen Hilfe

 YES/JA

Nicht landen
Wir brauchen nichts

 NO/NEIN

Kameradenhilfe

Über das Verhalten bei Unfällen und die wichtigsten Massnahmen zur Rettung verunfallter Kameraden geben die beiden Schriften des SAC (verfasst von Bergführer Walter Müller)
Band 1: Skibergsteigen, Steileisklettern
Band 2: Sommerbergsteigen, Sportklettern
wertvolle Hinweise und Anleitungen. Wir empfehlen allen verantwortungsbewussten Bergsteigern das Studium dieser Publikationen. Theorie allein genügt aber nicht; es sind praktische Übungen nötig, um im Ernstfall bestehen zu können.

GEOLOGISCHE NOTIZEN

Prof. Dr. Peter Bearth, Basel

(unverändert übernommen aus der 3. Auflage 1966)

Wenn wir, etwa von Avers oder Oberhalbstein herkommend, auf die Wasserscheide nach dem Bergell gelangen, so tut sich uns eine völlig neue, in ihrer Wildheit bezaubernd eigenartige Welt auf. Schroffe bewaldete Hänge steigen aus den von Schuttkegeln bedeckten Talflächen in die Höhe, gekrönt von abenteuerlich kühnen Türmen und Graten. Nicht zufällige Zerstörung scheint sie geformt zu haben, vielmehr scheinen sie so gewachsen zu sein. Diese Berge erinnern unmittelbar an die Aiguilles des Mont Blanc-Massives. Beide sind aus Granit geformt. Aber während der Mont Blanc-Granit noch in eine Zeit lange vor der Alpenfaltung zurückreicht, drang der Bergeller-Granit erst am Schlusse der Gebirgsbildung, also im Tertiär, aus der Tiefe herauf, als der Alpenbau in seinen grossen Zügen, gewissermassen als Rohbau, bereits fertig da stand. Seine Jugend leuchtet uns denn auch in der Frische des Gesteines entgegen. Freilich, ganz unberührt haben ihn die letzten Erschütterungen und Bewegungen der Gebirgsfaltung nicht gelassen. Wir finden sogar in der südalpinen Nagelfluh zwischen Como und Varese Gerölle des Bergeller-Granits, die von den letzten gebirgsbildenden Bewegungen noch ergriffen worden sind.

Die Mehrzahl der Bergeller Kletterberge ist aus jenem hellgrauen Granit herausgemeisselt, dessen jugendliche Frische uns an jedem neuen Anbruch erfreut. Am häufigsten ist eine porphyrische Ausbildung des Granites, d. h. in einem Gemenge der üblichen Bestandteile, Feldspat, Quarz und dunkler Glimmer, liegen grössere Kristalle von Kalifeldspat meist einige Zentimeter lang. Durch oberflächliche Verwitterung werden diese Kristalle häufig herausmodelliert und geben dann dem Kletterer auch auf sonst grifflosen Flächen noch guten Stand. Wer übrigens aufmerksam beobachtet, dem wird bald auffallen, dass der Granit in zahlreichen Abarten ausgebildet ist. Neben dem prophyrischen Granit gibt es feinkörnige, helle Gesteine, dann dunkle, glimmer- oder hornblendereiche Varietäten, dann wieder teils massige, teils gneisige Partien, alle oft auf wenige Schritte einander ablösend, dann wieder einander durchsetzend. Nichts illustriert besser die komplizierte Geschichte dieses Granites als diese ausserordentliche Mannigfaltigkeit, die teils auf Veränderungen zurückzuführen ist, welche durch das Aufschmelzen von fremdem Material entstanden, teils auch auf mehrere Phasen in der Erstarrung des granitischen Schmelzflusses zurückgeht.

Sehr zahlreich wird man ferner besonders im Albigna- und Bondascagebiet spätgranitische, sehr grobkörnige helle Gesteine, sogenannte Pegmatite, antreffen. Es sind Spätausscheidungen der granitischen Schmelzmasse, die durch ihre langgestreckte, schmale, bandartige Form in den dunkleren Granitfelsen auffallen. Neben weissem Kalifeldspat, grauem Quarz und silberglänzenden Glimmertafeln führen sie ausser einigen sehr seltenen Mineralien besonders noch tiefroten Granat und blaugrünen Beryll, daneben auch häufig pechschwarzen Turmalin. Es ist klar, dass das Eindringen einer so gewaltigen schmelzflüssigen Masse nicht ohne Einfluss auf das Nebengestein bleiben konnte. Von Westen her streichen verschiedene Baueinheiten der Alpen in zahlreichen Gesteinsarten an den Granit heran. Da finden wir zunächst an den Hängen der Val Bondasca die Gneise und Schiefer der Adula und der Tambodecke (Steinbrüche bei Promontogno). Von den Hängen ob Soglio ziehen die Gneise und Schiefer der Surettadecke an den Unterlauf der Albigna, um dort vom Granit plötzlich abgeschnitten zu werden. Darüber lagern Bündnerschiefer (Kalkschiefer, Dolomite, Quarzite, etc.) und Grüngesteine (Amphibolite, Serpentine usf.), die vom Duan herunterziehend den Talboden zwischen Vicosoprano und Casaccia queren. Diese Gesteine zusammen mit Schiefern und Quarziten usw. der Margnadecke geben den Hängen der Val Muretto den Charakter. Sie folgen meist auf der italienischen Seite bleibend, der Gebirgskette der Pizzi dei Rossi nach Süden bis zum Monte Disgrazia.

Diese verschiedenen tektonischen Stockwerke nun hat der Granit durchschmolzen, wobei die vielen verschiedenen Gesteinsarten derselben auf mannigfache Weise umgewandelt worden sind, entsprechend ihrer Lage zum Granit und ihren stofflichen Unterschieden. Die Berührung mit der Schmelzmasse hat zur Bildung von Kontaktmineralien im Nebengestein Anlass gegeben. So sind Kalke in Granat- und Diopsid- oder Wollastonitfelse umgewandelt worden. Andere Gesteine wieder sind vom Granit aufgebrochen und mehr oder weniger vollständig von demselben aufgeschmolzen und assimiliert worden. Es ist nicht möglich, die Mannigfaltigkeit dieser Erscheinungen hier aufzuzählen. Am besten bekommt man einen Begriff davon, wenn man sie in der Natur selbst betrachtet. Solche Gebiete, in denen sich der Kampf zwischen dem Granit und dem Nebengestein abgespielt hat, berührt der Bergsteiger z. B. wenn er, aus dem Geröll der oberen Val Bondasca heraustretend, dem Pfad durch die Felsen zur Capanna di Sciora folgt. Er quert sie ferner auf halber Höhe beim Aufstieg zur Capanna da l'Albigna und er sieht sie in besonders schöner Weise rechts und links

von der Zunge des Fornogletschers. Hier umschliesst der helle Granit
zahlreiche dunkle Schollen eines älteren Fremdgesteins. Wer studie-
ren will, wie der Granit in seine Umgebung vordrang, der braucht nur
die Wände der Pizzi dei Rossi zu betrachten, deren fast schwarzes Gestein von vielen hellen Granitadern durchzogen ist. Zahlreichen schönen Kontakterscheinungen begegnet man auch im östlichen Fornogebiet, so in der Umgebung der Capanna del Forno und vom Monte del
Forno über Monte Rosso und Passo Vazzeda bis zur Cima di Rosso.
Nicht minder schöne Erscheinungen finden sich in der Umgebung des
Piz Salacina und der Cima da Murtaira. Im Val Bondasca lassen sich
Kontaktwirkungen sowohl auf Naravedar wie auf Sasc Furä beobachten, am schönsten wohl am Ostfuss der Pizzi dei Vanni. Zwischen diesen und dem Pizzo Trubinasca ist ein breiter Gürtel mit ausserge-
wöhlich schönen Einschmelzerscheinungen. An Stelle des Granites
findet man hier ein dunkleres, hornblendeführendes, sehr schlieriges
Gestein von dioritischem Charakter. Im Süden beobachtet man schöne Kontaktgesteine in der Umgebung der Alp Predarossa und der Alp
Sasc Pisöl.

Der Charakter des Gesteins prägt sich auch in den Gestalten der Berge
aus. In dieser Hinsicht ist gerade der Gegensatz zwischen Nord- und
Südhang im Bergeller Haupttal kennzeichnend. Dem starken Gefälle
desselben (auf 18 km 1100 m!) entspricht der Charakter der kurzen Ne-
bentäler. Dabei zeigen Forno und Albigna sowohl in Art wie Richtung
ihrer Anlage einen ausgesprochenen Gegensatz zum Val Bondasca.
Die Richtung der beiden erstgenannten weist, genau wie die der Aua da
Maroz, auf Maloja hin. Dies deutet an, dass wir es hier mit alten Zu-
flüssen des Inn zu tun haben, die durch die kräftig erodierende Mera
abgeschnitten und zum Po abgelenkt worden sind. Die mächtigen Steilstufen dieser Seitentäler, die zahlreichen inter- und postglazialen Berg-
stürze, die gewaltigen, jetzt noch lebendigen Schuttkegel sind Zeugen
der erodierenden Kräfte, wie sie wirksam waren und noch sind. Der erhebliche Gefällsunterschied, der in den feinsten Verästelungen des
Flussnetzes sich spiegelt, ist schliesslich die Ursache der überaus wilden Bergformen und der im Einzelnen so komplizierten Topographie.
Denn diese lässt sich in Worten nicht darstellen, so klar auch der Aufbau mit seinem West-Ost streichenden Hauptkamm und den von ihm
nach Norden abzweigenden Nebenketten des Forno-, Albigna- und
Bondascagebietes in grossen Zügen erscheint.

Quellennachweis:

Rudolf Staub: Geologische Karte der Val Bregaglia, 1917–1918, 1 : 50 000.
Rudolf Staub: Geologische Karte der Bernina-Gruppe, 1948, 1 : 50 000.
P. Bearth: Einige Bilder aus dem Granitmassiv des Bergell. Leben und
Umwelt, 1950, H. 8.

J. Cadisch: Geologie der Schweizer Alpen, Wepf & Co., 1953.

H. P. Cornelius: Geologische Beobachtungen in den italienischen Teilen des Albigna-Disgraziamassivs. Geologische Rundschau 1915.

Rudolf Staub: Geologische Beobachtungen am Bergellermassiv. Vierteljahrsschrift der Naturforschenden Gesellschaft Zürich, 1918.

Rudolf Staub: Über den Bau des Monte della Disgrazia. Vierteljahrsschrift der Naturforschenden Gesellschaft Zürich, 1921.

Rudolf Staub: Geolog. Führer der Schweiz, 1934. S. 238 und S. 1112.

BOTANISCHE NOTIZEN

Von Dr. J. Anliker

(Aus «75 Jahre Sektion Hoher Rohn SAC» 1966)

Die Vorstellung, daß sich die drei bündnerischen Täler, das Misox, Bergell und Puschlav, als Folge ihrer transalpinen, südlicheren Lage eines milderen Klimas erfreuen und daher dort Pflanzen- und Tierarten vorkommen, die im nördlichen Teil der Schweiz fehlen, ist richtig. Dies trifft augenfällig aber nur für die untersten Teile dieser Talschaften zu (etwa von 800 Meter Meereshöhe an abwärts), wo sich der günstige Einfluß des bevorzugten Klimas am Alpensüdrand deutlich bemerkbar macht und wärmeliebende Pflanzen- und Tierarten anzutreffen sind. Die höher gelegenen Talabschnitte dagegen weisen eine Vegetation auf, die zum größeren Teil noch mit der Pflanzendecke der nördlichen Alpenketten übereinstimmt; indessen lassen zahlreiche für die südliche Abdachung der Alpen typische Pflanzenarten und einige südliche bis südöstliche Einstrahlungen auch in höheren Lagen bereits die klimatische Sonderstellung dieser Täler erkennen. Es wiederholt sich somit in den genannten drei Talschaften in kleinem Maßstabe dieselbe Erscheinung, die sich im großen im Tessin beobachten läßt.

Da die Kämme des Bergells, eines ausgesprochenen, von Ost nach West verlaufenden Gebirgstales, über durchwegs steilen Flanken im Norden bis 3130 m (Piz Duan) und im Süden bis 3388 m (Cima di Castello) ansteigen, setzt sich seine *Flora* in den höheren Stufen zur Hauptsache aus alpin-nordischen Arten zusammen. Gegen Westen senkt sich das Tal rasch, sich allmählich weitend, bis auf 325 m bei Chiavenna, wo der Talfuß, die Mera, nach Süden umbiegt, um nach dem Durchfließen des breiten Talbodens (Piano di Chiavenna) nach knapp 20 km den Comersee zu erreichen. Die warmen und feuchten, aus der insubrischen Region heranstreichenden südwestlichen Winde stoßen daher beim Vorstoß gegen Nordosten auf kein nennenswertes Hindernis. Ihnen sowie der transalpinen Lage hat der unterste Talabschnitt des Bergells von Castasegna bis hinauf nach Promontogno und Soglio, die Sottoporta, sein relativ mildes Klima mit einem durchschnittlichen Jahresmittel der Lufttemperatur von 9,5°C in Castasegna zu verdanken, das nur wenig hinter Montreux und Basel zurücksteht. Beim Aufgleiten der Winde über die steilen Berghänge kommt es bald zur Kondensation des mitgeführten Wasserdampfes, was zu einer hohen mittleren Jahressumme des Niederschlages (1433 mm für Castasegna) führt. Während aber vergleichsweise die durchschnittlichen Jahresmittel der Lufttemperatur von Montreux und Basel über demjenigen von Castasegna liegen, erreichen die durchschnittlichen Jahressummen des Niederschlages dieser beiden Stationen die mittlere jährliche Regenmenge von Castasegna bei weitem nicht. Das Zusammenwirken dieser beiden vorteilhaften klimatischen Faktoren, der bemerkenswert erhöhten Lufttemperatur verbunden mit reichlichen Niederschlägen sowie einer vermehrten Insolation (für das Bergell liegen bis heute keine Messungen der Sonnenscheindauer vor), bildet die Voraussetzung für ein gutes Pflanzenwachstum. Eine Eigenart des Bergellerklimas ist die trotz der reichlichen Niederschläge meßbar niedrige relative Luftfeuchtigkeit (Bergell 65,3 %, Sils i. Eng. 75,8 %, Lugano 75,5 %, Basel 79 %, nach P. Flütsch). Bei höherem atmosphärischem Druck über dem Engadin fällt infolge des Fehlens einer erhöhten Talscheide bei Maloja die Luft in den Talkessel von Casaccia hinunter, erwärmt sich dabei und streicht als relativ trockener Fallwind westwärts bis gegen Chiavenna. Da dieser Wind, der «Bergeller-Föhn», besonders im Winter häufig weht, trägt er wesentlich zur Milderung der kalten Jahreszeit wie zur Verhinderung der Nebelbildung im Tale bei.

In engem Zusammenhang mit den geschilderten klimatischen Vorzügen im untersten Talabschnitt (der Sottoporta) steht die dort zu beobachtende *Vegetation und Fauna.* Nur dieser klimatischen Sonderstellung des Gebietes ist es zuzuschreiben, daß bei Chiavenna (rund 10 km von Castasegna entfernt) zwei charakteristische Vertreter der mediterranen Macchien ihre absolute Nordgrenze erreichen: Die Baumheide (*Erica arborea* L.) und die salbeiblättrige Cistrose (*Cistus salviifolius* L.). Ein weiteres, auf natürlichem Wege eingewandertes Element der Mittelmeer-Vegetation, der südliche Zürgelbaum (*Celtis australis* L.), stößt zwar talaufwärts bis dicht an die Landesgrenze bei Castasegna vor, erreicht hier aber die Schweiz nicht mehr.

Auf schweizerischem Gebiet ist für den untersten Talabschnitt, die Sottoporta, namentlich das Vordringen des Hopfenbuchen-Eichen-Linden-Buschwaldes kennzeichnend. Seine wichtigste Komponente, die Hopfenbuch (*Ostrya carpinifolia* Scop.), findet sich mehrfach an der Talstraße unterhalb Promontogno, sie wurde aber schon seit der Jahrhundertwende mehrfach auch bei Soglio (um 900 m) beobachtet. Die Fundstellen an den sonnigen steilen Hängen unterhalb Soglio gehören zwar nicht zu den höchstgelegenen schweizerischen Standorten, sie dürften aber den nördlichsten Vorposten der Art in unserem Lande bilden.

Von den beiden Begleitern der Hopfenbuche dringt die Trauben-Eiche (*Quercus petraea* [Mattuschka] Lieblein) östlich bis Caccior (Sopraporta) sowie an den sonnigen Hängen oberhalb Castasegna und Soglio bis auf Höhen von 1300 und 1470 m vor. Die ebenfalls weniger empfindliche Winterlinde (*Tilia cordata* Miller) steigt hier bis 1200 m und bei Vicosoprano – allerdings nur noch strauchförmig – bis 1300 m an. Mit der Hopfenbuche sind ferner zwei südliche, strauchförmige Arten bis ins Bergell vorgedrungen, wovon die rosa blühende Mittelmeer-brombeere (*Rubus ulmifolius* Schott) ebenfalls Vicosoprano und Roticcio (1240 m) erreicht, während der Alpen-Goldregen (*Laburnum alpinum* [Mill.] Presl.) nur bei Castasegna seine goldgelben, wohlriechenden Blütentrauben entfaltet. Der Buschwald des untersten Bergells wird schließlich vom Mai bis Juli durch vier kleinere, ebenfalls gelb blühende Leguminosen-Sträucher belebt, wovon deren drei, der Besenginster (*Sarothamnus scoparius* [L.] Koch), der Färber und der Deutsche Ginster (*Genista tinctoria* L. sowie G. *germanica* L.) sicher von Südwesten her ins Bergell eingewandert sind, die Ostgrenze von Soglio (Bosco di Zop) aber nicht überschreiten. Die vierte Art, der Schwarzwerdende Geißklee (*Cytisus nigricans* L.), eine südöstliche Einstrahlung, vermag sich gleicherweise noch bis Roticcio und auf eine Höhe von 1450 m (Pravis) zu behaupten.

Mehr noch als die bisher erwähnten Vertreter der natürlichen Vegetation treten im untersten Talabschnitt die durch den Menschen stark geförderten *Kulturpflanzen* hervor: die Edelkastanie (*Castanea sativa* Mill.) und die Weinrebe (*Vitis vinifera* L.). Besonders die Edelkastanie bestimmt bis hinauf nach Caccior und Castelmur – zuletzt nur noch mit buschigem Wuchs – das Landschaftsbild. Der bekannte Edelkastanienwald «Brentan», der sich von Castasegna bis gegen Soglio hinaufzieht, wo mehrere aufgepfropfte Edelsorten geerntet werden können, gehört mit seinen prachtvollen Baumgestalten zu den schönsten Beständen der südlichen Schweiz. Der Maulbeerbaum (*Morus alba* L.) dagegen wird infolge des starken Rückgangs der Seidenraupenzucht südlich der Alpen nur noch in geringer Zahl angetroffen.

Das milde Klima der untersten Talstufe wird ferner nicht minder eindrücklich durch eine Reihe wärmeliebender *Gartenpflanzen* belegt, die – von einigen Ausnahmen abgesehen – in Castasegna (rund 700 m) ihre höchsten Standorte im Bergell erreichen, so die Hohe Hanfpalme oder «Tessinerpalme (*Trachycarpus excelsa* Wendl.), die Japanische Mispel (*Erioborya japonica* [Thunb.], Linde.), der Feigenbaum (*Ficus carica* L.), der Japanische Spindelbaum (*Evonymus japonica* L.), der Granatapfel (*Punica granatum* L.) und die Camelie (*Camellia japonic* L., bis Bondo ansteigend). Wie ein vor wenigen Jahren in Castasegna eines Neubaues wegen leider geschlagenes Exemplar bewies, wäre in diesem Ort die Kultur des Echten Lorbeer (*Laurus nobilis* L.) noch möglich. Die günstigen klimatischen Bedingungen der Sottoporta bilden schliesslich auch die Voraussetzung für das Vorkommen einer Reihe wärmeliebender *Tierarten* südlicher Herkunft, von denen als wichtigste die folgenden erwähnt seien: Die Gottesanbeterin (*Mantis religiosa* L.), der Hirschkäfer (*Lucanus cervus* L.), die Smaragd-Eidechse oder «Ramarro» (*Lacerta viridis* Laurenti), die Aesculapnatter (*Elaphe longissima* Laur.) sowie die Österreichische Natter (*Coronella austriaca* Laur.). Die Zorn-Natter (*Coluber viridi-flavus* Lacépède), die größte einheimische Schlangenart, tritt in einer fast ganz schwarzen Rasse nicht selten im Edelkastanienwald «Brentan» bei Castasegna und bei Soglio auf.

Mit Aussnahme der Winterlinde, der Trauben-Eiche, der Mittelmeer-Brombeere und des Schwarzwerdenden Geißklees vermögen keine der genannten Pflanzenarten, so weuig wie die erwähnen Tiere, über die Linie Promontogno-Soglio im Tal emporzudringen. Die Talenge von Promontogno und Castelmur (821–942 m) spielt demnach die Rolle einer eigentlichen Klimascheide, die sowohl für botanische wie zoologische Arten bestimmend wirkt.

Der obere Talabschnitt von Stampa-Coltura bis Casaccia, die *Sopraporta*, ist rauher und trägt – leicht erkenntlich – ein entschieden voralpines Pflanzenkleid. Die Uferzonen der Mera (oder Maira) werden vor allem durch Weiden- und Erlenarten (*Salix, Alnus*) begrünt. Bis zum Bau des Albigna-Staudammes und der zahlreichen Wasserfassungen verhinderten die nicht seltenen Überschwemmungen und Überführungen mit Gesteinstrümmern die Entstehung größerer Auenwälder. Nach dem Eintritt einer geregelteren Wasserführung darf in dieser Beziehung mit einer wenn auch langfristigen Besserung gerechnet werden. Die steilen Talflanken werden bis hinauf nach Maloja vorherrschend von Fichten (Rottanne, *Picea abies* [L.]Karst.), in spärlicherer Zahl auch von Lärchen (*Larix decidua* Mill.)bewachsen, denen sich besonders am südlichen Hang die Weißtanne(*Abies alba* Mill.) zugesellte. Auf der nördlichen (rechten) Talseite schiebt sich zwischen die Wiesen des Talgrundes und den meist steilen Fichtenwald ein mehr oder weniger ausgeprägter Gürtel von Laubgehölzen ein. Auffallend ist für die ganze Talschaft das vollständige Fehlen der Rotbuche (*Fagus silvatica* L.), wofür der häufig von Maloja herabwehende, relativ trockene Fallwind verantwortlich gemacht wird. Auch die Arve (*Pinus cembra* L.), die früher wohl in größeren Beständen die oberen Hänge besiedelte, fehlt heute fast ganz. Von einzelnen Bäumen und Gruppen abgesehen, stößt man erst in der Gegend von Maloja auf geschlossenen Arvenwald.

In der Talstufe bilden zwei Steinbrech-Arten, stellenweise längs der Hauptstraße, einen reizenden Schmuck der Tannenwälder. Auf vorwiegend feuchtem Fels erhebt der Dickblatt-Steinbrech (*Saxifraga co-*

tyledon L.) aus einer grundständigen Blattrosette seine großen, weißen Blütenrispen. Unscheinbarer ist der Keilblättrige Steinbrech (*Saxifraga cuneifolia* L.), dessen rosettig beblätterte Stämmchen, mit meist geröteten Blattunterseiten, in lockeren Rasen, Felsen oder oft auch den steinigen Waldboden überziehen. Seine kleinen, nur in geringer Zahl gebildeten, am Grunde orangegelb gefleckten Blüten zeichnen die Art nur wenig aus. Dafür heben sich die im Mai erscheinenden, großen, rotvioletten Blüten der Behaarten Felsenprimel (*Primula hirsuta* All.), die fast immer mit dem Keilblättrigen Steinbrech vergesellschaftet wächst, um so deutlicher von der Umgebung ab. Von sonnigen Gneisfelsen und aus felsdurchsetzten Waldlichtungen leuchten im Juni nicht selten die prächtigen Blüten der Feuerlilie (*Lilium bulbiferum* L. ssp. corceum [Chaix] Arcangeli) herab. An ähnlichen Standorten wiegen sich im Hochsommer häufig auf schlanken Stengeln die eleganten, blauen Blütenköpfe der Scheuchzer-Rapunzel (*Phyteuma scheuchzeri* Allioni). Gelegentlich trifft man sogar an der Talstraße auf Felsen üppige Büsche der Rostblättrigen Alpenrose (*Rhododendron ferrugineum* L.). Wie die behaarte Felsenprimel steigt sie indessen bis an und über die Waldgrenze hinauf, wo beide Arten zur optimalen Entwicklung gelangen und zur Blütezeit (Juli) jeden Alpenwanderer erfreuen. Von der Talsohle bis hoch in die Seitentäler dringt ebenfalls der Südalpen-Striemensame (*Molopospermum peloponnesiacum* [L.] Koch) eine fast Mannshöhe erreichende, für die südalpinen Täler bezeichnende Doldenpflanze feuchter Schluchten und Blockreviere. In höher gelegenen Waldpartien überrascht, wenn auch selten, im Unterholz die Alpen-Waldrebe (*Clematis alpina* [L.] Miller). Den Hochstaudenfluren und Grünerlenbeständen verleiht die Alpen-Akelei (Aquilegia alpina L.), einen willkommenen Schmuck, dessen Wert sich mit seiner Seltenheit erhöht.

Die Vegetation der alpinen Stufe (nach oben an die Baumgrenze anschließend) wird vor allem durch die *Art der Gesteinsunterlage* bestimmt. Im südlichen Bergell (Val d'Albigna, oberer Teil des Val Forno, teilweise im Val Bondasca) steht ausschließlich Bergellgranit an, welcher die überaus kühnen, schroffen Bergformen aufbaut und einen kieselsäurereichen Boden erzeugt, der eine charakteristische Silikatflora trägt. Ähnliche Bodeneigenschaften mit einer entsprechenden Vegetation liefern die Gneise, in welche das Haupttal von Castasegna bis oberhalb Vicosoprano eingeschnitten ist. Im nordöstlichen Teil (Val Maroz, Piz Salacina, untere Hälfte des Val Forno mit Val Muretto) dagegen werden die völlig anders gestalteten Gipfel und Grate von mehr oder weniger kalkreichen Bündnerschiefern gebildet, welche Böden mit wechselndem Kalkgehalt ergeben, die das Gedeihen zahlreicher kalkliebender Pflanzenarten ermöglichen.

Wichtige Pflanzenassoziationen der *Granit- und Gneiszone,* wie die

Gesellschaft des Zweigriffligen Säuerlings *(Oxyria digyna* [L.] Hill.), die sich auf den durchfeuchteten Sand- und Gesteinsalluvionen längs der Gebirgsbäche und -flüsse bildet und von der Talsohle bis in die alpine Region vorkommt; der an die obere Waldgrenze anschließende Zwerg-strauchgürtel, das *Ericetum,* dem u. a. die Rostblättrige Alpenrose so-wie die Alpen-Azalee *(Loiseleuria procumbens* [L.] Desv.) angehören; die besonders im Bergell häufig anzutreffenden Bestände der Braunen Hainsimse *(Luzula alpino-pilosa* [Chaix] Breistr.) oder schließlich die Schneetälchen-Vegetation der nivalen Stufe unterscheiden sich hin-sichtlich ihrer botanischen Zusammensetzung nicht von der Ausbil-dung auf Silikatböden in andern Teilen des Kantons. Dies trifft aber für eine der wichtigsten Pflanzengesellschaften auf Urgesteinsböden, den Krummseggenrasen oder das *Curvuletum* und seine Begleitarten, nicht mehr zu, der in verschieden typischer Ausbildung häufig auf trockenen sonnigen Hängen und Kuppen zu beobachten ist, wegen der Steilheit des Geländes aber mancherorts nur Bestände von geringer Ausdeh-nung zu bilden vermag. Die Charakterart dieser Assoziation, die Krummsegge *(Carex curvula* Allioni), und ein großer Teil der begleiten-den Arten entsprechen zwar vollständig dem Krummseggenrasen an-derer Urgesteinsgebiete. Einige Begleitpflanzen sind jedoch für die südliche Lage des Bergells kennzeichnend, so vor allem der Bunt-schwingel *(Festuca varia* Hänke), der namentlich in den südalpinen Tä-lern verbreitet ist und der an sonnenexponierten Felshängen bis tief in die Täler hinabsteigt. Eine zweite Art, das Zweizeilige Blaugras *(Sesle-ria disticha* [Wulf.] Pers.) gedeiht wie der Buntschwingel ebenfalls nur auf sauren Granit- und Gneisböden, besiedelt aber mit Vorliebe die höchsten Hänge und Grate der alpinen Region.

Von auffallenden, farbenprächtigen Blütenpflanzen, die der sonst et-was eintönigen Gesellschaft der Krummsegge im Bergsommer zur Zierde gereichen, kommen die Frühlings- oder Pelz-Anemone *(Ane-mone vernalis* [L.] Mill.), die Schwefelgelbe Alpen-Anemone *(Pulsatil-la alpina* [L.] Schrank *ssp. sulphurea* [DC.] Aschers. & Graebn.), die Be-haarte Felsenprimel *(Primula hirsuta* All.), die Ganzblättrige Primel *(P. integrifolia* L.), der Punktierte Enzian *(Gentiana punctata* L.) oder Kerner's Läusekraut *(Pedicularis kerneri* Dalla Torre) auf entsprechen-den Böden vielfach auch in andern Teilen der Alpen vor. Die beiden nachgenannten Arten hingegen, die dunkel violett blühende Breit-blättrige Primel *(Primula latifolia* Lap.), die als südöstliche Einstrah-lung (Hauptverbreitung in den Bergamasker-, Veltliner und südrhäti-schen Alpen) im Bergell nahe an die Westgrenze ihres Areals heran-reicht, und das in der Schweiz nur in den südalpinen Ketten selten zu beobachtende Hellrote Läuskraut *(Pedicularis rostrato-spicata Crantz)* fehlen den nördlichen Gebirgszügen gänzlich.

Unter den Pflanzenarten, die sich vornehmlich an der primären Besiedlung des Felsens beteiligen, verdient, neben einigen Steinbrech-Arten *(Saxifraga)* und der häufigen Berg-Hauswurz *(Sempervivum montanum* L.), namentlich die seltene, gelb blühende und daher auffallende Wulfens Hauswurz *(Sempervivum wulfeni* Hoppe) Erwähnung. Der Himmelsherold *(Eritrichium nanum* [Vill.] Schrad.), der in den Zentralalpen fast nur auf Urgestein auftritt, steigt in Gesteinsritzen bis zu den höchsten Gipfeln empor. Daß er im südlichen Bergell nicht häufiger angetroffen wird, mag durch die außerordentliche Steilheit der Felsen bedingt sein.

Während sich die Vegetation der südlichen Granitzone wie der Gneisschichten des Haupttales (abgesehen von wenig mächtigen Kalkbändern bei Soglio und Roticcio) ausschließlich aus kieselholden bis kieselsteten (kalkfliehenden) oder indifferenten Pflanzen zusammensetzt, herrschen im *Val Maroz,* wenigstens in seinem obern Teil, die kalklebenden Arten vor. Da einerseits der Kalkgehalt der Bündnerschiefer selbst beträchtlich schwankt und diese andererseits in ihren Grenzzonen in komplizierter Wechsellagerung mit kalkärmeren aber kieselsäurereicheren Schichten in Kontakt stehen, so im Süden mit den Gneisen der Suretta-Decke (Piz Duan-Piz Lizun) sowie im Norden und Osten mit dem Maloja-Granit, ist es verständlich, daß der Kalk-Kieselsäure-Anteil der aus diesen Gesteinen entstehenden Böden, je nach den anstehenden oder verfrachteten Schichten, oft auf relativ kleinem Raum stark wechselt. Ähnliche Verhältnisse liegen vor am *Piz Salacina* und im *Val Muretto,* wo sich die südöstlichsten Ausläufer der Bündnerschiefer teils mit dem Bergeller-Granit, teils mit den Graniten und Marmorbänken der Margna-Decke mischen und gegenseitig durchdringen. Dem Kalk-Kieselsäure-Verhältnis der Böden folgt zwangsläufig auch die Zusammensetzung der Pflanzendecke. Demzufolge treten beispielsweise im Val Maroz öfters auf weite Strecken kalkholde, indifferente und kieselliebende Pflanzenarten nebeneinander auf, woraus sich eine wesentliche Erhöhung des Arteninventars ergibt. Je nach dem relativen Kalk- und Kieselsäuregehalt des Bodens verschiebt sich auch der Anteil an kalksteten oder kalkholden (basiphilen) wie an kieselsteten oder kieselliebenden (azidiphilen) Pflanzen. Die als Folge der reichlichen Niederschläge auftretende starke Auswachsung der obern Bodenschichten sowie die Rohhumusbildung begünstigen die Entwicklung azidiphiler Arten.

Bereits die oberhalb Casaccia am nördlichen Talhang vorhandenen blütenreichen Mähwiesen bei Sur Cresta mit *Phyteuma ovatum* Honck. (Hallers Rapunzel), *Crepis blattarioides [L.]* Vill. (dem Schabenkraut-Pippau), *Campanula scheuchzeri* Vill.)Scheuchzers Glockenblume), der Wucherblume *(Chrysanthemum leucanthemum* L.) und der hübschen Fedrigen Flockenblume *(Centaurea nervosa* Willd.) verraten einen beträchtlichen Kalkgehalt des Untergrundes. Am Talausgang zeugen auf kurzer Strecke das Edelweiß *(Leontopodium alpinum* Cass.), der Alpen-Aster *(Aster alpinus* L.) und die Zweifarbige Alpenscharte *(Saussurea discolor* [Willd.] DC.) für einen lokalen Kalkreichtum des Bodens. Weiter talaufwärts, gleich oberhalb der Alp Maroz dora auf der linken sowie kurz unterhalb Maroz dentro auf der rechten Talseite, stoßen wir auf die ersten ausgedehnten Bestände der Alpenrose *(Rhododendron ferrugineum* L.), die nur auf saurem Boden wächst. Unweit davon, am Weg zur Alp Maroz dentro, sind z. B. um den gleichen, halb im Boden verborgenen Felsblock zwei typische Kalkzeiger gruppiert, die Silberwurz *(Dryas octopetala* L.) und der Gestreifte Seidelbast *(Daphne striata* Tratt., Steinröschen) sowie ausgesprochen azidiphile Arten, wie die Rostblättrige Alpenrose *(Rhododendron ferrugineum* L.), der Zwerg-Wacholder *(Juniperus communis* L. *ssp. nana* [Willd.] Syme), die Rauschbeere und Preiselbeere *(Vaccinium uliginosum* L., *V. vitis-idaea* L.) vereinigt. Gegenüber auf dem südlichen Talhang stoßen wir am Fuße der Cima di Rosso auf die erste größere Häufung entschieden kalkliebender Arten wie die Stumpfblättrige, die Thymianblättrige und die Netzweide *(Salix retusa* L., *S.r. ssp. serpyllifolia* [Scop.] Arcang., *S. reticulata* L.), die Gletscherlinse *(Phaca frigida* L.), den Süßklee *(Hedysarum hedysaroides* [L.] Schinz & Thellung), die Alpen-Bärentraube *(Arctostaphylos alpina* [L.] Sprengel) sowie die Großblütige Gemswurz *(Doronicum grandiflorum* Lam.). Auf dem Schwemmboden der Mera hinter Maroz dentro beweisen der Bunte Schachtelhalm *Equisetum variegatum* Schleicher) und die seltene Mont-Cenis-Glockenblume *(Campanula cenisia* L.) einen erhöhten Kalkanteil der Sand- und Kiesbänke. Im westlichen Teil des Val Maroz (Val da Cam, Mungiroi, Val Lunga und Murtaröl) erreichen die Bündnerschiefer (hier nicht metamorph, in ihrer sedimentären Form auftretend), die größte Ausdehnung. Kalkstete Pflanzen, wie das Blaugras *(Sesleria coerulea* [L.] Ard.), das Gemeine Brillenschötchen *(Biscutella laevigata* L.), die Silberwurz, das Langspornige Veilchen *(Viola calcarata* L.) und andere der bereits erwähnten Arten, sind daher hier verbreitet. Dazwischen stößt man aber auch auf kieselliebende Elemente, wie die Spätblühende Faltenlilie *(Lloydia serotina* [L.] Rchb.) und die Gelbe Hainsimse *(Luzula lueta* [All.] DC.). Den größten Anteil kalkfordernder Arten dürfte schliesslich das Gebiet am Duansee aufweisen, wo vom Gletscherhorn (3107 m) auf einer Breite bis zu einem Kilometer kalkreiche Schiefer und Marmore bis östlich des Sees herunterstreichen. In der Umgebung des Duansees beobachtete, deutlich kalkliebende Pflanzenarten wie der Alpen-Hahnenfuß *(Ranunculus alpester* L.), das goldgelbe Immergrüne Felsenblümchen *(Draba aizoides* L.), die Maßlieb-Gänsekresse)*Arabis jacquinii* Beck) und der Mannsschild-Steinbrech *(Saxifraga androsacea* L.) sind nicht nur für die Beschaffenheit des Bodens, sondern auch für die Höhenlage (um 2500 m) bezeichnend.

Die in dieser Zusammenstellung erwähnten Pflanzen zählen vorwiegend zu den für das Bergell charakteristischen Arten; sodann war für ihre Auswahl ihre Auffälligkeit maßgebend. Eine vollständige Aufzählung erlaubt der zur Verfügung stehende Raum nicht. Zudem ist die botanische Erforschung des Gebietes, namentlich der alpinen und nivalen Stufe, noch keineswegs abgeschlossen.

Die Arbeit stützt sich neben eigenen Beobachtungen auf die nachgenannten Publikationen:

Braun-Blanquet J. und *Rübel Ed.:* Flora von Graubünden. Veröffentlichungen des Geobotanischen Institutes Rübel in Zürich, Heft 7. Verlag Hans Huber, Bern und Berlin, 4 Bände, 1932–1936.

Flütsch P.: Botanische Notizen im Clubführer durch die Bündner-Alpen. Band IV. Die südlichen Bergeller-Berge und Monte Disgrazia. Schweizer Alpenclub, 1935.

Geiger E.: Das Bergell, Forstbotanische Monographie. Diss. Zürich/ Chur, 1901.

Hegi G.: Illustrierte Flora von Mitteleuropa. 13 Bände. J. F. Lehmanns Verlag. München, 1908–1931.

Nadig Ad.: Die Angaben über die Verbreitung von Insekten und Reptilien im Bergell wurden in freundlicher Weise von Herrn Dr. Ad. Nadig, Direktor des Lyceum Alpinum in Zuoz, Grbd. zur Verfügung gestellt.

Schüepp M.: Klimatologie der Schweiz. C Lufttemperatur. Beihefte zu den Annalen der Schweizerischen Meteorologischen Zentralanstalt, Zürich, 1. und 2. Teil, 1960 und 1961.

Uttiger H.: Die Niederschlagsmengen in der Schweiz 1901–1940. Schweizerische Meteorologische Zentralanstalt, Zürich. Verlag des Schweizerischen Wasserwirtschaftsverbandes, Zürich. 1949.

Staub R: Geologischer Überblick im Clubführer durch die Bündner-Alpen, Band IV. Die südlichen Bergeller-Berge und Monte Disgrazia. Schweizerische Alpenclub, 1935.
Geologische Karte der Val Bregaglia (Bergell), 1 : 50 000, 1917–1918. Schweizerische Geologische Kommission, 1921.
Geologische Karte des Avers. Piz Platta-Duan, 1 : 50 000, 1920–1921. Schweizerische Geologische Kommission, 1926.

VERZEICHNIS DER ILLUSTRATIONEN

1. Skizzen von Paul Simon
S. 90, 92 und 365

2. Fotografien
Ruedi Bachmann, S. 125 und 167
Rolf Bühler, S. 265
Bundesamt für Landestopographie, S. 295
Gino Buscaini, S. 103, 219 und 239
Alfredo Corti, S. 77
Bruno Credaro, S. 73
Donato Erba, S. 345
Carlo Filli, S. 183
Franco Giacomelli, S. 231 und 273
Dr. Hans Grimm, S. 323
Ruedi Homberger, S. 151, 187, 215, 319, 333, 335, 399, 400/401 und 417
Erwin Kilchör, S. 145 und 255
Jiři Novák, S. 327, 359, 381, 397 und 425
Mario Pasini, S. 171
Hans Plattner, S. 87, 135, 155, 189 und 361
Giovanni Rossi, S. 193
Swissair-Foto, S. 41, 45, 303 und 371
Geny Steiger, S. 199
Max Wagner, S. 177, 287 und 349
Men Zisler, S. 53, 57 und 97
Guido Zocchi, S. 75

3. Technische Skizzen
Franco Callegioni, Renata Rossi und Franco Giacomelli:
S. 141, 147, 159, 160, 161, 162, 163, 164, 205 (R. 475), 254, 256, 257, 258, 259, 260, 261, 262, 272, 274, 275, 277, 289, 290, 291, 334, 385, 393, 402, 403, 404, 405, 406, 409, 410, 414, 421, 422, 423, 429, 431, 435, 436, 441, 448, 449, 467.
Jiři Novák:
S. 102, 115, 192, 205 (R. 476), 276, 329, 341, 358, 370, 412, 413, 439, 465.

Im Nachtrag:
Bernhard Falett: S. 507, 509, 511.
Tarcisio Fazzini: S. 512.
Walter Josi: S. 508.
Erwin Kilchör und Siffredo Negrini: S. 506.
Flury Koch: S. 505.
Die graphische Bearbeitung besorgte Ulf Kottenrodt.

NACHTRAG

Torrone Occidentale

245.1   *W-Wand des P. 2987 («Meloni-Maspes crack»)*
VI. 4—6 Std.

Die Erstbegeher schildern den Aufstieg als «wunderbare Riss-Route, die wohl wegen ihrer Schönheit und relativen Schwierigkeit» oft begangen werden dürfte. Höhendifferenz 350 m, 8 SL.
G. Maspes und O. Meloni, 12. Juli 1990.

Zugang: Von der Capanna Allievi auf dem Sentiero Roma in östlicher Richtung bis unterhalb des SW-Vorbaues P. 2987, dann über Gras und Geröll zum Schneefeld unter der W-Wand des P. 2987.

Einstieg bei roten Felsen. Rechts davon befindet sich eine nasse, schräge Verschneidung, die nach links aufwärts führt (H und Kk).

Routenverlauf: Man klettert, leicht schräg von rechts nach links, über einen kleinen Riss empor, der zu einer nach rechts aufsteigenden Rampe führt (V+, VI—). Von hier bis zum Gipfel in einem direkten Riss aufwärts (1. Teil VI, 2. Teil IV+, V+).

Cima dal Largh

321.1   *Von der Forcola dal Bacun über den S-Pfeiler*
V. 3½ Std. Abb. S. 135, technische Skizze S. 505.

Steile, exponierte Kletterei in gutem Fels. 43 H, davon stecken 30 H inkl. 8 Bh.
Flury Koch und Paul Muggli, 26. August 1974.

Zugang und Einstieg: Von der Forcola dal Bacun etwa 100 m über den Blockgrat in nördlicher Richtung bis man auf der linken (W) Seite zum tiefer gelegenen Einstieg am S-Pfeiler absteigen kann.

Routenverlauf:
1. SL (35 m): Über den rostroten Vorbau aufwärts zu gutem Stand (III, 1 H).

2. SL (30 m): Durch eine steile Verschneidung hinter einer abstehenden, dicken Platte durch und weiter über gut gestuften Fels (V, III, 2 H).

3. SL (30 m): Etwas links haltend durch eine wenig ausgeprägte Verschneidung und über Platten (A1, IV, 3 H).

4. SL (20 m): Über Stufen und durch einen Riss zu gutem Stand (IV–, A1, 6 H von denen 2–3 fehlen).

5. SL (37 m): Steil durch einen Riss aufwärts, oben etwas rechts haltend auf den Pfeiler (A1, Ae, A2, Ae, 19 H von denen etwa 7 H fehlen).

6. SL (30 m): Weiter direkt auf der Kante zu einem bequemen Stand (A2, A1, IV, 10 H, davon fehlen 4 H).

7. SL (20 m): Etwas links haltend in festem Fels zum Gipfel (A1, IV, 2 H).

Piz Bacun

332.1　*S-Wand-S-Pfeiler («Mauerläufer»)*

VI, eine Stelle VI+. 5–6 Std. Technische Skizze S. 506.

Anspruchsvolle, interessante Route in gutem Fels.
Erwin Kilchör, Marcello und Siffredo Negrini, Juli 1991.

Zugang und Einstieg: Auf R. 332 zum Einstieg SW-Grat (Via Bonacossa). Von dort etwa 200 m auf der Moräne weiter zum Einstieg bei einer grossen angelehnten Platte.

Routenverlauf: Technische Skizze S. 506.

Piz dal Päl

401.1　*NW-Pfeiler («Hokuspokus»)*

VI. 2 Std. Technische Skizze S. 507.

Eine kleine, herrliche Zauberroute ist sie, die «Hokuspokus», im besten Fels. R. eingerichtet, zusätzlich Friends bis Gr. 2½, 2 x 45 m Seil.
Bernhard Falett, August 1990.

Zugang und Einstieg: Von der Albigna-Staumauer folgt man 5 Min. dem Hüttenweg, dann 100 m gerade aufwärts zum markierten Einstieg bei der untersten markanten Platte.

Routenverlauf: Technische Skizze S. 507.

Abstieg: Abseilpiste.

401.2 *Plattenschuss westlich unterhalb der Capanna da l'Albigna*
V und IV. 1 Std.

Der 140 m hohe Plattenschuss ermöglicht schöne Plattenkletterei auf den zwei R. «Wassersinfonie» (V) und «Via Lucia und Marcello» (IV) in bestem Fels (5 SL, SL 4 und 5 gleiche R.). Eingerichtet und für Kletterkurse geeignet.

Zugang und Einstieg: Von der Capanna da l'Albigna steigt man auf dem Hüttenweg bis zur Wasserleitung ab. Dort beim grossen Block abwärts zur Abseilpiste und über diese zum Einstieg (Seil 2 x 45 m). Steigt man von der Albigna-Staumauer gegen die Hütte auf, so traversiert man etwa auf halbem Hüttenweg abwärts zur Platte. Die R. «Wassersinfonie» ist links (N) und die R. «Lucia und Marcello» rechts (S).

Routenverlauf: «Wassersinfonie» 1. SL V–, IV–; 2. SL IV, V; 3. SL IV; 4. und 5. SL III.
«Via Lucia und Marcello» 1. SL IV, III (Variante auf der linken Seite V); 2. SL IV; 3. SL IV–; 4. und 5. SL III.

Piz Casnil

405.1 *S-Wand («Calzone al Forno»)*
V+ (af VI+). 3 Std. vom Einstieg bis zum E-Grat. Abb. S. 167, technische Skizze S. 508.

Abwechslungsreiche Kletterei in gutem Fels mit fantastischen Quarzadern. Homogene Schwierigkeit. Gut ausgerüstet. Kk und Friends 2 und 3, 2 x 45 m Seil.
Suzanne Hüsser mit Walter Josi, August 1991.

Zugang und Einstieg: Zugang wie bei R. 405, der Einstieg befindet sich 25 m links (S) des Beginns der R. 405.

Routenverlauf: Die R. verläuft parallel zur R. 405 wobei diese in der 5. SL gekreuzt wird und in direkter Linie zum E-Grat führt. Technische Skizze S. 508.

405.2 *S-Wand («Accidental Tourist»)*
VI+ (af VII). 3½ Std. vom Einstieg bis zum E-Grat. Abb. S. 167, technische Skizze S. 508.

Interessante und gut ausgerüstete R. in ausgezeichnetem Fels mit steilen Rissen und Platten. Kk und Friends 2 und 3. 2 x 50 m Seil, wenn auf der Aufstiegsroute abgeseilt wird.
Suzanne Hüsser mit Walter Josi, August 1991.

Zugang und Einstieg: Zugang wie bei R. 405, der Einstieg befindet sich ca. 12 m links (S) der R. 405.1 und ist durch eine H-Reihe gut erkennbar.

Routenverlauf: Die R. führt links der R. 405.1 zu einem markanten Dach und über eine rote Platte zum E-Grat, wobei die letzte SL wenige m unterhalb eines Standes der R. 405 endet. Von dort in leichterem Gelände zu diesem Stand und auf R. 405 zum E-Grat. Technische Skizze S. 508.

Cima dal Cantun

431.1 *E-Wand des südlichen Vorgipfels P. 3348*
VI. 6 Std.

Langer Gletscheranstieg. Rassige und steile Kletterei in solidem Granit durch die 200 m hohe E-Wand. Kk, Friends 2 und 3.
Suzanne Hüsser mit Walter Josi, August 1991.

Zugang und Einstieg: Von der Capanna del Forno auf R. 265 auf die Gletscherterrasse in der E-Flanke der Cima dal Cantun. Nördlich P. 3079 zwischen zwei Felseninseln aufwärts an den Fuss der E-Wand. Der Einstieg erfolgt am tiefsten Punkt der Wand bei einer Schuppe auf der linken Seite.

Routenverlauf: Der steile Plattenpanzer wird über Risse, Platten und kleine Überhänge erklettert (4 SL, V+, VI). Im oberen Teil führt die R. über den markanten Pfeiler zum höchsten Punkt (2 SL, VI, eine Stelle VI+, letzte SL V–).

Punta da l'Albigna

447.1 *NW-Wand («Moderne Zeiten»)*
V. 5 Std. Abb. S. 183, technische Skizze S. 509.

Aussergewöhnlich schöne Kletterei in bestem Fels, vorwiegend über Platten. Gut eingerichtet, zusätzlich sind Friends bis Gr. 2 1/2 nötig.
Bernhard Falett und Reto Lampert, August 1990.

Zugang wie bei R. 447 (Meuli-Route).

Einstieg direkt an der Kante links der Meuli-Route.

Routenverlauf: Technische Skizze S. 509.

Torrione del Ferro

535.1 *NE-Wand («Wilderness»)*

VI. 8—10 Std. Technische Skizze S. 510.

Abwechslungsreicher Anstieg in einer wilden und einsamen Bergwelt. Höhendifferenz ca. 500 m.
Die Wand ist durch ein Band unterteilt und im linken Sektor durch eine Reihe von Rissen, die bis zum Gipfelgrat führen, charakterisiert. Die R. folgt weitgehend diesen Rissen in gutem Fels (keine H).
Paolo Cesana, Romano Corti, Gian Maria Mandelli und Franco Tessari, 24. August 1989.

Zugang: Von der Capanna da l'Albigna über den Vadrec da l'Albigna an den Fuss der NE-Wand.

Routenverlauf:
100 m über die schräge Rampe aufwärts an den Fuss der erwähnten Risse. Stand links eines abgetrennten Felsblockes (II, III). Man folgt den Rissen bis an deren Ende, quert dann unter einem kleinen, feuchten Überhang 10 m nach links. Wieder gerade aufwärts zum Band (4 SL von 50 m, V, V+).
Vom Band aus sieht man zwei parallele Rissreihen. Die R. führt über die Risse auf der linken Seite zu einem Dach. Eine SL zum Anfang der Risse (IV). Nun klettert man durch eine Rissverschneidung aufwärts, überwindet das Dach und gelangt dann zu einem guten Absatz (2 SL von 40 m, V+, VI und ein kurzes Stück A1).
Vom Stand quert man über eine kleine Felsstufe zu den Rissen rechts. In der breiten Verschneidung bleibend, überwindet man einen Überhang. Stand im Riss (35 m, V, V+, VI).
Vom Stand gerade aufwärts über den Überhang zur Kante und weiter in leichtem Gelände zu einem guten Standplatz (40 m, V+, IV, III). Über teilweise brüchige Felsstufen zum Gipfel (100 m, III).

Pizzo Badile

853.1 *NE-Wand («Another day in paradise»)*

VI, mit Stellen VI+; 1 SL A0. 6—8 Std. Abb. S. 399.

Schöne Platten- und Rissklettere i in sicherem Fels. Die R. verläuft zeitweise parallel zur R. 853 und ist vollständig ausgerüstet.
Bruno und Kurt Müller und Hans Zgraggen, 19./20. Juli 1991.

Zugang: Auf R. 855 auf den westlichsten Teil des Vadrec dal Cengal.

Einstieg: Auf der grossen Platte rechts des Einstieges der R. 854.

Routenverlauf: Die ersten fünf SL führen vom Gletscher, einer weissen Quarzader folgend, auf das Einstiegsband der Via Cassin (VI+, VI−).

Dann direkt aufwärts gegen die Dachzone (VII−, VI, V), die man am linken Rand überwindet (V+). Weiter, links der R. 853 «Diritto d'autore» kletternd, zu einer kleinen Terrasse (VI). Von dort, links der R. «Diritto d'autore» bleibend, zum «Elefantenauge» (V+, V). Weiter gerade empor zum hellen Ausbruch (VII, VI−, V). Von dort in leichteren Felsen unterhalb der N-Kante schräg aufwärts (IV, III) zu einem Band, das auf die N-Kante führt (R. 854a).

Pizzo Badile

863.1   *ENE-Wand («Via Est .. Asi»)*

VII. 6−8 Std. vom Einstieg. Abb. S. 417.

Sehr schwierige Kletterei über Risse und Verschneidungen südlich der R. 863 «Via diretta del popolo». 10 SL, 5 H belassen.
Luca Maspes und Luca Salini, 4. August 1991.

Zugang und Einstieg: Von der Capanna Gianetti auf R. 843 zum Colle del Cengalo. Von dort im Couloir nach NW auf der Badile-Seite abwärts (4 x 50 m abseilen) zum Einstieg bei einem kleinen Geröll-Couloir (H).

Routenverlauf: Rechts einer Serie von nassen Rissen über Schuppen und Platten aufwärts (V, VI). Am Fuss einer Reihe von Überhängen hält man stark nach links (V+), klettert dann in einem wunderbaren Riss zu einer Zone mit kleinen Bändern empor (VI, VI+). Nun in einem langen, gradlinigen Riss aufwärts. Diesen verlässt man in der 9. SL, um 10 m rechts einen Riss zu erreichen, der in äusserst schwieriger Kletterei auf den E-Grat führt (VI+, VII).

Pizzo Badile

877.1   *NW-Wand, nördlicher Pfeiler («Pilastro a goccia - via Galli delle Alpi»)*

VI+, mit Stellen VII+. 13-14 Std. Technische Skizze S. 512.

Sehr schöne Route zwischen der «Via Chiara» und der «Via Jumar iscariota» in wunderbarem Fels mit konstanter Schwierigkeit. Die R. ist ausgerüstet; gute H mit grossen Abständen. Nötig sind Friends 4,5 und 1–3. Höhendifferenz ca. 450 m.

Tarcisio Fazzini und Norberto Riva, 22. August 1989.

Zugang und Einstieg: Von der Capanna Sasc Furä auf R. 901 bis rund 100 m unterhalb des Bergschrundes des Kluckercouloirs (2½ Std.). Einstieg bei weissen Quarzadern über eine Dülferschuppe 20 m rechts (S) der R. 878 («Via Jumar iscariota»).

Routenverlauf: Technische Skizze S. 512.

Pizzo Badile

877.2   NW-Wand (*«Via Sinelios»*)

VI. 10–12 Std.

Empfehlenswerte R. zwischen R. 876 (Grosse Verschneidung) und R. 877 («Via Chiara»); technisch, aber nie mühsam. Ausgerüstet, Friends und Kk nötig.

Davide Corbetta, Danilo Galbiati und Giulio Maggioni, 25. Juni 1989.

Zugang und Einstieg: Von der Capanna Sasc Furä auf R. 901 bis rund 100 m unterhalb des Kluckercouloirs (2½ Std.). Einstieg 30 m links der R. 877 («Via Chiara»); mit H markiert.

Routenverlauf:
1. SL: An Rissen gerade aufwärts zu einem Absatz (40 m, IV, V).
2. SL: Über Schuppen und Risse, zuletzt ein wenig überhängend, zu Stand auf einem Band (45 m, V, V+).
3. SL: Nun kreuzt man die «Via Chiara», die nach links aufwärts führt, und gelangt, über eine steile Platte kletternd, zum nächsten Stand (40 m, V, V+).
4. SL: Vom Stand aufwärts bis zu einem Bh und feingriffig weiter zu gutem Stand bei einem Absatz (50 m, V+).
5. SL: Zuerst nach rechts queren, dann vorsichtig in einem kurzen Riss aufwärts. Stand bei einer grossen Schuppe (50 m, VI, V).
6. SL: Gerade empor, dann wird die erste Dachlinie rechts überwunden. Weiter über Platten zu Stand (50 m, V+, VI).
7. SL: An feinen Rissen gerade aufwärts bis zu einem grossen Absatz auf dem im Vorsommer noch Schnee liegt. Stand auf der linken Seite (50 m, VI).

8. SL: Immer weiter über Platten bis zum letzten Bh. Dort quert man nach links zu einem Stand (45 m, VI).

9. SL: Weiter schräg nach links queren, dann gerade aufwärts zu einem Stand bei einem kleinen Absatz (45 m, V).

10. SL: Aufwärts über eine feingriffige Platte, dann links haltend bis zum Absatz unter der N-Kante (45 m, VI).

11. SL: Weniger schwierig über ein System von Rissen zu einem Stand (ca. 45 m, IV, V).

12. SL: Über eine gut sichtbare Riss-Verschneidung zur Nord-Kante (50 m, V+, VI, diese letzte SL kann im Vorsommer vereist und extrem schwierig sein).

IV
A1
7.SL 20m

IV
A1
A2
6.SL 30m
Ae
A2
Ae
A1
5.SL 37m

A1
IV −
4.SL 20m
IV
A1
III +
3.SL 30m

III abstehende,
dicke Platte
V
2.SL 30m
III

1.SL 35m

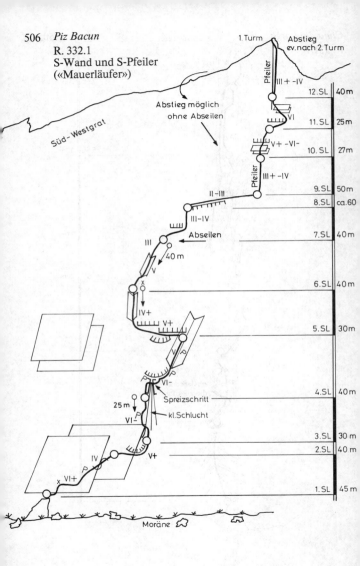

506 *Piz Bacun*

R. 332.1
S-Wand und S-Pfeiler
(«Mauerläufer»)

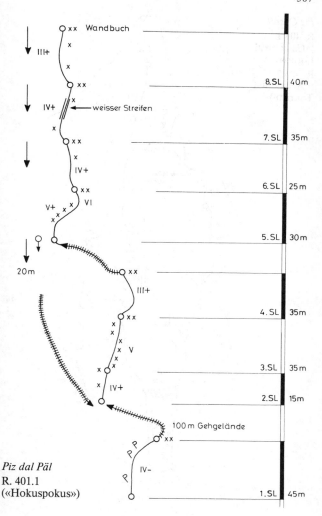

III+

Wandbuch xx

IV+ ← weisser Streifen

IV+

V+ VI

20m

III+

V

IV+

100 m Gehgelände

P P

P IV-

8.SL 40m

7.SL 35m

6.SL 25m

5.SL 30m

4.SL 35m

3.SL 35m

2.SL 15m

1.SL 45m

Piz dal Päl
R. 401.1
(«Hokuspokus»)

508

Piz Casnil
R. 405.1
(«Calzone al
Forno»)
R. 405.2
(«Accidental
Tourist»)

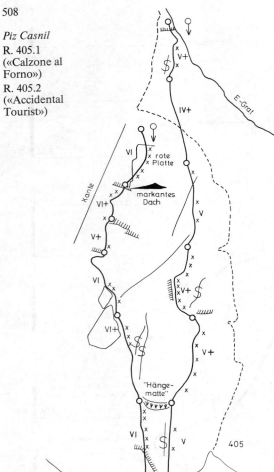

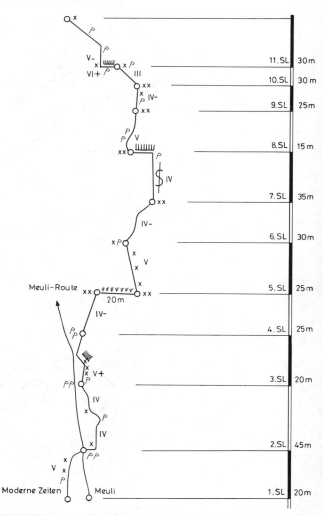

III

V+
VI
V+
VI
VI
A1
VI
V+
IV

Dach

50 m

50 m

20 m

R. 535

Band

V

V+

V+

V

V+
V

IV

III

III

R. 535.1

III

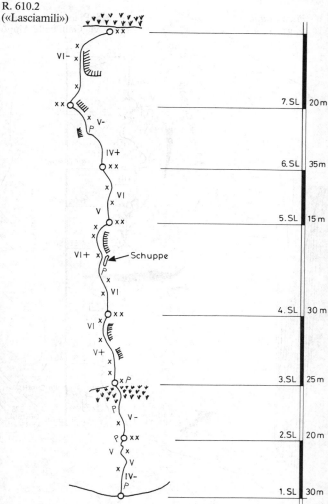

VI−

7. SL 20m

V−

IV+

6. SL 35m

VI

V

5. SL 15m

VI+ ← Schuppe

VI

4. SL 30m

VI

V+

3. SL 25m

V−

2. SL 20m

V

V

IV−

1. SL 30m

Pizzo Badile
R. 877.1

(«Pilastro a goccia —
via Galli delle Alpi»)

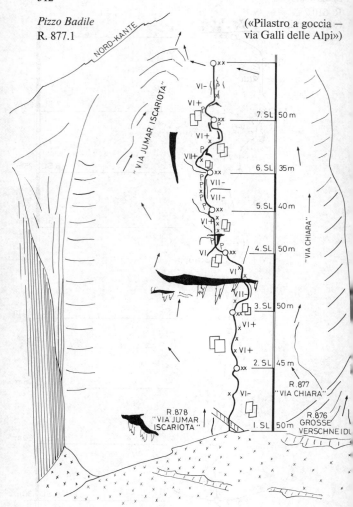

ORTSVERZEICHNIS